财税 普通高等教育财政与税收专业重点规划教材

纳税实务操作教程

第三版

主　编 ◎ 黄爱玲　张瀛霞
副主编 ◎ 李　敏　王丽亮　陈晓生

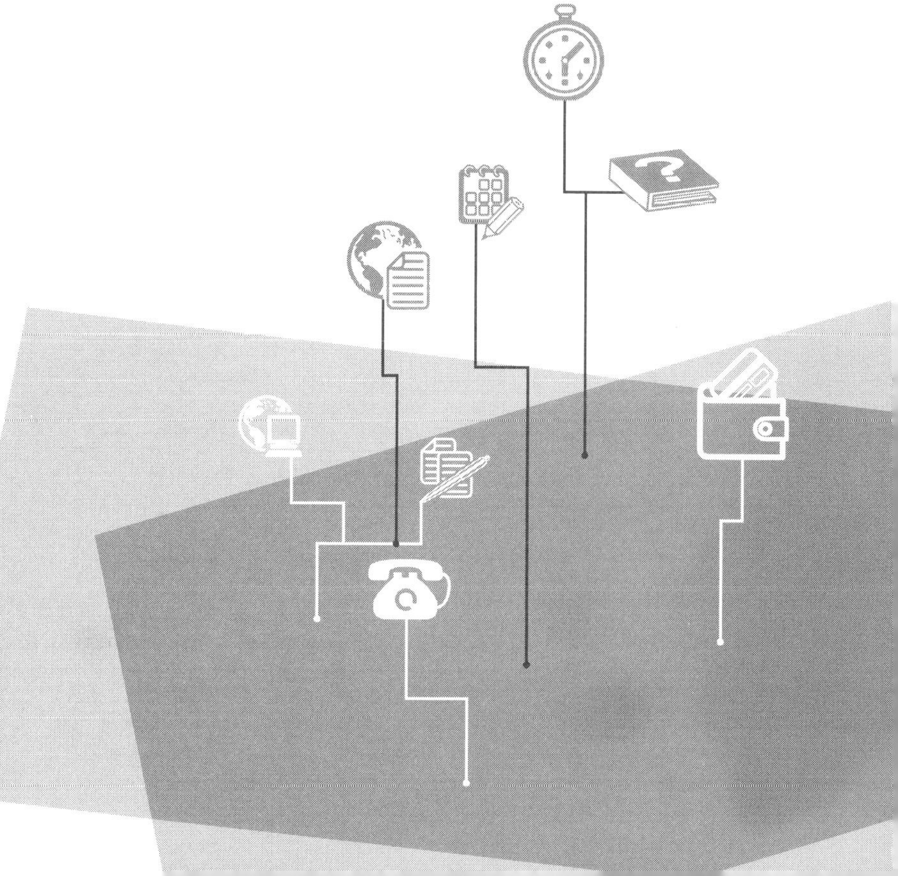

上海财经大学出版社

图书在版编目(CIP)数据

纳税实务操作教程/黄爱玲,张瀛霞主编.—3版.—上海:上海财经大学出版社,2019.9
ISBN 978-7-5642-3299-3/F·3299

Ⅰ.①纳… Ⅱ.①黄… ②张… Ⅲ.①纳税-税收管理-中国-高等学校-教材 Ⅳ.①F812.423

中国版本图书馆CIP数据核字(2019)第142808号

□ 责任编辑 吴晓群
□ 封面设计 贺加贝 杨雪婷

纳税实务操作教程
(第三版)
黄爱玲 张瀛霞 主编

上海财经大学出版社出版发行
(上海市中山北一路369号 邮编200083)
网 址:http://www.sufep.com
电子邮箱:webmaster @ sufep.com
全国新华书店经销
上海叶大印务发展有限公司印刷装订
2019年9月第3版 2022年12月第2次印刷

787mm×1092mm 1/16 21.75印张(插页2) 557千字
印数:15 501—16 500 定价:49.00元

前　言

《纳税实务操作教程》是会计学、财务管理、审计学、税收学、财政学以及其他相关专业的一门重要的专业实践课，它以科学、完善的税法理论体系为基础，依据最新的税收法律、法规，系统地介绍了纳税登记、涉税票证填制、各主要税种的纳税申报知识和技巧，将《税法》所介绍的各税种理论和会计实务融合在一起，结合实训教学与学生自我操作，以此培养学生纳税实务操作能力，提高学生的就业竞争力和创新精神。

本书的特点体现在以下几个方面：

1. 创新性。一是内容上创新。紧跟国家经济形势变化和税制改革动态，以国家最新税收法律法规为依据，把国税、地税合并后的税务登记模式、发票样式融入教材；结合国家税务总局2018年第57号关于修订《中华人民共和国企业所得税年度纳税申报表(A类，2017年版)》部分表单样式及填报说明的公告、国家税务总局2018年第62号《关于个人所得税自行纳税申报有关问题的公告》、国家税务总局2019年第15号《关于调整增值税纳税申报有关事项的公告》，以截止到2019年5月的税法为准，重新修改了企业所得税和个人所得税等有关税种的案例和填表说明。二是体例上创新。上篇为“总论”，简要介绍纳税实务的实施主体、税法在纳税会计实务中的应用以及纳税人纳税实务操作的工作程序；中篇为“纳税实务实训指导”，用案例的形式具体介绍纳税人纳税实务工作程序，包括纳税登记模拟、涉税票证填制实务模拟以及纳税申报实务模拟；下篇为“纳税实务实训操作”，训练学生纳税实务操作全过程，体现了点与面的结合。

2. 实用性。本书融税收基础理论、纳税会计实务、税收政策法规于一体，详细介绍了纳税实务的工作内容和工作程序、各税种纳税申报的种类和填报，还介绍了网上纳税的方法；给出了企业涉税实训的原始资料，通过课堂训练操作，对基本技能进行全面提升，帮助学生形成完整的纳税实务处理技能。

3. 仿真性。本书所有案例均来源于实际工作，旨在提供一个企业纳税实务方面的范本，既满足纳税实训教学的需要，也使学生置身于一个全真的企业涉税业务环境中，真正培养学生纳税实务业务处理能力和习惯。

4. 目的性。目前大多本科、专科教育的人才定位是培养应用型高级专门人才，强调学生实践能力和动手能力的培养，作者紧紧围绕实现这一目标编写了本书，并配合《税法》教材，结合使用，以达到理论与实践的深度融合。

本书科学系统、典型实用，既可以作为各类学校财经类专业及相关专业本科生、专科生的纳税实训课程教材，也可作为企业财会人员、涉税服务咨询机构人员自学用书。

本书在编写过程中借鉴吸收了国内外税收实务操作和教学以及政府相关网站的优秀成果，以及闽南理工学院校企合作单位石狮市税务局的业务指导，在此谨向相关作者和实务专家深表感谢。

本书由黄爱玲、张瀛霞、李敏、王丽亮、陈晓生编写，由于目前我国税收法规正处在频繁的变动中，加上编者水平有限，书中难免有不足之处，诚望广大读者批评指正。

另：由于最新的个人所得税扣缴申报表和个人所得税基础信息表等表项目多达数十项，囿于版面，该类型表在排版时采用竖排和横排兼用的形式，以及折页表的形式，若给读者带来阅读不便，在此谨表歉意。

编　者

2019 年 8 月

目　录

上篇

总　论

教学基本要求和作用：本部分由第一章“纳税实务基础知识”构成。通过教学，把以前学过的税收基本理论知识串联起来，使学生熟悉纳税义务人、扣缴义务人和纳税担保人的概念，掌握企业纳税的种类，了解纳税人在不同行业、不同环节应纳的主要税费，明确纳税人纳税实务操作的工作程序，为以后各部分内容的学习打下基础。

本部分内容既是对税收基础知识的高度概括，又是学习税收实务的理论基础，起到了承上启下的作用。

第一章　纳税实务基础知识

知识目标

☞ 了解纳税人、扣缴义务人以及纳税担保人的含义；
☞ 了解不同行业的企业应纳的主要税费；
☞ 了解纳税人在不同经营环节应纳的主要税费；
☞ 掌握纳税人纳税实务操作的工作程序。

引入案例

李晓文是某高校2019届毕业生。2019年5月，她在市人才交流会上看到一家企业在招聘税务会计，就去应聘，该单位的财会负责人当场向她提出了3个问题：(1) 你认为纳税义务人、扣缴义务人以及纳税担保人有何区别？(2) 不同行业的纳税人缴纳的税费有什么不同？(3) 纳税人在不同环节应纳的主要税费有哪些？李晓文对此做了较好的回答，并被当场录用。

第一节　纳税主体

纳税主体，是指税收法律关系中依法履行纳税义务，进行税款缴纳行为的一方当事人。

关于纳税主体的具体范围，主要有两种观点：一种是狭义的纳税主体概念，即纳税主体仅指纳税人，是指依照税法规定直接负有纳税义务的自然人、法人和其他组织。另一种是广义的纳税主体概念，即在税收征纳活动中，所履行的主要义务在性质上属于纳税义务的有关主体均称为纳税主体，包括纳税人、扣缴义务人、纳税担保人等。这种观点并不将纳税主体拘泥于"直接负有纳税义务"的纳税人，而是将履行扣缴义务、纳税担保义务等在实质上相当于纳税义务的扣缴义务人、纳税担保人等也包括在纳税主体中。本书赞同后一种广义的观点，因为赋予这些主体以纳税主体的地位和资格，有助于明确他们在税收征纳活动中的权利和义务，对依法保护其合法权益是非常必要的。

一、纳税人

纳税人是最主要、最广泛的纳税主体，是法律规定的直接负有纳税义务的单位和个人。纳税人是税收程序法和税收实体法共通的主体，是税收征管法和各个税种实体法都必须明确规定的普通要素。认定某一主体是否为纳税人，在形式上必须有法律的明确规定，这是税收法定原则的要求。法律在规定某一主体在税收征纳活动中的地位时，还要考虑其在司法活动中的民事主体身份，比如，是属于自然人、法人，还是属于非法人的其他组织，因为不同的身份决定了他们能否成为某些税种征纳活动的主体。

二、扣缴义务人

扣缴义务人是指依照法律规定，负有代扣代缴、代收代缴税款义务的单位和个人。税法规定扣缴义务人的目的是加强税收的源泉控制，减少税款流失，简化征纳手续，方便纳税人。因此，并不是每一种税收的征纳活动都有扣缴义务人，它一般规定在实行源泉征收的部分税种法中，是税法的特别主体。

三、纳税担保人

纳税担保人是为纳税人税收债务的履行提供担保的单位和个人，纳税担保包括人的担保和物的担保。纳税担保是税收征纳活动方面的一项重要制度，它不仅有助于确保国家税收的征收，而且也为纳税人因有特殊困难而申请延期纳税、欠税离境、欠税申请复议和提起诉讼提供了条件，是一项重要的保护纳税人权益的法律制度。纳税担保是经税务机关认可的第三人（保证人）同意以自己的信誉和财产（人的担保）、纳税人（或第三人）自愿以自己的财产（权利）为纳税人的税收债务提供担保（物的担保）并签订纳税担保书或纳税担保财产的清单而成立的，当纳税人不履行纳税义务时，纳税担保人应代其履行纳税义务，从而使自己由可能的纳税主体成为现实的纳税主体。但与“纳税人缴纳的税款最终只能由自己承担”这点不同的是，纳税担保人缴纳税款后，可以依法向被担保的纳税人追偿损失。赋予纳税担保人在税收征纳程序中独立的纳税主体资格，有助于其依法行使权利，保护自己的合法利益。

第二节　企业与税收

企业是重要的纳税主体，缴纳税收是每个企业应尽的义务。每个企业必须根据税法的规定和税务机关的要求，正确地进行各种税收的计算、申报和缴纳。

一、企业在税收中的地位

我国税收的纳税人有企业、行政事业单位、军事单位、社会团体及其他单位，还有个人和家庭。在这些纳税人中，企业是最重要的，企业要缴纳或代缴我国现行税制中几乎所有的税种。在国家的全部税收收入中，由企业缴纳或代缴的税额占 90%以上。

国家通过税收参与社会产品和国民收入的分配。社会产品和国民收入主要来自企业。企业是社会产品的主要提供者，是国民收入的主要来源。本书主要以企业及企业性单位为研究对象。

二、企业涉及的税种

我国现行税制共有 18 个税种，分别是增值税、消费税、企业所得税、个人所得税、资源税、土地增值税、环境保护税、关税、印花税、城镇土地使用税、房产税、车船税、城市维护建设税、契税、车辆购置税、耕地占用税、烟叶税和船舶吨税。

另外，国家和地方政府还征收一些具有税收性质的费用，主要有教育费附加、水利建设基金（堤防维护费）和地方教育发展费（地方教育附加）等。

（一）不同行业的企业应纳的主要税费

按照国民经济行业分类标准，我国行业可分为：

A—农、林、牧、渔业；

B—采矿业；

C—制造业；

D—电力、燃气及水的生产和供应业；

E—建筑业；

F—交通运输、仓储和邮政业；

G—信息运输、计算机服务和软件业；

H—批发和零售业；

I—住宿和餐饮业；

J—金融业；

K—房地产业；

L—租赁和商务服务业；

M—科学研究、技术服务和地质勘察业；

N—水利、环境和公共设施管理业；

O—居民服务和其他服务业；

P—教育；

Q—卫生、社会保障和社会福利业；

R—文化、体育和娱乐业；

S—公共管理与社会组织；

T—国际组织。

纳税人分属不同的行业，从事不同的生产经营活动，即使同一纳税人，在不同情况下也要缴纳不同的税，但很多纳税人并不清楚自己在什么情况下应当缴纳什么税费。

1. 生产卷烟等应税消费品的企业应缴纳的税费

主要有：增值税、消费税、城市维护建设税、教育费附加、地方教育附加、关税、城镇土地使用税、房产税、车船税、印花税、契税、企业所得税、代扣代缴个人所得税等。

2. 生产纺织品等非应税消费品的企业应缴纳的税费

主要有：增值税、城市维护建设税、教育费附加、地方教育附加、关税、城镇土地使用税、房产税、车船税、印花税、契税、企业所得税、代扣代缴个人所得税等。

3. 从事商品批发零售的企业应缴纳的税费

主要有：增值税、城市维护建设税、教育费附加、地方教育附加、城镇土地使用税、房产税、车船税、印花税、企业所得税、代扣代缴个人所得税等。境内从事卷烟批发业务的还要缴纳批发环节的消费税。

4. 从事采矿业的企业应缴纳的税费

主要有：资源税、增值税、城市维护建设税、教育费附加、地方教育附加、城镇土地使用税、环境保护税、房产税、车船税、印花税、契税、企业所得税、代扣代缴个人所得税等。

5. 从事房地产开发的企业应缴纳的税费

主要有：增值税、城市维护建设税、教育费附加、地方教育附加、土地增值税、城镇土地使用税、耕地占用税、房产税、车船税、印花税、企业所得税、代扣代缴个人所得税等。

6. 从事建筑劳务的企业应缴纳的税费

主要有：增值税、城市维护建设税、教育费附加、地方教育附加、城镇土地使用税、房产税、车船税、印花税、企业所得税、代扣代缴个人所得税等。

7. 从事运输、餐饮、金融等服务的内资企业应缴纳的税费

主要有：增值税、城市维护建设税、教育费附加、地方教育附加、城镇土地使用税、车辆购置税、房产税、车船税、印花税、企业所得税、代扣代缴个人所得税等。

8. 国家机关、军事单位、社会团体等单位应缴纳的税费

主要有：增值税、城市维护建设税、教育费附加、地方教育附加、城镇土地使用税、房产税、车船税、印花税、企业所得税、代扣代缴个人所得税等。

（二）不同环节的企业应纳的主要税费

1. 投资创建环节

纳税人在投资创建环节应缴纳的税款主要是印花税。企业在创建期间要购置会计账簿，订立合同，办理产权转移书据、房屋产权证、土地使用证，领受许可证（如营业执照）等，所有这些行为，都要缴纳印花税。

2. 购销生产环节

在购销生产环节应缴纳的税款主要有增值税、消费税、关税、资源税、印花税、城市维护建设税、教育费附加以及地方教育附加等。

纳税人在中华人民共和国境内（以下简称“境内”）销售（进口）货物、销售劳务、销售服务、销售无形资产或销售不动产，要依法缴纳增值税。

纳税人在境内生产、委托加工和进口（特殊情况除外）的应税消费品，要按规定缴纳消费税。

纳税人在缴纳增值税、消费税的同时，还要缴纳城市维护建设税、教育费附加和地方教育附加。

纳税人在境内开采原油、天然气、煤炭、金属矿及其他非金属矿等，或生产盐，要依法缴纳资源税。

纳税人从国外进口商品，应持有关证明向海关申报缴纳进口关税；出口应纳关税的商品，应持有关证明向海关申报缴纳出口关税。

3. 费用结算环节

纳税人在进行购进、生产、销售活动时，必须提供经营场所、车辆和船舶等设备，或租用办公用房、仓库，或贷款、签订合同等。这些业务涉及的税款一般称为费用性税金，因为这些税款是在费用结算环节征收的，且税金大部分计入管理费用。

纳税人应缴纳的费用性税金主要有房产税、城镇土地使用税、车船税和印花税等。

纳税人的自有房产，应按原值计算缴纳房产税，出租的房产按租金收入计算缴纳房产税。

纳税人使用的土地，应按使用面积计算缴纳城镇土地使用税。

纳税人的自有车船，应按车船的数量、整备质量和净吨位等计算缴纳车船税。

4. 利润结算环节

纳税人在按规定程序结算利润和其他所得后，必须申报和缴纳所得税。

纳税人应缴纳的所得税主要有企业所得税和个人所得税。

各种经济类型的企业，包括依照中国法律、行政法规在中国境内成立的企业、事业单位、社会团体以及其他取得收入的组织，还包括依照外国（地区）法律成立的企业和其他取得收入的

组织。他们在生产经营中取得的经营所得和其他所得，均应按税法规定计算缴纳企业所得税。

境内个人所得要依法缴纳个人所得税。

我国现行主要税费在生产经营环节的分布如表1－1所示。

表1－1　　**我国现行主要税费在生产经营环节的分布**

税　费	投资创建	生产经营					终止清算
		购进	生产	销售	费用结算	利润结算	
增值税		●		●			●
消费税			●	●			●
关税		●		●			
城市维护建设税				●			●
教育费附加				●			●
地方教育附加				●			●
资源税				●			
企业所得税						●	●
个人所得税						●	
土地增值税				●			
城镇土地使用税	●				●		
房产税	●				●		
车船税	●				●		
印花税	●	●	●	●	●		

第三节　纳税人涉税实务操作的工作程序

根据国家税法的规定，纳税人在履行纳税义务时，要根据国家税务机关征收管理工作的需要，遵循一定的纳税程序。这个纳税程序决定了企业涉税实务操作的工作程序，主要包括税务登记，按发票的管理要求进行发票的申请、领购和管理，以及纳税申报和缴纳税款等。

一、税务登记

税务登记是指经营应税业务的单位和个人在开业、歇业以及经营期间发生改组、合并等大的变动时，必须向所在地税务机关办理相应登记的一项制度。税务登记可以分为开业登记、变更登记、注销税务登记和外出经营报验登记。

二、发票的申请、领购和管理

纳税人自领取工商营业执照后，应携带有关资料向税务机关提出领购发票的申请，然后凭税务机关发给的发票领购簿中核准的发票种类、数量以及购票方式，向税务机关领购发票。

发票是指在购销商品、提供劳务或接受服务以及从事其他经营活动中，开具或收取的收付款的合法商事凭证。发票与企业实际经济活动密不可分，是企业进行会计核算的法定原始凭证，是税务机关进行纳税检查的重要依据。发票一般分为普通发票和增值税专用发票。

三、纳税申报

纳税申报是纳税人在发生纳税义务后，按税务机关规定的内容和期限，向主管税务机关以书面报表的形式申报有关纳税事项及应纳税款所履行的法定手续，它是纳税程序的中心环节。纳税申报不仅是征纳双方核定应纳税额、开具纳税凭证的主要依据，也是税务机关研究经济信息、加强税源管理的重要手段。实行纳税申报制度，不仅可以促使纳税人增强依法纳税的自觉性，提高税款计算的正确性，而且有利于税务机关依法征收税款，查处财务违章行为，保证国家税收及时、足额入库。

纳税义务人因有特殊原因，不能按期办理纳税申报和不能按期申报代征、代扣、代缴税款的，必须报告主管税务机关，由税务机关酌情批准延期。如果纳税人发生纳税义务而纳税人及其扣缴义务人未在规定的期限内申报纳税的，主管税务机关除按《中华人民共和国税收征收管理法》确定纳税人的应纳税额，并限期缴纳外，对情节严重的，还可依法处罚。

纳税申报的方式主要有以下几种：

(1) 直接申报(上门申报)。纳税人、扣缴义务人及代征人自行到税务机关指定地点办理纳税申报，报送纳税申报表。

(2) 邮寄申报。经税务机关批准的纳税人使用统一规定的纳税申报特快专递专用信封，利用邮政手段向主管税务机关办理纳税申报，报送纳税申报表，并向邮政部门索取收据作为申报凭据。

(3) 数据电文。经税务机关批准的纳税人通过电话语音、电子数据交换和网络传输等电子方式申报。例如，目前纳税人的网上申报，就是数据电文申报方式的一种形式。

纳税人采用电子方式办理纳税申报的，应当按照税务机关规定的期限和要求保存有关资料，并定期书面报送主管税务机关。

(4) 委托申报。也称代理申报，是纳税人委托中介机构代为办理纳税申报。

纳税人可根据本企业情况选择申报方式。数据电文申报是目前普及的一种申报方式，此外，纳税人还可以经过税务机关的批准采取邮寄申报的方式。小型企业可委托中介机构为其代理会计记账，并代为办理纳税申报。

四、税款缴纳

税款缴纳是指纳税人、扣缴义务人依照国家法律、行政法规的规定实现的税款依法通过不同方式缴纳入库的过程。纳税人、扣缴义务人应按税法规定的期限及时、足额缴纳应纳税款，以履行应尽的纳税义务。

一般情况下，纳税人应当按照主管国家税务机关确定的以下几种征收方式缴纳税款：

(1) 自核自缴(“三自”纳税)，是指在法定的纳税申报期内，由纳税人自行计算应纳税款、自行填写缴款书并自行到银行缴纳税款，然后持纳税申报表、缴款书报查联和有关资料，向税务机关办理申报。

(2) 转账缴税，是指纳税人在法定的纳税申报期内，由纳税人持纳税申报表和有关资料，向税务机关办理纳税申报，并根据税务机关填制的缴款书通过开户银行转账缴纳税款的方式。

(3) 预储账户缴税(银行税务一体化管理)，是指纳税人在银行开设税款预储账户后按期提前储入当期应纳税款，并在法定的申报期内向税务机关报送纳税申报表和有关资料，由税务机关开具税收缴款书通知银行划款入库。

（4）支票缴税，是指在法定的申报期内，纳税人持纳税申报表和有关资料以及应付税款等额支票，报送税务机关；税务机关审查支票的有效性后，开具"税收转账专用完税证"交纳税人作为完税凭证，然后集中报缴数字、支票清单，统一交由国库办理清算。

（5）现金缴税，是指对未在银行开立银行账户的纳税人，在法定的纳税申报期内，由纳税人自行计算应纳税款后持纳税申报表和有关资料、现金向税务机关办理纳税申报手续。无固定经营场所的零散税收缴纳也适用该方式。

（6）信用卡缴税，是指在法定的纳税申报期内，由纳税人自行计算应纳税款后持纳税申报表和有关资料、信用卡向税务机关办理纳税申报手续。税务机关在查询信用卡的余额足够缴纳应缴税款后，开具完税凭证，征收税款。

（7）委托代征，是指委托代征单位按照税务机关规定的代征范围和要求，以税务机关的名义向纳税人征收零散税款的方式。

纳税人涉税实务操作的工作流程大体如图1-1所示。

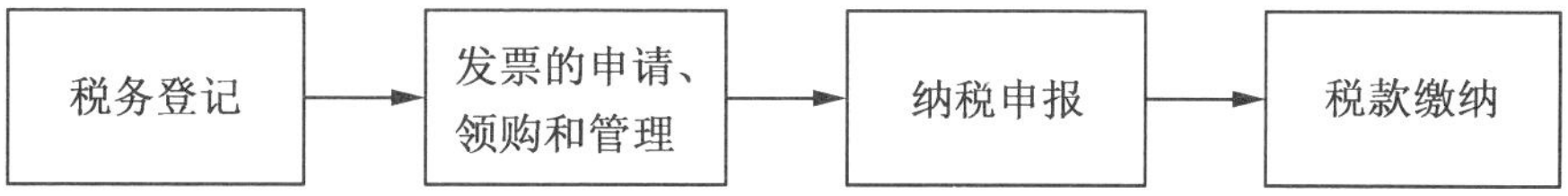

图1-1　纳税人涉税实务操作流程

中篇

纳税实务实训指导

教学基本要求和作用：本部分由第二章“纳税登记实务模拟演练”、第三章“涉税票证填制实务模拟演练”以及第四章“纳税申报实务模拟演练”构成。通过教学，使学生了解纳税人进行税务登记的基本流程；熟悉申请领购发票的业务流程及各种涉税票证的填制方法；掌握各税种的税额计算和纳税申报操作规范；能够熟练操作税收征管和电子报税软件等。本部分重点介绍各种登记和增值税一般纳税人的资格登记、各种票证填制和纳税申报实务操作案例。在实验过程中，应向学生讲明如何根据国家的有关规定进行税务登记、票证填制和纳税申报，弄清楚各税种的相关规定，把握远程电子申报的运作流程，加强学生的税收政策法制观念。学生在上实验课前，应提前阅读各章的有关内容，清楚每章的实验目的和要求，并结合《税法》《税务管理》《税务会计》《财务会计》《涉税服务实务》等教材认真预习各税种的计算和申报等内容。

本部分内容是学生进行纳税实务操作训练的前提和基础，是税收政策、税收征管和涉税服务的有机结合，通过学习和训练，实现理论与实践的有效对接。

第二章　纳税登记实务模拟演练

知识目标

了解税务登记的基本知识；

掌握设立、变更和注销税务登记的适用范围、办理时限和基本业务操作流程；

熟悉税务登记表及其类型以及纳税人税种认定表等，掌握和准确填制清税申报表、增值税一般纳税人资格登记表以及其他相关表格。

引入案例

李晓文在收到一家公司的录用通知书后，于 2019 年 7 月 1 日报到。会计主管刚好要去税务部门办理一家新企业的设立登记，便叫上李晓文一起去，并且将以后与此相关的一些事项都交由她来负责办理。李晓文该如何办理这家公司的税务登记呢？

第一节　设立税务登记

税务登记又称纳税登记，是税务机关对纳税人的开业、变更、歇业以及生产、经营等活动情况进行登记管理的一项基本制度，也是纳税人、扣缴义务人纳入税务机关监督管理的一项证明。它是税收征管工作的首要环节和基础工作。

根据法律、法规规定，具有应税收入、应税财产或应税行为的各类纳税人都应办理税务登记。2003 年 12 月 17 日国家税务总局令第 7 号公布《税务登记管理办法》，后经 2014 年 12 月 27 日《国家税务总局关于修改〈税务登记管理办法〉的决定》和 2018 年 6 月 15 日《国家税务总局关于修改部分税务部门规章的决定》修正。

县以上（含本级，下同）税务局（分局）是税务登记的主管税务机关，负责税务登记的设立登记、变更登记、注销登记和税务登记证验证、换证以及非正常户处理、报验登记等有关事项。县以上税务局（分局）按照国务院规定的税收征收管理范围，实施属地管理。有条件的城市，可以按照“各区分散受理、全市集中处理”的原则办理税务登记。

一、设立税务登记

（一）设立税务登记概述及基本要求

1. 设立税务登记的含义

设立税务登记是指企业、单位和个人经国家工商行政管理部门或有关部门批准设立后所需办理的税务登记。

新设立企业、农民专业合作社(以下统称企业)领取由工商行政管理部门核发加载法人和其他组织统一社会信用代码(以下简称统一代码)的营业执照后，无须再次进行税务登记，不再领取税务登记证。登记机关将企业基本登记信息及时传输至信息共享平台，企业办理涉税事宜时，凭加载统一代码的营业执照可代替税务登记证使用。

统一社会信用代码总共 18 位，分为 5 个部分：第一部分(第 1 位)是登记管理部门代码，例如工商(市场监管)部门代码为 9；第二部分(第 2 位)是机构类别代码，例如 1 表示企业；第三部分(第 3—8 位)是登记管理机关行政区划码，例如长春市工商局代码为 220100；第四部分(第 9—17 位)为主体标识码，也就是原来的组织机构代码；第五部分(第 18 位)是校验码。

一照一码登记制度起先适用于公司、非公司企业法人、个人独资企业、合伙企业、农民专业合作社等企业类市场主体，不包括个体工商户。

自 2015 年 10 月 1 日起，我国全面推行工商营业执照、组织机构代码证、税务登记证“三证合一、一照一码”登记制度改革。将企业登记时的依次申请(分别由工商部门核发工商营业执照，质监部门核发组织机构代码证，税务部门核发税务登记证)改为一次申请[由工商(市场监管)部门核发一个营业执照的登记制度]，实现一窗受理、互联互通、信息共享。

2016 年 10 月 1 日起在“三证合一”基础上又实行“五证合一、一照一码”登记制度改革，整合社会保险登记证和统计登记证，全面实行“一套材料、一表登记、一窗受理”的工作模式。各部门通过数据交换中心，提取企业登记信息后，导入本部门业务系统使用，企业可凭“一照一码”直接到各部门办理相关业务。

但前两项改革并没有包括个体工商户。个体工商户依然要到工商、税务两家分别办理登记手续。2016 年 8 月 29 日，国家工商总局、国家税务总局、国家发展和改革委员会、国务院法制办公室四部门发布了《关于实施个体工商户营业执照和税务登记证“两证整合”的意见》(以下简称《意见》)，要求进一步深化商事制度改革，加快推进登记制度改革向个体工商户的延伸，2016 年 10 月 1 日起在黑龙江、上海、福建、湖北四个省(市)先行试点，从 2016 年 12 月 1 日起，全国正式实施个体工商户营业执照和税务登记证“两证整合”。

个体工商户“两证整合”登记制度是指将个体工商户登记时的依次申请(分别由工商行政管理部门核发营业执照，税务部门核发税务登记证)改为一次申请(由工商行政管理部门核发一个营业执照)。也就是说，公民只需填写“一张表”，向“一个窗口”提交“一套材料”，即可办理个体工商户工商及税务登记，将由工商行政管理部门、税务部门分别核发的营业执照和税务登记证，改为由工商行政管理部门核发一个加载法人和其他组织统一社会信用代码的营业执照，从而实现工商、税务部门的个体工商户数据信息实时共享。

在“五证合一”登记制度改革和个体工商户的“两证整合”基础上，自 2017 年 11 月 1 日起施行 “多证合一”登记制度，加强与工商部门的信息共享协作，优化登记信息补充采集，税务机关依据工商部门共享的登记信息制作“‘多证合一’登记信息确认表”。与“五证合一”登记制度改革不同，“多证合一”登记制度改革在国家层面上没有统一规定范围，而是由各省根据经济发展特点和区域产业发展情况决定。

需要明确的是，在“多证合一”登记制度改革中，税务登记并没有取消，税务登记的法律地位仍然存在，只是政府在简政放权的大背景下，将税务登记的环节改为由工商行政管理部门一个窗口受理。

2. 设立税务登记的具体范围

领取加载统一社会信用代码证件的企业、农民专业合作社、个体工商户及其他组织无须单独到税务机关办理该事项，其领取的证件作为税务登记证件使用；“多证合一”登记制度改革之外的其他组织，如事业单位、社会组织、律师事务所、境外非政府组织等，应当依法向税务机关办理税务登记，领取税务登记证件。

企业，企业在外地设立的分支机构和从事生产、经营的场所，个体工商户和从事生产、经营的事业单位(以下统称从事生产、经营的纳税人)，向生产、经营所在地税务机关申报办理税务登记：

(1) 从事生产、经营的纳税人领取工商营业执照的，应当自领取工商营业执照之日起 30 日内申报办理税务登记，税务机关发放税务登记证及副本。

(2) 从事生产、经营的纳税人未办理工商营业执照但经有关部门批准设立的，应当自有关部门批准设立之日起 30 日内申报办理税务登记，税务机关发放税务登记证及副本。

(3) 从事生产、经营的纳税人未办理工商营业执照也未经有关部门批准设立的，应当自纳税义务发生之日起 30 日内申报办理税务登记，税务机关发放临时税务登记证及副本。

(4) 有独立的生产经营权、在财务上独立核算并定期向发包人或者出租人上交承包费或租金的承包承租人，应当自承包承租合同签订之日起 30 日内，向其承包承租业务发生地税务机关申报办理税务登记，税务机关发放临时税务登记证及副本。

(5) 境外企业在中国境内承包建筑、安装、装配、勘探工程和提供劳务的，应当自项目合同或协议签订之日起 30 日内，向项目所在地税务机关申报办理税务登记，税务机关发放临时税务登记证及副本。

(6) 上述以外的其他纳税人，除国家机关、个人和无固定生产、经营场所的流动性农村小商贩外，均应当自纳税义务发生之日起 30 日内，向纳税义务发生地税务机关申报办理税务登记，税务机关发放税务登记证及副本。

(7) 已办理税务登记的扣缴义务人应当自扣缴义务发生之日起 30 日内，向税务登记地税务机关申报办理扣缴税款登记。税务机关在其税务登记证件上登记扣缴税款事项，税务机关不再发放扣缴税款登记证件。可不办理税务登记的扣缴义务人，应当自扣缴义务发生之日起 30 日内，向机构所在地税务机关申报办理扣缴税款登记。税务机关发放扣缴税款登记证件。

3. 设立税务登记需要提交的资料

(1) 工商营业执照或其他核准执业证件；

(2) 有关合同、章程、协议书；

(3) 组织机构统一代码证书；

(4) 法定代表人或负责人或业主的居民身份证、护照或者其他合法证件；

(5) 税务登记表；

(6) 其他需要提供的有关证件、资料，由省、自治区、直辖市税务机关确定。

4. 税务登记表的种类、适用范围及主要内容

(1) 税务登记表的类型及适用范围

税务登记表分为适用单位纳税人的“税务登记表”、适用个体经营的“税务登记表”和适用临时税务登记纳税人的“税务登记表”三类。

① 单位纳税人“税务登记表”适用于内资企业、港澳台商投资企业、外商投资企业、外国企业、企业分支机构和其他注册类型(见表 2-1)。

② 个体经营“税务登记表”只适用于个体工商户(见表 2-2)。

③ 临时税务登记纳税人"税务登记表"适用于办理临时税务登记的纳税人(见表 2 - 3),不包括报验登记的纳税人。

(2) 税务登记表的主要内容

税务登记表的主要内容包括:单位名称、法定代表人或者业主姓名及其居民身份证、护照或者其他合法证件的号码;住所、经营地点;登记类型;核算方式;生产经营方式;生产经营范围;注册资金(资本)、投资总额;生产经营期限;财务负责人、联系电话;国家税务总局确定的其他有关事项。

5. 推行新办纳税人"套餐式"服务

在确保税收风险可控的基础上,依托网上办税服务厅,实现新办纳税人法定义务事项和首次领用发票相关办税事项一并办理,建立集中处理涉税事项的"套餐式"服务模式。一般应包括网上办税服务厅开户、登记信息确认、财务会计制度及核算软件备案、纳税人存款账户账号报告、增值税一般纳税人登记、发票票种核定、增值税专用发票最高开票限额审批、实名办税、增值税税控系统专用设备初始发行、发票领用等事项。有条件的地方,还可将授权划缴税款协议和增值税税控系统专用设备网上购买等事项纳入"套餐式"服务范围。

(二) 设立税务登记的操作流程

(1) 纳税人在办税服务厅,提交的证件和资料不齐全或税务登记表的填写内容不符合规定的,税务机关应当场通知其补正或重新填报;纳税人提交的证件和资料齐全且税务登记表的填写内容符合规定的,税务机关受理后即时办结。同时,税务机关反馈"税务登记表"。

(2) 实行新办纳税人"套餐式"服务的,纳税人可在网上办税服务厅提交"套餐式"服务事项申请;税务机关在规定的期限内完成办理,并通过网上办税服务厅反馈办理情况;纳税人依据反馈情况到办税服务厅,领取增值税税控系统专用设备、发票等办理结果。把"多次填表、多个流程、多次跑路"转化为"一次填表、一次流转、一次跑路"。

(3) 纳税人注意事项:

① 纳税人对报送材料的真实性和合法性承担责任。

② 纳税人在资料完整且符合法定受理条件的前提下,最多只需要到税务机关跑一次。

③ 纳税人应按照法律、法规规定和税务机关确定的申报期限、申报内容按期进行相关税种的纳税申报。

④ 税务机关提供新办纳税人"套餐式"服务的,纳税人可以一并办理存款账户账号报告、发票领用等多个事项。

以下以吉林省推行"五证合一"登记制度改革的业务流程图(见图 2 - 1)为例。

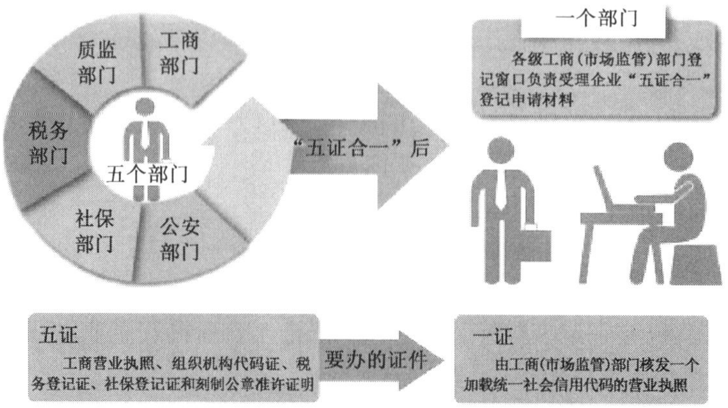

图 2 - 1　吉林省推行"五证合一"登记制度改革的业务流程

（三）税务登记表模拟演练示范

表 2－1　　**税务登记表**

（适用单位纳税人）

填表日期：2019年8月18日

<table>
<tr><td colspan="2">纳税人名称</td><td colspan="2">长春××电子科技有限公司</td><td colspan="2">纳税人识别号</td><td colspan="2">2201047671796××</td></tr>
<tr><td colspan="2">登记注册类型</td><td colspan="2">有限责任公司</td><td colspan="2">批准设立机关</td><td colspan="2">长春市工商行政管理局××分局</td></tr>
<tr><td colspan="2">组织机构代码</td><td colspan="2">76717966－×</td><td colspan="2">批准设立证明或文件号</td><td colspan="2">22010420044××</td></tr>
<tr><td>开业（设立）日期</td><td>2019年8月18日</td><td>生产经营期限</td><td>10年</td><td>证照名称</td><td>法人营业执照</td><td>证照号码</td><td>22010420044××</td></tr>
<tr><td colspan="2">注册地址</td><td>朝阳区西安大路××号</td><td>邮政编码</td><td>1300××</td><td>联系电话</td><td colspan="2">1394413××××</td></tr>
<tr><td colspan="2">生产经营地址</td><td>朝阳区西安大路××号</td><td>邮政编码</td><td>1300××</td><td>联系电话</td><td colspan="2">1394413××××</td></tr>
<tr><td>核算方式</td><td colspan="3">请选择对应项目打“√”　☑独立核算　□非独立核算</td><td colspan="2">从业人数</td><td colspan="2">95　其中外籍人数　2</td></tr>
<tr><td>单位性质</td><td colspan="7">请选择对应项目打“√”　☑企业　□事业单位　□社会团体　□民办非企业单位　□其他</td></tr>
<tr><td colspan="2">网站网址</td><td colspan="2"></td><td colspan="2">国标行业</td><td colspan="2">C 40 □□　□□　□□</td></tr>
<tr><td colspan="2">适用会计制度</td><td colspan="6">请选择对应项目打“√”
☑企业会计制度　□小企业会计制度　□金融企业会计制度　□行政事业单位会计制度</td></tr>
<tr><td colspan="4">经营范围
主营：计算机、打印机、复印机的生产与销售
兼营：计算机软、硬件及标识、仪器仪表及耗材、办公用品、通信器材、暖通配件的销售、技术及信息咨询服务</td><td colspan="4">请将法定代表人（负责人）身份证件复印件粘贴在此处。</td></tr>
<tr><td rowspan="2">项目内容
联系人</td><td rowspan="2">姓名</td><td colspan="2">身份证件</td><td rowspan="2">固定电话</td><td rowspan="2">移动电话</td><td rowspan="2" colspan="2">电子邮箱</td></tr>
<tr><td>种类</td><td>号码</td></tr>
<tr><td>法定代表人（负责人）</td><td>张天意</td><td>身份证</td><td>22040319540816××××</td><td>8898××××</td><td>1394413××××</td><td colspan="2">Ztv@163.com</td></tr>
<tr><td>财务负责人</td><td>李民</td><td>身份证</td><td>22010419680213××××</td><td>8898××××</td><td>1384310××××</td><td colspan="2">limin@163.com</td></tr>
<tr><td>办税人</td><td>王帅</td><td>身份证</td><td>22010519820412××××</td><td>8898××××</td><td>1315439××××</td><td colspan="2">wangshuai@163.com</td></tr>
<tr><td colspan="2">税务代理人名称</td><td colspan="2">纳税人识别号</td><td colspan="2">联系电话</td><td colspan="2">电子邮箱</td></tr>
<tr><td colspan="2"></td><td colspan="2"></td><td colspan="2"></td><td colspan="2"></td></tr>
<tr><td colspan="2">注册资本或投资总额</td><td>币种</td><td>金额</td><td>币种</td><td>金额</td><td>币种</td><td>金额</td></tr>
<tr><td colspan="2">注册资本</td><td>人民币</td><td>200万元</td><td></td><td></td><td></td><td></td></tr>
</table>

续表

投资方名称	投资方经济性质	投资比例	证件种类	证件号码	国籍或地址
张天意	自然人	60%	身份证	22040319540816××××	长春市朝阳区桂花街××号
李军	自然人	20%	身份证	22010219650911××××	长春市宽城区亚泰大街××号
李万里	自然人	20%	身份证	22010219620908××××	长春市宽城区亚泰大街××号

自然人投资比例	100%	外资投资比例		国有投资比例	

分支机构名称	注册地址	纳税人识别号	

总机构名称			纳税人识别号		
注册地址			经营范围		
法定代表人姓名		联系电话		注册地址和邮政编码	

代扣代缴、代收代缴税款业务情况	代扣代缴、代收代缴税款业务内容	代扣代缴、代收代缴税种
	代扣工资个人所得税	

经办人签章：王帅 2019年08月18日	法定代表人(负责人)签章：张天意 2019年8月18日	纳税人公章：长春××电子科技有限公司 2019年8月18日

以下由税务机关填写：

纳税人所处街乡		隶属关系	
主管税务机关		主管税务所(科)	

经办人(签章)： 税务机关经办人： 受理日期： 年 月 日	税务登记机关 (税务登记专用章)： 核准日期： 年 月 日 主管税务机关：

核发税务登记证副本数量： 本　　发证日期： 年 月 日

国家税务总局监制

表 2－2

税务登记表

（适用个体经营）

填表日期：2019 年 4 月 15 日

<table>
<tr><td>纳税人名称</td><td colspan="3">兄弟拉面</td><td>纳税人识别号</td><td colspan="3">22010319730312××××</td></tr>
<tr><td>登记注册类型</td><td colspan="7">请选择对应项目打“√” ☑个体工商户 □个人合伙</td></tr>
<tr><td>开业（设立）日期</td><td>2019 年
4 月 15 日</td><td colspan="2">批准设立机关</td><td colspan="4">长春市××区工商局</td></tr>
<tr><td>生产经营期限</td><td>1 年</td><td>证照名称</td><td>个体工商户</td><td>证照号码</td><td colspan="3">22010319730312××××</td></tr>
<tr><td>注册地址</td><td>建政路光明胡同××号</td><td>邮政编码</td><td>1300××</td><td>联系电话</td><td colspan="3">1360441××××</td></tr>
<tr><td>生产经营地址</td><td>建政路光明胡同××号</td><td>邮政编码</td><td>1300××</td><td>联系电话</td><td colspan="3">1360441××××</td></tr>
<tr><td>合伙人数</td><td>1</td><td>雇工人数</td><td>2</td><td>其中固定工人数</td><td colspan="3"></td></tr>
<tr><td>网站网址</td><td colspan="2">www.gxj.com.cn</td><td>国标行业</td><td colspan="4">O 83 □□□□□□□</td></tr>
<tr><td>业主姓名</td><td colspan="2">国籍或户籍地</td><td colspan="2">固定电话</td><td colspan="2">移动电话</td><td>电子邮箱</td></tr>
<tr><td>葛小杰</td><td colspan="2">长春市朝阳区朝阳小区××号</td><td colspan="2">8766××××</td><td colspan="2">1360441××××</td><td>Gxj@163.com</td></tr>
<tr><td>身份证件名称</td><td colspan="2">身份证</td><td colspan="2">证件号码</td><td colspan="3">22010319730312××××</td></tr>
<tr><td>经营范围
各种小吃、服务</td><td colspan="7">请将业主身份证或其他合法身份证件复印件粘贴在此处。</td></tr>
<tr><td rowspan="5">分店情况</td><td colspan="2">分店名称</td><td colspan="2">纳税人识别号</td><td colspan="2">地址</td><td>电话</td></tr>
<tr><td colspan="2"></td><td colspan="2"></td><td colspan="2"></td><td></td></tr>
<tr><td colspan="2"></td><td colspan="2"></td><td colspan="2"></td><td></td></tr>
<tr><td colspan="2"></td><td colspan="2"></td><td colspan="2"></td><td></td></tr>
<tr><td colspan="2"></td><td colspan="2"></td><td colspan="2"></td><td></td></tr>
</table>

续表

<table>
<tr><td rowspan="5">合伙人
投资情况</td><td>合伙人
姓名</td><td>国籍或地址</td><td>身份证
件名称</td><td>身份证件号码</td><td>投资金额
（万元）</td><td>投资
比例</td><td>分配比例</td></tr>
<tr><td></td><td></td><td></td><td></td><td></td><td></td><td></td></tr>
<tr><td></td><td></td><td></td><td></td><td></td><td></td><td></td></tr>
<tr><td></td><td></td><td></td><td></td><td></td><td></td><td></td></tr>
<tr><td></td><td></td><td></td><td></td><td></td><td></td><td></td></tr>
<tr><td rowspan="4">代扣代缴、
代收代缴税
款业务情况</td><td colspan="4">代扣代缴、代收代缴税款业务内容</td><td colspan="3">代扣代缴、代收代缴税种</td></tr>
<tr><td colspan="4"></td><td colspan="3"></td></tr>
<tr><td colspan="4"></td><td colspan="3"></td></tr>
<tr><td colspan="4"></td><td colspan="3"></td></tr>
<tr><td colspan="8">附报资料</td></tr>
<tr><td colspan="5">经办人签章：葛杰

2019 年 4 月 15 日</td><td colspan="3">业主签章：葛小杰名章

2019 年 4 月 15 日</td></tr>
<tr><td colspan="8">以下由税务机关填写：</td></tr>
<tr><td colspan="2">纳税人所处街乡</td><td colspan="2"></td><td colspan="2">隶属关系</td><td colspan="2"></td></tr>
<tr><td colspan="2">主管税务机关</td><td colspan="2"></td><td colspan="2">主管税务所(科)</td><td colspan="2"></td></tr>
<tr><td colspan="4">经办人(签章)：
税务机关经办人：
受理日期：　　年　　月　　日</td><td colspan="4">税务登记机关
(税务登记专用章)：
核准日期：　　年　　月　　日
主管税务机关：</td></tr>
<tr><td colspan="8">核发《税务登记证副本》数量：　　本　　发证日期：　　年　　月　　日</td></tr>
</table>

国家税务总局监制

表 2－3　　　　　　　　　　**税务登记表**

（适用临时税务登记纳税人）

填表日期：2019 年 8 月 15 日

<table>
<tr><td>纳税人名称</td><td colspan="3">广达建筑安装有限公司</td><td colspan="2">纳税人识别号</td><td colspan="3">2201058943215××</td></tr>
<tr><td>类　型</td><td colspan="8">请选择对应项目打“√”
□领取临时营业执照　□承包租赁经营　☑境外企业承包工程或劳务</td></tr>
<tr><td rowspan="2">组织机构代码</td><td rowspan="2" colspan="2">89432155－×</td><td colspan="2">批准设立机关</td><td colspan="4">长春市××区工商局</td></tr>
<tr><td colspan="2">批准设立文号</td><td colspan="4">220105223××</td></tr>
<tr><td>开业(设立)日期</td><td colspan="2">2019 年 8 月 15 日</td><td>生产经营期限</td><td>3 年</td><td>证照名称</td><td>法人执照</td><td>证照号码</td><td>220105223××</td></tr>
<tr><td>注册地址</td><td colspan="2">绿园区正阳街××号</td><td>邮政编码</td><td colspan="2">1300××</td><td>联系电话</td><td colspan="2">123456××</td></tr>
<tr><td>生产经营地址</td><td colspan="2">绿园区正阳街××号</td><td>邮政编码</td><td colspan="2">1300××</td><td>联系电话</td><td colspan="2">876543××</td></tr>
<tr><td>核算方式</td><td colspan="8">请选择对应项目打“√”　□独立核算　☑非独立核算</td></tr>
<tr><td>从业人数</td><td>30 人</td><td>其中外籍人数</td><td colspan="2">10 人</td><td colspan="2">临时税务登记有效期</td><td colspan="2">1 年</td></tr>
<tr><td>单位性质</td><td colspan="8">请选择对应项目打“√”
☑企业　□事业单位　□社会团体　□民办非企业单位　□其他</td></tr>
<tr><td>网站网址</td><td colspan="3"></td><td colspan="2">国标行业</td><td colspan="3">E 48 □□□□□</td></tr>
<tr><td>适用会计制度</td><td colspan="8">请选择对应项目打“√”
☑企业会计制度　□小企业会计制度　□金融企业会计制度　□行政事业单位会计制度</td></tr>
<tr><td colspan="2">经营范围：公用设备安装、锅炉安装、房屋建筑工程和室内装饰装修工程</td><td colspan="7">请将法定代表人(负责人)身份证件复印件粘贴在此处。</td></tr>
<tr><td rowspan="2">项目内容
联系人</td><td rowspan="2">姓名</td><td colspan="2">身份证件</td><td rowspan="2">固定电话</td><td rowspan="2" colspan="2">移动电话</td><td rowspan="2" colspan="2">电子邮箱</td></tr>
<tr><td>种类</td><td>号码</td></tr>
<tr><td>法定代表人(负责人)</td><td>汤姆</td><td>护照</td><td>M0578××××</td><td>7654××××</td><td colspan="2">1355439××××</td><td colspan="2"></td></tr>
<tr><td>财务负责人</td><td>李良</td><td>身份证</td><td>211×××××××××××××××</td><td>7654××××</td><td colspan="2">1313421××××</td><td colspan="2"></td></tr>
<tr><td>办税人</td><td>王晓峰</td><td>身份证</td><td>101×××××××××××××××</td><td>7654××××</td><td colspan="2">1308900××××</td><td colspan="2"></td></tr>
<tr><td>税务代理人名称</td><td colspan="3">纳税人识别号</td><td colspan="3">联系电话</td><td colspan="2">电子邮箱</td></tr>
<tr><td></td><td colspan="3"></td><td colspan="3"></td><td colspan="2"></td></tr>
<tr><td>注册资本或投资总额</td><td>币种</td><td>金额</td><td>币种</td><td>金额</td><td colspan="2">币种</td><td colspan="2">金额</td></tr>
<tr><td>3 000 万元人民币</td><td></td><td></td><td></td><td></td><td colspan="2"></td><td colspan="2"></td></tr>
</table>

续表

<table>
<tr><td>投资方名称</td><td colspan="2">投资方经济性质</td><td>投资比例</td><td colspan="2">证件种类</td><td>证件号码</td><td colspan="2">国籍或地址</td></tr>
<tr><td></td><td colspan="2"></td><td></td><td colspan="2"></td><td></td><td colspan="2"></td></tr>
<tr><td></td><td colspan="2"></td><td></td><td colspan="2"></td><td></td><td colspan="2"></td></tr>
<tr><td></td><td colspan="2"></td><td></td><td colspan="2"></td><td></td><td colspan="2"></td></tr>
<tr><td>自然人投资比例</td><td colspan="2"></td><td>外资投资比例</td><td colspan="2"></td><td>国有投资比例</td><td colspan="2"></td></tr>
<tr><td colspan="2">分支机构名称</td><td colspan="3">注册地址</td><td colspan="4">纳税人识别号</td></tr>
<tr><td colspan="2"></td><td colspan="3"></td><td colspan="4"></td></tr>
<tr><td colspan="2"></td><td colspan="3"></td><td colspan="4"></td></tr>
<tr><td colspan="2"></td><td colspan="3"></td><td colspan="4"></td></tr>
<tr><td>总机构名称</td><td colspan="4"></td><td colspan="2">纳税人识别号</td><td colspan="2"></td></tr>
<tr><td>注册地址</td><td colspan="4"></td><td colspan="2">经营范围</td><td colspan="2"></td></tr>
<tr><td>法定代表人姓名</td><td colspan="2"></td><td>联系电话</td><td></td><td colspan="2">注册地址邮政编码</td><td colspan="2"></td></tr>
<tr><td colspan="3" rowspan="4">代扣代缴、代收代缴税款业务情况</td><td colspan="3">代扣代缴、代收代缴税款业务内容</td><td colspan="3">代扣代缴、代收代缴税种</td></tr>
<tr><td colspan="3"></td><td colspan="3"></td></tr>
<tr><td colspan="3"></td><td colspan="3"></td></tr>
<tr><td colspan="3"></td><td colspan="3"></td></tr>
<tr><td colspan="9">附报资料：</td></tr>
<tr><td colspan="3">经办人签章：
王晓峰
2019 年 8 月 15 日</td><td colspan="3">法定代表人(负责人)签章：
汤姆
2019 年 8 月 15 日</td><td colspan="3">纳税人公章：
广达建筑安装有限公司
2019 年 8 月 15 日</td></tr>
<tr><td colspan="9">以下由税务机关填写：</td></tr>
<tr><td colspan="2">纳税人所处街乡</td><td colspan="2"></td><td colspan="3">隶属关系</td><td colspan="2"></td></tr>
<tr><td colspan="2">主管税务机关</td><td colspan="2"></td><td colspan="3">主管税务所(科)</td><td colspan="2"></td></tr>
<tr><td colspan="4">经办人(签章)：
税务机关经办人：
受理日期：　　年　月　日</td><td colspan="5">税务登记机关
(税务登记专用章)：
核准日期：　　年　月　日
主管税务机关：</td></tr>
<tr><td colspan="9">核发税务登记证副本数量：1 本　　发证日期：　　年　月　日</td></tr>
</table>

国家税务总局监制

二、增值税一般纳税人资格登记操作流程

增值税一般纳税人(以下简称一般纳税人)资格实行登记制,登记事项由增值税纳税人(以下简称纳税人)向其主管税务机关办理。

(一) 增值税一般纳税人认定标准

(1) 自 2018 年 5 月 1 日起,年应税销售额(包括货物、应税劳务、应税行为销售额)达到 500 万元及以上的企业性单位(以下简称“企业”)。

年应税销售额,是指纳税人在连续不超过 12 个月或四个季度的经营期内累计应征增值税销售额,包括纳税申报销售额、稽查查补销售额、纳税评估调整销售额。销售服务、无形资产或者不动产(以下简称“应税行为”)有扣除项目的纳税人,其应税行为年应税销售额按未扣除之前的销售额计算。纳税人偶然发生的销售无形资产、转让不动产的销售额,不计入应税行为年应税销售额。

“经营期”是指在纳税人存续期内的连续经营期间,含未取得销售收入的月份或季度。

“纳税申报销售额”是指纳税人自行申报的全部应征增值税销售额,其中包括免税销售额和税务机关代开发票销售额。“稽查查补销售额”和“纳税评估调整销售额”计入查补税款申报当月(或当季)的销售额,不计入税款所属期销售额。

(2) 会计核算健全,能够提供准确税务资料的。会计核算健全,是指能够按照国家统一的会计制度规定设置账簿,根据合法、有效凭证核算。

(二) 办理增值税一般纳税人登记的范围

(1) 纳税人年应税销售额超过财政部、国家税务总局规定的小规模纳税人标准的,应当向主管税务机关办理一般纳税人登记。

纳税人兼有销售货物、提供加工修理修配劳务(以下称“应税货物及劳务”)和销售服务、无形资产、不动产(以下称“应税行为”)的,应税货物及劳务销售额与应税行为销售额分别计算,分别适用增值税一般纳税人登记标准,其中有一项销售额超过规定标准,就应当按照规定办理增值税一般纳税人登记相关手续。

(2) 年应税销售额未超过规定标准的纳税人,会计核算健全,能够提供准确税务资料的,可以向主管税务机关办理一般纳税人登记。

(3) 纳税人在年应税销售额超过规定标准的月份(或季度)的所属申报期结束后 15 日内应当按照规定办理增值税一般纳税人登记相关手续;未按规定时限办理的,主管税务机关应当在规定时限结束后 5 日内制作“税务事项通知书”,告知纳税人应当在 5 日内向主管税务机关办理相关手续;逾期仍不办理的,次月起按销售额依照增值税税率计算应纳税额,不得抵扣进项税额,直至纳税人办理相关手续为止。

(4) 纳税人登记为一般纳税人后,不得转为小规模纳税人,国家税务总局另有规定的除外;对税收遵从度低的一般纳税人,主管税务机关可以实行纳税辅导期管理。

(三) 办理增值税一般纳税人登记的程序

(1) 纳税人向主管税务机关填报“增值税一般纳税人登记表”(见表 2－4),如实填写固定生产经营场所等信息,并提供税务登记证件。

(2) 纳税人填报内容与税务登记信息不一致,或者不符合填列要求的,税务机关应当场告知纳税人需要补正的内容。

(3) 经税务机关核对纳税人填报内容与税务登记信息一致的,主管税务机关当场登记,并退还纳税人留存的“增值税一般纳税人登记表”,可以作为证明纳税人成为增值税一般纳税人

的凭据。纳税人自一般纳税人生效的当月 1 日或者次月 1 日起，按照增值税一般计税方法计算应纳税额，并可以按照规定领用增值税专用发票，财政部、国家税务总局另有规定的除外。

（四）增值税一般纳税人资格登记表模拟演练示范

表 2－4　　增值税一般纳税人资格登记表

纳税人名称	长春××电子科技有限公司		纳税人识别号	22010476717×××××	
法定代表人（负责人、业主）	张天意	证件名称及号码	22040319540816××××	联系电话	1394413××××
财务负责人	李民	证件名称及号码	22010419680213××××	联系电话	1384310××××
办税人员	王帅	证件名称及号码	22010519820412××××	联系电话	1315439××××
税务登记日期	2019 年 8 月 15 日				
生产经营地址	朝阳区西安大路××号				
注册地址	朝阳区西安大路××号				
纳税人类别：企业☑　非企业性单位□　个体工商户□　其他□					
主营业务类别：工业☑　商业□　服务业□　其他□					
会计核算健全：是☑					
一般纳税人资格生效之日：当月 1 日□　次月 1 日☑					
纳税人（代理人）承诺： 上述各项内容真实、可靠、完整。如有虚假，愿意承担相关法律责任。 经办人：王帅　法定代表人：张天意　代理人：（签章） 2019 年 8 月 18 日					
以下由税务机关填写					
主管税务机关受理情况	受理人：主管税务机关（章） 年　月　日				

三、增值税一般纳税人选择简易征税办法备案流程

增值税一般纳税人因行业的特殊性，无法取得原材料或货物的增值税进项发票，按照进销项的方法核算增值税应纳税额后税负过高，因此对特殊的行业，税务机关采取简易征收率征收增值税，实行简易征收备案制度。

（一）备案须提供的材料

（1）一般纳税人选择简易办法征收备案事项说明；

（2）选择简易征收的产品、服务符合条件的证明材料，或者企业符合条件的证明材料；

（3）“企业营业执照”副本（复印件）；

（4）“增值税一般纳税人资格登记表”（复印件）；

（5）企业填报“增值税一般纳税人选择简易办法征收备案表”一式二份（见表 2－5）。

（二）备案操作流程的具体内容

（1）办税服务厅接收资料，核对资料是否齐全、是否符合法定形式、填写内容是否完整，符合的即时办结；

（2）不符合的当场一次性提示应补正资料或不予受理原因。其次，办税服务厅签收纳税人的“增值税一般纳税人简易征收备案表”，一份返还纳税人，相关资料信息 1 个工作日内转下

一环节按规定程序处理，税务机关予以认定。

（三）增值税一般纳税人选择简易办法征收备案表模拟演练示范

表 2-5　　增值税一般纳税人选择简易办法征收备案表

纳税人识别号	31010900026186××××	纳税人名称	上海××自来水公司
备案事项	☐小型水力发电单位简易征收备案 ☐砂、土、石料、砖、瓦、石灰等建筑材料生产企业简易征收备案 ☐商品混凝土生产企业简易征收备案 ☐生物制品生产企业简易征收备案 ☐药品经营企业销售生物制品简易征收备案 ☑自来水生产和销售企业简易征收备案 ☐旧货经营单位简易征收备案 ☐单采血浆站销售非临床用人体血液简易征收备案 ☐寄售商店代销寄售商品简易征收备案 ☐典当业销售死当物品简易征收备案 ☐拍卖行简易征收备案 ☐提供公共交通运输服务简易征收备案 ☐有形动产租赁简易征收备案 ☐动漫企业简易征收备案 ☐电影放映服务简易征收备案 ☐仓储服务简易征收备案 ☐装卸搬运服务简易征收备案 ☐收派服务简易征收备案 ☐通过卫星提供语音通话等服务简易征收备案 ☐中外开采原油、天然气简易征收备案 ☐其他：________________		
附报资料：			
财务负责人：万青		经办人：李爽（公章） 2019 年 10 月 8 日	
受理人（签章）：		受理税务机关（章） 年　月　日	

四、选择按小规模纳税人纳税的具体流程

增值税纳税人年应税销售额超过财政部、国家税务总局规定标准（以下简称规定标准），且符合有关政策规定，可以选择按小规模纳税人纳税。自 2018 年 5 月 1 日起，增值税小规模纳税人标准为年应征增值税销售额 500 万元及以下。

（一）选择按小规模纳税人纳税的具体范围

（1）销售货物或者提供加工、修理修配劳务的纳税人，年应税销售额超过小规模纳税人标准的其他个人按小规模纳税人纳税；非企业性单位、不经常发生应税行为的企业可选择按小规模纳税人纳税。

（2）提供应税服务的营业税改征增值税的纳税人，应税服务年销售额超过规定标准的其他个人；不经常提供应税服务的非企业性单位、企业和个体工商户可选择按照小规模纳税人纳税。

（3）兼有销售货物、提供加工修理修配劳务以及应税服务的纳税人，且不经常发生应税行为的非企业性单位、企业和个体工商户可选择按照小规模纳税人纳税。

（4）自2018年5月1日起至2018年12月31日前，增值税小规模纳税人标准为年应征增值税销售额500万元及以下的已登记为增值税一般纳税人的单位和个人，可转登记为小规模纳税人，其未抵扣的进项税额作转出处理。

（二）需要提供的资料

（1）选择按小规模纳税人纳税的，应当向主管税务机关提交书面说明“选择按小规模纳税人纳税的情况说明”（见表2-6）；

（2）个体工商户以外的其他个人年应税销售额超过规定标准的，不需要向主管税务机关提交书面说明。

（三）操作流程的具体内容

（1）办税服务厅接收资料，核对资料是否齐全、是否符合法定形式、填写内容是否完整，符合的签收纳税人的“选择按小规模纳税人纳税的情况说明”；不符合的当场一次性提示应补正资料或不予受理原因。

（2）办税服务厅1个工作日内将相关资料按规定程序转下一环节（见图2-2）。

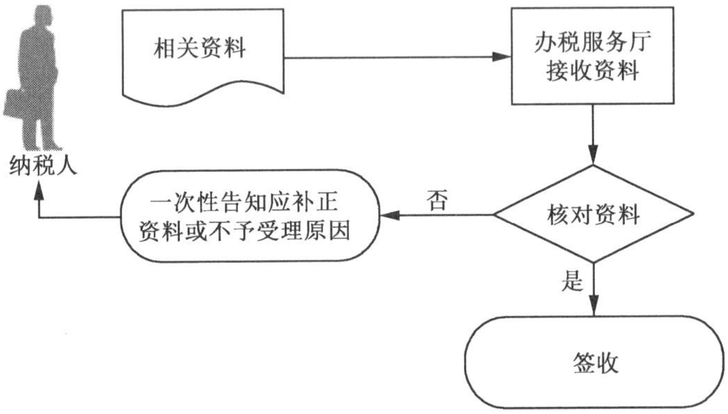

图2-2　选择按小规模纳税人纳税的基本流程

（四）选择按小规模纳税人纳税的情况说明模拟演练示范

表2-6　　选择按小规模纳税人纳税的情况说明

纳税人名称	途胜羽毛球协会	纳税人识别号	220103456789000000
连续不超过12个月的经营期内累计应税销售额		货物劳务：　　年　月至　　年　月共　　元	
		应税服务：2018年4月至2018年12月共28万元	
情况说明	本协会属于社会团体，不经常发生应税行为，故申请选择按照小规模纳税人纳税		
纳税人（代理人）承诺： 上述各项内容真实、可靠、完整。如有虚假，愿意承担相关法律责任。 经办人：张亚　　法定代表人：途胜　　代理人：（签章） 2019年1月2日			
以下由税务机关填写			
主管税务机关受理情况	受理人：主管税务机关（章） 年　月　日		

五、税种认定登记操作流程

（一）操作流程的具体内容

（1）纳税人在办理设立登记后和申报纳税之前，向主管税务机关申请税种认定登记；如果纳税人变更税务登记的内容涉及税种、税目、税率的，应在变更税务登记之后重新申请税种认定登记，并附送申请报告；

（2）领取并填写“纳税人税种登记表”（见表2－7），并提交税务机关；

（3）税务机关对纳税人报送的“纳税人税种登记表”及有关资料进行审核，根据实际情况派人到纳税人的生产经营场所调查之后，对纳税人适用的税种、税目、税率、纳税期限、纳税方法等进行确认，在纳税人税种登记表的有关栏目中注明，或书面通知纳税人税种认定结果，以此作为办税的依据；

（4）纳税人取得主管税务机关的税种认定通知后，领取认定结果，如果无异议，企业应认真执行；如果企业对主管税务机关的认定有异议，应及时提交主管税务机关重新认定。

（二）纳税人税种登记表模拟演练示范

表2－7　　**纳税人税种登记表**

纳税人识别号	2	2	0	1	0	4	7	6	7	1	7	×	×	×	×					

纳税人名称：长春××电子科技有限公司　　法定代表人：张天意

<table>
<tr><td colspan="4">一、增值税：</td></tr>
<tr><td rowspan="3">类别</td><td rowspan="2">货物或加工、修理修配</td><td>主营</td><td>计算机、打印机、复印机的生产与销售</td></tr>
<tr><td>兼营</td><td>计算机软、硬件及标识、仪器仪表及耗材、办公用品、通信器材、暖通配件的销售、技术及信息咨询服务</td></tr>
<tr><td>交通运输、邮政业和应税服务</td><td colspan="2">本栏目为单选。根据实际经营项目，在下列选项中勾选一项主营项目。
陆路运输：公路货运□　公路客运□　缆车货运□　缆车客运□　索道货运□　索道客运□　地铁运输□　城市轻轨运输□　其他陆路运输服务□　铁路旅客运输□　铁路货物运输□　其他铁路运输辅助活动□
水路运输：程租货运□　程租客运□　期租货运□　期租客运□　其他水路货运□　其他水路客运□
航空运输：湿租货运□　湿租客运□　其他航空货运□　其他航空客运□　航天运输服务□
管道运输：管道货运□　管道客运□
研发和技术服务：研发服务□　向境外单位提供研发服务□　技术转让服务□　技术咨询服务□　合同能源管理服务□　工程勘察勘探服务□
信息技术服务：软件服务□　电路设计及测试服务□　信息系统服务□　业务流程管理服务□　离岸服务外包□
文化创意服务：设计服务□　向境外单位提供设计服务□　商标著作权转让服务□　知识产权服务□　广告服务□　会议展览服务□
物流辅助服务：航空服务□　港口码头服务□　货运客运场站服务□　打捞救助服务□　货物运输代理服务□　代理报关服务□　仓储服务□　装卸搬运服务□　收派服务□
有形动产租赁服务：有形动产融资租赁□　有形动产经营性租赁光租业务□　有形动产经营性租赁干租业务□　其他有形动产经营性租赁□</td></tr>
</table>

续表

<table>
<tr><td>类别</td><td>交通运输、邮政业和应税服务</td><td colspan="2">鉴证咨询服务：认证服务□　鉴证服务□　咨询服务□
广播影视服务：制作服务□　发行服务□　播映服务□
邮政业：邮政普遍服务□　邮政特殊服务□　其他邮政服务□
电信业：电信业基础电信服务□　电信业增值电信服务□</td></tr>
<tr><td>经营方式</td><td colspan="3">1. 境内经营货物☑　2. 境内加工修理□　3. 境内交通运输□　4. 境内应税服务□
5. 自营出口□　6. 间接出口□　7. 收购出口□　8. 加工出口□</td></tr>
<tr><td colspan="4">备注：</td></tr>
<tr><td colspan="4">二、消费税：</td></tr>
<tr><td>类别</td><td>1. 生产□
2. 委托加工□
3. 批发□
4. 零售□</td><td>应税消费品名称</td><td>1. 烟□　2. 酒及酒精□　3. 化妆品□　4. 贵重首饰及珠宝玉石□　5. 鞭炮、烟火□　6. 成品油□　7. 汽车轮胎□　8. 摩托车□　9. 小汽车□　10. 高尔夫球及球具□　11. 高档手表□　12. 游艇□　13. 木制一次性筷子□　14. 实木地板□　15. 电池□　16. 铅酸蓄电池□　17. 涂料□</td></tr>
<tr><td colspan="2">经营方式</td><td colspan="2">1. 境内销售☑　2. 委托加工出口□　3. 自营出口□　4. 境内委托加工□</td></tr>
<tr><td colspan="4">备注：</td></tr>
<tr><td colspan="4">三、企业所得税：</td></tr>
<tr><td colspan="2">居民企业</td><td colspan="2">征收方式：☑查账征收　□核定征收
预缴期限：□按月预缴　☑按季预缴
预缴方式：☑据实预缴　□按上年度 1/4 或 1/12
□按税务机关认可的其他方式
纳税方式：☑汇总纳税　□非汇总纳税</td></tr>
<tr><td colspan="2">非居民企业法定或申请纳税方式</td><td colspan="2">1. 据实纳税□　2. 按收入总额核定应纳税所得额计算纳税□　3. 按经费支出换算收入计算纳税□　4. 航空、海运企业纳税方式□　5. 其他纳税方式□</td></tr>
<tr><td colspan="4">备注：</td></tr>
<tr><td colspan="4">四、城市维护建设税：1. 市区☑　2. 县城镇□　3. 其他□</td></tr>
<tr><td colspan="4">五、教育费附加：☑</td></tr>
<tr><td colspan="4">六、地方教育费附加：☑</td></tr>
<tr><td colspan="4">七、其他：</td></tr>
</table>

第二节　变更税务登记

一、变更税务登记概述及基本要求

(一) 变更税务登记的含义

变更税务登记是指纳税人办理设立税务登记后，因登记内容发生变化，需要对原登记内容进行更改，而向税务机关申报办理的税务登记。

(二) 变更登记涉及工商机关有关事项的需提供的资料

纳税人已在工商行政管理机关办理变更登记的，应当自工商行政管理机关变更登记之日起30日内，向原税务登记机关如实提供下列证件、资料，申报办理变更税务登记：(1) 工商登记变更表及工商营业执照；(2) 纳税人变更登记内容的有关证明文件；(3) 税务机关发放的原税务登记证件(登记证正、副本和登记表等)；(4)“变更税务登记表”；(5) 其他有关资料。

(三) 变更登记不涉及工商机关有关事项的需提供的资料

纳税人按照规定不需要在工商行政管理机关办理变更登记，或者其变更登记的内容与工商登记内容无关的，应当自税务登记内容实际发生变化之日起30日内，或者自有关机关批准或者宣布变更之日起30日内，持下列证件到原税务登记机关申报办理变更税务登记：(1) 纳税人变更登记内容的有关证明文件；(2) 税务机关发放的原税务登记证件(登记证正、副本和税务登记表等)；(3)“变更税务登记表”；(4) 其他有关资料。

二、变更税务登记操作流程

(1) 纳税人提交的有关变更登记的证件、资料齐全的，应如实填写税务登记变更表(见表2-8)。符合规定的，税务机关应当日办理；不符合规定的，税务机关应通知其补正。

(2) 税务机关应当于受理当日办理变更税务登记。纳税人税务登记表和税务登记证中的内容都发生变更的，税务机关按变更后的内容重新发放税务登记证件；纳税人税务登记表的内容发生变更而税务登记证中的内容未发生变更的，税务机关不重新发放税务登记证件。

三、税务登记变更表模拟演练示范

表2-8　　税务登记变更表

纳税人名称	天苑服饰城	纳税人识别号	222301A98111185××××
变更登记事项			
序号	变更项目	变更前内容	变更后内容
1	生产经营地址	海明东路××号	文化东路××号
2	银行账号	43674208887502××××	6387420888750××××

续表

<table>
<tr><td>送缴证件情况</td><td>1. 纳税人变更登记内容的决议及有关证明文件；
2. 主管税务机关发放的原税务登记证件。</td></tr>
<tr><td colspan="2">纳税人意见：
同意
纳税人（公章）
法定代表人（负责人）：杨光
天苑服饰城
办税人员：李洋
2019 年 10 月 20 日</td></tr>
<tr><td colspan="2">税务登记机关意见：
税务机关（章）
经办人：
年　　月　　日</td></tr>
</table>

第三节　注销税务登记

一、注销税务登记概述及基本要求

（一）注销税务登记的含义

注销税务登记是指纳税人发生纳税义务终止或作为纳税主体资格消亡，或因其住所、经营地点变更而涉及改变税务机关情形时，依法向原税务登记机关申报办理的税务登记。

（二）办理注销登记的范围

（1）纳税人发生解散、破产、撤销以及其他情形，依法终止纳税义务的，应当在向工商行政管理机关或者其他机关办理注销登记前，持有关证件和资料向原税务登记机关申报办理注销税务登记；按规定不需要在工商行政管理机关或者其他机关办理注册登记的，应当自有关机关批准或者宣告终止之日起 15 日内，持有关证件和资料向原税务登记机关申报办理注销税务登记。

（2）纳税人被工商行政管理机关吊销营业执照或者被其他机关予以撤销登记的，应当自营业执照被吊销或者被撤销登记之日起 15 日内，向原税务登记机关申报办理注销税务登记。

（3）纳税人因住所、经营地点变动，涉及改变税务登记机关的，应当在向工商行政管理机关或者其他机关申请办理变更、注销登记前，或者住所、经营地点变动前，持有关证件和资料，向原税务登记机关申报办理注销税务登记，并自注销税务登记之日起 30 日内向迁达地税务机关申报办理税务登记。

（4）境外企业在中国境内承包建筑、安装、装配、勘探工程和提供劳务的，应当在项目完工、离开中国前 15 日内，持有关证件和资料，向原税务登记机关申报办理注销税务登记。

（5）纳税人办理注销税务登记前，应当向税务机关提交相关证明文件和资料，结清应纳税款、多退（免）税款、滞纳金和罚款，缴销发票、税务登记证件和其他税务证件，经税务机关核准后，办理注销税务登记手续。

二、注销税务登记操作流程

（一）操作流程的具体内容

（1）纳税人申请清税注销前，应当结清应纳税款、多退（免）税款、滞纳金和罚款，缴销发票和其他税务证件；

（2）报送“清税申报表”（见表2－9）或“注销税务登记申请审批表”，以及其他有关资料（具体由省税务机关确认）；

（3）税务机关自受理之日起对单位及查账征收个体工商户20个工作日办结，对定期定额个体工商户5个工作日办结，注销后纳税人领取“清税证明”或“税务事项通知书”。

（二）进一步优化办理企业税务注销程序

为了优化营商环境、深化“放管服”（简放政权、放管结合、优化服务）改革要求，自2018年10月1起进一步优化办理企业税务注销程序。

1. 实行清税证明免办服务

对向市场监管部门申请简易注销的纳税人，符合下列情形之一的，可免予到税务机关办理清税证明，直接向市场监管部门申请办理注销登记：第一，未办理过涉税事宜的；第二，办理过涉税事宜但未领用发票、无欠税（滞纳金）及罚款的。

2. 优化税务注销即办服务

对向市场监管部门申请一般注销的纳税人，税务机关在为其办理税务注销时，进一步落实限时办结规定。对未处于税务检查状态、无欠税（滞纳金）及罚款、已缴销增值税专用发票及税控专用设备，且符合下列情形之一的纳税人，优化即时办结服务，采取“承诺制”容缺办理，即：纳税人在办理税务注销时，若资料不齐，可在其作出承诺后，税务机关即时出具清税文书。纳税人应按承诺的时限补齐资料并办结相关事项。若未履行承诺的，税务机关将对其法定代表人、财务负责人纳入纳税信用D级管理。

（1）纳税信用级别为A级和B级的纳税人；

（2）控股母公司纳税信用级别为A级的M级纳税人；

（3）省级人民政府引进人才或经省级以上行业协会等机构认定的行业领军人才等创办的企业；

（4）未纳入纳税信用级别评价的定期定额个体工商户；

（5）未达到增值税纳税起征点的纳税人。

3. 简化税务注销办理的资料和流程

（1）简化资料。对已实行实名办税的纳税人，免予提供税务登记证件和个人身份证件。

（2）开设专门窗口。在办税服务厅设置注销业务专门服务窗口，并根据情况及时增加专门服务窗口数量。

（3）提供“套餐式”服务。整合税务注销前置事项，实行“一窗受理、内部流转、限时办结、窗口出件”的“套餐式”服务模式。

（4）强化“首问责任制”和“一次性告知”。纳税人到办税服务厅办理税务注销时，首次接待的税务人员应负责问清情况，区分事项和复杂程度，分类出具需要办理的事项告知书，并做好沟通和辅导工作。

（5）优化内部工作流程和岗责分配。对纳税人办理注销业务涉及多事项的，要创新工作方式，简并优化流程、岗责，实现联动、限时处理。

三、清税申报表模拟演练示范

表 2－9　　清税申报表

<table>
<tr><td>纳税人名称</td><td>吉林××建筑工程公司</td><td>统一社会信用代码</td><td>922010475362900000</td></tr>
<tr><td>注销原因</td><td colspan="3">工程竣工清算</td></tr>
<tr><td rowspan="3">附送资料</td><td colspan="3">营业执照正、副本</td></tr>
<tr><td colspan="3"></td></tr>
<tr><td colspan="3"></td></tr>
<tr><td colspan="4">纳税人：吉林××建筑工程公司
经办人：张梅　　法定代表人(负责人)：吴向方　　纳税人(公章)
2018 年 12 月 5 日　　2018 年 12 月 5 日　　年　月　日</td></tr>
<tr><td colspan="4">以下由税务机关填写</td></tr>
<tr><td>受理时间</td><td colspan="3">2018 年 12 月 6 日
经办人：吴书　　负责人：张淑芳
2018 年 12 月 6 日　　2018 年 12 月 6 日</td></tr>
<tr><td>清缴税款、滞纳金、罚款情况</td><td colspan="3">应纳增值税 166.50 万元、所得税 88.21 万元、个人所得税 54.30 万元，税款均已缴清，补缴印花税 0.40 万元，个人所得税 22.85 万元，缴纳滞纳金 8.89 万元
经办人：李玉　　负责人：张正
2018 年 12 月 13 日　　2018 年 12 月 13 日</td></tr>
<tr><td>缴销发票情况</td><td colspan="3">缴销发票 1 本(25 组)
经办人：刘淑芬　　负责人：李强
2018 年 12 月 15 日　　2018 年 12 月 15 日</td></tr>
<tr><td>税务检查意见</td><td colspan="3">纳税人全部纳税完成，可以办理注销手续
检查人员：赵凯　　负责人：赵志强
2018 年 12 月 18 日　　2018 年 12 月 18 日</td></tr>
<tr><td>批准意见</td><td colspan="3">部门负责人：李良　　税务机关(签章)
2018 年 12 月 25 日　　2018 年　12 月 26 日</td></tr>
</table>

第三章　涉税票证填制实务模拟演练

知识目标

掌握发票的相关知识；
了解各种发票及涉税票证的样式和使用范围；
掌握各种发票及涉税票证的填制方法；
熟练掌握和准确填开各种普通发票、增值税专用发票、税收缴款书等。

引入案例

李晓文根据所在企业的具体情况办理完税务登记后，取得了发票领购簿，并在指定的发票管理机关领购了税务机关核定的各种发票。某日，一单位会计到商店购买500元办公用品，为了能够多报销，要求李晓文将发票金额开成800元。请问这种做法是否符合国家关于发票管理的规定？购销双方在发票上存在什么问题？李晓文应该如何填开这些发票？

第一节　普通发票的填制

一、普通发票概述

（一）普通发票的含义及种类

普通发票是指除增值税专用发票以外的各类发票。它是指在购销商品、提供或者接受服务以及从事其他经营活动中，开具、收取的收付款凭证。

普通发票分增值税发票管理新系统开具的增值税普通发票和非增值税发票管理新系统开具的增值税普通发票。

增值税发票管理新系统开具的增值税普通发票从版式上看分折叠票、卷票和电子普通发票；非增值税发票管理新系统开具的增值税普通发票按照发票的填开方式分通用机打发票、通用手工发票和通用定额发票三大类，其中，通用机打发票还分为平推式发票和卷式发票。此外，非增值税发票管理新系统开具的增值税普通发票还包括过路（过桥）费发票、门票、客运发票、出租车发票、火车票和飞机行程单等。

（二）普通发票的联次及基本内容

普通发票按发票联次分为两联票和五联票两种。其基本联次为两联：第一联为记账联，销货方用作记账凭证；第二联为发票联，购货方用作记账凭证。此外，为满足部分纳税人的需要，在基本联次后添加了三联的附加联次，即五联票，供企业选择使用。通用机打卷式发票为一联。

发票的基本内容包括：发票的名称、发票代码和号码、联次及用途、客户名称、开户银行及账号、商品名称或经营项目、计量单位、数量、单价、大小写金额、开票人、开票日期、开票单位（个人）名称（章）等。平推式通用机打发票的票面为镂空设计。除发票名称、发票联、发票代码、发票号码、开票日期、行业类别这些印制内容外，其他内容全部通过打印软件进行控制和打印。“行业类别”打印发票开具单位和个人的所属行业，按照现行增值税征收品目和特定开票类型设定。

二、普通发票填开的基本规范

（1）销售商品、提供服务以及从事其他经营活动的单位和个人，对外发生经营业务收取款项，收款方应当向付款方开具发票；在特殊情况下，由付款方向收款方开具发票。

（2）所有单位和从事生产、经营活动的个人在购买商品、接受服务以及从事其他经营活动并支付款项时，应当向收款方取得发票。取得发票时，不得要求变更品名和金额。

（3）不符合规定的发票，不得作为财务报销凭证，任何单位和个人都有权拒收。

（4）开具发票应当按照规定的时限、顺序、栏目，全部联次一次性如实开具，并加盖发票专用章。

（5）安装税控装置的单位和个人，应当按照规定使用税控装置开具发票，并按期向主管税务机关报送开具发票的数据。

（6）使用非税控电子器具开具发票的，应当将非税控电子器具使用的软件程序说明资料报主管税务机关备案，并按照规定保存、报送开具发票的数据。

（7）发票限于纳税人在规定区域内开具，不得跨区域携带、邮寄或者运输发票，不得携带、邮寄或者运输发票出入国境。

（8）开具发票应当使用中文。民族自治地方可以同时使用当地通用的一种民族文字。

三、普通发票填开的违章处理

（1）有下列情形之一的，由税务机关责令改正，可以处1万元以下的罚款；有违法所得的予以没收：

① 应当开具而未开具发票，或者未按照规定的时限、顺序、栏目，全部联次一次性开具发票，或者未加盖发票专用章的；

② 使用税控装置开具发票，未按期向主管税务机关报送开具发票的数据的；

③ 使用非税控电子器具开具发票，未将非税控电子器具使用的软件程序说明资料报主管税务机关备案，或者未按照规定保存、报送开具发票的数据的；

④ 拆本使用发票的；

⑤ 扩大发票使用范围的；

⑥ 以其他凭证代替发票使用的；

⑦ 跨规定区域开具发票的；

⑧ 未按照规定缴销发票的；

⑨ 未按照规定存放和保管发票的。

（2）丢失发票或者擅自损毁发票的；跨规定的使用区域携带、邮寄、运输空白发票，以及携带、邮寄或者运输空白发票出入境的：由税务机关责令改正，可以处1万元以下的罚款；情节严重的，处 1 万元以上 3 万元以下的罚款；有违法所得的予以没收。

(3) 非法代开发票的、虚开发票的：由税务机关没收违法所得；虚开金额在 1 万元以下的，可以并处 5 万元以下的罚款；虚开金额超过 1 万元的，并处 5 万元以上 50 万元以下的罚款；构成犯罪的，依法追究刑事责任。

(4) 私自印制、伪造、变造发票，非法制造发票防伪专用品，伪造发票监制章的：由税务机关没收违法所得，没收、销毁作案工具和非法物品，并处 1 万元以上 5 万元以下的罚款；情节严重的，并处 5 万元以上 50 万元以下的罚款；对印制发票的企业，可以并处吊销发票准印证；构成犯罪的，依法追究刑事责任。

(5) 有下列情形之一的：由税务机关处 1 万元以上 5 万元以下的罚款；情节严重的，处 5 万元以上 50 万元以下的罚款；有违法所得的予以没收；构成犯罪的，依法追究刑事责任。

① 转借、转让、介绍他人转让发票、发票监制章和发票防伪专用品的；

② 知道或者应当知道是私自印制、伪造、变造、非法取得或者废止的发票而受让、开具、存放、携带、邮寄、运输的。

(6) 对违反发票管理规定 2 次以上或者情节严重的单位和个人，税务机关可以向社会公告。

(7) 违反发票管理法规，导致其他单位或者个人未缴、少缴或者骗取税款的，由税务机关没收违法所得，可以并处未缴、少缴或者骗取的税款 1 倍以下的罚款。

四、普通发票填开模拟演练示范

(一) 增值税普通发票的填开示范

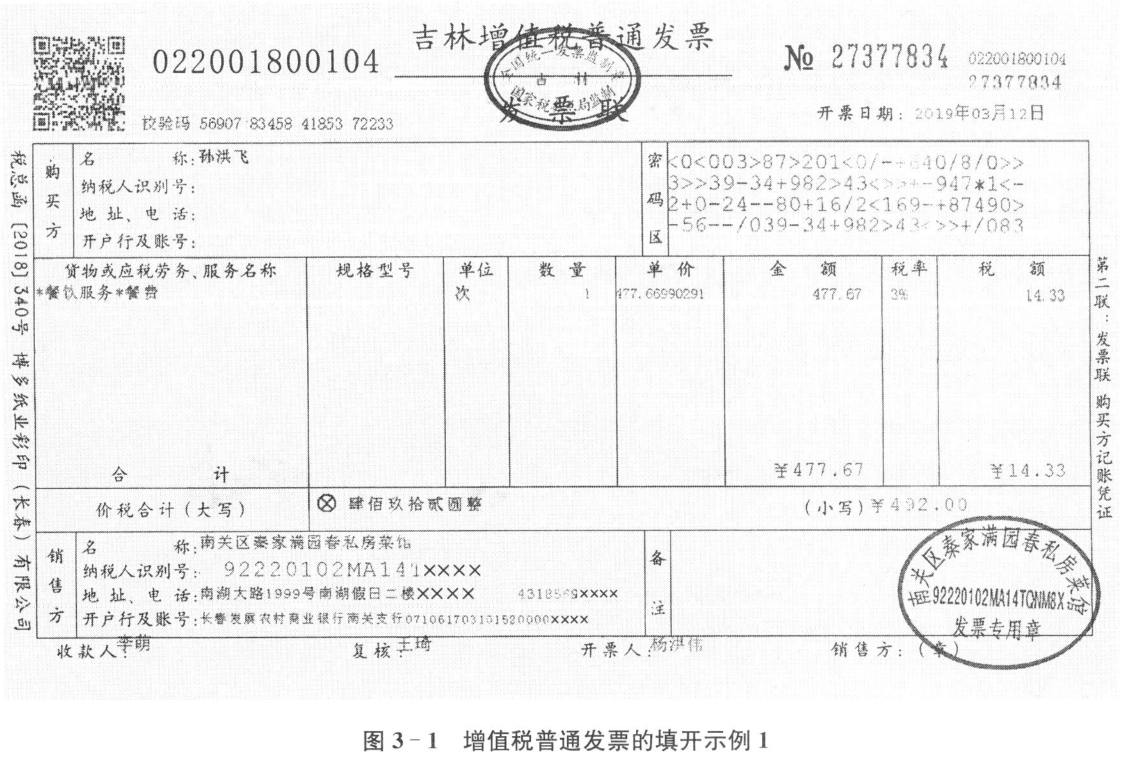

吉林增值税普通发票

022001800104　　№ 27377834　022001800104 27377834

发票联

校验码 56907 83458 41853 72233　　开票日期：2019年03月12日

购买方	名称：孙洪飞 纳税人识别号： 地址、电话： 开户行及账号：			密码区	<0<003>87>201<0/-+640/8/0>> 3>>39-34+982>43<>>+-947*1<- 2+0-24--80+16/2<169-+87490> -56--/039-34+982>43<>>+/083		
货物或应税劳务、服务名称	规格型号	单位	数量	单价	金额	税率	税额
*餐饮服务*餐费		次	1	477.66990291	477.67	3%	14.33
合计					¥477.67		¥14.33
价税合计（大写）	⊗肆佰玖拾贰圆整				（小写）¥492.00		
销售方	名称：南关区秦家满园春私房菜馆 纳税人识别号：92220102MA141×××× 地址、电话：南湖大路1999号南湖假日二楼××××　431856×××× 开户行及账号：长春发展农村商业银行南关支行07106170310152000××××			备注			

收款人：李萌　　复核：王琦　　开票人：杨洪伟　　销售方：（章）

税总函［2018］340号　博乡纸业彩印（长春）有限公司

第二联：发票联　购买方记账凭证

南关区秦家满园春私房菜馆 92220102MA14TQMM8X 发票专用章

图 3-1　增值税普通发票的填开示例 1

吉林增值税普通发票

22001162350　　№ 2737XXXX　　02200180××××　2737××××

校验码 66222 33518 07720 33296　　开票日期：2019年05月08日

购买方	名　　称：吉林市××有限公司 纳税人识别号：912202823399×××××× 地 址 、电 话： 开户行及账号：	密码区	162+8++3>6229//8>59+5 −−6>8**7860*−+725144< 5//7/3>79+393>9>8><23 +>06921617///2>1/>>09

货物或应税劳务名称	规格型号	单位	数量	单价	金额	税率	税额
*非金属矿物制品*防弹防砸玻璃		平方米	16.010909	486.72566372	7792.92	13%	1013.08
合　计					￥7792.92		￥1018.08
价税合计（大写）	⊗捌仟捌佰零陆圆整						（小写）￥8806.00

销售方	名　　称：吉林省××大玻璃制镜有限公司 纳税人识别号：91220101702575×××× 地 址 、电 话：自由大路××号　8565×××× 开户行及账号：工行二道支行　420022170900008××××	备注	

收款人：张怡　　复核：李杰　　开票人：谢×　　销售方：（章）

第一联：记账联　销货方记账凭证

图 3－2　增值税普通发票的填开示例 2

（二）增值税电子普通发票的填开示范

上海增值税电子普通发票

发票代码：03100180××××
发票号码：0083××××
开票日期：2019年02月25日
校验码：07242 05960 87004×××××

机器编号：499099797982

购买方	名　　称：张作为 纳税人识别号： 地 址、电 话： 开户行及账号：	密码区	033+-*677>-2/1+>*649-5<69-*5 0-21691>6/7/*>0-</*/773//563 3>3+-*677>-2/1+>*652/+3-8732 1*9<-215-/01380/1915>6+1-+11

货物或应税劳务、服务名称	规格型号	单位	数量	单价	金额	税率	税额
榨汁机	TJE10B-150	件	1	76.72	76.72	16%	12.28
合　计					￥76.72		￥12.28
价税合计（大写）	⊗捌拾玖元整						（小写）￥89.00

销售方	名　　称：上海赢丰电子商务有限公司 纳税人识别号：9131011406255××××× 地 址、电 话：上海市嘉定区金沙江西路1555弄慧创388号3楼021-39539632 开户行及账号：中国银行上海市江桥支行 441663529494	备注	上海赢丰电子商务有限公司 91310114062551457F 发票专用章

收款人：沈诗雨　　复核：罗小兵　　开票人：吴钟琴　　销售方：（章）

图 3－3　增值税电子普通发票的填开示例

（三）通用机打卷式发票的填开示范

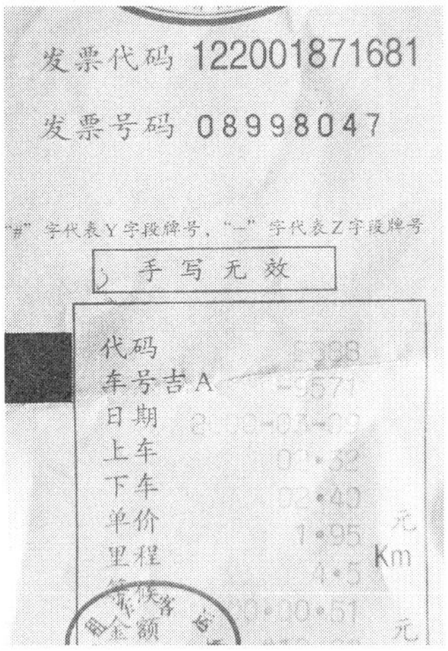

图 3－4　通用机打卷式发票的填开示例

（四）通用定额发票示范

定额发票按人民币等值以元为单位，划分为壹元、贰元、伍元、拾元、贰拾元、伍拾元、壹佰元共 7 种面额，与人民币等值。

定额发票为并列两联，即存根联和发票联（见图 3－5）。

图 3－5　通用定额发票示例

（五）其他普通发票示范

图 3－6　高铁票示例

图 3-7 门票示例

第二节 增值税专用发票的填制

一、增值税专用发票概述

（一）增值税专用发票的含义

增值税专用发票（以下简称专用发票）是由国家税务总局监制设计印制的，是增值税一般纳税人（以下简称一般纳税人）和部分小规模试点纳税人销售货物或者提供应税劳务和发生应税行为开具的发票，是购买方支付增值税额并可按照增值税有关规定据以抵扣增值税进项税额的凭证。在实行扣税法计算增值税时，它不仅是一般的商事凭证，同时也是计算抵扣税款的法定凭证。

（二）增值税专用发票的基本联次

一般纳税人应通过增值税防伪税控系统开具专用发票。

专用发票由基本联次或者基本联次附加其他联次构成。基本联次为三联：第一联为发票联，作为购买方核算采购成本和增值税进项税额的记账凭证；第二联为抵扣联，作为购买方报送主管税务机关认证和留存备查的凭证；第三联为记账联，作为销售方核算销售收入和增值税销项税额的记账凭证。其他联次的用途由一般纳税人自行确定。

（三）增值税专用发票的开具范围

一般纳税人销售货物或者提供应税劳务和发生应税行为，应向购买方开具专用发票；纳入增值税小规模纳税人自开增值税专用发票试点的小规模纳税人需要开具增值税专用发票的，可以通过新系统自行开具。纳入增值税小规模纳税人自开增值税专用发票试点的小规模纳税人销售其取得的不动产，需要开具增值税专用发票的，仍须向税务机关申请代开。一般纳税人销售货物、提供加工修理修配劳务和发生应税行为可汇总开具专用发票。汇总开具专用发票的，同时使用防伪税控系统开具“销售货物或者提供应税劳务清单”，并加盖财务专用章或者发票专用章。

但下列情况不得开具专用发票：

(1) 向消费者个人销售货物或者提供应税劳务的；

(2) 向小规模纳税人销售货物或者提供应税劳务的；

(3) 销售货物或者提供应税劳务和发生应税行为适用免税规定的；

(4) 商业企业一般纳税人零售烟、酒、食品、服装、鞋帽(不包括劳保专用部分)、化妆品等消费品的；

(5) 法律、法规及国家税务总局另有规定的。

二、增值税专用发票的基本操作规范

(一) 实行最高开票限额管理制度

最高开票限额，是指单份专用发票开具的销售额合计数不得达到的上限额度。

最高开票限额由一般纳税人申请，税务机关依法审批。最高开票限额为10万元及以下的，由区县级税务机关审批；最高开票限额为100万元的，由地市级税务机关审批；最高开票限额为1 000万元及以上的，由省级税务机关审批。一般纳税人申请最高开票限额时，需填报"最高开票限额申请表"(见表3－1)。

(二) 增值税专用发票开具的基本要求

增值税专用发票应按下列要求开具，对不符合要求的专用发票，购买方有权拒收：

(1) 项目齐全，与实际交易相符；

(2) 字迹清楚，不得压线、错格；

(3) 发票联和抵扣联加盖财务专用章或者发票专用章；

(4) 按照增值税纳税义务的发生时间开具。

(三) 销货退回或折让等情形专用发票的处理

增值税一般纳税人(包括自开专用发票的小规模纳税人)开具增值税专用发票(以下简称专用发票)后，发生销货退回、开票有误、应税服务中止等情形但不符合发票作废条件，或者因销货部分退回及发生销售折让，需要开具红字专用发票的，按以下方法处理：

(1) 购买方取得专用发票已用于申报抵扣的，购买方可在增值税发票管理新系统(以下简称新系统)中填开并上传"开具红字增值税专用发票信息表"(见表3－2)(以下简称"信息表")，在填开"信息表"时不填写相对应的蓝字专用发票信息，应暂依"信息表"所列增值税税额从当期进项税额中转出，待取得销售方开具的红字专用发票后，与"信息表"一并作为记账凭证。专用发票未用于申报抵扣、发票联或抵扣联无法退回的，购买方填开"信息表"时应填写相对应的蓝字专用发票信息。

销售方开具专用发票尚未交付购买方，以及购买方未用于申报抵扣并将发票联及抵扣联退回的，销售方可在新系统中填开并上传"信息表"。销售方填开"信息表"时应填写相对应的蓝字专用发票信息。

(2) 主管税务机关通过网络接收纳税人上传的"信息表"，系统自动校验通过后，生成带有"红字发票信息表编号"的"信息表"，并将信息同步至纳税人端系统中。

(3) 销售方凭税务机关系统校验通过的"信息表"开具红字专用发票，在增值税发票系统升级版中以销项负数开具。红字专用发票应与"信息表"一一对应。

(4) 纳税人也可凭"信息表"电子信息或纸质资料到税务机关对"信息表"内容进行系统校验。

三、增值税专用发票填开的法律责任

（1）虚开增值税专用发票的，处3年以下有期徒刑或者拘役，并处2万元以上20万元以下罚金；

（2）虚开的税款数额较大或者有其他严重情节的，处3年以上10年以下有期徒刑，并处5万元以上50万元以下罚金；

（3）虚开的税款数额巨大或者有其他特别严重情节的，处10年以上有期徒刑或者无期徒刑，并处没收财产；

（4）为骗取国家税款，虚开税款的数额特别巨大、情节特别严重、给国家利益造成特别重大损失的，处无期徒刑或者死刑，并处没收财产，虚开增值税专用发票的犯罪集团的首要分子分别依照前款规定从重处罚；

（5）虚开用于骗取出口退税、抵扣税款的专用发票，依照上述规定处罚。

四、增值税专用发票填开模拟演练示范

（一）最高开票限额申请表填开示范

表3-1　　最高开票限额申请表示例

<table>
<tr><td rowspan="4">申请事项
（由企业填写）</td><td>企业名称</td><td>太阳城餐具有限公司</td><td>税务登记代码</td><td>220104557156××</td></tr>
<tr><td>地　　址</td><td>长春市朝阳区西朝阳路××号</td><td>联系电话</td><td>885866××</td></tr>
<tr><td>申请最高
开票限额</td><td colspan="3">□一亿元　□一千万元　☑一百万元
□十万元　□一万元　　□一千元
（请在选择数额前的□内打“√”）</td></tr>
<tr><td colspan="4">经办人（签字）：党建　　　　　　企业（印章）：太阳城餐具有限公司
2019年1月10日　　　　　　2019年1月10日</td></tr>
<tr><td>区县级税务
机关意见</td><td colspan="4">批准最高开票限额：
经办人（签字）：　　批准人（签字）：　　税务机关（印章）：
年　月　日　　年　月　日　　年　月　日</td></tr>
<tr><td>地市级税务
机关意见</td><td colspan="4">批准最高开票限额：
经办人（签字）：　　批准人（签字）：　　税务机关（印章）：
年　月　日　　年　月　日　　年　月　日</td></tr>
<tr><td>省级税务
机关意见</td><td colspan="4">批准最高开票限额：
经办人（签字）：　　批准人（签字）：　　税务机关（印章）：
年　月　日　　年　月　日　　年　月　日</td></tr>
</table>

（二）发生销货退回或折让等情形的相关表单填开示范

表 3-2　　开具红字增值税专用发票信息表示例

填开日期：2019 年 1 月 2 日

<table>
<tr><td rowspan="2">销售方</td><td>名称</td><td>×××办公伙伴长春有限公司</td><td rowspan="2">购买方</td><td>名称</td><td colspan="2">××××汽车热系统有限公司</td></tr>
<tr><td>纳税人识别号</td><td>91220101333873××××</td><td>纳税人识别号</td><td colspan="2">912201016050××××××</td></tr>
<tr><td rowspan="8">开具红字专用发票内容</td><td>货物(劳务服务)名称</td><td>数量</td><td>单价</td><td>金额</td><td>税率</td><td>税额</td></tr>
<tr><td>惠普激光打印机</td><td>-1</td><td>1 202.9</td><td>-1 202.97</td><td>16%</td><td>-192.48</td></tr>
<tr><td>爱普生针式打印机</td><td>-1</td><td>1 580.4</td><td>-1 580.43</td><td>16%</td><td>-252.87</td></tr>
<tr><td></td><td></td><td></td><td></td><td></td><td></td></tr>
<tr><td></td><td></td><td></td><td></td><td></td><td></td></tr>
<tr><td></td><td></td><td></td><td></td><td></td><td></td></tr>
<tr><td></td><td></td><td></td><td></td><td></td><td></td></tr>
<tr><td>合　计</td><td>—</td><td>—</td><td>-2 783.40</td><td>—</td><td>-445.35</td></tr>
<tr><td>说明</td><td colspan="6">一、购买方□
对应蓝字专用发票抵扣增值税销项税额情况：
1. 已抵扣□
2. 未抵扣□
(1) 无法认证□
(2) 纳税人识别号认证不符□
(3) 增值税专用发票代码、号码认证不符□
(4) 所购货物或劳务、服务不属于增值税扣税项目范围□
对应蓝字专用发票的代码：号码：
二、销售方☑
1. 购买方拒收发票□
2. 发票尚未交付☑
对应蓝字专用发票的代码：2200184130　号码：00590486</td></tr>
<tr><td>红字发票信息表编号</td><td colspan="6"></td></tr>
</table>

（三）增值税专用发票填开示范

1. 发票联示范[见图 3－8(a)]

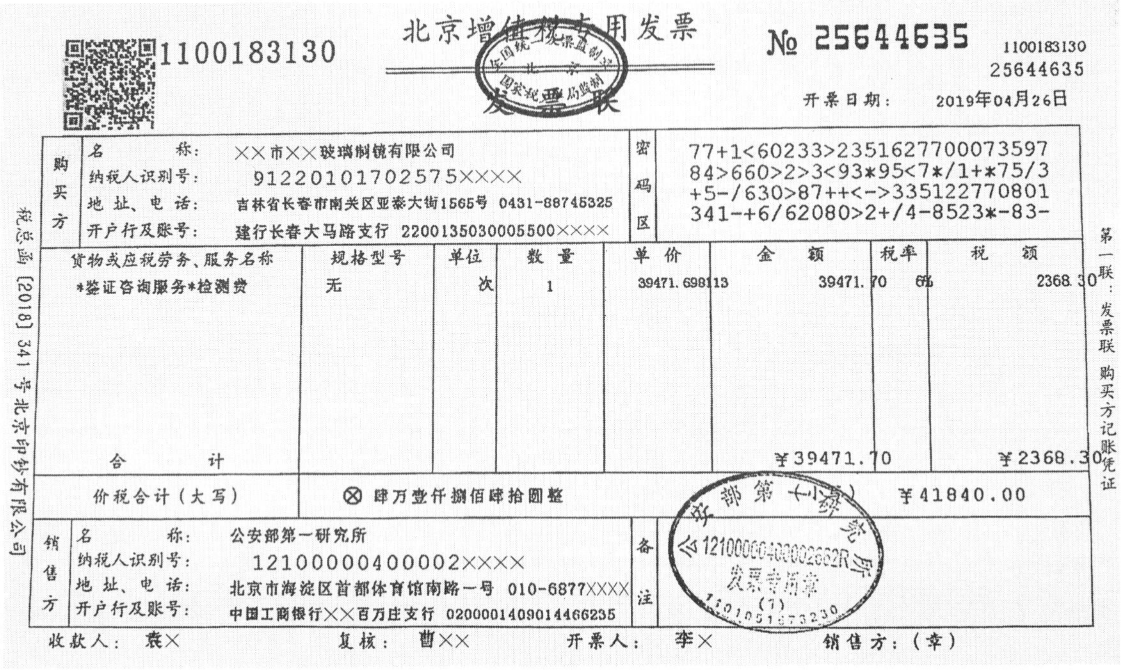

北京增值税专用发票　№ 25644635

1100183130　1100183130　25644635

发票联　　开票日期：2019年04月26日

购买方	
名　称：	××市××玻璃制镜有限公司
纳税人识别号：	91220101702575××××
地址、电话：	吉林省长春市南关区亚泰大街1565号 0431-88745325
开户行及账号：	建行长春大马路支行 22001350300055OO××××

密码区：77+1<60233>2351627700073597 84>660>2>3<93*95<7*/1+*75/3 +5-/630>87++<->335122770801 341-+6/62080>2+/4-8523*-83-

货物或应税劳务、服务名称	规格型号	单位	数量	单价	金额	税率	税额
*鉴证咨询服务*检测费	无	次	1	39471.698113	39471.70	6%	2368.30
合　计					￥39471.70		￥2368.30
价税合计（大写）	⊗肆万壹仟捌佰肆拾圆整				￥41840.00		

销售方	
名　称：	公安部第一研究所
纳税人识别号：	12100000400002××××
地址、电话：	北京市海淀区首都体育馆南路一号 010-6877××××
开户行及账号：	中国工商银行××百万庄支行 0200001409014466235

备注

收款人：袁×　复核：曹××　开票人：李×　销售方：（章）

税总函[2018]341号北京印钞有限公司

第一联：发票联 购买方记账凭证

图 3－8(a)　增值税专用发票(发票联)示例

2. 抵扣联示范[见图 3－8(b)]

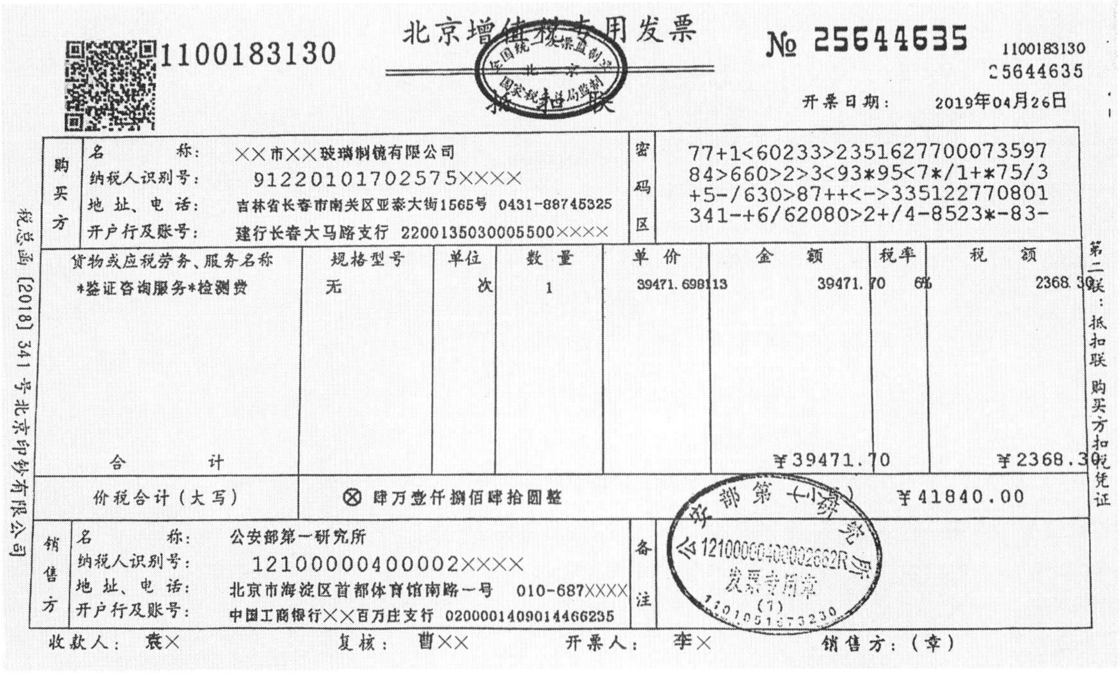

北京增值税专用发票　№ 25644635

1100183130　1100183130　25644635

抵扣联　　开票日期：2019年04月26日

购买方	
名　称：	××市××玻璃制镜有限公司
纳税人识别号：	91220101702575××××
地址、电话：	吉林省长春市南关区亚泰大街1565号 0431-88745325
开户行及账号：	建行长春大马路支行 22001350300055OO××××

密码区：77+1<60233>2351627700073597 84>660>2>3<93*95<7*/1+*75/3 +5-/630>87++<->335122770801 341-+6/62080>2+/4-8523*-83-

货物或应税劳务、服务名称	规格型号	单位	数量	单价	金额	税率	税额
*鉴证咨询服务*检测费	无	次	1	39471.698113	39471.70	6%	2368.30
合　计					￥39471.70		￥2368.30
价税合计（大写）	⊗肆万壹仟捌佰肆拾圆整				￥41840.00		

销售方	
名　称：	公安部第一研究所
纳税人识别号：	12100000400002××××
地址、电话：	北京市海淀区首都体育馆南路一号 010-687××××
开户行及账号：	中国工商银行××百万庄支行 0200001409014466235

备注

收款人：袁×　复核：曹××　开票人：李×　销售方：（章）

税总函[2018]341号北京印钞有限公司

第二联：抵扣联 购买方扣税凭证

图 3－8(b)　增值税专用发票(抵扣联)示例

第三节 常用税收票证的填制

一、税收票证概述

(一) 税收票证的含义

税收票证,是指税务机关组织税款、基金、费用及滞纳金、罚款等各项收入(以下统称税款)时使用的法定收款和退款凭证。

税收票证既是纳税人实际缴纳税款或收取退还税款的完税和收款的法定证明,也是税务机关实际征收或退还税款的凭据,还是税务机关进行税收会计和统计核算的原始凭证以及进行税务检查管理的原始依据。

(二) 税收票证的分类

税收票证分普通税收票证和电子税收票证两大类。

常用的普通税收票证主要是指税收缴款书、税收收入退还书、税收完税证明、出口货物劳务专用税收票证、印花税专用税收票证以及国学税务总局规定的其他票证。为了提高征管水平,目前全国大部分地区税务、国库、银行都实现了横向联网,通过数据交换和税票信息的电子化实现电子缴税、数据共享,电子税收票证应运而生。目前常用的电子税收票证主要有“电子缴库专用缴款书”“中华人民共和国税收电子转账专用完税证”“银行电子缴税付款凭证”等。

二、税收票证填制的基本规范

(一) 税收缴款书的填制

税收缴款书是纳税人通过银行转账或用现金向银行缴纳税款时使用的一种缴款凭证。税收缴款书主要包括税务机关征税时用的“中华人民共和国税收通用缴款书”“中华人民共和国海关××税收专用缴款书”以及税务机关汇总缴库用的“中华人民共和国税收(汇总专用)缴款书”等。本书以税收通用缴款书为例,介绍其基本格式及其填开方法。

1. 基本格式

“中华人民共和国税收通用缴款书”(以下简称“缴款书”)一式六联。各联用途及颜色具体如下:

第一联为收据联,国库(银行)收款盖章后退缴款单位(人)作完税凭证(白纸黑油墨);

第二联为付款凭证,是缴款单位(人)的支付凭证,开户银行作借方传票(白纸蓝油墨);

第三联为收款凭证,收款国库作贷方传票(白纸红油墨);

第四联为回执联,国库收款盖章后退税务机关作税收会计凭证(白纸绿油墨);

第五联为报查联,国库收款盖章后退基层税务机关作税收会计凭证(白纸紫油墨);

第六联为存根联,由基层税务机关留存(白纸黑油墨)。自行开票的,由缴款单位(人)送基层税务机关;采用计算机开票的,可以不要此联。

2. 填写要求

(1)“缴款书”的填写原则是一税一票,不得一张缴款书上填写若干税种。

(2)填写“缴款书”全部联次的内容要一致,字迹清晰,不得涂改、擦刮和挖补。

(3)纳税单位在填写“缴款书”时,要按规定的格式和口径规范填写。所有栏目不得空缺不填。其中,“隶属关系”“注册类型”“预算科目”“收款国库”和“品目名称”按照税务机关规定的口径填写,其他栏目按照实际情况填写。

(4)“缴款单位、经办人(盖章)”：务必将1～6联加盖齐全。

3. 填写口径

(1)“填发日期”：填写填开税票当天日期。

(2)“隶属关系”：按照企业行政管辖的上级主管部门确定后填写。

“隶属关系”具体包括：中央所属企业、省属企业、市属企业、区属企业、乡属企业、村办企业、民政福利企业、校办企业、军办企业和其他企业。

纳税单位划分不清的，填写上一级主管部门的名称，无主管部门的企业(如股份合作制企业)填写“其他企业”。

(3)“注册类型”：根据国家统一规定的注册类型填写。

“注册类型”包括：国有经济、集体经济、股份合作制经济、私营经济(私营股份制)、个体经济、联营经济、股份制经济(有限责任公司、股份有限公司)、外商投资经济、港澳台投资经济和其他经济。

(4)“预算科目(编码、名称、级次)”：按照国家预算收入科目分税种填写。

“编码”栏按“科目编码”填写，“名称”栏按“科目名称”填写，“级次”栏按“中央”“地方”“中央与地方分成比例”填写。

(5)“收款国库”：填写“××市或区支库”“××市中心支库”等。

(6)“征收机关”：填写“××市或区税务局或分局”等。

(7)“税款所属时期”：填写纳税义务发生的所属期间。

(8)“税款限缴日期”：填写税法规定的相关税种的缴款期限。

(9)“缴款单位(代码)”：填写纳税人识别码(15位码或18位码)。

(10)“品目名称”：按规定分税种填写，各税种滞纳金、罚款也要按所征税种品目填写清楚。

(二)税收完税证的填制

税收完税证是纳税人持现金直接向税务机关缴纳税款时使用的一种缴款凭证。税收完税证主要包括税收通用完税证、代扣代收税款完税证、税收定额完税证等。前两种完税证的格式基本相同。

税收通用完税证是税务机关自收现金税款、基金、费用、滞纳金和委托代征单位或代征人员代征税款、基金、费用、滞纳金等各项收入时使用的一种通用收款凭证。此完税证既适用于手工开票，也适用于计算机开票，但不能用于直接向银行缴纳税款以及扣缴义务人代扣代收税款等各项收入的征收。

代扣代收税款完税证是税法规定负有代扣代缴和代收代缴税款义务的扣缴义务人向纳税人扣收税款、费用时使用的一种专用收款凭证。凡是由扣缴义务人扣收税款的，不管纳税人采取何种付款方式，均使用此凭证。

税收定额完税证是税务机关和委托代征单位收取零散税款、基金、费用等收入时使用的一种票面印有固定金额的现金收款凭证。该完税证不得用于征收固定纳税户的各项收入，也不得发放给扣缴义务人使用。本书以税收通用完税证为例，介绍其基本格式及其填开方法。

1. 基本格式

“中华人民共和国税收通用完税证”(以下简称“完税证”)一式三联。各联用途及颜色具体如下：

第一联为存根联，税务机关留存作税收会计凭证(白纸黑油墨)；

第二联为收据联，交纳税人作完税凭证(白纸红油墨)，此联必须带有套印国家税务总局统一制发的“税收票证监制章”；

第三联为报查联，定期上报县级税务机关备查(白纸蓝油墨)。

2. 填写要求

(1)“完税证”可以一票多税，但要按税种分行填写，以便汇总；

(2) 填写“完税证”全部联次的内容要一致，字迹清晰，不得涂改、擦刮和挖补；

(3)“课税数量”栏填写课税数量及其数量单位；

(4)“已缴或扣除额”栏的填写内容与“税收通用缴款书”相同；

(5) 本完税证只能用于收取现金，而且只能由税务机关或代征单位收取现金税款等收入时使用，不能用于纳税人直接向银行缴纳税款等各项收入时使用。

(三) 电子票证的填制

为了提供安全、规范、便捷、高效的申报缴税方式，提高税收征管效率，加快税款资金的入库速度，实现信息共享，完成财税库银税收收入电子缴库横向联网，即各联网单位(财政部门、税务机关、中国人民银行国库、各商业银行等)通过横向联网系统，采用电子方式，办理税收收入缴库、退库、更正、免抵调、对账等业务以及共享信息的过程。

税收收入电子缴库业务的电子凭证包括电子缴款书、电子缴税付款凭证、电子缴库入库清单、电子退库书、电子更正通知书和电子免抵调通知书。本书以电子缴款书和电子缴税付款凭证为例，介绍其基本格式和填开方法。

1.“电子缴款书”的填制

(1) 基本格式：“电子缴款书”是纸质缴款书的电子形式，一式一联，由税务机关生成。它可以作为纳税人及银行柜台人员查询纳税人银行账号信息、电子缴款信息和办理缴税转账划款手续的依据，或作为联网银行为纳税人录入缴款信息并办理缴税转账手续的依据。

(2) 基本内容：缴款书编号、生成日期；纳税人计算机代码、纳税人名称、识别号、缴款人账户名称、开户银行、账号；征收机关名称及代码、收款国库、国库清算行号；纳税项目代码、课税数量、计税金额、实缴金额等。“电子缴款书”必须含有以上基本要素信息，并且可结合管理需要，逐步增加其他相关要素信息。

(3) 填写说明：“纳税项目代码”栏按预算收入科目编码及名称填写；“国库清算行号”栏按纳税人缴纳税款银行行号填写；其他栏目参照税收通用缴款书对应栏目填写。

2.“电子缴税付款凭证”的填制

“电子缴税付款凭证”是由纳税人开户银行根据接收的电子缴款书相关要素信息生成，从纳税人账户划缴税款资金的专用凭证。

(1) 基本格式：电子缴税付款凭证一式两联，第一联作付款银行记账凭证，第二联交纳税人作付款回单，纳税人以此作为缴纳税款的会计核算凭证。电子缴税付款凭证必须加盖银行转(收)讫章方为有效。

(2) 基本内容：凭证字号、转账日期、缴款书交易流水号、税票号码；纳税人全称及纳税人识别号、付款人全称、付款人账号、付款人开户银行；征收机关名称、收款国库(银行)名称、税(费)种名称、所属时期、实缴金额、小写(合计)金额、大写(合计)金额；第几次打印、打印时间、复核、记账等。

三、税收票证填制模拟演练示范

(一) 税收缴款书示范

1. 税收通用缴款书示范(见表 3-3)

表 3－3　　中华人民共和国税收通用缴款书示例

中　华　人　民　共　和　国
税　收　通　用　缴　款　书

隶属关系：市属　　　　NO. 12345678

注册类型：股份制企业　　填发日期：2018 年 11 月 8 日　　征收机关：长春市税务局绿园分局

缴款单位	代　码	220105876543××	预算科目	编码	1010304
	全　称	似水流年大酒店		名称	增值税
	开户银行	工商银行迎春路支行		级次	省 50%　市 30%　区 20%
	账　号	422200006543××	收款国库		长春市支库
税款所属时期 2018 年 10 月 1 日～31 日			税款限缴日期 2018 年 11 月 15 日		

品目名称	课税数量	计税金额或销售收入	税率或单位税额	已缴或扣除额	亿	千	百	十	万	千	百	十	元	角	分
餐饮业		8 000	6%							4	8	0	0	0	0
金额合计	(大写)⊗亿⊗仟⊗佰⊗拾⊗万肆仟捌佰零拾零元零角零分								¥	4	8	0	0	0	0

缴款单位(人) (盖章) 经办人(章)	税务机关 (盖章) 经办人(章)	上列款项已核收记入收款单位账户 国库(银行)盖章　年　月　日	备注：

2. 代扣代收税款凭证示范(见表 3－4)

表 3－4　　代扣代收税款凭证示例

中　华　人　民　共　和　国
代　扣　代　收　税　款　凭　证

填发日期：2018 年 11 月 18 日　　主管税务机关：九台区税务局

纳税人	代　码	229005196501230××	扣缴义务人	代　码	229008745362××
	全　称	张志刚		全　称	兴胜水泥厂
	地　址	九台市卡伦镇		地　址	九台市团结街 55 号
	注册类型	个体经营	税款所属时期		2018 年 10 月 7 日

税种	纳税项目	课税数量	计税金额	税率或单位税额	扣除额	实缴金额								
						百	十	万	千	百	十	元	角	分
资源税	石灰石	90 吨		2 元/吨						1	8	0	0	0
金额合计	大写⊗佰⊗拾⊗万⊗仟⊗壹佰捌拾零元零角零分								¥	1	8	0	0	0

主管税务机关 (盖章)	扣缴义务人 (盖章)	填票人(章) 刘力	备注	

第二联(收据)交纳税人作完税凭证

（二）税收完税凭证示范

1. 税收通用完税证示范（见表 3－5）

表 3－5　　完税证示例

中 华 人 民 共 和 国
税 收 通 用 完 税 证

注册类型：个体　　填发日期：2018 年 12 月 5 日　　征收机关：长春市税务局个体分局

纳税人代码	220104197802043×××			地址	长春市朝阳区建政路××号								
纳税人名称	李亮			税款所属时期	2018 年 11 月　日								
税　种	品目名称	课税数量	计税金额或销售收入(元)	税率或单位税额	已缴或扣除额	实缴金额							
						十	万	千	百	十	元	角	分
增值税	零售	100	8000	3%					2	3	3	0	1
金额合计	（大写）⊗拾⊗万⊗仟⊗贰佰叁拾叁元零角壹分							¥	2	3	3	0	1
税务机关（盖章）		委托代征单位（盖章）		填票人（章）		备注							

2. 税收定额完税证示范（见图 3－9）

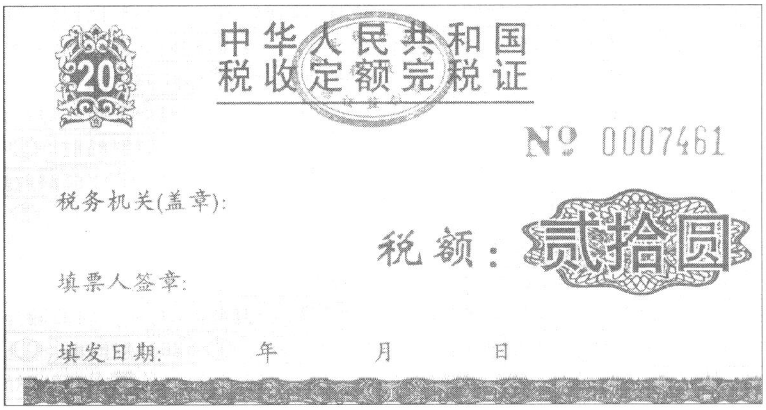
中华人民共和国
税收定额完税证
20
№ 0007461
税务机关(盖章):
税额：贰拾圆
填票人签章:
填发日期:　　年　　月　　日

图 3－9　税收定额完税证示例

（三）其他票证示例

1. 印花税票销售凭证填写示范（见表 3－6）

表 3－6　　印花税票销售凭证示例

中 华 人 民 共 和 国
印 花 税 票 销 售 凭 证

（×××）××销 00000000

填发日期：2019 年 1 月 10 日　　税务机关：长春市税务局发票分局

纳税人识别号		纳税人名称	吉隆坡大酒店
面额种类	品目名称	数量	金额
壹元 伍元 伍拾元 合计	营业账簿 营业账簿 营业账簿	6 枚 4 枚 1 枚 11 枚	6 20 50 76 元
金额合计（大写）	⊗柒拾陆元整		
税务机关（盖章）长春市税务局发票分局	代征单位（盖章）	售票人 丁炳义	备注

2. 中国印花税票示范(见图 3 - 10)

图 3 - 10　中国印花税票示例

（四）电子税收票证示范

1. 电子缴库专用缴款书示范（见表 3－7）

表 3－7　　电子缴库专用缴款书示例

电子缴库专用缴款书

☑已申报　申报序号：123　□　未申报　　××××年9月7日　　（2019）电库：No. 2115616

纳税人计算机代码	1234	征收机关代码	21100000000
纳税人名称	永一技术有限公司	征收机关名称	经开分局
付款人名称	孙永一		
付款人开户银行名称	长春经开支行	收款国库名称	长春市中心支库
付款人账号	7481788888××××	国库清算行号	0111000000××××
纳税项目代码	课税数量	计税金额	实缴税额
101010103		**80 000.00**	**4 000.00**
金额合计（大写）：肆仟元整			金额合计（小写）：**¥4 000.00**
付款人（盖章） 经办人（章）		银　行 记账员　盖章	备　注

2. 银行电子缴税付款凭证示范（见表 3－8(a)、表 3－8(b)）

表 3－8(a)　　银行电子缴税付款凭证示例

缴税日期：2019 年 2 月 15 日　　　　凭证字号：2019021803063451

纳税人全称及纳税人识别码：××××办公伙伴长春有限公司 9122010133873××××　　№

付款人全称：×××办公伙伴长春有限公司

付款人账号：420022170920032××××　　征收机关名称：国家税务总局长春市朝阳区税务局 1

付款人开户行：工行吉林省长春二道支行　　收款国库（银行）名称：

小写（合计）金额：¥451 193.71 元　　缴款书交易流水号：73654535

大写（合计）金额：肆拾伍万壹仟壹佰玖拾叁元柒角壹分　　税票号码：322016190204001449

税（费）种名称	所属日期	实缴金额（单位：元）
增值税	20190101—20190131	451 057.16
增值税	20190101—20190131	136.55

第 1 次打印　　　　打印时间：2019 年 02 月 18 日

客户回单联　　验证码：0E909933B006　　复核：　　记账：

表 3-8(b)　　银行电子缴税付款凭证示例

缴税日期：2019 年 2 月 15 日　　凭证字号：2019021803063451

纳税人全称及纳税人识别码：×××办公伙伴长春有限公司 9122010133873××××　　№

付款人全称：×××办公伙伴长春有限公司
付款人账号：42002217092003××××　　征收机关名称：国家税务总局长春市朝阳区税务局 2
付款人开户行：工行吉林省长春二道支行　　收款国库(银行)名称：
小写(合计)金额：￥54 143.24 元　　缴款书交易流水号：69640935
大写(合计)金额：伍万肆仟壹佰肆拾叁元贰角肆分　　税票号码：322016190200021180

税(费)种名称	所属日期	实缴金额(单位：元)
城市维护建设税	20190101—20190131	31 583.56
地方教育附加	20190101—20190131	9 023.87
教育费附加	20190101—20190131	13 535.81

第 1 次打印　　打印时间：2019 年 02 月 18 日

客户回单联　　验证码：0292F0883006　　复核：　　记账：

第四章　纳税申报实务模拟演练

知识目标

了解各个实体法税种的纳税义务发生时间、纳税期限、纳税地点和各种申报缴纳方式；
掌握各个实体法税种应纳税额的计算、纳税申报表的填报方法以及税款的缴纳方法；
学会操作计算机征管和电子报税软件，清楚每个税种纳税申报的全部过程。

引入案例

刚刚参加工作的李晓文，面对日益复杂的纳税申报程序、各种不同的纳税申报表深感无从下手，尤其是2018年至2019年增值税和企业所得税纳税申报做了修订，增值税一般纳税人和企业所得税查账征收的报表结构发生了重大调整，主表与附表的勾稽关系错综复杂、表中的数据来源于何处等问题时常困扰着她。李晓文应该如何处理这些业务呢？

第一节　增值税纳税申报实务模拟演练

在我国，现行增值税是对在我国境内销售货物或者提供加工、修理修配劳务（以下简称“应税劳务”）、销售服务、无形资产、不动产以及进口货物的单位和个人，就其销售货物、劳务、服务、无形资产、不动产（以下统称应税销售行为）的增值额和货物进口金额为计税依据而课征的一种流转税。增值税在实务操作上多采用间接计税办法，即对从事应税销售行为的纳税人，先根据货物、劳务、服务、无形资产、不动产的销售额和税法规定的适用税率计算出增值税销项税额，再将当期准予抵扣的进项税额进行抵扣，从而间接计算出当期增值额部分的应纳税额。我国增值税法对于一般纳税人采用“购进扣税法”，一次性抵扣上一环节已纳的增值税税款，并且对符合抵扣条件的增值税专用发票，纳税人还必须在认证通过后方可申请抵扣。在实务操作中，我们把增值税比作一条环环相扣的税链，从货物、劳务或者应税行为的采购、生产环节进入商品流通环节直到最终消费，采用环环征税、环环抵扣的征税办法。

一、增值税纳税申报操作规范

（一）纳税义务发生时间

1. 应税销售行为的纳税义务发生时间

《增值税暂行条例》《增值税暂行条例实施细则》和“营改增通知”明确规定了增值税纳税义务发生时间。纳税人发生应税销售行为，其纳税义务发生时间为收讫销售款项或者取得索取销售款项凭据的当天;先开具发票的,为开具发票的当天。

按照纳税人销售结算方式的不同,具体确定如下:

(1) 采取直接收款方式销售货物,不论货物是否发出,均为收到销售款或者取得索取销售款凭据的当天。

(2) 采取托收承付和委托银行收款方式销售货物,为发出货物并办妥托收手续的当天。

(3) 采取赊销和分期收款方式销售货物,为书面合同约定的收款日期的当天,无书面合同的或者书面合同没有约定收款日期的,为货物发出的当天。

(4) 采取预收货款方式销售货物,为货物发出的当天,但生产销售生产工期超过 12 个月的大型机械设备、船舶、飞机等货物,为收到预收款或者书面合同约定的收款日期的当天。

(5) 委托其他纳税人代销货物,为收到代销单位的代销清单或者收到全部或者部分货款的当天。未收到代销清单及货款的,为发出代销货物满 180 天的当天。

(6) 纳税人发生除将货物交付其他单位或者个人代销和销售代销货物以外的视同销售货物行为,为货物移送的当天。

(7) 销售劳务或服务,为提供劳务同时收讫销售款或者取得索取销售款的凭据的当天。

(8) 提供应税劳务或者服务,其劳务或者服务已提供或在提供中,为提供劳务或者服务过程中或完成后收到款项的当天。

(9) 纳税人提供租赁服务采取预收款方式的,其纳税义务发生时间为收到预收款的当天。

(10) 纳税人从事金融商品转让的,为金融商品所有权转移的当天。

(11) 纳税人转让无形资产或销售不动产(所有权不一定转移)的,为转让过程中或完成后收到款项的当天。

(12) 纳税人发生视同销售服务、无形资产或者不动产情形的,其纳税义务发生时间为服务、无形资产转让完成的当天或者不动产权属变更的当天。

2. 进口货物的纳税义务发生时间

纳税人进口货物,其增值税纳税义务发生时间为报关进口的当天。

3. 增值税扣缴义务发生时间

增值税扣缴义务发生时间,为纳税人增值税纳税义务发生的当天。

(二) 纳税期限

增值税纳税期限分别为 1 日、3 日、5 日、10 日、15 日、1 个月或者 1 个季度。纳税人的具体纳税期限由主管税务机关根据纳税人应纳税额的大小分别核定,不能按照固定期限纳税的,可以按次纳税。以 1 个季度为纳税期限的规定适用于小规模纳税人、银行、财务公司、信托投资公司、信用社,以及财政部和国家税务总局规定的其他纳税人。

纳税人以 1 个月或者 1 个季度为 1 个纳税期限的,自期满之日起 15 日内申报纳税;以 1 日、3 日、5 日、10 日或者 15 日为 1 个纳税期限的,自期满之日起 5 日内预缴税款,于次月 1 日起 15 日内申报纳税并结清上月应纳税款。

扣缴义务人解缴税款的期限依照前两款规定执行。

纳税人进口货物,应当自海关填发进口增值税专用缴纳书之日起 15 日内缴纳税款。

纳税人出口货物适用退(免)税规定的,应当向海关办理出口手续,凭出口报关单等有关凭证,在规定的出口退(免)税申报期内按月向主管税务机关申报办理该项出口货物的退(免)税;境内单位和个人跨境销售服务和无形资产适用退(免)税规定的,应当按期向主管税务机关申报办理退(免)税。具体办法由国务院财政、税务主管部门制定。出口货物办理退税后发生退货或者退关的，纳税人应当依法补缴已退的税款。

（三）纳税地点

1. 固定业户纳税地点

（1）固定业户应当向其机构所在地主管税务机关申报纳税。总机构和分支机构不在同一县（市）的，应当分别向各自所在地主管税务机关申报纳税；经国务院财政、国家税务总局或者其授权的财政、税务机关批准，可以由总机构汇总向总机构所在地的主管税务机关申报纳税。

（2）固定业户到外县（市）销售货物或者劳务，应当向其机构所在地的主管税务机关报告外出经营事项，并向其机构所在地的主管税务机关申报纳税；未报告的，应当向销售地或者劳务发生地的主管税务机关申报纳税；未向销售地或者劳务发生地的主管税务机关申报纳税的，由其机构所在地的主管税务机关补征税款。

2. 非固定业户纳税地点

（1）非固定业户销售货物或者劳务，应当向销售地或者劳务发生地的主管税务机关申报纳税。

（2）未向销售地或者劳务发生地的主管税务机关申报纳税的，由其机构所在地或者居住地的主管税务机关补征税款。

3. 进口货物的纳税地点

进口货物应当由进口人或其代理人向报关地海关申报纳税。

4. 扣缴义务人的纳税地点

扣缴义务人应当向其机构所在地或者居住地的主管税务机关申报缴纳其扣缴的税款。

（四）缴纳方法

根据国务院印发的《全面推开营改增试点后调整中央与地方增值税收入划分过渡方案》，所有行业企业缴纳的增值税均纳入中央和地方共享范围，共享比例为：中央政府分享50%，地方政府分享50%（其中：25%或者30%增值税收入将按税收来源地返还地方，另外25%或20%的比例按照新规则分配给各省）[①]。进口货物的增值税由海关代征，国内增值税由国税局负责征收管理。由海关代征的增值税的纳税申报与关税纳税申报办法相同，本章主要阐述由国税局负责征管的增值税的纳税申报。

由国税局负责征管的增值税的纳税申报主要采用直接申报、邮寄申报、电文数据申报和代理申报等方式。申报成功后，纳税人可通过税库银联网扣缴税款。目前，增值税一般纳税人已基本实现网络或IC卡、报税盘进行电子申报，同时需要提交纸质的纳税申报表、附列资料以及财务报表等增值税纳税申报要求报送的资料。

二、增值税纳税申报案例

（一）增值税一般纳税人纳税申报要求

纳税人无论有无销售额，均应按主管税务机关核定的纳税期限填报纳税申报表，并于次月1—15日内向当地主管税务机关申报纳税并结清上月应纳税款。

1. 增值税一般纳税人的纳税申报办法

根据国家税务总局发布《国家税务总局关于调整增值税纳税申报有关事项的公告》（国家

---

① 国务院印发的《全面推开营改增试点后调整中央与地方增值税收入划分过渡方案》（国发〔2016〕26号文件），自2016年5月1日执行，过渡期暂定为2—3年。

税务总局公告 2019 年第 15 号)的规定,自 2019 年 5 月 1 日起,所有增值税一般纳税人均应按照新的增值税一般纳税人纳税申报表进行纳税申报。

(1) 凡增值税一般纳税人(以下简称一般纳税人),必须实行电子信息采集。使用防伪税控系统开具增值税专用发票的纳税人必须在抄报税成功后,方可向所在地电子税务局或办税服务厅进行纳税申报。

(2) 一般纳税人纳税申报的资料包括:纳税申报表及其附列资料和纳税申报其他资料两个部分。

① 增值税一般纳税人纳税申报表及其附列资料(为必报资料)。

● 增值税纳税申报表(一般纳税人适用)(以下简称主表)。

● 增值税纳税申报表附列资料(一):本期销售情况明细(以下简称附表一)。

● 增值税纳税申报表附列资料(二):本期进项税额明细(以下简称附表二)。

● 增值税纳税申报表附列资料(三):服务、不动产和无形资产扣除项目明细(以下简称附表三)。

一般纳税人销售服务、不动产和无形资产,在确定服务、不动产和无形资产销售额时,按照有关规定可以从取得的全部价款和价外费用中扣除价款的,需填报附表三;其他情况不填写该附列资料。

● 增值税纳税申报表附列资料(四):税额抵减情况表(以下简称附表四)。

● 固定资产(不含不动产)进项税额抵扣情况表。

● 本期抵扣进项税额结构明细表。

● 增值税减免税申报明细表。

② 纳税申报其他资料

● 已开具的税控机动车销售统一发票和普通发票的存根联。

● 符合抵扣条件且在本期申报抵扣的增值税专用发票(含税控机动车销售统一发票)的抵扣联。

● 符合抵扣条件且在本期申报抵扣的海关进口增值税专用缴款书、购进农产品取得的普通发票的复印件。

● 符合抵扣条件且在本期申报抵扣的税收完税凭证及其清单,书面合同、付款证明和境外单位的对账单或者发票。

● 已开具的农产品收购凭证的存根联或报查联。

● 纳税人销售服务、不动产和无形资产,在确定服务、不动产和无形资产销售额时,按照有关规定从取得的全部价款和价外费用中扣除价款的合法凭证及其清单。

● 主管税务机关规定的其他资料。

2. 各申报表之间的大致逻辑关系

主表主要根据附表一、附表二和附表四、增值税减免申报明细表反映销售、销项税额和进项税抵扣以及特殊税收抵减、减免情况数据;

附表一中的服务、不动产和无形资产扣除项目的数据来源于附表三的计算结果;

附表二中的固定资产进项税额抵扣、海关进口增值税专用缴款书情况的明细通过“固定资产(不含不动产)进项税额抵扣情况表”反映;

根据逻辑关系在实际填写申报表的过程中一般先填写附列资料,再填写主表。

(1) 填写附表一第 1 至 11 列;

（2）填写“增值税减免税申报明细表”；

（3）填写附表三；

（4）填写附表一第 12 列；

（5）填写“固定资产（不含不动产）进项税额抵扣情况表”；

（6）填写附表二；

（7）本期抵扣进项税额结构明细表；

（8）填写“增值税纳税申报表（主表）”（不填写第 28 栏、第 23 栏）；

（9）填写附表四；

（10）填写“增值税纳税申报表（主表）”第 28 栏、第 23 栏及其余栏。

3. 填写报表应注意的主要问题

（1）税种登记的初始核对

根据现行增值税政策，“应税货物”“应税劳务”的税种登记为“增值税”“应税服务”“应税不动产”“应税无形资产”的税种登记为“营改增增值税”。如果税种登记不完整或者错误，将无法进行正确申报。特别提醒：企业如果发生临时性非主要业务税种的业务活动、又无法正常开具相应发票或者进行纳税申报的，需与主管办税服务厅进行联系，核实税种登记情况，是否存在税种登记不完整情况。

（2）即征即退税备案

有按税法规定享受即征即退税收优惠政策的货物、劳务和服务等应税销售行为的，必须到国税机关办理税收优惠政策备案才能进行“即征即退项目”的申报。

（3）差额征税备案

一般纳税人提供应税销售行为，在确定应税销售额时，按照有关规定可以从取得的全部价款和价外费用中扣除价款的（即原来所称的差额征税，主要是财税〔2016〕36 号、47 号、54 号、68 号文件规定的情形），必须在首次申报前到国税局办理税收优惠政策备案，没有备案将无法申报。

（4）税收优惠政策备案

纳税人按规定可以享受的税收优惠政策（包括备案类和审批类）要及时办理相应备案手续，否则可能无法正常申报。例如，免税项目未进行备案，就无法填列在免税项目中。

（5）填表注意事项

纳税申报表的填写必须完整、正确。随着金税工程和网络发票系统的不断完善，信息化管理的不断推进，在许多数据的采集和表际的对应取数上进行了自动化信息处理。但是，仍有许多项目是由纳税人进行人工计算填写的。因此，纳税人必须熟练、完整、正确地填写纳税申报资料，不能习惯性地认为大多数数据会自动计算产生、轻易地点击确认，严防申报数据不完整和发生申报错误。

（6）正确理解名词解释，严格划分业务类型

① 增值税纳税申报所称“货物”，是指增值税的应税货物。

② 增值税纳税申报所称“劳务”，是指增值税的应税加工、修理、修配劳务。

③ 增值税纳税申报所称“服务、不动产和无形资产”，是指销售服务、不动产和无形资产。

④ 增值税纳税申报所称“按适用税率计税”“按适用税率计算”和“一般计税方法”，均指按“应纳税额＝当期销项税额－当期进项税额”公式计算增值税应纳税额的计税方法。

⑤ 增值税纳税申报所称“按简易办法计税”“按简易征收办法计算”和“简易计税方法”，均

指按“应纳税额＝销售额×征收率”公式计算增值税应纳税额的计税方法。

⑥ 增值税纳税申报所称“扣除项目”，是指纳税人提供销售服务、不动产和无形资产，在确定销售额时，按照有关规定允许其从取得的全部价款和价外费用中扣除价款的项目。

4. 增值税一般纳税人各申报表的填写要点

增值税纳税申报表(适用于增值税一般纳税人)的填写要点

(1)“税款所属时间”：指纳税人申报的增值税应纳税额的所属时间，应填写具体的起止年、月、日。

(2)“填表日期”：指纳税人填写本表的具体日期。

(3)“纳税人识别号”：填写纳税人的税务登记证件号码(统一社会信用代码)。

(4)“所属行业”：按照国民经济行业分类与代码中的小类行业填写。

(5)“纳税人名称”：填写纳税人单位名称全称。

(6)“法定代表人姓名”：填写纳税人法定代表人的姓名。

(7)“注册地址”：填写纳税人税务登记证件所注明的详细地址。

(8)“生产经营地址”：填写纳税人实际生产经营地的详细地址。

(9)“开户银行及账号”：填写纳税人开户银行的名称和纳税人在该银行的结算账户号码。

(10)“登记注册类型”：按纳税人税务登记证件的栏目内容填写。

(11)“电话号码”：填写可联系到纳税人的常用电话号码。

(12)“即征即退项目”列：填写纳税人按规定享受增值税即征即退政策的货物、劳务和服务、不动产、无形资产的征(退)税数据。

(13)“一般项目”列：填写除享受增值税即征即退政策以外的货物、劳务和服务、不动产、无形资产的征(免)税数据。

(14)“本年累计”列：一般填写本年度内各月“本月数”之和。其中，第13、20、25、32、36、38栏及第18栏“实际抵扣税额”“一般项目”列的“本年累计”分别按本填写说明第(27)(34)(39)(46)(50)(52)(32)条要求填写。

(15) 第1栏“(一)按适用税率计税销售额”：填写纳税人本期按一般计税方法计算缴纳增值税的销售额，包含：在财务上不作销售但按税法规定应缴纳增值税的视同销售和价外费用的销售额；外贸企业作价销售进料加工复出口货物的销售额；税务、财政、审计部门检查后按一般计税方法计算调整的销售额。

营业税改征增值税的纳税人，服务、不动产和无形资产有扣除项目的，本栏应填写扣除之前的不含税销售额。

本栏“一般项目”列“本月数”＝附表一第9列第1至5行之和－第9列第6、7行之和；

本栏“即征即退项目”列“本月数”＝附表一第9列第6、7行之和。

(16) 第2栏“其中：应税货物销售额”：填写纳税人本期按适用税率计算增值税的应税货物的销售额。包含在财务上不作销售但按税法规定应缴纳增值税的视同销售货物和价外费用销售额，以及外贸企业作价销售进料加工复出口货物的销售额。

(17) 第3栏“应税劳务销售额”：填写纳税人本期按适用税率计算增值税的应税劳务的销售额。

(18) 第4栏“纳税检查调整的销售额”：填写纳税人因税务、财政、审计部门检查，并按一般计税方法在本期计算调整的销售额。但享受增值税即征即退政策的货物、劳务和服务、不动产、无形资产，经纳税检查属于偷税的，不填入“即征即退项目”列，而应填入“一般项目”列。

营业税改征增值税的纳税人，服务、不动产和无形资产有扣除项目的，本栏应填写扣除之前的不含税销售额。

本栏“一般项目”列“本月数”＝附表一第7列第1至5行之和。

(19) 第5栏“按简易办法计税销售额”：填写纳税人本期按简易计税方法计算增值税的销售额。包含纳税检查调整按简易计税方法计算增值税的销售额。

营业税改征增值税的纳税人，服务、不动产和无形资产有扣除项目的，本栏应填写扣除之前的不含税销售额；服务、不动产和无形资产按规定汇总计算缴纳增值税的分支机构，其当期按预征率计算缴纳增值税的销售额也填入本栏。

本栏“一般项目”列“本月数”≥附表一第9列第8至13b行之和－第9列第14、15行之和；

本栏“即征即退项目”列“本月数”≥附表一第9列第14、15行之和。

(20) 第6栏“其中：纳税检查调整的销售额”：填写纳税人因税务、财政、审计部门检查，并按简易计税方法在本期计算调整的销售额。但享受增值税即征即退政策的货物、劳务和服务、不动产、无形资产，经纳税检查属于偷税的，不填入“即征即退项目”列，而应填入“一般项目”列。

营业税改征增值税的纳税人，服务、不动产和无形资产有扣除项目的，本栏应填写扣除之前的不含税销售额。

(21) 第7栏“免、抵、退办法出口销售额”：填写纳税人本期适用免、抵、退税办法的出口货物、劳务和服务、无形资产的销售额。

营业税改征增值税的纳税人，服务、无形资产有扣除项目的，本栏应填写扣除之前的销售额。

本栏“一般项目”列“本月数”＝附表一第9列第16、17行之和。

(22) 第8栏“免税销售额”：填写纳税人本期按照税法规定免征增值税的销售额和适用零税率的销售额，但零税率的销售额中不包括适用免、抵、退税办法的销售额。

营业税改征增值税的纳税人，服务、不动产和无形资产有扣除项目的，本栏应填写扣除之前的免税销售额。

本栏“一般项目”列“本月数”＝附表一第9列第18、19行之和。

(23) 第9栏“其中：免税货物销售额”：填写纳税人本期按照税法规定免征增值税的货物销售额及适用零税率的货物销售额，但零税率的销售额中不包括适用免、抵、退税办法出口货物的销售额。

(24) 第10栏“免税劳务销售额”：填写纳税人本期按照税法规定免征增值税的劳务销售额及适用零税率的劳务销售额，但零税率的销售额中不包括适用免、抵、退税办法的劳务的销售额。

(25) 第11栏“销项税额”：填写纳税人本期按一般计税方法计税的货物、劳务和服务、不动产、无形资产的销项税额。

营业税改征增值税的纳税人，服务、不动产和无形资产有扣除项目的，本栏应填写扣除之后的销项税额。

本栏“一般项目”列“本月数”＝附表一(第10列第1、3行之和－第10列第6行)＋(第14列第2、4、5行之和－第14列第7行)。

本栏“即征即退项目”列“本月数”＝附表一第10列第6行＋第14列第7行。

(26) 第12栏“进项税额”：填写纳税人本期申报抵扣的进项税额。

本栏“一般项目”列“本月数”＋“即征即退项目”列“本月数”＝附表二第12栏“税额”。

(27) 第13栏“上期留抵税额”：“本月数”按上一税款所属期申报表第20栏“期末留抵税额”“本月数”填写。本栏“一般项目”列“本年累计”不填写。

(28) 第14栏“进项税额转出”：填写纳税人已经抵扣，但按税法规定本期应转出的进项税额。

本栏“一般项目”列“本月数”＋“即征即退项目”列“本月数”＝附表二第13栏“税额”。

(29) 第15栏“免、抵、退应退税额”：反映税务机关退税部门按照出口货物、劳务和服务、无形资产免、抵、退办法审批的增值税应退税额。

(30) 第16栏“按适用税率计算的纳税检查应补缴税额”：填写税务、财政、审计部门检查，按一般计税方法计算的纳税检查应补缴的增值税税额。

本栏“一般项目”列“本月数”≤附表一第8列第1至5行之和＋附表二第19栏。

(31) 第17栏“应抵扣税额合计”：填写纳税人本期应抵扣进项税额的合计数。按表中所列公式计算填写。

(32) 第18栏“实际抵扣税额”：“本月数”按表中所列公式计算填写。本栏“一般项目”列“本年累计”不填写。

(33) 第19栏“应纳税额”：反映纳税人本期按一般计税方法计算并应缴纳的增值税额。

① 适用加计抵减政策的纳税人，按以下公式填写。

本栏“一般项目”列“本月数”＝第11栏“销项税额”“一般项目”列“本月数”－第18栏“实际抵扣税额”“一般项目”列“本月数”－“实际抵减额”；

本栏“即征即退项目”列“本月数”＝第11栏“销项税额”“即征即退项目”列“本月数”－第18栏“实际抵扣税额”“即征即退项目”列“本月数”－“实际抵减额”。

适用加计抵减政策的纳税人是指，按照规定计提加计抵减额，并可从本期适用一般计税方法计算的应纳税额中抵减的纳税人(下同)。“实际抵减额”是指按照规定可从本期适用一般计税方法计算的应纳税额中抵减的加计抵减额，分别对应附表四第6行“一般项目加计抵减额计算”、第7行“即征即退项目加计抵减额计算”的“本期实际抵减额”列。

② 其他纳税人按表中所列公式填写。

(34) 第20栏“期末留抵税额”：“本月数”按表中所列公式填写。本栏“一般项目”列“本年累计”不填写。

(35) 第21栏“简易计税办法计算的应纳税额”：反映纳税人本期按简易计税方法计算并应缴纳的增值税额，但不包括按简易计税方法计算的纳税检查应补缴税额。按以下公式计算填写：

本栏“一般项目”列“本月数”＝附表一(第10列第8、9a、10、11行之和－第10列第14行)＋(第14列第9b、12、13a、13b行之和－第14列第15行)。

本栏“即征即退项目”列“本月数”＝附表一第10列第14行＋第14列第15行。

营业税改征增值税的纳税人，服务、不动产和无形资产按规定汇总计算缴纳增值税的分支机构，应将预征增值税额填入本栏。预征增值税额＝应预征增值税的销售额×预征率。

(36) 第22栏“按简易计税办法计算的纳税检查应补缴税额”：填写纳税人本期因税务、财政、审计部门检查并按简易计税方法计算的纳税检查应补缴税额。

(37) 第 23 栏“应纳税额减征额”：填写纳税人本期按照税法规定减征的增值税应纳税额。包含按照规定可在增值税应纳税额中全额抵减的增值税税控系统专用设备费用以及技术维护费。

当本期减征额小于或等于第 19 栏“应纳税额”与第 21 栏“简易计税办法计算的应纳税额”之和时，按本期减征额实际填写；当本期减征额大于第 19 栏“应纳税额”与第 21 栏“简易计税办法计算的应纳税额”之和时，按本期第 19 栏与第 21 栏之和填写。本期减征额不足抵减部分结转下期继续抵减。

(38) 第 24 栏“应纳税额合计”：反映纳税人本期应缴增值税的合计数。按表中所列公式计算填写。

(39) 第 25 栏“期初未缴税额(多缴为负数)”：“本月数”按上一税款所属期申报表第 32 栏“期末未缴税额(多缴为负数)”“本月数”填写。“本年累计”按上年度最后一个税款所属期申报表第 32 栏“期末未缴税额(多缴为负数)”“本年累计”填写。

(40) 第 26 栏“实收出口开具专用缴款书退税额”：本栏不填写。

(41) 第 27 栏“本期已缴税额”：反映纳税人本期实际缴纳的增值税额，但不包括本期入库的查补税款。按表中所列公式计算填写。

(42) 第 28 栏“① 分次预缴税额”：填写纳税人本期已缴纳的准予在本期增值税应纳税额中抵减的税额。

营业税改征增值税的纳税人，分以下几种情况填写：

① 服务、不动产和无形资产按规定汇总计算缴纳增值税的总机构，其可以从本期增值税应纳税额中抵减的分支机构已缴纳的税款，按当期实际可抵减数填入本栏，不足抵减部分结转下期继续抵减。

② 销售建筑服务并按规定预缴增值税的纳税人，其可以从本期增值税应纳税额中抵减的已缴纳的税款，按当期实际可抵减数填入本栏，不足抵减部分结转下期继续抵减。

③ 销售不动产并按规定预缴增值税的纳税人，其可以从本期增值税应纳税额中抵减的已缴纳的税款，按当期实际可抵减数填入本栏，不足抵减部分结转下期继续抵减。

④ 出租不动产并按规定预缴增值税的纳税人，其可以从本期增值税应纳税额中抵减的已缴纳的税款，按当期实际可抵减数填入本栏，不足抵减部分结转下期继续抵减。

(43) 第 29 栏“② 出口开具专用缴款书预缴税额”：本栏不填写。

(44) 第 30 栏“③ 本期缴纳上期应纳税额”：填写纳税人本期缴纳上一税款所属期应缴未缴的增值税额。

(45) 第 31 栏“④ 本期缴纳欠缴税额”：反映纳税人本期实际缴纳和留抵税额抵减的增值税欠税额，但不包括缴纳入库的查补增值税额。

(46) 第 32 栏“期末未缴税额(多缴为负数)”：“本月数”反映纳税人本期期末应缴未缴的增值税额，但不包括纳税检查应缴未缴的税额。按表中所列公式计算填写。“本年累计”与“本月数”相同。

(47) 第 33 栏“其中：欠缴税额(≥0)”：反映纳税人按照税法规定已形成欠税的增值税额。按表中所列公式计算填写。

(48) 第 34 栏“本期应补(退)税额”：反映纳税人本期应纳税额中应补缴或应退回的数额。按表中所列公式计算填写。

(49) 第 35 栏“即征即退实际退税额”：反映纳税人本期因符合增值税即征即退政策规定，

而实际收到的税务机关退回的增值税额。

(50) 第36栏"期初未缴查补税额":"本月数"按上一税款所属期申报表第38栏"期末未缴查补税额""本月数"填写。"本年累计"按上年度最后一个税款所属期申报表第38栏"期末未缴查补税额""本年累计"填写。

(51) 第37栏"本期入库查补税额":反映纳税人本期因税务、财政、审计部门检查而实际入库的增值税额,包括按一般计税方法计算并实际缴纳的查补增值税额和按简易计税方法计算并实际缴纳的查补增值税额。

(52) 第38栏"期末未缴查补税额":"本月数"反映纳税人接受纳税检查后应在本期期末缴纳而未缴纳的查补增值税额。按表中所列公式计算填写,"本年累计"与"本月数"相同。

增值税纳税申报表附列资料(一)(本期销售情况明细)的填写要点

"税款所属时间""纳税人名称"的填写同"增值税纳税申报表(一般纳税人适用)"(以下简称主表)。

各列说明:

(1) 第1至2列"开具增值税专用发票":反映本期开具增值税专用发票(含税控机动车销售统一发票,下同)的情况。

(2) 第3至4列"开具其他发票":反映除增值税专用发票以外本期开具的其他发票的情况。

(3) 第5至6列"未开具发票":反映本期未开具发票的销售情况。

(4) 第7至8列"纳税检查调整":反映经税务、财政、审计部门检查并在本期调整的销售情况。

(5) 第9至11列"合计":按照表中所列公式填写。

营业税改征增值税的纳税人,服务、不动产和无形资产有扣除项目的,第1至11列应填写扣除之前的征(免)税销售额、销项(应纳)税额和价税合计额。

(6) 第12列"服务、不动产和无形资产扣除项目本期实际扣除金额":营业税改征增值税的纳税人,服务、不动产和无形资产有扣除项目的,按附表三第5列对应各行次数据填写,其中本列第5栏等于附表三第5列第3行与第4行之和;服务、不动产和无形资产无扣除项目的,本列填写"0"。其他纳税人不填写。

营业税改征增值税的纳税人,服务、不动产和无形资产按规定汇总计算缴纳增值税的分支机构,当期服务、不动产和无形资产有扣除项目的,填入本列第13行。

(7) 第13列"扣除后""含税(免税)销售额":营业税改征增值税的纳税人,服务、不动产和无形资产有扣除项目的,本列各行次=第11列对应各行次-第12列对应各行次。其他纳税人不填写。

(8) 第14列"扣除后""销项(应纳)税额":营业税改征增值税的纳税人,按以下要求填写本列,其他纳税人不填写。

① 服务、不动产和无形资产按照一般计税方法计税

本列第2行、第4行:若本行第12列为0,则该行次第14列等于第10列。若本行第12列不为0,则仍按照第14列所列公式计算。计算后的结果与纳税人实际计提销项税额有差异的,按实际填写。

本列第5行=第13列÷(100%+对应行次税率)×对应行次税率。

本列第7行"按一般计税方法计税的即征即退服务、不动产和无形资产"具体填写要求见

“各行说明”第(2)条第②项第C点的说明。

② 服务、不动产和无形资产按照简易计税方法计税

本列各行次＝第13列÷(100%＋对应行次征收率)×对应行次征收率。

本列第13行“预征率 %”不按本列的说明填写。具体填写要求见“各行说明”第4条第(2)项。

③ 服务、不动产和无形资产实行免抵退税或免税的，本列不填写。

各行说明：

(1) 第1至5行“一、一般计税方法计税”“全部征税项目”各行：按不同税率和项目分别填写按一般计税方法计算增值税的全部征税项目。有即征即退征税项目的纳税人，本部分数据中既包括即征即退征税项目，又包括不享受即征即退政策的一般征税项目。

(2) 第6至7行“一、一般计税方法计税”“其中：即征即退项目”各行：只反映按一般计税方法计算增值税的即征即退项目。按照税法规定不享受即征即退政策的纳税人，不填写本行。即征即退项目是全部征税项目的其中数。

① 第6行“即征即退货物及加工修理修配劳务”：反映按一般计税方法计算增值税且享受即征即退政策的货物和加工修理修配劳务。本行不包括服务、不动产和无形资产的内容。

A. 本行第9列“合计”“销售额”栏：反映按一般计税方法计算增值税且享受即征即退政策的货物及加工修理修配劳务的不含税销售额。该栏不按第9列所列公式计算，应按照税法规定据实填写。

B. 本行第10列“合计”“销项(应纳)税额”栏：反映按一般计税方法计算增值税且享受即征即退政策的货物及加工修理修配劳务的销项税额。该栏不按第10列所列公式计算，应按照税法规定据实填写。

② 第7行“即征即退服务、不动产和无形资产”：反映按一般计税方法计算增值税且享受即征即退政策的服务、不动产和无形资产。本行不包括货物及加工修理修配劳务的内容。

A. 本行第9列“合计”“销售额”栏：反映按一般计税方法计算增值税且享受即征即退政策的服务、不动产和无形资产的不含税销售额。服务、不动产和无形资产有扣除项目的，按扣除之前的不含税销售额填写。该栏不按第9列所列公式计算，应按照税法规定据实填写。

B. 本行第10列“合计”“销项(应纳)税额”栏：反映按一般计税方法计算增值税且享受即征即退政策的服务、不动产和无形资产的销项税额。服务、不动产和无形资产有扣除项目的，按扣除之前的销项税额填写。该栏不按第10列所列公式计算，应按照税法规定据实填写。

C. 本行第14列“扣除后”“销项(应纳)税额”栏：反映按一般计税方法征收增值税且享受即征即退政策的服务、不动产和无形资产实际应计提的销项税额。服务、不动产和无形资产有扣除项目的，按扣除之后的销项税额填写；服务、不动产和无形资产无扣除项目的，按本行第10列填写。该栏不按第14列所列公式计算，应按照税法规定据实填写。

(3) 第8至12行“二、简易计税方法计税”“全部征税项目”各行：按不同征收率和项目分别填写按简易计税方法计算增值税的全部征税项目。有即征即退征税项目的纳税人，本部分数据中既包括即征即退项目，也包括不享受即征即退政策的一般征税项目。

(4) 第13a至13c行“二、简易计税方法计税”“预征率 %”：反映营业税改征增值税的纳税人，服务、不动产和无形资产按规定汇总计算缴纳增值税的分支机构，预征增值税销售额、预征增值税应纳税额。其中，第13a行“预征率 %”适用于所有实行汇总计算缴纳增值税的分支机构纳税人；第13b、13c行“预征率 %”适用于部分实行汇总计算缴纳增值税的铁路运输纳

税人。

① 第13a至13c行第1至6列按照销售额和销项税额的实际发生数填写。

② 第13a至13c行第14列，纳税人按“应预征缴纳的增值税＝应预征增值税销售额×预征率”公式计算后据实填写。

(5) 第14至15行“二、简易计税方法计税”“其中：即征即退项目”各行：只反映按简易计税方法计算增值税的即征即退项目。按照税法规定不享受即征即退政策的纳税人，不填写本行。即征即退项目是全部征税项目的其中数。

① 第14行“即征即退货物及加工修理修配劳务”：反映按简易计税方法计算增值税且享受即征即退政策的货物及加工修理修配劳务。本行不包括服务、不动产和无形资产的内容。

A. 本行第9列“合计”“销售额”栏：反映按简易计税方法计算增值税且享受即征即退政策的货物及加工修理修配劳务的不含税销售额。该栏不按第9列所列公式计算，应按照税法规定据实填写。

B. 本行第10列“合计”“销项(应纳)税额”栏：反映按简易计税方法计算增值税且享受即征即退政策的货物及加工修理修配劳务的应纳税额。该栏不按第10列所列公式计算，应按照税法规定据实填写。

② 第15行“即征即退服务、不动产和无形资产”：反映按简易计税方法计算增值税且享受即征即退政策的服务、不动产和无形资产。本行不包括货物及加工修理修配劳务的内容。

A. 本行第9列“合计”“销售额”栏：反映按简易计税方法计算增值税且享受即征即退政策的服务、不动产和无形资产的不含税销售额。服务、不动产和无形资产有扣除项目的，按扣除之前的不含税销售额填写。该栏不按第9列所列公式计算，应按照税法规定据实填写。

B. 本行第10列“合计”“销项(应纳)税额”栏：反映按简易计税方法计算增值税且享受即征即退政策的服务、不动产和无形资产的应纳税额。服务、不动产和无形资产有扣除项目的，按扣除之前的应纳税额填写。该栏不按第10列所列公式计算，应按照税法规定据实填写。

C. 本行第14列“扣除后”“销项(应纳)税额”栏：反映按简易计税方法计算增值税且享受即征即退政策的服务、不动产和无形资产实际应计提的应纳税额。服务、不动产和无形资产有扣除项目的，按扣除之后的应纳税额填写；服务、不动产和无形资产无扣除项目的，按本行第10列填写。

(6) 第16行“三、免抵退税”“货物及加工修理修配劳务”：反映适用免、抵、退税政策的出口货物、加工修理修配劳务。

(7) 第17行“三、免抵退税”“服务、不动产和无形资产”：反映适用免、抵、退税政策的服务、不动产和无形资产。

(8) 第18行“四、免税”“货物及加工修理修配劳务”：反映按照税法规定免征增值税的货物及劳务和适用零税率的出口货物及劳务，但零税率的销售额中不包括适用免、抵、退税办法的出口货物及劳务。

(9) 第19行“四、免税”“服务、不动产和无形资产”：反映按照税法规定免征增值税的服务、不动产、无形资产和适用零税率的服务、不动产、无形资产，但零税率的销售额中不包括适用免、抵、退税办法的服务、不动产和无形资产。

增值税纳税申报表附列资料(二)(本期进项税额明细)的填写要点

“税款所属时间”“纳税人名称”的填写同主表。

(1) 第1至12栏“一、申报抵扣的进项税额”：分别反映纳税人按税法规定符合抵扣条件，在本期申报抵扣的进项税额。

① 第1栏“(一) 认证相符的增值税专用发票”：反映纳税人取得的认证相符本期申报抵扣的增值税专用发票情况。该栏应等于第2栏“本期认证相符且本期申报抵扣”与第3栏“前期认证相符且本期申报抵扣”数据之和。适用取消增值税发票认证规定的纳税人，通过增值税发票选择确认平台选择用于抵扣的增值税专用发票，视为“认证相符”(下同)。

② 第2栏“其中：本期认证相符且本期申报抵扣”：反映本期认证相符且本期申报抵扣的增值税专用发票的情况。本栏是第1栏的其中数，本栏只填写本期认证相符且本期申报抵扣的部分。

③ 第3栏“前期认证相符且本期申报抵扣”：反映前期认证相符且本期申报抵扣的增值税专用发票的情况。

辅导期纳税人依据税务机关告知的稽核比对结果通知书及明细清单注明的稽核相符的增值税专用发票填写本栏。本栏是第1栏的其中数。

纳税人本期申报抵扣的收费公路通行费增值税电子普通发票(以下简称通行费电子发票)应当填写在第1至3栏对应栏次中。

第1至3栏中涉及的增值税专用发票均不包含从小规模纳税人处购进农产品时取得的专用发票，但购进农产品未分别核算用于生产销售13%税率货物和其他货物服务的农产品进项税额情况除外。

④ 第4栏“(二) 其他扣税凭证”：反映本期申报抵扣的除增值税专用发票之外的其他扣税凭证的情况。具体包括：海关进口增值税专用缴款书、农产品收购发票或者销售发票(含农产品核定扣除的进项税额)、代扣代缴税收完税凭证、加计扣除农产品进项税额和其他符合政策规定的扣税凭证。该栏应等于第5至8b栏之和。

⑤ 第5栏“海关进口增值税专用缴款书”：反映本期申报抵扣的海关进口增值税专用缴款书的情况。按规定执行海关进口增值税专用缴款书先比对后抵扣的，纳税人需依据税务机关告知的稽核比对结果通知书及明细清单注明的稽核相符的海关进口增值税专用缴款书填写本栏。

⑥ 第6栏“农产品收购发票或者销售发票”：反映纳税人本期购进农业生产者自产农产品取得(开具)的农产品收购发票或者销售发票情况。从小规模纳税人处购进农产品时取得增值税专用发票情况填写在本栏，但购进农产品未分别核算用于生产销售13%税率货物和其他货物服务的农产品进项税额情况除外。

“税额”栏＝农产品销售发票或者收购发票上注明的农产品买价×9%＋增值税专用发票上注明的金额×9%。

上述公式中的“增值税专用发票”是指纳税人从小规模纳税人处购进农产品时取得的专用发票。

执行农产品增值税进项税额核定扣除办法的，填写当期允许抵扣的农产品增值税进项税额，不填写“份数”“金额”。

⑦ 第7栏“代扣代缴税收缴款凭证”：填写本期按规定准予抵扣的完税凭证上注明的增值税额。

⑧ 第8a栏“加计扣除农产品进项税额”：填写纳税人将购进的农产品用于生产销售或委托受托加工13%税率货物时加计扣除的农产品进项税额。该栏不填写“份数”“金额”。

⑨ 第8b栏“其他”：反映按规定本期可以申报抵扣的其他扣税凭证情况。

纳税人按照规定不得抵扣且未抵扣进项税额的固定资产、无形资产、不动产，发生用途改变，用于允许抵扣进项税额的应税项目，可在用途改变的次月将按公式计算出的可以抵扣的进项税额，填入本栏"税额"中。

⑩ 第 9 栏"（三）本期用于购建不动产的扣税凭证"：反映按规定本期用于购建不动产的扣税凭证上注明的金额和税额。

购建不动产是指纳税人 2016 年 5 月 1 日后取得并在会计制度上按固定资产核算的不动产或者 2016 年 5 月 1 日后取得的不动产在建工程。取得不动产，包括以直接购买、接受捐赠、接受投资入股、自建以及抵债等各种形式取得不动产，不包括房地产开发企业自行开发的房地产项目。

本栏次包括第 1 栏中本期用于购建不动产的增值税专用发票和第 4 栏中本期用于购建不动产的其他扣税凭证。

本栏"金额""税额"≥0。

⑪ 第 10 栏"（四）本期用于抵扣的旅客运输服务扣税凭证"：反映按规定本期购进旅客运输服务，所取得的扣税凭证上注明或按规定计算的金额和税额。

本栏次包括第 1 栏中按规定本期允许抵扣的购进旅客运输服务取得的增值税专用发票和第 4 栏中按规定本期允许抵扣的购进旅客运输服务取得的其他扣税凭证。

本栏"金额""税额"≥0。

第 9 栏"（三）本期用于购建不动产的扣税凭证"＋第 10 栏"（四）本期用于抵扣的旅客运输服务扣税凭证"税额≤第 1 栏"认证相符的增值税专用发票"＋第 4 栏"其他扣税凭证"税额。

⑫ 第 11 栏"（五）外贸企业进项税额抵扣证明"：填写本期申报抵扣的税务机关出口退税部门开具的"出口货物转内销证明"列明允许抵扣的进项税额。

⑬ 第 12 栏"当期申报抵扣进项税额合计"：反映本期申报抵扣进项税额的合计数。按表中所列公式计算填写。

（2）第 13 至 23 栏"二、进项税额转出额"各栏：分别反映纳税人已经抵扣但按规定应在本期转出的进项税额明细情况。

① 第 13 栏"本期进项税额转出额"：反映已经抵扣但按规定应在本期转出的进项税额合计数。按表中所列公式计算填写。

② 第 14 栏"免税项目用"：反映用于免征增值税项目，按规定应在本期转出的进项税额。

③ 第 15 栏"集体福利、个人消费"：反映用于集体福利或者个人消费，按规定应在本期转出的进项税额。

④ 第 16 栏"非正常损失"：反映纳税人发生非正常损失，按规定应在本期转出的进项税额。

⑤ 第 17 栏"简易计税方法征税项目用"：反映用于按简易计税方法征税项目，按规定应在本期转出的进项税额。

营业税改征增值税的纳税人，服务、不动产和无形资产按规定汇总计算缴纳增值税的分支机构，当期应由总机构汇总的进项税额也填入本栏。

⑥ 第 18 栏"免抵退税办法不得抵扣的进项税额"：反映按照免、抵、退税办法的规定，由于征税税率与退税税率存在税率差，在本期应转出的进项税额。

⑦ 第 19 栏"纳税检查调减进项税额"：反映税务、财政、审计部门检查后而调减的进项税额。

⑧ 第 20 栏“红字专用发票信息表注明的进项税额”：填写增值税发票管理系统校验通过的“开具红字增值税专用发票信息表”注明的在本期应转出的进项税额。

⑨ 第 21 栏“上期留抵税额抵减欠税”：填写本期经税务机关同意，使用上期留抵税额抵减欠税的数额。

⑩ 第 22 栏“上期留抵税额退税”：填写本期经税务机关批准的上期留抵税额退税额。

⑪ 第 23 栏“其他应作进项税额转出的情形”：反映除上述进项税额转出情形外，其他应在本期转出的进项税额。

（3）第 24 至 34 栏“三、待抵扣进项税额”各栏：分别反映纳税人已经取得，但按税法规定不符合抵扣条件，暂不予在本期申报抵扣的进项税额情况及按税法规定不允许抵扣的进项税额情况。

① 第 24 至 28 栏涉及的增值税专用发票均不包括从小规模纳税人处购进农产品时取得的专用发票，但购进农产品未分别核算用于生产销售 13％税率货物和其他货物服务的农产品进项税额情况除外。

② 第 25 栏“期初已认证相符但未申报抵扣”：反映前期认证相符，但按照税法规定暂不予抵扣及不允许抵扣，结存至本期的增值税专用发票情况。辅导期纳税人填写认证相符但未收到稽核比对结果的增值税专用发票期初情况。

③ 第 26 栏“本期认证相符且本期未申报抵扣”：反映本期认证相符，但按税法规定暂不予抵扣及不允许抵扣，而未申报抵扣的增值税专用发票情况。辅导期纳税人填写本期认证相符但未收到稽核比对结果的增值税专用发票情况。

④ 第 27 栏“期末已认证相符但未申报抵扣”：反映截至本期期末，按照税法规定仍暂不予抵扣及不允许抵扣且已认证相符的增值税专用发票情况。辅导期纳税人填写截至本期期末已认证相符但未收到稽核比对结果的增值税专用发票期末情况。

⑤ 第 28 栏“其中：按照税法规定不允许抵扣”：反映截至本期期末已认证相符但未申报抵扣的增值税专用发票中，按照税法规定不允许抵扣的增值税专用发票情况。

纳税人本期期末已认证相符待抵扣的通行费电子发票应当填写在第 24 至 28 栏对应栏次中。

⑥ 第 29 栏“（二）其他扣税凭证”：反映截至本期期末仍未申报抵扣的除增值税专用发票之外的其他扣税凭证情况。具体包括：海关进口增值税专用缴款书、农产品收购发票或者销售发票、代扣代缴税收完税凭证和其他符合政策规定的扣税凭证。该栏应等于第 30 至 33 栏之和。

⑦ 第 30 栏“海关进口增值税专用缴款书”：反映已取得但截至本期期末仍未申报抵扣的海关进口增值税专用缴款书情况，包括纳税人未收到稽核比对结果的海关进口增值税专用缴款书情况。

⑧ 第 31 栏“农产品收购发票或者销售发票”：反映已取得但截至本期期末仍未申报抵扣的农产品收购发票或者农产品销售发票情况。从小规模纳税人处购进农产品时取得增值税专用发票情况填写在本栏，但购进农产品未分别核算用于生产销售 13％税率货物和其他货物服务的农产品进项税额情况除外。

⑨ 第 32 栏“代扣代缴税收缴款凭证”：反映已取得但截至本期期末仍未申报抵扣的代扣代缴税收完税凭证情况。

⑩ 第 33 栏“其他”：反映已取得但截至本期期末仍未申报抵扣的其他扣税凭证的情况。

（4）第35至36栏“四、其他”各栏。

① 第35栏“本期认证相符的增值税专用发票”：反映本期认证相符的增值税专用发票的情况。纳税人本期认证相符的通行费电子发票应当填写在本栏次中。

② 第36栏“代扣代缴税额”：填写纳税人根据《中华人民共和国增值税暂行条例》第十八条扣缴的应税劳务增值税额与根据营业税改征增值税有关政策规定扣缴的服务、不动产和无形资产增值税额之和。

增值税纳税申报表附列资料（三）（服务、不动产和无形资产扣除项目明细）的填写要点

（1）本表由服务、不动产和无形资产有扣除项目的营业税改征增值税纳税人填写。其他纳税人不填写。

（2）“税款所属时间”“纳税人名称”的填写同主表。

（3）第1列“本期服务、不动产和无形资产价税合计额（免税销售额）”：营业税改征增值税的服务、不动产和无形资产属于征税项目的，填写扣除之前的本期服务、不动产和无形资产价税合计额；营业税改征增值税的服务、不动产和无形资产属于免抵退税或免税项目的，填写扣除之前的本期服务、不动产和无形资产免税销售额。本列各行次等于附表一第11列对应行次，其中本列第3行和第4行之和等于附表一第11列第5栏。

营业税改征增值税的纳税人，服务、不动产和无形资产按规定汇总计算缴纳增值税的分支机构，本列各行次之和等于附表一第11列第13a、13b行之和。

（4）第2列“服务、不动产和无形资产扣除项目”“期初余额”：填写服务、不动产和无形资产扣除项目上期期末结存的金额，试点实施之日的税款所属期填写“0”。本列各行次等于上期附表三第6列对应行次。

本列第4行“6%税率的金融商品转让项目”“期初余额”年初首期填报时应填“0”。

（5）第3列“服务、不动产和无形资产扣除项目”“本期发生额”：填写本期取得的按税法规定准予扣除的服务、不动产和无形资产扣除项目金额。

（6）第4列“服务、不动产和无形资产扣除项目”“本期应扣除金额”：填写服务、不动产和无形资产扣除项目本期应扣除的金额。

本列各行次＝第2列对应各行次＋第3列对应各行次。

（7）第5列“服务、不动产和无形资产扣除项目”“本期实际扣除金额”：填写服务、不动产和无形资产扣除项目本期实际扣除的金额。

本列各行次≤第4列对应各行次，且本列各行次≤第1列对应各行次。

（8）第6列“服务、不动产和无形资产扣除项目”“期末余额”：填写服务、不动产和无形资产扣除项目本期期末结存的金额。

本列各行次＝第4列对应各行次－第5列对应各行次。

增值税纳税申报表附列资料（四）（税额抵减情况表）的填写要点

（1）税额抵减情况

① 本表第1行由发生增值税税控系统专用设备费用和技术维护费的纳税人填写，反映纳税人增值税税控系统专用设备费用和技术维护费按规定抵减增值税应纳税额的情况。

② 本表第2行由营业税改征增值税纳税人，服务、不动产和无形资产按规定汇总计算缴纳增值税的总机构填写，反映其分支机构预征缴纳税款抵减总机构应纳增值税税额的情况。

③ 本表第3行由销售建筑服务并按规定预缴增值税的纳税人填写，反映其销售建筑服务预征缴纳税款抵减应纳增值税税额的情况。

④ 本表第4行由销售不动产并按规定预缴增值税的纳税人填写，反映其销售不动产预征缴纳税款抵减应纳增值税税额的情况。

⑤ 本表第5行由出租不动产并按规定预缴增值税的纳税人填写，反映其出租不动产预征缴纳税款抵减应纳增值税税额的情况。

(2) 加计抵减情况

本表第6至8行仅限适用加计抵减政策的纳税人填写，反映其加计抵减情况。其他纳税人不需填写。第8行"合计"等于第6行、第7行之和。各列说明如下：

① 第1列"期初余额"：填写上期期末结余的加计抵减额。

② 第2列"本期发生额"：填写按照规定本期计提的加计抵减额。

③ 第3列"本期调减额"：填写按照规定本期应调减的加计抵减额。

④ 第4列"本期可抵减额"：按表中所列公式填写。

⑤ 第5列"本期实际抵减额"：反映按照规定本期实际加计抵减额，按以下要求填写。

若第4列≥0，且第4列<主表第11栏－主表第18栏，则第5列＝第4列；

若第4列≥主表第11栏－主表第18栏，则第5列＝主表第11栏－主表第18栏；

若第4列<0，则第5列等于0。

计算本列"一般项目加计抵减额计算"行和"即征即退项目加计抵减额计算"行时，公式中主表各栏次数据分别取主表"一般项目""本月数"列、"即征即退项目""本月数"列对应数据。

⑥ 第6列"期末余额"：填写本期结余的加计抵减额，按表中所列公式填写。

"固定资产（不含不动产）进项税额抵扣情况表"的填写要点

(1) 凡是本期发生固定进项税抵扣的所有一般纳税人需填写本表。

(2) 填写注意要点：

① 本表反映纳税人在附表二"一、申报抵扣的进项税额"中其他扣除凭证的进项税额。

② 本表按增值税专用发票、海关进口增值税专用缴款书分别填写。

"增值税减免税申报明细表"的填写要点

(1) 本表由享受增值税减免税优惠政策的增值税一般纳税人和小规模纳税人（以下简称增值税纳税人）填写。仅享受月销售额不超过10万元（按季纳税30万元）免征增值税政策或未达起征点的增值税小规模纳税人不需填报本表，即小规模纳税人当期"增值税纳税申报表（小规模纳税人适用）"第12栏"其他免税销售额""本期数"和第16栏"本期应纳税额减征额""本期数"均无数据时，不需填报本表。

(2) "税款所属时间""纳税人名称"的填写同申报表主表，申报表主表是指"增值税纳税申报表（一般纳税人适用）"或者"增值税纳税申报表（小规模纳税人适用）"（下同）。

(3) "一、减税项目"由本期按照税收法律、法规及国家有关税收规定享受减征（包含税额式减征、税率式减征）增值税优惠的增值税纳税人填写。

① "减税性质代码及名称"：根据国家税务总局最新发布的"减免性质及分类表"所列减免性质代码、项目名称填写。同时有多个减征项目的，应分别填写。

② 第1列"期初余额"：填写应纳税额减征项目上期"期末余额"，为对应项目上期应抵减而不足抵减的余额。

③ 第2列"本期发生额"：填写本期发生的按照规定准予抵减增值税应纳税额的金额。

④ 第3列"本期应抵减税额"：填写本期应抵减增值税应纳税额的金额。本列按表中所列公式填写。

⑤ 第 4 列“本期实际抵减税额”：填写本期实际抵减增值税应纳税额的金额。本列各行≤第 3 列对应各行。

一般纳税人填写时，第 1 行“合计”本列数＝申报表主表第 23 行“一般项目”列“本月数”。

小规模纳税人填写时，第 1 行“合计”本列数＝申报表主表第 16 行“本期应纳税额减征额”“本期数”。

⑥ 第 5 列“期末余额”：按表中所列公式填写。

（4）“二、免税项目”由本期按照税收法律、法规及国家有关税收规定免征增值税的增值税纳税人填写。仅享受小微企业免征增值税政策或未达起征点的小规模纳税人不需填写，即小规模纳税人申报表主表第 12 栏“其他免税销售额”“本期数”无数据时，不需填写本栏。

① “免税性质代码及名称”：根据国家税务总局最新发布的“减免性质及分类表”所列减免性质代码、项目名称填写。同时有多个免税项目的，应分别填写。

② “出口免税”填写增值税纳税人本期按照税法规定出口免征增值税的销售额，但不包括适用免、抵、退税办法出口的销售额。小规模纳税人不填写本栏。

③ 第 1 列“免征增值税项目销售额”：填写增值税纳税人免税项目的销售额。免税销售额按照有关规定允许从取得的全部价款和价外费用中扣除价款的，应填写扣除之前的销售额。

一般纳税人填写时，本列“合计”等于申报表主表第 8 行“一般项目”列“本月数”。

④ 第 2 列“免税销售额扣除项目本期实际扣除金额”：免税销售额按照有关规定允许从取得的全部价款和价外费用中扣除价款的，据实填写扣除金额；无扣除项目的，本列填写“0”。

⑤ 第 3 列“扣除后免税销售额”：按表中所列公式填写。

⑥ 第 4 列“免税销售额对应的进项税额”：本期用于增值税免税项目的进项税额。小规模纳税人不填写本列，一般纳税人按下列情况填写：

A. 一般纳税人兼营应税和免税项目的，按当期免税销售额对应的进项税额填写；

B. 一般纳税人本期销售收入全部为免税项目，且当期取得合法扣税凭证的，按当期取得的合法扣税凭证注明或计算的进项税额填写；

C. 当期未取得合法扣税凭证的，一般纳税人可根据实际情况自行计算免税项目对应的进项税额；无法计算的，本栏次填“0”。

⑦ 第 5 列“免税额”：一般纳税人和小规模纳税人分别按下列公式计算填写，且本列各行数应大于或等于 0。

一般纳税人公式：第 5 列“免税额”≤第 3 列“扣除后免税销售额”×适用税率－第 4 列“免税销售额对应的进项税额”。

小规模纳税人公式：第 5 列“免税额”＝第 3 列“扣除后免税销售额”×征收率。

（二）增值税一般纳税人纳税申报案例

【例 4－1】 甲有限责任公司为增值税一般纳税人，其纳税人识别号：220105605904803143；所属行业：工业企业；法人代表：王玉林；经营地址：长春经济开发区长石路 1 公里处；开户行：中国银行长春市西安大路支行；账号：0068730809××××，主管税务机关：长春经济开发区国税局。2019 年 5 月该公司的生产经营情况如下：

（1）外购货物取得防伪税控系统开具的增值税专用发票 10 份（见表 4－2），均在法定期限内予以认证通过，并在本期全部申报抵扣进项税额，其中，发票代码为 1308302859 的专用发票为购进固定资产所取得，发票金额为 1 561 835 元，税额为 203 038.55 元；取得货物运输业增值税专用发票 12 份，发票金额为 45 000 元，税额为 4 050 元；取得农产品收购发票 2 份，发票金额 30 000 元,税额为 2 700 元。前期取得但尚未申报抵扣的防伪税控系统开具的增值税专用发票情况见表 4－1。

表 4－1 **本期取得防伪税控系统开具的增值税专用发票及认证情况表** 金额单位:元至角分

发票代码	发票号码	开票日期	金额	税额	销货方纳税人识别号	认证日期
1100044170	00140803	20190501	3 584.96	466.04	13020255002××××	20190530
1107353874	01830985	20190503	8 671.50	1 127.30	11029759273××××	20190530
1308302859	04430852	20190504	1 561 835.00	203 038.55	11086756548××××	20190530
1300237507	00327482	20190513	27 277.42	3 546.06	13002375927××××	20190530
1108675655	02757438	20190514	28 654.88	3 725.13	11039759298××××	20190530
1109237583	07239766	20190515	76 290.53	9 917.77	13079324729××××	20190530
1109835028	02649878	20190525	15 146.67	1 969.07	13086756764××××	20190530
1309769867	07547535	20190526	67 982.38	8 837.71	11096768364××××	20190530
1306543708	07356814	20190527	54 324.22	7 062.15	13087496574××××	20190530
1307479828	00327984	20190528	35 944.81	4 672.83	11043256748××××	20190530

表 4－2 **前期取得防伪税控系统开具的增值税专用发票及认证情况表** 金额单位:元至角分

发票代码	发票号码	开票日期	金额	税额	销货方纳税人识别号	认证日期
1106867565	04453429	20190405	3 697.54	480.68	11098787678××××	20190429
1108675646	06687545	20190427	67 825.45	8 817.31	11079867856××××	20190429

(2) 本期有 469 851.38 元的外购货物用于非应税项目,其所负担的税款为 61 080.68 元;有 9 400.95 元的外购货物发生非正常损失,其所负担的税款为 1 222.12 元。

(3) 本期销售货物并开具防伪税控系统的增值税专用发票 18 份(见表 4－3),其中,号码为 00099544 的发票因开具发票形式不符合要求而作废,号码为 00099555 的发票为红字发票;销售货物开具普通发票 2 份,合计金额为 214 600 元;销售货物但未开具发票的金额为 3 886 元;因销售货物提供运输劳务开具普通发票 15 份,收取运费 62 249 元(运输队统一核算)。

表 4－3 **防伪税控系统开具的增值税专用发票情况表** 金额单位:元至角分

发票代码	发票号码	开票日期	购货方纳税人识别号	金额	税额	备注
22000731405	00099543	20190502	12011560058××××	58 358.95	7 586.66	
22000731405	00099544	20190503	13020774019××××	97 846.15	12 720.00	作废
22000731405	00099545	20190503	13020774019××××	97 846.15	12 720.00	
22000731405	00099546	20190504	13020574015××××	17 965.84	2 335.56	
22000731405	00099547	20190505	13020372335××××	36 907.69	4 798.00	
22000731405	00099548	20190506	13020574015××××	7 794.17	1 013.24	

续表

发票代码	发票号码	开票日期	购货方纳税人识别号	金额	税额	备注
22000731405	00099549	20190511	13020071586××××	1 645.98	213.98	
22000731405	00099550	20190512	11011117543××××	96 358.29	12 526.58	
22000731405	00099551	20190513	11083473560××××	125 961.64	16 375.01	
22000731405	00099552	20190514	11090475973××××	186 384.66	24 230.01	
22000731405	00099553	20190515	11040957376××××	106 153.81	13 800.00	
22000731405	00099554	20190516	13057264385766×	3 461.52	450.00	
22000731405	00099555	20190518	130209×7397502×	−5 777.28	−751.05	红字
22000731405	00099556	20190520	11049875032××××	1 811.11	235.44	
22000731405	00099557	20190521	11004937859××××	56 923.27	7 400.03	
22000731405	00099558	20190525	11003875873××××	407 350.00	52 955.50	
22000731405	00099559	20190526	13057846975××××	224 615.00	29 199.95	
22000731405	00099560	20190528	11002564287××××	12 456.28	1 619.32	

（4）2019 年 5 月初的未缴税额为 43 446.28 元；4 月份的应税货物销售额为 507 087.83 元，应税劳务销售额为 59 699.58 元，销项税额为 73 682.36 元，进项税额为 30 236.08 元(其中，申报抵扣固定资产进项税额为 1 236.08 元)，期末未缴税额为 43 446.28 元，于 2019 年 5 月份缴纳。

【要求】 根据增值税一般纳税人纳税申报的要求计算并填列适用于增值税一般纳税人的“增值税纳税申报表”(主表)及其两个附表和“固定资产进项税额抵扣情况表”。

【解析】

1. 增值税纳税申报表附列资料[附表一，见表 4-4(b)]

(1) 防伪税控开具专用发票(共 18 份，作废 1 份，红字 1 份)

应税货物 13%销售额＝58 358.95＋97 846.15＋17 965.84＋36 907.69＋7 794.17
＋1 645.98＋96 358.29＋125 961.64＋186 384.66＋106 153.81
＋3 461.52－5 777.28＋1 811.11＋56 923.27＋407 350.00
＋224 615.00＋12 456.28
＝1 436 217.08(元)

应税货物 13%销项税额＝7 586.66＋12 720.00＋2 335.56＋4 798.00＋1 013.24
＋213.98＋12 526.58＋16 375.01＋24 230.01＋13 800.00
＋450.00－751.05＋235.44＋7 400.03＋52 955.50
＋29 199.95＋1 619.32
＝186 708.22(元)

或者＝应税货物 13%销售额×13%＝1 436 217.08×13%
＝186 708.22(元)

(2) 开具普通发票应税货物销售额＝214 600÷(1＋13%)＝189 911.50(元)

开具普通发票应税货物销项税额＝189 911.50×13％＝24 688.50(元)

开具普通发票应税服务销售额＝62 249.00÷(1＋9％)＝57 109.17(元)

开具普通发票应税服务销项税额＝57 109.17×9％＝5 139.83(元)

(3) 未开具发票应税货物销售额＝3 886.00÷(1＋13％)＝3 438.94(元)

未开具发票应税货物销项税额＝3 438.94×13％＝447.06(元)

(4) 应税货物销售额合计＝1 436 217.08＋189 911.50＋3 438.94＝1 629 567.52(元)

应税货物销项税额合计＝1 629 567.52×13％＝211 843.78(元)

应税货物及应税劳务销售额合计＝1 629 567.52＋57 109.17＝1 686 676.69(元)

应税货物及应税劳务销项税额合计＝211 843.78＋5 139.83＝216 983.61(元)

2. 增值税纳税申报表附列资料[附表二，见表 4－4(c)]

(1) 申报抵扣的进项税额

① 认证相符的防伪税控发票申报抵扣

● 本期认证相符且本期申报抵扣金额＝3 584.96＋8 671.50＋1 561 835.00
＋27 277.42＋28 654.88＋76 290.53
＋15 146.67＋67 982.38＋54 324.22
＋35 944.81＋45 000＝1924 712.37(元)

本期认证相符且本期申报抵扣税额＝466.04＋1127.30＋203 038.55＋3 546.06
＋3 725.13＋9 917.77＋1 969.07＋8 837.71
＋7 062.15＋4 672.83＋4 050.00
＝248 412.61(元)

● 前期认证相符且本期申报抵扣金额＝3 697.54＋67 825.45＝71 522.99(元)

前期认证相符且本期申报抵扣税额＝480.68＋8 817.31＝9 297.99(元)

● 防伪税控发票申报抵扣金额＝1 924 712.37＋71 522.99＝1 996 235.36(元)

防伪税控发票申报抵扣税额＝248 412.61＋9 297.99＝257 710.60(元)

② 其他扣税凭证

农产品收购发票金额＝30 000(元)(2 份)

农产品收购发票税额＝30 000×9％＝2 700(元)

③ 合计金额＝1 996 235.36＋30 000＝2 026 235.36(元)

合计税额＝257 710.60＋2 700＝260 410.60(元)

(2) 进项税额转出

用于非应税项目货物负担的进项税额＝61 080.68(元)

非正常损失货物负担的进项税额＝1 222.12(元)

合计＝61 080.68＋1 222.12＝62 302.80(元)

(3) 其他

本期认证相符的全部防伪税控发票金额＝1 924 712.37(元)

本期认证相符的全部防伪税控发票税额＝248 412.61(元)

3. 增值税纳税申报表附列资料[表 4－4(d)]

当期申报抵扣的防伪税控系统增值税专用发票固定资产进项税额＝203 038.55(元)

4. 增值税纳税申报表[主表，见表 4－4(a)]

(1) 本月数

① 销售额

应税货物销售额＝1 629 567.52(元)

应税劳务销售额＝57 109.17(元)

合计＝1 629 567.52＋57 109.17＝1 686 676.69(元)

② 税款计算

销项税额＝应税货物及劳务销项税额合计＝216 983.61(元)

进项税额＝申报抵扣的进项税额＝260 410.60(元)

进项税转出＝62 302.80(元)

应抵扣税额合计＝实际抵扣税额＝260 410.60－62 302.80＝198 107.80(元)

应纳税额＝216 983.61－198 107.80＝18 875.81(元)

应纳税额合计＝18 875.81(元)

③ 税款缴纳

期初未缴税额＝43 446.28(元)

本期已缴税额＝本期缴纳上期应纳税额＝43 446.28(元)

期末未缴税款＝18 875.81＋43 446.28－43 446.28＝18 875.81(元)

本期应补税额＝18 875.81(元)

(2) 本年累计

应税货物及劳务销售额＝1 686 676.69＋566 787.41＝2 253 464.10(元)

其中：应税货物销售额＝1 629 567.52＋507 087.83＝2 136 655.35(元)

　　　应税劳务销售额＝57 109.17＋59 699.58＝116 808.75(元)

销项税额＝216 983.61＋73 682.36＝290 665.97(元)

进项税额＝260 410.60＋30 236.08＝290 646.68(元)

进项税额转出＝62 302.80＋0＝62 302.80(元)

应纳税额＝290 665.97－290 646.68＋62 302.80＝62 322.09(元)

期末未缴税额＝62 322.09－43 446.28＝18 875.81(元)

【填表】

表 4－4(a)　　增值税纳税申报表

(一般纳税人适用)

根据国家税收法律法规及增值税相关规定制定本表。纳税人不论有无销售额，均应按税务机关核定的纳税期限填写本表，并向当地税务机关申报。

税款所属时间：自 2019 年 5 月 1 日至 2019 年 5 月 31 日

填表日期：2019 年 6 月 10 日　　金额单位：元至角分

纳税人识别号 | 2 | 2 | 0 | 1 | 0 | 5 | 6 | 0 | 5 | 9 | 0 | 4 | 8 | 0 | 3 | 1 | 4 | 3 |　　所属行业：工业企业

纳税人名称（公章）	甲有限责任公司	法定代表人姓名	王玉林	注册地址	长春市西安大路××号	生产经营地址	经济开发区长石路1公里处
开户银行及账号	长春市中行西安大路支行 账号：0068730809××××	登记注册类型	股份有限责任公司	电话号码	8896××××		

续表

项　　目		栏次	一般项目		即征即退项目	
			本月数	本年累计	本月数	本年累计
销售额	(一)按适用税率计税销售额	1	1 686 676.69	2 253 464.10	0.00	0.00
	其中：应税货物销售额	2	1 629 567.52	2 136 655.35	0.00	0.00
	应税劳务销售额	3	57 109.17	116 808.75	0.00	0.00
	纳税检查调整的销售额	4	0.00	0.00	0.00	0.00
	(二)按简易办法计税销售额	5	0.00	0.00	0.00	0.00
	其中：纳税检查调整的销售额	6	0.00	0.00	0.00	0.00
	(三)免、抵、退办法出口销售额	7	0.00	0.00	—	—
	(四)免税销售额	8	0.00	0.00	—	—
	其中：免税货物销售额	9	0.00	0.00	—	—
	免税劳务销售额	10	0.00	0.00	—	—
税款计算	销项税额	11	216 983.61	290 665.97	0.00	0.00
	进项税额	12	260 410.60	290 646.68	0.00	0.00
	上期留抵税额	13	0.00	0.00	0.00	—
	进项税额转出	14	62 302.80	62 302.80	0.00	0.00
	免、抵、退应退税额	15	0.00	0.00	—	—
	按适用税率计算的纳税检查应补缴税额	16	0.00	0.00	—	—
	应抵扣税额合计	17=12+13−14−15+16	198 107.80	—		—
	实际抵扣税额	18(如 17<11，则为 17，否则为 11)	198 107.80	228 343.88	0.00	0.00
	应纳税额	19=11−18	18 875.81	62 322.09	0.00	0.00
	期末留抵税额	20=17−18	0.00	0.00	0.00	—
	简易计税办法计算的应纳税额	21	0.00	0.00	0.00	0.00
	按简易计税办法计算的纳税检查应补缴税额	22	0.00	0.00	—	—
	应纳税额减征额	23	0.00	0.00	0.00	0.00
	应纳税额合计	24=19+21−23	18 875.81	62 322.09	0.00	0.00

续表

<table>
<tr><td colspan="2" rowspan="2">项　　目</td><td rowspan="2">栏次</td><td colspan="2">一般项目</td><td colspan="2">即征即退项目</td></tr>
<tr><td>本月数</td><td>本年累计</td><td>本月数</td><td>本年累计</td></tr>
<tr><td rowspan="14">税款缴纳</td><td>期初未缴税额(多缴为负数)</td><td>25</td><td>43 446.28</td><td>43 446.28</td><td>0.00</td><td>0.00</td></tr>
<tr><td>实收出口开具专用缴款书退税额</td><td>26</td><td>0.00</td><td>0.00</td><td>—</td><td>—</td></tr>
<tr><td>本期已缴税额</td><td>27=28+29+30+31</td><td>43 446.28</td><td>43 446.28</td><td>0.00</td><td>0.00</td></tr>
<tr><td>① 分次预缴税额</td><td>28</td><td>0.00</td><td>—</td><td>0.00</td><td>—</td></tr>
<tr><td>② 出口开具专用缴款书预缴税额</td><td>29</td><td>0.00</td><td>—</td><td>—</td><td>—</td></tr>
<tr><td>③ 本期缴纳上期应纳税额</td><td>30</td><td>43 446.28</td><td>43 446.28</td><td>0.00</td><td>0.00</td></tr>
<tr><td>④ 本期缴纳欠缴税额</td><td>31</td><td>0.00</td><td>0.00</td><td>0.00</td><td>0.00</td></tr>
<tr><td>期末未缴税额(多缴为负数)</td><td>32=24+25+26−27</td><td>18 875.81</td><td>18 875.81</td><td>0.00</td><td>0.00</td></tr>
<tr><td>其中：欠缴税额(≥0)</td><td>33=25+26−27</td><td>0.00</td><td>—</td><td>0.00</td><td>—</td></tr>
<tr><td>本期应补(退)税额</td><td>34=24−28−29</td><td>18 875.81</td><td>—</td><td>0.00</td><td>—</td></tr>
<tr><td>即征即退实际退税额</td><td>35</td><td>—</td><td>—</td><td>0.00</td><td>0.00</td></tr>
<tr><td>期初未缴查补税额</td><td>36</td><td>0.00</td><td>0.00</td><td>—</td><td>—</td></tr>
<tr><td>本期入库查补税额</td><td>37</td><td>0.00</td><td>0.00</td><td>—</td><td>—</td></tr>
<tr><td>期末未缴查补税额</td><td>38=16+22+36−37</td><td>0.00</td><td>0.00</td><td>—</td><td>—</td></tr>
<tr><td>授权声明</td><td colspan="2">如果你已委托代理人申报，请填写下列资料：
为代理一切税务事宜，现授权＿＿＿＿＿＿＿＿＿＿（地址）＿＿＿＿＿＿＿＿＿＿为本纳税人的代理申报人，任何与本申报表有关的往来文件，都可寄予此人。

授权人签字：</td><td>申报人声明</td><td colspan="3">本纳税申报表是根据国家税收法律法规及相关规定填报的，我确定它是真实的、可靠的、完整的。

声明人签字：</td></tr>
</table>

主管税务机关：　　　　　　　　接收人：　　　　　　　　接收日期：

注：本表填写说明参见第 56 页“增值税纳税申报表(适用于增值税一般纳税人)的填写要点”。

表 4－4(b)

增值税纳税申报表附列资料(一)

(本期销售情况明细)

税款所属时间：2019 年 5 月 1 日至 2019 年 5 月 31 日

纳税人名称(公章)：甲有限责任公司　　　　金额单位：元至角分

项目及栏次				开具增值税专用发票		开具其他发票		未开具发票		纳税检查调整		合　计			服务、不动产和无形资产扣除项目本期实际扣除金额	扣除后	
				销售额	销项(应纳)税额	销售额	销项(应纳)税额	销售额	销项(应纳)税额	销售额	销项(应纳)税额	销售额	销项(应纳)税额	价税合计		含税(免税)销售额	销项(应纳)税额
				1	2	3	4	5	6	7	8	9=1+3+5+7	10=2+4+6+8	11=9+10	12	13=11－12	14=13÷(100%+税率或征收率)×税率或征收率
一、一般计税方法计税	全部征税项目	13%税率的货物及加工修理修配劳务	1	1 436 217.08	186 708.22	189 911.50	24 688.50	3 438.94	447.06	0.00	0.00	1 629 567.52	211 843.78	—	—	—	—
		13%税率的服务、不动产和无形资产	2	0.00	0.00	0.00	0.00	0.00	0.00	0.00	0.00	0.00	0.00	0.00	0.00	0.00	0.00
		9%税率的货物及加工修理修配劳务	3	0.00	0.00	0.00	0.00	0.00	0.00	0.00	0.00	0.00	0.00	—	—	—	—
		9%税率的服务、不动产和无形资产	4	0.00	0.00	57 109.17	5 139.83	0.00	0.00	0.00	0.00	57 109.17	5 139.83	0.00	0.00	0.00	0.00
		6%税率	5	0.00	0.00	0.00	0.00	0.00	0.00	0.00	0.00	0.00	0.00	0.00	0.00	0.00	0.00
	其中：即征即退项目	即征即退货物及加工修理修配劳务	6	—	—	—	—	—	—	—	—	0.00	0.00	—	—	—	—
		即征即退服务、不动产和无形资产	7	—	—	—	—	—	—	—	—	0.00	0.00	0.00	0.00	0.00	0.00
二、简易计税方法计税	全部征税项目	6%征收率	8	0.00	0.00	0.00	0.00	0.00	0.00	—	—	0.00	0.00	—	—	—	—
		5%征收率的货物及加工修理修配劳务	9a	0.00	0.00	0.00	0.00	0.00	0.00	—	—	0.00	0.00	—	—	—	—
		5%征收率的服务、不动产和无形资产	9b	0.00	0.00	0.00	0.00	0.00	0.00	—	—	0.00	0.00	0.00	0.00	0.00	0.00
		4%征收率	10	0.00	0.00	0.00	0.00	0.00	0.00	—	—	0.00	0.00	—	—	—	—
		3%征收率的货物及加工修理修配劳务	11	0.00	0.00	0.00	0.00	0.00	0.00	—	—	0.00	0.00	—	—	—	—
		3%征收率的服务、不动产和无形资产	12	0.00	0.00	0.00	0.00	0.00	0.00	—	—	0.00	0.00	0.00	0.00	0.00	0.00
		预征率 %	13a	0.00	0.00	0.00	0.00	0.00	0.00	—	—	0.00	0.00	0.00	0.00	0.00	0.00
		预征率 %	13b	0.00	0.00	0.00	0.00	0.00	0.00	—	—	0.00	0.00	0.00	0.00	0.00	0.00
		预征率 %	13c	0.00	0.00	0.00	0.00	0.00	0.00	—	—	0.00	0.00	0.00	0.00	0.00	0.00
	其中：即征即退项目	即征即退货物及加工修理修配劳务	14	—	—	—	—	—	—	—	—	0.00	0.00	—	—	—	—
		即征即退服务、不动产和无形资产	15	—	—	—	—	—	—	—	—	0.00	0.00	0.00	0.00	0.00	0.00
三、免抵退税		货物及加工修理修配劳务	16	—	—	0.00	—	0.00	—	—	—	0.00	—	—	—	—	—
		服务、不动产和无形资产	17	—	—	0.00	—	0.00	—	—	—	0.00	—	0.00	0.00	0.00	—
四、免税		货物及加工修理修配劳务	18	0.00	0.00	0.00	—	0.00	—	—	—	0.00	—	—	—	—	—
		服务、不动产和无形资产	19	—	—	0.00	—	0.00	—	—	—	0.00	—	0.00	0.00	0.00	—

注：本表填写说明参见第 60 页“增值税纳税申报表附列资料(一)(本期销售情况明细)的填写要点”。

表 4-4(c)

增值税纳税申报表附列资料(二)

(本期进项税额明细)

税款所属时间：2019 年 5 月 1 日至 2019 年 5 月 31 日

纳税人名称(公章)：甲有限责任公司　　金额单位：元至角分

一、申报抵扣的进项税额				
项　目	栏　次	份数	金　额	税额
(一) 认证相符的增值税专用发票	1=2+3	24	1 996 235.36	257 710.60
其中：本期认证相符且本期申报抵扣	2	22	1 924 712.37	248 412.61
前期认证相符且本期申报抵扣	3	2	71 522.99	9 297.99
(二) 其他扣税凭证	4=5+6+7+8a+8b	2	30 000.00	2 700.00
其中：海关进口增值税专用缴款书	5	0	0.00	0.00
农产品收购发票或者销售发票	6	2	30 000.00	2 700.00
代扣代缴税收缴款凭证	7		—	0.00
加计扣除农产品进项税额	8a	—	—	0.00
其他	8b	0	0.00	0.00
(三) 本期用于购建不动产的扣税凭证	9	0	0.00	0.00
(四) 本期不动产允许抵扣进项税额	10	—	—	0.00
(五) 外贸企业进项税额抵扣证明	11	—	—	0.00
当期申报抵扣进项税额合计	12=1+4-9+10+11	26	2 026 235.36	260 410.60

二、进项税额转出额		
项　目	栏　次	税　额
本期进项税额转出额	13=14 至 23 之和	62 302.80
其中：免税项目用	14	61 080.68
集体福利、个人消费	15	0.00
非正常损失	16	1 222.12
简易计税方法征税项目用	17	0.00
免、抵、退税办法不得抵扣的进项税额	18	0.00
纳税检查调减进项税额	19	0.00
红字专用发票信息表注明的进项税额	20	0.00
上期留抵税额抵减欠税	21	0.00
上期留抵税额退税	22	0.00
其他应作进项税额转出的情形	23	0.00

三、待抵扣进项税额				
项　目	栏　次	份数	金　额	税额
(一) 认证相符的增值税专用发票	24	—	—	—

续表

期初已认证相符但未申报抵扣	25	0	0.00	0.00
本期认证相符且本期未申报抵扣	26	0	0.00	0.00
期末已认证相符但未申报抵扣	27	0	0.00	0.00
其中：按照税法规定不允许抵扣	28	0	0.00	0.00
（二）其他扣税凭证	29=30 至 33 之和	0	0.00	0.00
其中：海关进口增值税专用缴款书	30	0	0.00	0.00
农产品收购发票或者销售发票	31	0	0.00	0.00
代扣代缴税收缴款凭证	32	0	—	0.00
其他	33	0	0.00	0.00
	34	0	0.00	0.00
四、其他				
项　目	栏　次	份数	金　额	税额
本期认证相符的增值税专用发票	35	22	1924 712.37	248 412.61
代扣代缴税额	36	—	—	0.00

注：本表填写说明参见第 62 页“增值税纳税申报表附列资料(二)(本期进项税额明细)的填写要点”。

表 4-4(d)　　固定资产(不含不动产)进项税额抵扣情况表

纳税人名称(公章)：甲有限责任公司　填表日期：2019 年 6 月 10 日　　金额单位：元至角分

项　目	当期申报抵扣的固定资产进项税额	申报抵扣的固定资产进项税额累计
增值税专用发票	203 038.55	204 274.63
海关进口增值税专用缴款书	0.00	0.00
合　计	203 038.55	204 274.63

注：本表填写说明参见第 67 页“固定资产(不含不动产)进项税抵扣情况表的填写要点”。

(三) 增值税小规模纳税人纳税申报案例

1. 增值税小规模纳税人的纳税申报办法

增值税小规模纳税人(以下简称小规模纳税人)申报资料包括纳税申报表及其附列资料。具体为：增值税纳税申报表(小规模纳税人适用)(以下简称小规模纳税人主表)以及增值税纳税申报表(小规模纳税人适用)附列资料：小规模纳税人发生应税行为，在确定服务销售额时，按照有关规定可以从取得的全部价款和价外费用中扣除价款的，需填报增值税纳税申报(小规模纳税人适用)附列资料，其他情况不填写该附列资料；增值税减免税申报明细表。

2019 年 1 月 17 日，财政部、国家税务总局发布《关于实施小微企业普惠性税收减免政策的通知》(财税〔2019〕13 号)，将增值税小规模纳税人起征点由月销售额 3 万元提高到 10 万元，对月销售额 10 万元(季度销售额为 30 万元)以下(含本数)的增值税小规模纳税人，免征增值税。

2. 增值税小规模纳税人的纳税申报案例

【例 4-2】 吉林天家电梯服务有限公司，纳税人识别号：220102732574185549；法定代表：李玫；经营地址：长春市南关区大径路 18 号；开户行：长春市商业银行西安大路支行；账号：713012010901110005。该企业属于小规模纳税人，主管税务机关核定的纳税期限为1个季度。2019年第一季度发生下列经济业务：

（1）当期销售产品一批，开具普通发票取得含税售价272 950元，货款已入账。

（2）当期购进材料一批，增值税专用发票注明价款58 500元，税款9 360元，材料已入库，货款尚未支付。

（3）当期接受委托加工物资一批，25日加工完毕，收取含税加工费74 160元，主管税务机关代开增值税专用发票。

（4）当期销售使用过的旧卡车一辆，原值20 000元，售价21 630元，税控器具开具普通发票。

（5）当期已预缴税款8 000元。

【要求】 根据以上业务计算该企业当期应纳税额并填列小规模纳税人增值税纳税申报表和增值税减免税申报明细表。

【解析】

本期应纳税额＝272 950/(1＋3%)×3%＋74 160/(1＋3%)×3%

＋21 630/(1＋3%)×3%

＝265 000×3%＋72 000×3%＋21 000×3%

＝7 950＋2 160＋630

＝10 740(元)

公司销售使用过的固定资产业务应纳税额减征额＝21 630/(1＋3%)×1%＝210(元)

应纳税额合计＝10 740－210＝10 530(元)

本期应补税额＝10 530－8 000＝2 530(元)

【填表】

表4-5(a)　　　　增值税纳税申报表

（小规模纳税人适用）

纳税人识别号	2	2	0	1	0	2	7	3	2	5	7	4	1	8	5	5	4	9

纳税人名称(公章)：吉林天家电梯服务有限公司　　　　金额单位：元至角分

税款所属期：2019年1月1日至2019年3月31日　　　　填表日期：2019年4月10日

	项　目	栏次	本期数		本年累计	
			货物及劳务	服务、不动产和无形资产	货物及劳务	服务、不动产和无形资产
一、计税依据	(一) 应征增值税不含税销售额(3%征收率)	1	337 000.00	0.00	337 000.00	0.00
	税务机关代开的增值税专用发票不含税销售额	2	72 000.00	0.00	72 000.00	0.00
	税控器具开具的普通发票不含税销售额	3	0.00	0.00	0.00	0.00
	(二) 应征增值税不含税销售额(5%征收率)	4	—	0.00	—	0.00
	税务机关代开的增值税专用发票不含税销售额	5	—	0.00	—	0.00

续表

	项　　目	栏次	本期数		本年累计	
			货物及劳务	服务、不动产和无形资产	货物及劳务	服务、不动产和无形资产
一、计税依据	税控器具开具的普通发票不含税销售额	6	—	0.00	—	0.00
	（三）销售使用过的固定资产不含税销售额	7(7≥8)	21 000.00	—	21 000.00	—
	其中：税控器具开具的普通发票不含税销售额	8	21 000.00	—	21 000.00	—
	（四）免税销售额	9＝10＋11＋12	0.00	0.00	0.00	0.00
	其中：小微企业免税销售额	10	0.00	0.00	0.00	0.00
	未达起征点销售额	11	0.00	0.00	0.00	0.00
	其他免税销售额	12	0.00	0.00	0.00	0.00
	（五）出口免税销售额	13(13≥14)	0.00	0.00	0.00	0.00
	其中：税控器具开具的普通发票销售额	14	0.00	0.00	0.00	0.00
二、税款计算	本期应纳税额	15	10 740.00	0.00	10 740.00	0.00
	本期应纳税额减征额	16	210.00	0.00	210.00	0.00
	本期免税额	17	0.00	0.00	0.00	0.00
	其中：小微企业免税额	18	0.00	0.00	0.00	0.00
	未达起征点免税额	19	0.00	0.00	0.00	0.00
	应纳税额合计	20＝15－16	10 530.00	0.00	10 530.00	0.00
	本期预缴税额	21	8 000.00	0.00	—	—
	本期应补(退)税额	22＝20－21	2 530.00	0.00	—	—

纳税人或代理人声明：	如纳税人填报，由纳税人填写以下各栏：
本纳税申报表是根据国家税收法律法规及相关规定填报的，我确定它是真实的、可靠的、完整的。	办税人员：张莉　　财务负责人：王宇航 法定代表人：李玫　　联系电话：13614466981
	如委托代理人填报，由代理人填写以下各栏：
	代理人名称(公章)：　　经办人： 联系电话：

主管税务机关：　　　　接收人：　　　　接收日期：

增值税纳税申报表(小规模纳税人适用)填写说明

本表“货物及劳务”与“服务、不动产和无形资产”各项目应分别填写。

1. “税款所属期”是指纳税人申报的增值税应纳税额的所属时间，应填写具体的起止年、月、日。
2. “纳税人识别号”栏，填写纳税人的统一社会信用代码。

3. “纳税人名称”栏，填写纳税人单位名称全称。

4. 第1栏“应征增值税不含税销售额(3%征收率)”：填写本期销售货物及劳务、应税应税行为适用3%征收率的不含税销售额，不包括应税行为适用5%征收率的不含税销售额、销售使用过的应税固定资产和销售旧货的不含税销售额、免税销售额、出口免税销售额、查补销售额。

纳税人发生适用3%征收率的应税行为且有扣除项目的，本栏填写扣除后的不含税销售额，与当期“增值税纳税申报表(小规模纳税人适用)附列资料”第8栏数据一致。

5. 第2栏“税务机关代开的增值税专用发票不含税销售额”：填写税务机关代开的增值税专用发票销售额合计。

6. 第3栏“税控器具开具的普通发票不含税销售额”：填写税控器具开具的应税货物及劳务、应税行为的普通发票金额换算的不含税销售额。

7. 第4栏“应征增值税不含税销售额(5%征收率)”：填写本期发生应税行为适用5%征收率的不含税销售额。

纳税人发生适用5%征收率的应税行为且有扣除项目的，本栏填写扣除后的不含税销售额，与当期“增值税纳税申报表(小规模纳税人适用)附列资料”第16栏数据一致。

8. 第5栏“税务机关代开的增值税专用发票不含税销售额”：填写税务机关代开的增值税专用发票销售额合计。

9. 第6栏“税控器具开具的普通发票不含税销售额”：填写税控器具开具的发生应税行为的普通发票金额换算的不含税销售额。

10. 第7栏“销售使用过的固定资产不含税销售额”：填写销售自己使用过的固定资产(不含不动产，下同)和销售旧货的不含税销售额，销售额＝含税销售额/(1＋3%)。

11. 第8栏“税控器具开具的普通发票不含税销售额”：填写税控器具开具的销售自己使用过的固定资产和销售旧货的普通发票金额换算的不含税销售额。

12. 第9栏“免税销售额”：填写销售免征增值税的货物及劳务、应税行为的销售额，不包括出口免税销售额。应税行为有扣除项目的纳税人，填写扣除之前的销售额。

13. 第10栏“小微企业免税销售额”：填写符合小微企业免征增值税政策的免税销售额，不包括符合其他增值税免税政策的销售额。个体工商户和其他个人不填写本栏次。

14. 第11栏“未达起征点销售额”：填写个体工商户和其他个人未达起征点(含支持小微企业免征增值税政策)的免税销售额，不包括符合其他增值税免税政策的销售额。本栏次由个体工商户和其他个人填写。

15. 第12栏“其他免税销售额”：填写销售免征增值税的货物及劳务、应税行为的销售额，不包括符合小微企业免征增值税和未达起征点政策的免税销售额。

16. 第13栏“出口免税销售额”：填写出口免征增值税货物及劳务、出口免征增值税应税行为的销售额。应税行为有扣除项目的纳税人，填写扣除之前的销售额。

17. 第14栏“税控器具开具的普通发票销售额”：填写税控器具开具的出口免征增值税货物及劳务、出口免征增值税应税行为的普通发票销售额。

18. 第15栏“本期应纳税额”：填写本期按征收率计算缴纳的应纳税额。

19. 第16栏“本期应纳税额减征额”：填写纳税人本期按照税法规定减征的增值税应纳税额。包含可在增值税应纳税额中全额抵减的增值税税控系统专用设备费用以及技术维护费，可在增值税应纳税额中抵免的购置税控收款机的增值税税额。

当本期减征额小于或等于第15栏“本期应纳税额”时，按本期减征额实际填写；当本期减征额大于第15栏“本期应纳税额”时，按本期第15栏填写，本期减征额不足抵减部分结转下期继续抵减。

20. 第17栏“本期免税额”：填写纳税人本期增值税免税额，免税额根据第9栏“免税销售额”和征收率计算。

21. 第18栏“小微企业免税额”：填写符合小微企业免征增值税政策的增值税免税额，免税额根据第10栏“小微企业免税销售额”和征收率计算。

22. 第19栏“未达起点免税额”：填写个体工商户和其他个人未达起征点(含支持小微企业免征增值税政策)的增值税免税额，免税额根据第11栏“未达起征点销售额”和征收率计算。

23. 第 21 栏"本期预缴税额"：填写纳税人本期预缴的增值税额，但不包括查补缴纳的增值税额。

表 4-5(b)

增值税减免税申报明细表

税款所属时间：自 2019 年 1 月 1 日至 2019 年 3 月 31 日

纳税人名称(公章)：吉林天家电梯服务有限公司　　　　金额单位：元至角分

一、减税项目						
减税性质代码及名称	栏次	期初余额	本期发生额	本期应抵减税额	本期实际抵减税额	期末余额
		1	2	3=1+2	4≤3	5=3-4
合　计	1	0.00	210.00	210.00	210.00	0.00
0001129924 《财政部 国家税务总局关于简并增值税征收率政策的通知》(财税〔2014〕57 号)——已使用固定资产减征增值税①	2	0.00	210.00	210.00	210.00	0.00
	3					
	4					
	5					
	6					
二、免税项目						
免税性质代码及名称	栏次	免征增值税项目销售额	免税销售额扣除项目本期实际扣除金额	扣除后免税销售额	免税销售额对应的进项税额	免税额
		1	2	3=1-2	4	5
合　计	7					
出口免税	8		—	—	—	—
其中：跨境服务	9		—	—	—	—
	10					
	11					
	12					
	13					
	14					
	15					
	16					

① 《财政部 国家税务总局关于简并增值税征收率政策的通知》(财税〔2014〕57 号)规定对已使用固定资产减征增值税：增值税一般纳税人销售自己使用过的固定资产，可按简易办法依 3%征收率减按 2%征收增值税。

第二节　消费税纳税申报实务模拟演练

消费税是指对从事生产、委托加工以及进口应税消费品的单位和个人，就其消费品的销售额、销售数量或者销售额与销售数量结合征收的一种税。增值税就如一条环环相扣的税链，在货物流通的各个环节都要纳税，而消费税是在增值税的基础上仅对一些特定的应税消费品征收的一种税，且只对其流通环节的某一单个环节征税，其征税比例较高。消费税的纳税环节有生产环节、委托加工环节、进口环节，以及卷烟的批发环节和金银、钻石、钻石饰品及超豪华小汽车的零售环节。消费税税率主要有比例税率、定额税率和复合税率。计算消费税的方法有从价定率、从量定额和复合征税办法。纳税人将自产的应税消费品与外购或自产的非应税消费品组成套装销售的，以套装产品的销售额（不含增值税）为计税依据。

一、消费税纳税申报操作规范

（一）纳税环节

消费税采用单一环节纳税。纳税人生产应税消费品，除金银首饰、钻石及钻石饰品在零售环节纳税及卷烟加征批发环节纳税外，其他应税消费品均于生产销售环节纳税；自产自用应税消费品于移送使用环节纳税；委托加工应税消费品于委托方提货环节由受托方（个体经营者除外）代收代缴消费税；进口应税消费品应当在应税消费品报关进口环节由海关代征消费税。

纳税人生产销售、自产自用和进口应税消费品，其纳税义务发生时间与增值税的纳税义务发生时间相同。

纳税人委托加工应税消费品，其纳税义务发生时间为纳税人提货的当天。

（二）纳税期限

1. 纳税人办理时限

一般纳税人应按月进行纳税申报，小规模纳税人原则上应按季申报，纳税人要求不实行按季申报的，由主管税务机关根据其应纳税额大小核定纳税期限。申报期为次月 1 日起至 15 日止，遇最后一日为法定节假日的，顺延 1 日；在每月 1 日至 15 日内有连续 3 日以上法定休假日的，按休假日天数顺延。

自 2015 年 12 月 24 日起，纳税人直接出口的应税消费品办理免税后，发生退关或者国外退货，复进口时已予以免税的，可暂不办理补税，待其转为国内销售的当月申报缴纳消费税。

2. 税务机关办理时限

纳税人填写申报表内容准确，当场办结。

3. 定期定额个体工商户消费税申报办理时限

（1）定期定额个体工商户按照税收法律法规及相关规定缴清应纳税款，当期（指纳税期）可以适用简易申报，即当期无须办理申报手续。

（2）定期定额个体工商户出现不适用简易申报、因未签署三方协议不能简易申报、简易申报失败后由纳税人自行申报、未达起征点双定户达到起征点后申报、超定额申报等情形时，应按照税收法律法规及相关规定，向税务机关办理申报纳税手续。

（3）经营地点偏远、缴纳税款数额较小，或者税务机关征收税款有困难的，税务机关可以按照法律、行政法规的规定简并征期。但简并征期最长不得超过一个定额执行期。简并征期的税款征收时间为最后一个纳税期。简并征期的纳税人申报期限可为按季、半年、一年。

（4）税务机关办理时限：报送资料齐全、符合法定形式、填写内容完整，受理后即时办结。

（三）纳税地点

（1）纳税人在本地生产销售以及自产自用的应税消费品，应在纳税人核算地缴纳税款。

（2）纳税人总机构与分支机构不在同一县（市）的，应在生产应税消费品的分支机构所在地缴纳消费税。但经国家税务总局及其所属税务分局批准，纳税人分支机构应纳消费税税款也可由总机构汇总向总机构所在地主管税务机关申报缴纳。

（3）纳税人到外县（市）销售或委托外县（市）代销自产应税消费品的，在应税消费品销售后，回纳税人核算地或所在地缴纳消费税。

（4）委托加工的应税消费品，应由受托方向所在地税务机关解缴税款。纳税人委托个体经营者加工应税消费品的，一律于委托方收回后在委托方所在地缴纳税款。

（5）进口的应税消费品，由进口人或者代理人向报关地海关申报纳税。

（四）缴纳方法

消费税属于中央税，由税务局征收管理，进口应税消费品的消费税由海关代征。由海关代征的消费税的纳税申报与关税的纳税申报办法相同。

消费税的纳税申报主要采用直接申报、邮寄申报、网上申报和 IC 卡申报等。申报后，纳税人根据税务局打印的税收缴款书从银行基本账户划账，或到银行缴纳现金。

二、消费税纳税申报表的组成

消费税纳税申报表由烟类应税消费品消费税申报、酒类应税消费品消费税申报、成品油消费税申报、小汽车消费税申报、电池消费税申报、涂料消费税申报、其他应税消费品消费税申报、定期定额个体工商户消费税申报共 8 个部分组成。

（一）烟类应税消费品消费税纳税申报

从事烟类应税消费品生产、委托加工、批发的纳税人依照税收法律法规及相关规定确定的申报期限、申报内容办理消费税纳税申报。

1. 卷烟生产企业报送材料

（1）“烟类应税消费品消费税纳税申报表”及附表各 1 份；

（2）“各牌号规格卷烟消费税计税价格”1 份；

（3）次年 1 月申报纳税时一并报送（A06018）“卷烟生产企业年度销售明细表”1 份。

2. 批发卷烟的消费税纳税人报送材料

（1）“卷烟批发环节消费税纳税申报表”1 份；

（2）“卷烟批发企业月份销售明细清单”1 份。

3. “本期减（免）税额明细表”1 份（由享受消费税减免税优惠政策的纳税人在办理消费税纳税申报时填报）。

4. 纳税申报其他资料（正常情况纳税人通过相关系统报送数据信息，纸质资料留存备查）

（1）外购应税消费品连续生产应税消费品的，应提供外购应税消费品增值税专用发票抵扣联复印件（注明与原件一致，并加盖公章）。外购应税消费品的增值税专用发票属于汇总填开的，应提供增值税专用发票（抵扣联）复印件（注明与原件一致，并加盖公章）的同时，还应提供随同增值税专用发票取得的由销售方开具并加盖财务专用章或发票专用章的销货清单复印件（注明与原件一致，并加盖公章）。

（2）委托加工收回应税消费品连续生产应税消费品的，应提供“代扣代收税款凭证”复印件（注明与原件一致，并加盖公章）。

（3）进口应税消费品连续生产应税消费品的，应提供“海关进口消费税专用缴款书”复印件（注明与原件一致，并加盖公章）。

（二）酒类应税消费品消费税纳税申报

从事酒类应税消费品生产、委托加工的纳税人依照税收法律法规及相关规定确定的申报期限、申报内容办理消费税纳税申报。报送材料如下：

（1）“酒类应税消费品消费税纳税申报表”及附表各1份。

（2）“本期减（免）税额明细表”1份（由享受消费税减免税优惠政策的纳税人在办理消费税纳税申报时填报）。

（3）白酒生产企业提供“已核定最低计税价格白酒清单”1份。

（三）成品油消费税纳税申报

从事成品油应税消费品生产、委托加工的纳税人依照税收法律法规及相关规定确定的申报期限、申报内容申报缴纳消费税。报送材料如下：

（1）“成品油消费税纳税申报表”及附表各1份。

除实行网上申报方式的企业外，其他上门申报的还需要提供以下纸质资料：

（2）石脑油、燃料油生产企业按月报送（A06449）“生产企业销售含税石脑油、燃料油完税情况明细表”。

（3）石脑油、燃料油使用企业按月报送：

① “使用企业外购石脑油、燃料油凭证明细表”。

② “石脑油、燃料油生产、外购、耗用、库存月度统计表”。

③ “乙烯、芳烃生产装置投入产出流量计统计表”。

④ 进口货物报关单、自动进口许可证等材料复印件（注明与原件一致，并加盖公章）。

（4）“本期减（免）税额明细表”1份（由享受消费税减免税优惠政策的纳税人在办理消费税纳税申报时填报）。

（四）小汽车消费税纳税申报

从事小汽车应税消费品生产、委托加工的纳税人，依照税收法律法规及相关规定确定的申报期限、申报内容申报缴纳消费税。其中超豪华小汽车应税消费品在生产（进口）环节按现行税率征收消费税基础上，在零售环节加征消费税。报送材料如下：（1）“小汽车消费税纳税申报表”及附表各1份；（2）“本期减（免）税额明细表”1份（由享受消费税减免税优惠政策的纳税人在办理消费税纳税申报时填报）；（3）“其他应税消费品消费税纳税申报表”1份（销售超豪华小汽车纳税人在办理消费税申报时填报）。

（五）电池消费税纳税申报

从事电池生产、委托加工的纳税人依照税收法律法规及相关规定确定的申报期限、申报内容申报缴纳消费税。报送材料如下：（1）“电池消费税纳税申报表”及附表1份；（2）“本期减（免）税额明细表”1份（由享受消费税减免税优惠政策的纳税人在办理消费税纳税申报时填报）。

（六）涂料消费税纳税申报

从事涂料生产、委托加工的纳税人依照税收法律法规及相关规定确定的申报期限、申报内容申报缴纳消费税。报送材料如下：（1）“涂料消费税纳税申报表”及附表1份；（2）“本期减（免）税额明细表”1份（由享受消费税减免税优惠政策的纳税人在办理消费税纳税申报时填报）。

（七）其他应税消费品消费税纳税申报

从事高档化妆品、贵重首饰及珠宝玉石、鞭炮焰火、气缸容量250毫升（含）以上摩托车、高尔夫球及球具、高档手表、游艇、木制一次性筷子、实木地板应税消费品生产、委托加工、零售及零售超豪华小汽车的纳税人依照税收法律法规及相关规定确定的申报期限、申报内容申报缴纳消费税。报送材料如下：

(1)“其他应税消费品消费税纳税申报表”及附表各1份。

(2)“本期减(免)税额明细表”1份(由享受消费税减免税优惠政策的纳税人在办理消费税纳税申报时填报)。

(3) 纳税申报其他资料(正常情况纳税人通过相关系统报送数据信息,纸质资料留存备查)：

① 外购应税消费品连续生产应税消费品的,应提供外购应税消费品增值税专用发票抵扣联复印件(注明与原件一致,并加盖公章)。外购应税消费品的增值税专用发票属于汇总填开的,应提供增值税专用发票(抵扣联)复印件(注明与原件一致,并加盖公章)的同时,还应提供随同增值税专用发票取得的由销售方开具并加盖财务专用章或发票专用章的销货清单复印件(注明与原件一致,并加盖公章)。

② 委托加工收回应税消费品连续生产应税消费品的,应提供“代扣代收税款凭证”复印件(注明与原件一致,并加盖公章)。

③ 进口应税消费品连续生产应税消费品的,应提供“海关进口消费税专用缴款书”复印件(注明与原件一致,并加盖公章)。

(八) 定期定额个体工商户消费税纳税申报

实行定期定额征税的个体工商户,应依照法律、行政法规规定或者税务机关依照法律、行政法规的规定,进行简易申报或者自行申报。

经税务机关核准采取简易申报方式的定期定额个体工商户,在税收法律法规及相关规定的期限内缴纳税(费)款的,税务机关可以视同申报,不需报送资料。自行申报的定期定额个体工商户,应报送“其他应税消费品消费税纳税申报表”。

三、消费税纳税申报案例

【例4-3】 长春市某卷烟厂为生产性增值税一般纳税人,其纳税人识别号为22010479494778××××。2019年5月其生产经营情况如下：

(1) 期初库存外购烟丝金额为10 450元,当期外购烟丝金额为103 600元,期末库存烟丝金额为6 980元,所领用烟丝一半用于生产加工卷烟,一半用于销售,取得不含税销售收入240 000元；

(2) 委托加工烟丝已纳消费税税款初期余额为5 970元,当期收回委托加工烟丝已纳税款为27 435元,期末库存委托加工烟丝已纳税款为5 000元,所领用烟丝全部用于生产加工卷烟；

(3) 销售X牌卷烟50标准箱,开具增值税专用发票注明价款672 250元,增值税款87 392.50元;已知税务机关核定该型号卷烟的计税价格为18 750元/标准箱；

(4) 销售S牌卷烟10标准箱,开具增值税专用发票注明价款112 500元,增值税款14 625.00元;已知税务机关核定该型号卷烟的计税价格为10 500元/标准箱；

(5) 2019年4月份应纳销售税款82 200元,并于2019年5月份缴入国库。

【要求】 根据资料正确计算本期应纳税额并填列消费税纳税申报表。

【解析】

(1) 确定适用税率：

X牌卷烟：因18 750÷250=75>70(元),故适用税率为56%。

S牌卷烟：因10 500÷250=42<70(元),故适用税率为36%。

(2) X牌卷烟应纳消费税额＝672 250×56%＋50×5×30＝383 960(元)

S牌卷烟应纳消费税额＝112 500×36%＋10×5×30＝42 000(元)

(3) 当期准予扣除外购烟丝已纳税款＝(10 450＋103 600－6 980)÷2×30%

＝16 060.50(元)

(4) 当期准予扣除委托加工烟丝已纳税款＝5 970.00＋27 435.00－5 000.00

＝28 405.00(元)

(5) 当期应纳消费税＝383 960.00＋42 000.00－16 060.50－28 405.00＝381 494.50(元)

本期应补税额＝425 960.00－44 465.50＝381 494.50(元)

【填表】

表4-6　**烟类应税消费品消费税纳税申报表**

税款所属期：2019年5月1日 至 2019年5月31日

纳税人名称(公章)：长春市某卷烟厂　填表日期：2019年6月5日　单位：卷烟万支、雪茄烟支、烟丝千克

纳税人识别号 | 2 | 2 | 0 | 1 | 0 | 4 | 7 | 9 | 4 | 9 | 4 | 7 | 7 | 8 | × | × | × | × |　金额单位：元至角分

项目应税消费品名称	适用税率		销售数量	销售额	应纳税额
	定额税率	比例税率			
卷烟	30元/万支	56%	250	672 250.00	383 960.00
卷烟	30元/万支	36%	50	112 500.00	42 000.00
雪茄烟	—	36%			
烟丝	—	30%			
合　计	—	—	—	—	425 960.00

本期准予扣除税额：44 465.50 本期减(免)税额：0.00 期初未缴税额：82 200.00	声明 此纳税申报表是根据国家税收法律的规定填报的，我确定它是真实的、可靠的、完整的。 经办人(签章)：刘丽 财务负责人(签章)：李军　联系电话：1355666××××
本期缴纳前期应纳税额：82 200.00 本期预缴税额：0.00 本期应补(退)税额：381 494.50 期末未缴税额：0.00	(如果你已委托代理人申报，请填写) 授权声明 为代理一切税务事宜，现授权__________(地址)__________为本纳税人的代理申报人，任何与本申报表有关的往来文件，都可寄予此人。 授权人签章：

以下由税务机关填写

受理人(签章)：　　受理日期：　年　月　日　　受理税务机关(章)：

填表说明

1. 本表仅限烟类消费税纳税人使用。

2. 本表"销售数量"为《中华人民共和国消费税暂行条例》《中华人民共和国消费税暂行条例实施细则》及其他法规、规章规定的当期应申报缴纳消费税的烟类应税消费品销售(不含出口免税)数量。

3. 本表"销售额"为《中华人民共和国消费税暂行条例》《中华人民共和国消费税暂行条例实施细则》及其他法规、规章规定的当期应申报缴纳消费税的烟类应税消费品销售(不含出口免税)收入。

4. 根据《中华人民共和国消费税暂行条例》和《财政部、国家税务总局关于调整烟类产品消费税政策的通知》(财税〔2001〕91号)的规定，本表"应纳税额"的计算公式如下：

(1) 卷烟：应纳税额＝销售数量×定额税率＋销售额×比例税率

(2) 雪茄烟、烟丝：应纳税额＝销售额×比例税率

5. 本表"本期准予扣除税额" 按本表附表一的"本期准予扣除税款合计"金额填写。

6. 本表"本期减(免)税额"不含出口退(免)税额。

7. 本表"期初未缴税额"填写本期期初累计应缴未缴的消费税额，多缴为负数。其数值等于上期"期末未缴税额"。

8. 本表"本期缴纳前期应纳税额"填写本期实际缴纳入库的前期消费税额。

9. 本表"本期预缴税额"填写纳税申报前已预先缴纳入库的本期消费税额。

10. 本表"本期应补(退)税额"的计算公式如下(多缴为负数)：

本期应补(退)税额＝应纳税额(合计栏金额)－本期准予扣除税额－本期减(免)税额－本期预缴税额

11. 本表"期末未缴税额"的计算公式如下(多缴为负数)：期末未缴税额＝期初未缴税额＋本期应补(退)税额－本期缴纳前期应纳税额

12. 本表为 A4 竖式，所有数字小数点后保留两位。一式两份，一份纳税人留存，一份税务机关留存。

附表——本期准予扣除税额计算表

税款所属期：2019 年 5 月 1 日至 2019 年 5 月 31 日

纳税人名称(公章)：长春市某卷烟厂

纳税人识别号：22010479494778××××　　填表日期：2019 年 6 月 5 日　　金额单位：元至角分

一、当期准予扣除的委托加工烟丝已纳税款计算	
1. 期初库存委托加工烟丝已纳税款：	5 970.00
2. 当期收回委托加工烟丝已纳税款：	27 435.00
3. 期末库存委托加工烟丝已纳税款：	5 000.00
4. 当期准予扣除的委托加工烟丝已纳税款：	28 405.00
二、当期准予扣除的外购烟丝已纳税款计算	
1. 期初库存外购烟丝买价：	10 450.00
2. 当期购进烟丝买价：	103 600.00
3. 期末库存外购烟丝买价：	6 980.00
4. 当期准予扣除的外购烟丝已纳税款：	16 060.50
三、本期准予扣除税款合计	44 465.50

填表说明

1. 本表作为"烟类应税消费品消费税纳税申报表"的附报资料，由外购或委托加工收回烟丝后连续生产卷烟的纳税人填报。

2. 根据《国家税务总局关于用外购和委托加工收回的应税消费品连续生产应税消费品征收消费税问题的通知》(国税发〔1995〕94 号)的规定，本表"当期准予扣除的委托加工烟丝已纳税款"的计算公式如下：

当期准予扣除的委托加工烟丝已纳税款＝期初库存委托加工烟丝已纳税款＋当期收回委托加工烟丝已纳税款－期末库存委托加工烟丝已纳税款

3. 根据《国家税务总局关于用外购和委托加工收回的应税消费品连续生产应税消费品征收消费税问题的通知》(国税发〔1995〕94 号)的规定，本表"当期准予扣除的外购烟丝已纳税款"的计算公式如下：当期准予扣除的外购烟丝已纳税款＝(期初库存外购烟丝买价＋当期购进烟丝买价－期末库存外购烟丝买价)×外购烟丝适用税率(30％)

4. 本表"本期准予扣除税款合计"为本期外购及委托加工收回烟丝后连续生产卷烟准予扣除烟丝已纳税款的合计数，应与"烟类应税消费品消费税纳税申报表"中的对应项目一致。

5. 本表为 A4 竖式，所有数字小数点后保留两位。一式两份，一份纳税人留存，一份税务机关留存。

第三节 城市维护建设税纳税申报实务模拟演练

在中华人民共和国境内缴纳增值税、消费税的单位和个人，以其实际缴纳的增值税、消费税税额为计税依据，与对应的增值税、消费税同时向税务机关办理城市维护建设税、教育费附加和地方教育附加申报。

一、城市维护建设税纳税申报操作规范

城市维护建设税的纳税环节、纳税地点、纳税期限与增值税、消费税相同。

关于纳税地点的几项具体规定如下：

(1) 代征代扣"两税"的单位和个人，其城市维护建设税的纳税地点为代征代扣地。

(2) 跨省开采的油田，下属生产单位与核算单位不在同一省内的，其生产的原油在油井所在地缴纳增值税。因此，各油井应纳的城市维护建设税，应由核算单位计算，随同增值税一并汇拨油井所在地，在油井所在地缴纳。

(3) 对管道局输油部分的收入，由取得收入的各管道局于所在地缴纳营业税和城市维护建设税。

(4) 对流动经营等无固定地点的单位和个人，应随同"两税"在经营地按适用税率计算缴纳城市维护建设税。

二、城市维护建设税纳税申报案例

【例 4－4】 长春市某酒厂的纳税人识别号为 22010456987596××××，属国有企业，地址为经济开发区 160 号，开户行为中国农业银行长春市二道支行，账号为 17490104000××××，主要生产销售各种粮食白酒，该企业被税务机关认定为增值税一般纳税人。2019 年 6 月企业销售白酒 80 吨，每吨不含税销售价格为 20 000 元，销售额为 1 600 000 元，外购货物及应税劳务允许抵扣进项税 146 200 元，同月企业转让 2015 年取得的房产，取得收入 4 200 000 元，该房产的购置成本为 3 500 000 元。

【要求】 根据税法规定，计算该酒厂本期应纳的城市维护建设税及教育费附加并填写纳税申报表。

【解析】

(1) 应纳货物增值税＝1 600 000×13%－146 200＝208 000－146 200＝61 800(元)

(2) 应纳消费税＝1 600 000×20%＋80×2 000×0.5＝400 000(元)

(3) 应纳房地产增值税＝(4 200 000－3 500 000)×5%＝35 000(元)

(4) 应纳城市维护建设税＝(61 800＋400 000＋35 000)×7%＝34 776(元)

(5) 应纳教育费附加＝(61 800＋400 000＋35 000)×3%＝14 904(元)

(6) 应纳地方教育费附加＝(61 800＋400 000＋35 000)×2%＝99 36(元)

需要说明的是，教育费附加和地方教育费附加是对缴纳增值税、消费税的单位和个人，就其实际缴纳的"两税"税额为计税依据而征收的一种附加费。教育费附加和城市维护建设税的性质相同，都是在"两税"税额的基础上附加征收的，因此应在征收城市维护建设税的同时附加征收。

【填表】

表 4－7

城建税、教育费附加、地方教育附加税(费)申报表

税款所属期限：自 2019 年 6 月 1 日至 2019 年 6 月 30 日　　　填表日期：2019 年 7 月 1 日　　　金额单位：元至角分

纳税人识别号	2	2	0	1	0	4	5	6	9	8	7	5	9	6	×	×	×	×

纳税人信息	名称	长春市某酒厂		☑单位　□个人
	登记注册类型	国有企业	所属行业	工业
	身份证件号码		联系方式	

税(费)种	计税(费)依据				税率(征收率)	本期应纳税(费)额	本期减免税(费)额		本期已缴税(费)额	本期应补(退)税(费)额
	增值税		消费税	合计			减免性质代码	减免额		
	一般增值税	免抵税额								
	1	2	3	4=1+2+3	5	6=4×5	7	8	9	10=6−8−9
城建税	96 800.00	0.00	400 000.00	496 800	7%	34 776.00	0.00	0.00	0.00	0.00
教育费附加	96 800.00	0.00	400 000.00	496 800	3%	14 904.00	0.00	0.00	0.00	0.00
地方教育附加	96 800.00	0.00	400 000.00	496 800	2%	9 936.00	0.00	0.00	0.00	0.00
—										
合　计	—				—					

以下由纳税人填写：					
纳税人声明	此纳税申报表是根据《中华人民共和国城市维护建设税暂行条例》《国务院征收教育费附加的暂行规定》《财政部关于统一地方教育附加政策有关问题的通知》和国家有关税收规定填报的，是真实的、可靠的、完整的。				
纳税人签章	长春市某酒厂	代理人签章		代理人身份证号	
以下由税务机关填写：					
受理人		受理日期	年　月　日	受理税务机关签章	

本表一式两份，一份纳税人留存，一份税务机关留存。

减免性质代码：减免性质代码按照国家税务总局制定下发的最新《减免性质及分类表》中的最细项减免性质代码填报。

第四节　关税纳税申报实务模拟演练

关税是海关依法对进出境货物、物品征收的一种税。我国目前对进出境货物征收的关税分为进口关税和出口关税两类。关境又称税境、海关境域或关税领域，是指国家海关法规可以全面实施的领域。在通常情况下，一国的关境与国境是一致的，关境即国境，包括国家全部的领土、领海和领空。当某一国内设有自由港、自由贸易区等，这些区域虽在国境之内，但就征收进出口关税而言却在关境之外，此时，关境小于国境，如香港特别行政区虽处于我国国境之内，却在我国关境之外，为单独关境区。相反，在缔结关税同盟的国家之间组成一个共同的关境，实行统一的关税法令和统一的对外税则，这些国家彼此之间的货物进出国境不征收关税，关境包括了几个缔约国的领土，这时关境大于国境，如欧洲联盟。

我国现行关税实行从价税、从量税、复合税及滑准税。

一、关税纳税申报操作规范

（一）纳税期限

1. 申报时间

关税的纳税人或其代理人应在规定的保管期限内向货物或物品的报关地海关申报。进口货物自运输工具申报进境之日起 14 日内由收货人或其代理人向海关申报；出口货物在出口货物运抵海关监管区后装货的 24 小时之前，由发货人向海关申报。超过规定期限的，海关将依法采取强制执行措施。

2. 缴纳期限

纳税义务人应当自海关填发关税缴款书之日起 15 日内向指定银行缴纳税款。逾期缴纳的，除依法追缴关税外，由海关自到期日的次日起至交清税款之日止，按日加收欠缴税款 0.5‰的滞纳金。关税滞纳金的计算公式为：

关税滞纳金＝应纳税额×0.5‰×滞纳天数

如果纳税人确有暂时经济困难，经海关审查批准后，可在一定时期内缓纳关税。关税缓纳期一般为 3 个月，同时应向海关支付缓纳期内的关税利息。

（二）纳税地点

关税的缴纳地点是货物报关地海关。不管纳税人的住址在何地，进出口货物在哪里通关，纳税人即在哪里缴纳关税，这是常见的方法。

（三）缴纳方法

1. 基本纳税方式

海关在接受进出口货物通关申报后，逐票计算应征关税并填发关税缴款书；然后由纳税人持关税缴款书到指定银行办理税款交付或转账手续；最后，海关凭银行回执办理放行手续。

2. 过关纳税方式

对一些易腐、急需报关但无法立即办完手续的货物，海关允许纳税人在履行了有关担保手续后，先行办理货物放行，然后再办理关税缴纳手续。

3. 汇总缴纳方式

经局级海关或直属处级海关审查，符合一定条件的纳税人可以采用定期统一汇总的方式缴纳应纳税款。获准实行定期汇总纳税的纳税人对在管辖海关办理进境申报手续的货物每

10 天向管辖海关办理一次纳税手续。海关在第 11 天将前 10 天通关货物应纳税款分别计征后合计开出关税缴款书，并注明“定期汇总纳税”字样，同时附征税货物计算表。

符合一定条件的纳税人有：(1) 经国务院、省、自治区、直辖市主管部门批准，具有进出口经营权的；(2) 有一定的经营规模、年进出口货物总额在 1 亿美元以上，或进出口批量小但品种繁多，年经营额在 5 000 万美元以上的；(3) 有良好的资信和管理，无欠税、偷逃关税和其他违反《海关法》行为的。

二、关税纳税申报案例

(一) 关税纳税申报资料

关税纳税人在向海关申报纳税时，应如实填写海关进出口货物报关单，并提交进口货物的发票、装箱清单、进口货物提货单或运单、关税免税或免予查验的证明文件等，出口创汇企业应提供出口创汇核销单。具体纳税程序表述如下：

海关在接受纳税人申报之后，对实际进出口货物或物品进行查验。查验的方法有一般查验和重点查验。一般查验又称外形查验，主要对象为正常往来的进出口货物。重点查验又称开箱查验，主要是针对海关总署明文规定需重点查验的敏感货物、有重大走私嫌疑的货物以及资信较差的货物。

对经查验合格，申报“单”“证”相符、“单”“货”相符的进出口货物，依据税则号确定的税率和完税价格计算应纳关税税额。

如果纳税人当时可付税款，海关则以口头方式通知纳税人，纳税人缴纳关税后，海关则填制关税纳税凭证交于纳税人或其代理人。

如果纳税人当时不能给付税款，海关则以书面形式通知纳税人，即向纳税人填发关税缴款书(见表 4－9)。关税缴款书一式五联，第一联为收据，第二联为付款凭证，第三联为收款凭证，第四联为回执，第五联为存根。纳税人在规定期限内向指定银行办理税款交付手续后，由银行在各联加盖收讫和转讫章，盖章后的第一联收据即为纳税人的纳税凭证。

进口环节的其他纳税资料有海关代征增值税(消费税)专用缴款书、进口商品完税价格计算表等。

(二) 纳税申报案例

【例 4－5】 吉林省华新科技贸易有限公司属私营企业，具有进出口经营权。其经营地址：长春市宽城区凯旋路 21 号；电话：0431－8279××××；开户行：长春市商业银行北华支行；账号：706032010902××××；税务登记号：22010374931××××。该公司于 2019 年 5 月 5 日经有关部门批准从美国进口小轿车 30 辆，进口申报价格为离岸价格(FOB)每辆 20 000 美元，款项尚未支付。海关填发税款缴纳证之日的美元兑人民币外汇牌价中间价为 1∶6.24，运抵我国海关前发生的运费、保险费无法确定，经海关查实其他运输企业同类业务的运费占货价的比例为 2%，小轿车关税税率为 40%，消费税税率为 12%。3 月 8 日公司向海关缴纳了相关税款，并取得了完税凭证。

【要求】

(1) 计算该业务应纳的进口关税及海关代征的增值税、消费税；

(2) 填制关税、增值税及消费税的海关专用税收缴款书。

【解析】

小轿车在进口环节应纳的关税、消费税和增值税的计算过程如下：

运费＝20 000×6.24×30×2%＝74 880(元)

保险费＝(3 744 000＋74 880)×3‰＝11 456.64(元)

关税的完税价格＝3 744 000＋74 880＋11 456.64＝3 830 336.64(元)

进口小轿车应纳关税＝3 830 336.64×40%＝1 532 134.66(元)

进口小轿车应纳消费税＝(3 830 336.64＋1 532 134.66)÷(1－12%)×12%
＝731 246.09(元)

进口小轿车应纳增值税＝(3 830 336.64＋1 532 134.66)÷(1－12%)×13%
＝792 183.26(元)

【填表】

表 4－8　　海关进(出)口关税专用缴款书

收入系统：海关系统　　填发日期：2019 年 5 月 5 日　　NO.××××

收款单位	收入机关	中央			缴款单位(人)	名称	吉林省华新科技贸易有限公司
	科目	关税	预算级次	中央		账号	706032010902××××
	收款国库	中央金库				开户银行	长春市商业银行北华支行

税号	货物名称	数量	单位	完税价格(￥)	税率(%)	税款金额(￥)
	小轿车	30	辆	3 830 336.64	40	1 532 134.66
金额人民币(大写)	壹佰伍拾叁万贰仟壹佰叁拾肆元陆角陆分				合计(￥)	1 532 134.66

申请单位编号		报关单编号		填制单位：	收款国库(银行)
合同(批文)号		运输工具号		制单人：	
缴款期限	2019 年 5 月 20 日前	提/装货单号		复核人：	
备注	一般征税 国际代码：			单证专用章	业务公章

注：从填发缴款书之日起限 15 日内缴纳(期末遇法定节假日顺延)，逾期按日征收税款总额 0.5‰的滞纳金。

表 4－9　　海关代征增值税(消费税)专用缴款书

收入系统：海关系统　　填发日期：2019 年 5 月 5 日　　NO.××××

收款单位	收入机关	中央			缴款单位(人)	名称	吉林省华新科技贸易有限公司
	科目	关税	预算级次	中央		账号	706032010902××××
	收款国库	中央金库				开户银行	长春市商业银行北华支行

税号	货物名称	数量	单位	完税价格(￥)	税率(%)	税款金额(￥)
	小轿车	30	辆	6 093 717.39	13	792 183.26
					12	731 246.09
金额人民币(大写)	壹佰柒拾陆万柒仟壹佰柒拾捌元零角伍分				合计(￥)	1 523 429.35

申请单位编号		报关单编号		填制单位：	收款国库(银行)
合同(批文)号		运输工具号		制单人：	
缴款期限	2019 年 5 月 20 日前	提/装货单号		复核人：	
备注	一般征税 国际代码：			单证专用章	业务公章

注：从填发缴款书之日起限 15 日内缴纳(期末遇法定节假日顺延)，逾期按日征收税款总额 0.5‰的滞纳金。

第五节　资源税纳税申报实务模拟演练

资源税是对在中华人民共和国领域及管辖海域开采本条例规定的矿产品或者生产盐(以下简称开采或者生产应税产品)的单位和个人,就其所销售或使用矿产品或盐的数量或金额征收的一种税。资源税的应纳税额按照从价定率或者从量定额的办法,分别以应税产品的销售额乘以纳税人具体适用的比例税率或者以应税产品的销售数量乘以纳税人具体适用的定额税率计算。在中华人民共和国领域及管辖海域开采应税矿产品或者生产盐的单位和个人,应依照法律、行政法规规定或者税务机关依照法律、行政法规的规定确定的申报期限、申报内容办理资源税申报。利用取水工程或者设施直接从江河、湖泊(含水库)和地下取用地表水、地下水的单位和个人,纳税人应向主管税务机关申报水资源税,按《中华人民共和国水法》《取水许可和水资源费征收管理条例》等规定申领取水许可证。纳税人以 1 个月或者 1 个季度为一个纳税期,自期满之日起 15 日内申报纳税。不能按固定期限计算纳税的,可以按次申报纳税。

一、资源税纳税申报操作规范

(一) 纳税义务发生时间

1. 纳税人生产销售应税产品的纳税义务发生时间

(1) 纳税人采取分期收款结算方式的,其纳税义务发生时间为销售合同规定的收款日期的当天。

(2) 纳税人采取预收货款结算方式的,其纳税义务发生时间为发出应税资源产品的当天。

(3) 纳税人采取其他结算方式的,其纳税义务发生时间为收讫销售款或者取得索取销售款凭据的当天。

2. 纳税人自产自用应税资源产品的纳税义务发生时间

纳税人自产自用应税资源产品的纳税义务发生时间为移送使用应税资源产品的当天。

3. 扣缴义务人代扣代缴税款的纳税义务发生时间

扣缴义务人代扣代缴税款的纳税义务发生时间为支付首笔货款或者开具应支付货款凭据的当天。

(二) 纳税期限

资源税的纳税期限为 1 日、3 日、5 日、10 日、15 日或者 1 个月,纳税人的纳税期限由主管税务机关根据纳税人的实际情况具体确定。不能按固定期限计算纳税的,可以按次计算纳税。

纳税人以 1 个月为一期纳税的,自期满之日起 10 日内申报纳税;以 1 日、3 日、5 日、10 日或者 15 日为一期纳税的,自期满之日起 5 日内预缴税款,于次月 1 日起 10 日内申报纳税并结清上月税款。扣缴义务人的解缴税款期限比照上述规定执行。

(三) 纳税地点

(1) 凡是缴纳资源税的纳税人,都应当向应税资源产品的开采或者生产所在地主管税务机关缴纳。

(2) 纳税人在本省、自治区、直辖市范围内开采或者生产应税资源产品,其纳税地点需要调整的,由所在地省、自治区、直辖市税务机关决定。

(3) 纳税人跨省开采应税矿产品,其下属生产单位与核算单位不在同一省、自治区、直辖市的,对其开采的矿产品一律在开采地纳税,其应纳税款由独立核算、自负盈亏的单位,按照开采地的实际销售量(或者自用量)及适用的单位税额计算划拨。

(4) 扣缴义务人代扣代缴的资源税也应当向收购地主管税务机关缴纳。

(四) 缴纳方法

资源税属于中央与地方共享税。纳税申报的主要方式有直接申报、邮寄申报和数据电文申报。

二、资源税报表组成

(一) 其他资源

1. 必须报送资料

“资源税纳税申报表”2 份,除“本期已缴税额”需要填写外,纳税人提交附表后,该表可以由系统自动生成,无须纳税人手工填写,仅需签章确认(特殊情况下需要手工先填写附表、再填写主表的例外)。

2. 条件报送资料

(1) 报送“资源税纳税申报表”的纳税人,依以下具体情况,还应报送相关附送资料:

——开采以原矿为征税对象的应税产品的纳税人,报送“资源税纳税申报附表(一)(原矿类税目适用)”;

——开采以精矿为征税对象的应税产品的纳税人,报送“资源税纳税申报表附表(二)(精矿类税目适用)”;

——享受资源税优惠的纳税人,报送“资源税纳税申报表附表(三)(减免税明细)”。

(2) 经营中外合作油气田和中国海洋石油总公司海上自营油气田的纳税人,不报送“资源税纳税申报表”及其附送资料,改为报送“中外合作及海上自营油气田资源税纳税申报表”。

(二) 水资源

1. 水资源必须报送资料

“水资源税申报表”2 份。

2. 条件报送资料

(1) 首次申报或水资源税信息发生变更时,应报送“水资源税税源信息采集及变更表”2 份。

(2) 纳税人存在减免税情形的,还应报送“水资源税减免明细申报表”。

三、资源税纳税申报案例

【例 4-6】 某钨矿山的纳税人识别号为 390105930856775×××,法人代表为王大海,开户银行及账号为中国银行 4563510600017184556,登记注册类型为私营企业。电话号码:88899750。2019 年 3 月份销售自采原矿 1 000 吨,每吨单价 900 元(不含增值税,下同);销售自采钨矿连续加工的精矿 800 吨,每吨单价 1 650 元,已知该企业钨矿的选矿比为 1.69,该企业采用市场法计算资源税,该钨矿的资源税率为 5%。

【要求】 计算该矿山本月应纳资源税并填写纳税申报表。

【解析】 选矿比=加工精矿耗用的原矿数量/精矿数量,换算比=同类精矿单位价格/(原矿单位价格×选矿比),精矿销售额=原矿销售额×换算比

因此,该钨矿的换算比=1 650/900×1.69=1.085,精矿销售额=1 650×800+900×1 000×1.085=1 320 000+976 500=2 296 500,应纳税额=2 296 500×5%=114 825(元)。

【填表】

表 4－10

资源税纳税申报表

根据国家税收法律法规及资源税有关规定制定本表。纳税人不论有无销售额，均应按照税务机关核定的纳税期限填写本表，并向当地税务机关申报。

税款所属时间：自 2019 年 3 月 1 日至 2019 年 3 月 31 日　　填表日期：2019 年 4 月 5 日　　金额单位：元至角分

纳税人识别号 | 3 | 9 | 0 | 1 | 0 | 5 | 9 | 3 | 0 | 8 | 5 | 6 | 7 | 7 | 5 | × | × | × |

纳税人名称(公章)	某铜矿	法定代表人姓名	王大海	注册地址		生产经营地址				
开户银行及账号	中国银行 4563510600017184556		登记注册类型	私营		电话号码	88899750			
税目	子目	折算率或换算比	计量单位	计税销售量	计税销售额	适用税率	本期应纳税额	本期减免税额	本期已缴税额	本期应补(退)税额
1	2	3	4	5	6	7	8①=6×7；8②=5×7	9	10	11=8－9－10
钨矿原矿		1.085	吨	1 000	976 500	5%	48 825	0.00	48 825	0.00
钨矿精矿			吨	800	1 320 000	5%	66 000	0.00	66 000	0.00
合　计		—	—		2 296 500	—	114 825	0.00	114 825	0.00
授权声明	如果你已委托代理人申报，请填写下列资料：为代理一切税务事宜，现授权__________(地址)__________为本纳税人的代理申报人，任何与本申报表有关的往来文件，都可寄予此人。授权人签字：					申报人声明	本纳税申报表是根据国家税收法律法规及相关规定填写的，我确定它是真实的、可靠的、完整的。声明人签字：			

主管税务机关：　　　　接收人：　　　　接收日期：　　年　　月　　日

本表一式两份，一份纳税人留存，一份税务机关留存。

第六节　土地增值税纳税申报实务模拟演练

土地增值税是对转让国有土地使用权、地上的建筑物及其附着物产权并取得收入的单位和个人，就其转让房地产所取得的增值额征收的一种税。征收土地增值税，有利于增强国家对房地产开发和房地产市场的调控；有利于抑制炒买炒卖土地的投机行为；有利于集中土地增值收益，增加国家财政收入；有利于完善税制结构。土地增值税是对有偿转让房地产的行为征税，即转让房地产，并且有一定比例的增值额才能征税。房屋的赠与和继承不适用土地增值税。土地增值税纳税申报包括旧房转让土地增值税申报、整体转让在建工程土地增值税申报、房地产项目尾盘销售土地增值税申报、土地增值税清算申报和土地增值税预征申报(从事房地产开发的纳税人预征适用)。

一、土地增值税纳税申报操作规范

(一) 纳税期限

土地增值税的纳税人应在转让房地产合同签订后的 7 日内到房地产所在地主管税务机关办理纳税申报，并向税务机关提交下列资料：(1) 房屋及建筑物产权、土地使用权证书；(2) 土地转让、房产买卖合同；(3) 房地产评估报告及其他与转让房地产有关的资料。

纳税人因经常发生房地产转让而难以在每次转让后申报的，经税务机关审核同意后，可以定期进行纳税申报，具体期限由税务机关根据情况确定。

(二) 有关预征税款的规定

《中华人民共和国土地增值税暂行条例实施细则》规定："纳税人在项目全部竣工结算前转让房地产取得的收入可以预征土地增值税。具体办法由各省、自治区、直辖市地方税务局根据当地情况制定。"对于纳税人预售房地产所取得的收入，凡当地税务机关规定预征土地增值税的，纳税人应当到主管税务机关办理纳税申报，并按规定比例预交，待办理决算后，多退少补；凡当地税务机关规定不预征土地增值税的，也应在取得收入时先到税务机关登记或备案。

(三) 纳税地点

土地增值税的纳税地点是房地产所在地。这里的"房地产所在地"是指房地产的坐落地。纳税人转让的房地产坐落在两个或两个以上地区的，应按房地产所在地分别申报纳税。

(四) 征缴方法

土地增值税属于地方税，其所得属于地方政府的固定收入，纳入地方财政预算管理。土地增值税申报的主要方式有直接申报、邮寄申报、数据电文申报和委托代征申报等。

二、土地增值税报表组成

(一) 旧房转让土地增值税纳税申报

非从事房地产开发的纳税人转让房地产，及从事房地产开发的纳税人将开发产品转为自用、出租等用途且已达到主管税务机关旧房界定标准后，又将该旧房对外出售的，应办理旧房转让土地增值税申报。

1. 必须报送资料

无。

2. 条件报送资料

(1) 非从事房地产开发的纳税人，应报送：

——"土地增值税纳税申报表(三)(非从事房地产开发的纳税人适用)"2 份。

——"房屋及建筑物产权证书""土地使用权证书""土地转让、房产买卖合同""房地产评估报告”原件及复印件。

（2）符合核定征收条件的非从事房地产开发的纳税人，应报送：

——“土地增值税纳税申报表（七）（非从事房地产开发的纳税人核定征收适用）”2份。

——税务机关出具的核定文书。

（3）享受土地增值税优惠的项目，还应报送减免土地增值税证明材料原件及复印件。

（二）整体转让在建工程土地增值税纳税申报

从事房地产开发与建设的纳税人，在整体转让在建工程时，应计算应缴纳的土地增值税税额，办理整体转让在建工程土地增值税申报。

1. 必须报送资料

（1）“土地增值税纳税申报表（六）（纳税人整体转让在建工程适用）”2份。

（2）转让合同、评估报告原件及复印件。

（3）省税务机关确定的其他与整体转让在建工程有关的资料。

2. 条件报送资料

享受土地增值税优惠的项目，还应报送减免土地增值税证明材料原件及复印件。

（三）房地产项目尾盘销售土地增值税纳税申报

从事房地产开发的纳税人在土地增值税清算时未转让的房地产，清算后销售或有偿转让的，应进行尾盘销售土地增值税纳税申报

1. 必须报送资料

（1）“土地增值税纳税申报表（四）（从事房地产开发的纳税人清算后尾盘销售适用）”2份。

（2）“清算后尾盘销售土地增值税扣除项目明细表”2份。

2. 条件报送资料

享受土地增值税优惠的项目，还应报送减免土地增值税证明材料原件及复印件。

（四）土地增值税清算纳税申报

从事房地产开发的纳税人有下列情形之一的，应办理土地增值税清算申报：（1）房地产开发项目全部竣工、完成销售的；（2）整体转让未竣工决算房地产开发项目的；（3）直接转让土地使用权的。

对于符合应进行土地增值税清算条件的项目，纳税人应当在满足条件之日起90日内到主管税务机关办理清算手续。

1. 必须报送资料

无。

2. 条件报送资料

（1）“土地增值税纳税申报表（二）（从事房地产开发的纳税人清算适用）”2份。

（2）符合核定征收条件的纳税人，应报送：

——“土地增值税纳税申报表（五）（从事房地产开发的纳税人清算方式为核定征收适用）”2份；

——税务机关出具的核定文书。

（3）房地产开发项目清算说明，包括房地产开发项目立项、用地、开发、销售、关联方交易、融资、税款缴纳等基本情况及主管税务机关需要了解的其他情况。

（4）项目竣工决算报表、取得土地使用权所支付的地价款凭证、国有土地使用权出让合同、银行贷款利息结算通知单、项目工程合同结算单、商品房购销合同统计表、销售明细表、预售许可证等与转让房地产的收入、成本和费用有关的证明资料。

（5）主管税务机关需要其提供相应项目记账凭证的纳税人，还应报送记账凭证复印件。

(6) 享受土地增值税优惠的项目,还应报送减免土地增值税证明材料原件及复印件。

(五) 土地增值税预征申报(从事房地产开发的纳税人预征适用)

从事房地产开发并转让的土地增值税纳税人,依照法律、行政法规规定或者税务机关依照法律、行政法规的规定确定的申报期限、申报内容,办理土地增值税预征申报。

1. 必须报送资料

(1) "土地增值税项目登记表(从事房地产开发的纳税人适用)"3 份。

(2) "土地增值税纳税申报表(一)(从事房地产开发的纳税人预征适用)"2 份。

2. 条件报送资料

享受土地增值税优惠的,还应报送减免土地增值税证明材料原件及复印件。

三、土地增值税纳税申报案例

【例 4-7】 长春市利达房地产开发公司(一般纳税人),纳税人识别号为 220104000023563798,登记注册类型:有限责任公司,开户行为中国工商银行长春市红旗街分理处,账号为 4200221509000033992。2019 年 5 月该公司将位于市区的 A 写字楼(2016 年 4 月 20 开工)10 000 平方米出售给本市某企业,取得含税收入 52 500 000 元。开发公司为建该楼发生的有关费用如下:

(1) 取得土地使用权支付的地价款及有关费用 4 500 000 元。

(2) 房地产开发成本 15 500 000 元(其中,土地征用及拆迁补偿费 1 500 000 元,前期工程费 500 000 元,建筑安装工程费 8 500 000 元,基础设施费 1 000 000 元,公共配套设施费 750 000 元,开发间接费用 3 250 000 元)。

(3) 该楼所分摊的借款利息支出 1 200 000 元,其中银行加收的罚息 200 000 元。该公司发生的借款利息支出能够按房地产转让项目计算分摊并提供金融机构证明;该公司所在地省政府规定,其他房地产开发费用的扣除比例为 5%;教育费附加按增值税额的 3%计算征收,该企业选择简易计税方法计算增值税。

【要求】 计算该房地产开发公司应纳土地增值税额并填写纳税申报表。

【解析】

(1) 房地产转让收入为 52 500 000 元。

(2) 扣除项目金额如下:

① 取得土地使用权所支付的金额为 4 500 000 元。

② 房地产开发成本 15 500 000 元。

③ 房地产开发费用=(1 200 000-200 000)+(4 500 000+15 500 000)×5%=2 000 000(元)

④ 与房地产转让有关的税金为:

增值税=52 500 000/(1+5%)×5%=2 500 000(元)

城市维护建设税=2 500 000×7%=175 000(元)

教育费附加=2 500 000×3%=75 000(元)

合计=2 500 000+175 000+75 000=2 750 000(元)

⑤ 其他扣除项目=(4 500 000+15 500 000)×20%=4 000 000(元)

扣除项目金额合计=4 500 000+15 500 000+2 000 000+2 750 000+4 000 000=28 750 000(元)

(3) 增值额=52 500 000-28 750 000=23 750 000(元)

(4) 增值额与扣除项目金额之比=23 750 000÷28 750 000×100%=82.61%

故适用税率为 40%,速算扣除系数为 5%。

(5) 应纳土地增值税税额=23 750 000×40%-28 750 000×5%=8 062 500(元)

【填表】

表 4－11

土地增值税纳税申报表(二)

（从事房地产开发的纳税人清算适用）

税款所属时间：2019 年 5 月 1 日至 2019 年 5 月 31 日　　填表日期：2019 年 6 月 5 日　　金额单位：元至角分；面积单位：平方米

纳税人识别号 | 2 | 2 | 0 | 1 | 0 | 4 | 0 | 0 | 0 | 0 | 2 | 3 | 5 | 6 | 3 | 7 | 9 | 8 |

纳税人名称	长春市利达房地产开发公司	项目名称	A 写字楼	项目编号	100088	项目地址	长春市
所属行业	房地产	登记注册类型	有限责任公司	纳税人地址		邮政编码	
开户银行	中国工商银行长春市红旗街支行	银行账号	4200221509000033992	主管部门		电　话	
总可售面积		10 000.00		自用和出租面积		0.00	
已售面积	10 000.00	其中：普通住宅已售面积	10 000.00	其中：非普通住宅已售面积	0.00	其中：其他类型房地产已售面积	0.00

项　目		行次	金额			
			普通住宅	非普通住宅	其他类型房地产	合计
一、转让房地产收入总额　1=2+3+4		1	52 500 000.00	0.00	0.00	52 500 000.00
其中	货币收入	2	52 500 000.00	0.00	0.00	52 500 000.00
	实物收入	3	0.00	0.00	0.00	0.00
	其他收入	4	0.00	0.00	0.00	0.00
二、扣除项目金额合计　5=6+7+14+17+21		5	28 750 000.00	0.00	0.00	28 750 000.00
1. 取得土地使用权所支付的金额		6	4 500 000.00	0.00	0.00	4 500 000.00
2. 房地产开发成本　7=8+9+10+11+12+13		7	15 500 000.00	0.00	0.00	15 500 000.00
其中	土地征用及拆迁补偿费	8	1 500 000.00	0.00	0.00	1 500 000.00
	前期工程费	9	500 000.00	0.00	0.00	500 000.00
	建筑安装工程费	10	8 500 000.00	0.00	0.00	8 500 000.00
	基础设施费	11	1 000 000.00	0.00	0.00	1 000 000.00
	公共配套设施费	12	750 000.00	0.00	0.00	750 000.00
	开发间接费用	13	3 250 000.00	0.00	0.00	3 250 000.00

续表

项目			行次	金额			
				普通住宅	非普通住宅	其他类型房地产	合计
3. 房地产开发费用 14=15+16			14	2 000 000.00	0.00	0.00	2 000 000.00
其中	利息支出		15	1 000 000.00	0.00	0.00	1 000 000.00
	其他房地产开发费用		16	1 000 000.00	0.00	0.00	1 000 000.00
4. 与转让房地产有关的税金等 17=18+19+20			17	2 750 000.00	0.00	0.00	2 750 000.00
其中	增值税		18	2 500 000.00	0.00	0.00	2 500 000.00
	城市维护建设税		19	175 000.00	0.00	0.00	175 000.00
	教育费附加		20	75 000.00	0.00	0.00	75 000.00
5. 财政部规定的其他扣除项目			21	4 000 000.00	0.00	0.00	4 000 000.00
三、增值额 22=1−5			22	23 750 000.00	0.00	0.00	23 750 000.00
四、增值额与扣除项目金额之比(%) 23=22÷5			23	82.61	0.00	0.00	82.61
五、适用税率(%)			24	40	0.00	0.00	40
六、速算扣除系数(%)			25	5	0.00	0.00	5
七、应缴土地增值税税额 26=22×24−5×25			26	8 062 500.00	0.00	0.00	8 062 500.00
八、减免税额 27=29+31+33			27	0.00	0.00	0.00	0.00
其中	减免税(1)	减免性质代码	28	0.00	0.00	0.00	0.00
		减免税额	29	0.00	0.00	0.00	0.00
	减免税(2)	减免性质代码	30	0.00	0.00	0.00	0.00
		减免税额	31	0.00	0.00	0.00	0.00
	减免税(3)	减免性质代码	32	0.00	0.00	0.00	0.00
		减免税额	33	0.00	0.00	0.00	0.00

续表

项　　目	行次	金　　额			
		普通住宅	非普通住宅	其他类型房地产	合计
九、已缴土地增值税税额	34	0.00	0.00	0.00	0.00
十、应补(退)土地增值税税额　35＝26－27－34	35	8 062 500.00	0.00	0.00	8 062 500.00

<table>
<tr><td>授权代理人</td><td colspan="4">（如果你已委托代理申报人，请填写下列资料）
为代理一切税务事宜，现授权________（地址）________为本纳税人的代理申报人，任何与本报表有关的来往文件都可寄予此人。
授权人签字：________</td><td>纳税人声明</td><td colspan="3">此纳税申报表是根据《中华人民共和国土地增值税暂行条例》及其《实施细则》的规定填报的，是真实的、可靠的、完整的。
声明人签字：________</td></tr>
<tr><td>纳税人
公　章</td><td>长春市利达房地产
开发公司</td><td>法人代表
签　　章</td><td></td><td colspan="2">经办人员(代理
申报人)签章</td><td></td><td>备注</td><td></td></tr>
<tr><td colspan="9">（以下部分由主管税务机关负责填写）</td></tr>
<tr><td>主管税务机
关收到日期</td><td></td><td>接收人</td><td></td><td>审核日期</td><td></td><td>税务审核
人员签章</td><td colspan="2"></td></tr>
<tr><td>审核记录</td><td colspan="5"></td><td>主管税务
机关盖章</td><td colspan="2"></td></tr>
</table>

【例 4－8】 某市乙企业（商业企业）为非从事房地产开发的纳税企业，纳税人识别号为220104104836795769，登记注册类型为股份有限公司。2019 年 6 月将已使用 5 年的写字楼转让，取得不含税销售收入 5 000 000 元，已按相关规定缴纳各项流转税金；取得土地使用权所支付的金额为 600 000 元；该写字楼的重置成本价为 4 000 000 元，成新度折扣率为 60%，发生评估费用 7 500 元，该企业选择简易计税方法计算增值税。

【要求】 计算该企业本期应纳土地增值税并填列纳税申报表。

【解析】

(1) 转让收入＝5 000 000(元)

(2) 扣除项目金额如下：

① 取得土地使用权所支付的金额＝600 000(元)

② 旧房及建筑物的评估价格＝4 000 000×60%＝2 400 000(元)

③ 与房地产转让有关的税金＝17 500＋7 500＋5 000＋2 500＝32 500(元)

增值税＝5 000 000×5%＝250 000(元)

城市维护建设税＝250 000×7%＝17 500(元)

教育费附加＝250 000×3%＝7 500(元)

地方教育费附加＝250 000×2%＝5 000(元)

印花税＝5 000 000×0.5‰＝2 500(元)

④ 扣除项目金额合计＝600 000＋2 400 000＋7 500＋32 500＝2 500 000(元)

(3) 增值额＝5 000 000－2 500 000＝2 500 000(元)

(4) 增值额与扣除项目金额之比＝2 500 000÷2 500 000×100%＝100%

故适用税率为 40%，速算扣除系数为 5%。

(5) 应纳土地增值税税额＝2 500 000×40%－2 500 000×5%＝875 000(元)

【填表】

表 4－12　　土地增值税纳税申报表(三)

（非从事房地产开发的纳税人适用）

税款所属时间：2019 年 6 月 1 日至 2019 年 6 月 30 日

填表日期：2019 年 7 月 5 日　　　　金额单位：元至角分；面积单位：平方米

纳税人识别号	2	2	0	1	0	4	1	0	4	8	3	6	7	9	5	7	6	9

纳税人名称	乙企业	项目名称	写字楼	项目地址		某市	
所属行业	商业	登记注册类型	股份有限公司	纳税人地址		邮政编码	
开户银行		银行账号		主管部门		电　话	

项　　目		行次	金　额
一、转让房地产收入总额　1＝2＋3＋4		1	5 000 000.00
其中	货币收入	2	5 000 000.00
	实物收入	3	0.00
	其他收入	4	0.00
二、扣除项目金额合计 (1) 5＝6＋7＋10＋15 (2) 5＝11＋12＋14＋15		5	2 500 000.00

续表

(1) 提供评估价格	1. 取得土地使用权所支付的金额		6	600 000.00
	2. 旧房及建筑物的评估价格　7=8×9		7	2 400 000.00
	其中	旧房及建筑物的重置成本价	8	4 000 000.00
		成新度折扣率	9	60%
	3. 评估费用		10	7 500.00
(2) 提供购房发票	1. 购房发票金额		11	0.00
	2. 发票加计扣除金额　12=11×5%×13		12	0.00
	其中：房产实际持有年数		13	0.00
	3. 购房契税		14	0.00
4. 与转让房地产有关的税金等　15=16+17+18+19			15	32 500.00
其中	增值税		16	250 000.00
	城市维护建设税		17	17 500.00
	印花税		18	2 500.00
	教育费附加及地方教育附加		19	12 500.00
三、增值额 20=1−5			20	2 500 000.00
四、增值额与扣除项目金额之比(%)　21=20÷5			21	100%
五、适用税率(%)			22	40
六、速算扣除系数(%)			23	5
七、应缴土地增值税税额　24=20×22−5×23			24	875 000.00
八、减免税额(减免性质代码：　　　　)			25	0.00
九、已缴土地增值税税额			26	0.00
十、应补(退)土地增值税税额　27=24−25−26			27	875 000.00

授权代理人	(如果你已委托代理申报人，请填写下列资料) 为代理一切税务事宜，现授权________(地址)________为本纳税人的代理申报人，任何与本报表有关的来往文件都可寄予此人。 授权人签字：________	纳税人声明	此纳税申报表是根据《中华人民共和国土地增值税暂行条例》及其《实施细则》的规定填报的，是真实的、可靠的、完整的。 声明人签字：________

纳税人公　章	乙企业	法人代表签　　章		经办人员(代理申报人)签章		备注	

(以下部分由主管税务机关负责填写)

主管税务机关收到日期		接收人		审核日期		税务审核人员签章	
审核记录						主管税务机关盖章	

第七节　城镇土地使用税纳税申报实务模拟演练

城镇土地使用税是以国有土地为征税对象，对拥有土地使用权的单位和个人征收的税种。城镇土地使用税属资源税类，其开征的主要目的是有偿利用土地资源，提高土地效益。纳税人缴纳的城镇土地使用税计入管理费用，在企业所得税前扣除，由主管地方税务部门负责组织征收。在城市、县城、建制镇、工矿区范围内使用土地的单位和个人，依照实际占用的土地面积，在省、自治区、直辖市人民政府规定的缴纳期限内申报城镇土地使用税。

一、城镇土地使用税纳税申报操作规范

（一）纳税义务发生时间

（1）纳税人购置新建商品房，自房屋交付使用之次月起，缴纳城镇土地使用税。

（2）纳税人购置存量房，自办理房屋权属转移，变更登记手续，房地产权属登记机关签发房屋权属证书之次月起，缴纳城镇土地使用税。

（3）纳税人出租、出借房产，自交付出租、出借房产之次月起，缴纳城镇土地使用税。

（4）以出让或转让方式有偿取得土地使用权的，应由受让方从合同约定交付土地时间的次月起缴纳城镇土地使用税；合同未约定交付时间的，由受让方自合同签订的次月起缴纳城镇土地使用税。

（5）纳税人新征用的耕地，自批准征用之日起满 1 年时开始缴纳土地使用税。

（6）纳税人新征用的非耕地，自批准征用次月起缴纳土地使用税。

（二）纳税期限

城镇土地使用税实行按年计算，分期缴纳。缴纳期限由省、自治区、直辖市人民政府确定。

（三）纳税地点

纳税人使用的土地不属于同一省（自治区、直辖市）管辖范围的，应由纳税人分别向土地所在地的税务机关缴纳土地使用税。

在同一省（自治区、直辖市）管辖范围内，纳税人跨地区使用的土地，其纳税地点由各省、自治区、直辖市税务局确定。

（四）缴纳方法

城镇土地使用税由土地所在地的税务机关征收。土地管理机关应当向土地所在地的税务机关提供土地使用权属资料。

二、城镇土地使用税纳税申报案例

（一）报送资料

1. 必须报送资料

“城镇土地使用税纳税申报表”2 份，该表可以由系统自动生成，无须纳税人手工填写，仅需签章确认。

2. 条件报送资料

（1）首次申报或土地信息发生变更时，应报送“城镇土地使用税税源明细表”2 份，同时提供土地使用权证或购地合同、发票等证明土地使用权属的材料。

（2）纳税人存在减免税情形的，还应报送“城镇土地使用税减免税明细申报表”。该表可

以由系统自动生成，无须纳税人手工填写，仅需签章确认。

（二）案例

【例 4－9】 天河制药有限公司（纳税人识别号为 220104198370000×××），坐落在吉林省九台市南山街道××××号，法定代表人：张婧；联系电话：5678××××。2018 年实际占地 50 000 平方米，其中，车间占地 40 000 平方米，办公楼占地 4 500 平方米，医务室占地 900 平方米，幼儿园占地 1 600 平方米，厂区内道路及绿化占地 3 000 平方米（土地等级为二级，宗地的地号为：2008－015－11），该地区城镇土地使用税的单位税额为 3 元/平方米。

【要求】 计算该公司 2018 年第四季度应纳的城镇土地使用税并填写纳税申报表。

【解析】 医务室占地 900 平方米和幼儿园占地 1 600 平方米属于免税项目。

2018 年第四季度应纳城镇土地使用税＝（50 000－900－1 600）×3÷4＝35 625.00（元）

【填表】

表 4－13　城镇土地使用税纳税申报表

税款所属期：自 2018 年 10 月 1 日至 2018 年 12 月 31 日

填表日期：2019 年 1 月 5 日　　金额单位：元至角分；面积单位：平方米

纳税人识别号	2	2	0	1	0	4	1	9	8	3	7	0	0	0	0	×	×	×

<table>
<tr><td rowspan="3">纳税人信息</td><td colspan="3">名称</td><td colspan="2">天河制药有限公司</td><td colspan="2">纳税人分类</td><td colspan="4">单位☑　个人□</td></tr>
<tr><td colspan="3">登记注册类型</td><td colspan="2">*</td><td colspan="2">所属行业</td><td colspan="4">医药制造</td></tr>
<tr><td colspan="3">身份证照类型</td><td colspan="2">身份证□　护照□
军官证□　其他</td><td colspan="2">联系人</td><td>张婧</td><td>联系方式</td><td colspan="2">5678××××</td></tr>
<tr><td rowspan="6">申报纳税信息</td><td>宗地的地号</td><td>土地等级</td><td>税额标准</td><td>土地总面积</td><td>计税月份数</td><td>本期应纳税额</td><td>减免性质代码</td><td>减免税总面积</td><td>本期减免税额</td><td>本期已缴税额</td><td>本期应补(退)税额</td></tr>
<tr><td>2008－015－11</td><td>二级</td><td>3 元/平方米</td><td>50 000 平方米</td><td>3</td><td>35 625.00</td><td></td><td></td><td></td><td></td><td>35 625.00</td></tr>
<tr><td></td><td></td><td></td><td></td><td></td><td></td><td></td><td></td><td></td><td></td><td></td></tr>
<tr><td></td><td></td><td></td><td></td><td></td><td></td><td></td><td></td><td></td><td></td><td></td></tr>
<tr><td></td><td></td><td></td><td></td><td></td><td></td><td></td><td></td><td></td><td></td><td></td></tr>
<tr><td>合计</td><td>*</td><td>*</td><td>50 000 平方米</td><td>*</td><td>35 625.00</td><td>*</td><td></td><td></td><td></td><td>35 625.00</td></tr>
<tr><td colspan="12">以下由纳税人填写：</td></tr>
<tr><td colspan="2">纳税人声明</td><td colspan="10">此纳税申报表是根据《中华人民共和国城镇土地使用税暂行条例》和国家有关税收规定填报的，是真实的、可靠的、完整的。</td></tr>
<tr><td colspan="2">纳税人签章</td><td colspan="3">天河制药有限公司公章</td><td>代理人签章</td><td colspan="2"></td><td colspan="2">代理人身份证号</td><td colspan="2"></td></tr>
<tr><td colspan="12">以下由税务机关填写：</td></tr>
<tr><td colspan="2">受理人</td><td colspan="3"></td><td>受理日期</td><td colspan="2">年　月　日</td><td colspan="2">受理税务机关签章</td><td colspan="2"></td></tr>
</table>

本表一式两份，一份纳税人留存，一份税务机关留存。

表 4－13(a)　　城镇土地使用税纳税申报表附表(首次申报登记须填写的相关信息)

纳税人名称：天河制药有限公司

税款所属期：自 2018 年 10 月 1 日至 2018 年 12 月 31 日

填表日期：2019 年 1 月 5 日　　金额单位：元至角分；面积单位：平方米

纳税人识别号	2	2	0	1	0	4	1	9	8	3	7	0	0	0	0	×	×	×

<table>
<tr><td>土地编码</td><td colspan="3">*</td><td colspan="2">地号</td><td colspan="3">2008－015－11</td></tr>
<tr><td>土地使用权证号</td><td colspan="3">×××××××××</td><td colspan="2">土地性质</td><td colspan="3">国有☑　集体□</td></tr>
<tr><td>土地取得方式</td><td colspan="8">划拨□　出让☑　租赁□　其他□</td></tr>
<tr><td>土地用途</td><td colspan="8">工业☑　商业□　居住□　综合□　房地产开发企业的开发用地□　其他□</td></tr>
<tr><td>土地坐落地址</td><td colspan="8">吉林省九台市南山街道××××号</td></tr>
<tr><td>地价</td><td colspan="8">×××××××××</td></tr>
<tr><td>其中取得土地使用权支付金额</td><td colspan="4">×××××××××</td><td colspan="2">其中土地开发成本</td><td colspan="2">×××××××××</td></tr>
<tr><td>初始取得时间</td><td colspan="4">××××年　×× 月</td><td colspan="2">土地使用权终止时间</td><td colspan="2">××××年 ×× 月</td></tr>
<tr><td>土地等级</td><td>二级</td><td>税额标准</td><td>3 元/平方米</td><td>土地面积</td><td>50 000 平方米</td><td>本期应纳税额</td><td colspan="2">37 500.00</td></tr>
<tr><td>减免性质代码</td><td colspan="3"></td><td>减免税土地的面积</td><td>2 500 平方米</td><td>本期减免税金额</td><td colspan="2">1 875.00</td></tr>
<tr><td>计税月份数</td><td colspan="8">3</td></tr>
<tr><td colspan="9">以下纳税人填写：</td></tr>
<tr><td>纳税人声明</td><td colspan="8">此纳税申报表是根据《中华人民共和国城镇土地使用税暂行条例》和国家有关税收规定填报的，是真实的、可靠的、完整的。</td></tr>
<tr><td>纳税人签章</td><td colspan="2">天河制药有限公司公章</td><td>代理人签章</td><td colspan="2"></td><td colspan="2">代理人身份证号</td><td></td></tr>
<tr><td colspan="9">以下由税务机关填写：</td></tr>
<tr><td>受理人</td><td colspan="2"></td><td>受理日期</td><td colspan="2">年　月　日</td><td colspan="2">受理税务机关签章</td><td></td></tr>
</table>

本表一式两份，一份纳税人留存，一份税务机关留存。

第八节　房产税纳税申报实务模拟演练

房产税是以房屋为征税对象，按照房屋的计税余值或租金收入，向产权所有人征收的一种财产税。我国现行房产税实行从价定率计征，采用从价计征和从租计征两种征税办法。对房产征税的目的是运用税收杠杆，加强对房产的管理，提高房产使用效率，控制固定资产投资规模和配合国家房产政策的调整，合理调节房产所有人和经营人的收入。房产税税源稳定，易于控制和管理，是地方财政收入的主要来源之一。

一、房产税纳税申报操作规范

(一) 纳税义务发生时间

房产税的纳税义务发生时间视具体情况而定：

(1) 纳税人将原有房产用于生产经营，从生产经营之月起缴纳房产税。

(2) 纳税人自行新建房屋用于生产经营，从建成之次月起缴纳房产税。

(3) 纳税人委托施工企业建设的房屋，从办理验收手续之次月起缴纳房产税。

(4) 纳税人购置新建商品房，自房屋交付使用之次月起缴纳房产税。

(5) 纳税人购置存量房，自办理房屋权属转移，变更登记手续，房地产权属登记机关签发房屋权属证书之次月起，缴纳房产税。

(6) 纳税人出租、出借房产，自交付出租、出借房产之次月起，缴纳房产税。

(7) 房地产开发企业自用、出租、出借本企业建造的商品房，自房屋使用获交付之次月起，缴纳房产税。

(8) 纳税人因房产的实物或权利状态发生变化而依法终止房产税纳税义务的，其应纳税款的计算应截至房产的实物或权利状态发生变化的当月末。

(二) 纳税期限

房产税实行按年计算、分期(半年或季度)缴纳的征收方法，具体纳税期限由省、自治区、直辖市人民政府确定。

(三) 纳税地点

房产税在房产所在地缴纳。房产不在同一地方的纳税人，应按房产的坐落地点分别向房地产所在地的税务机关纳税。

(四) 缴纳方法

房产税属于地方政府的收入。

二、房产税纳税申报案例

(一) 报送资料

1. 必须报送资料

“房产税纳税申报表”2份。

2. 条件报送资料

(1) 自用房产，首次申报或房产信息发生变更时，应报送“从价计征房产税税源明细表”2份，同时提供不动产权证(房屋产权证、土地使用权证) 或购房合同、发票等证明房地产权属的材料原件及复印件。

(2) 出租房产，首次申报或房产信息发生变更时，应报送“从租计征房产税税源明细表”2份，同时提供不动产权证(房屋产权证、土地使用权证) 或购房合同、发票等证明房地产权属的材料、房屋租赁合同原件及复印件。

(3) 纳税人存在减免税情形的，还应报送“房产税减免税明细申报表”1份。

(二) 案例

【例4－10】 长春市宏远汽车备品销售有限公司地处长春市绿园区东风大街××××号，纳税人识别号为220104783750000×××，经济类型为私营有限责任公司，法定代表人为王红。行业类别属于汽车及零配件批发，在交通银行长春东风大街支行开户，账号为220100069001871210000，电话为8763××××。2017年购入房屋一栋500平方米，原值3 000 000元，2018年1月将其联营投资给甲企业(纳税人识别号：220103552300000×××)，经营期为10年，年租金为350 000元。该公司2017年自建办公楼2幢，产权证书号为6－33，年底竣工交付使用。建筑面积为10 000平方米，原值共计50 000 000元(该地规定允许按原值一次扣除30%缴纳房产税)。

【要求】 计算该公司2018年四季度应缴纳的房产税并填列房产税纳税申报表。

【解析】

(1) 联营投资,收取固定收入,不承担经营风险的房屋从租计税。

应纳房产税＝350 000×12%÷12×3＝10 500(元)

(2) 自有办公楼从价计税。

应纳房产税＝50 000 000×(1－30%)×1.2%÷12×3＝105 000(元)

(3) 该公司2018年第四季度共纳房产税115 500元(10 500＋105 000)。

【填表】

表4-14　　房产税纳税申报表

税款所属期：自2018年10月1日至2018年12月31日

填表日期：2019年1月12日　　　　金额单位：元至角分；面积单位：平方米

纳税人识别号 | 2 | 2 | 0 | 1 | 0 | 4 | 7 | 8 | 3 | 7 | 5 | 0 | 0 | 0 | 0 | × | × | × |

纳税人信息	名称	长春市宏远汽车备品销售有限公司	纳税人分类	单位☑　个人□
	登记注册类型	私营有限责任公司	所属行业	*
	身份证件类型	身份证□　护照□　其他□	身份证件号码	
	联系人	王红	联系方式	8763××××

一、从价计征房产税

	房产编号	房产原值	其中：出租房产原值	计税比例	税率	所属期起	所属期止	本期应纳税额	本期减免税额	本期已缴税额	本期应补(退)税额
1	*	50 000 000.00		70%	1.2%	2018.10.1	2018.12.31	105 000.00			105 000.00
2	*										
3	*										
4	*										
5	*										
6	*										
7	*										
8	*										
9	*										
10	*										
合计	*	*	*	*	*	*	*	105 000.00			105 000.00

二、从租计征房产税

	本期申报租金收入	税率	本期应纳税额	本期减免税额	本期已缴税额	本期应补(退)税额
1	87 500.00	12%	10 500.00			10 500.00
2						
3						
合计	87 500.00	*	10 500.00			10 500.00

续表

以下由纳税人填写：					
纳税人声明	此纳税申报表是根据《中华人民共和国房产税暂行条例》和国家有关税收规定填报的，是真实的、可靠的、完整的。				
纳税人签章	长春市宏远汽车备品销售有限公司公章	代理人签章		代理人身份证号	
以下由税务机关填写：					
受理人		受理日期	年　月　日	受理税务机关签章	

本表一式两份，一份纳税人留存，一份税务机关留存。

表 4-14(a)　　房产税减免税明细申报表

税款所属期：自 2018 年 10 月 1 日至 2018 年 12 月 31 日

填表日期：2019 年 1 月 1 日　　　　金额单位：元至角分；面积单位：平方米

纳税人识别号 | 2 | 2 | 0 | 1 | 0 | 4 | 7 | 8 | 3 | 7 | 5 | 0 | 0 | 0 | 0 | × | × | × |

纳税人名称：长春市宏远汽车备品销售有限公司

一、从价计征房产税减免信息									
	房产编号	所属期起	所属期止	减免税房产原值	计税比例	税率	减免性质代码	减免项目名称	本期减免税额
1									
2									
3									
合计		*	*		*	*	*	*	

二、从租计征房产税减免信息						
	房产编号	本期减免税租金收入	税率	减免性质代码	减免项目名称	本期减免税额
1						
2						
3						
合计			*	*	*	

以下由纳税人填写：					
纳税人声明	此纳税申报表是根据《中华人民共和国房产税暂行条例》和国家有关税收规定填报的，是真实的、可靠的、完整的。				
纳税人签章	长春市宏远汽车备品销售有限公司公章	代理人签章		代理人身份证号	
以下由税务机关填写：					
受理人		受理日期	年　月　日	受理税务机关签章	

表 4-14(b)　　从价计征房产税税源明细表(首次申报登记须填写的相关信息)

纳税人名称：长春市宏远汽车备品销售有限公司　　纳税人分类：单位☑　个人□

填表日期：2019 年 1 月 12 日　　金额单位：元至角分；面积单位：平方米

纳税人识别号	2	2	0	1	0	4	7	8	3	7	5	0	0	0	0	×	×	×

<table>
<tr><td>身份证件类型</td><td colspan="2">身份证□　护照□　其他□</td><td>身份证件号码</td><td colspan="4"></td></tr>
<tr><td>房产编号</td><td colspan="2">*</td><td>产权证书号</td><td colspan="4">6-33</td></tr>
<tr><td>房产名称</td><td colspan="7">长春市宏远汽车备品销售有限公司</td></tr>
<tr><td>房屋坐落地址（详细地址）</td><td colspan="7">吉林省长春市绿园区东风大街××××号</td></tr>
<tr><td>房产所属主管税务所(科、分局)</td><td colspan="7">该房产的房产税收入所属的主管税务机关。系统允许各地配置该项的确定规则。该项不需纳税人手动填写，根据确定规则自动带出。</td></tr>
<tr><td>纳税人类型</td><td colspan="2">产权所有人☑、经营管理人□、承典人□、房屋代管人□、房屋使用人□、融资租赁承租人□(必选)</td><td>所有权人纳税识别码</td><td colspan="2">220104783750000×××</td><td>所有权人名称</td><td>长春市宏远汽车备品销售有限公司</td></tr>
<tr><td>房屋所在土地编号</td><td colspan="2">*</td><td>房产用途</td><td colspan="2">工业□　商业及办公☑
住房□　其他□(必选)</td><td></td><td></td></tr>
<tr><td>房产取得时间</td><td>2017 年 12 月</td><td>变更类型</td><td colspan="3">纳税义务终止(权属转移□　其他□)
信息项变更(房产原值变更□　出租房产原值变更□　减免税变更□
其他□)</td><td>变更时间</td><td>年　月</td></tr>
<tr><td>建筑面积</td><td colspan="2">10 000 平方米</td><td colspan="3">其中：出租房产面积</td><td></td><td></td></tr>
<tr><td>房产原值</td><td colspan="2">50 000 000.00</td><td>其中：出租房产原值</td><td colspan="2"></td><td>计税比例</td><td>系统设定</td></tr>
<tr><td rowspan="5">减免税部分</td><td rowspan="2">序号</td><td rowspan="2">减免性质代码</td><td rowspan="2">减免项目名称</td><td colspan="2">经核准的困难减免起止时间</td><td rowspan="2">减免税房产原值</td><td rowspan="2">月减免税金额</td></tr>
<tr><td>起始月份</td><td>终止月份</td></tr>
<tr><td>1</td><td></td><td></td><td></td><td></td><td></td><td></td></tr>
<tr><td>2</td><td></td><td></td><td></td><td></td><td></td><td></td></tr>
<tr><td>3</td><td></td><td></td><td></td><td></td><td></td><td></td></tr>
<tr><td colspan="8">以下由纳税人填写：</td></tr>
<tr><td>纳税人声明</td><td colspan="7">此纳税申报表是根据《中华人民共和国房产税暂行条例》和国家有关税收规定填报的，是真实的、可靠的、完整的。</td></tr>
<tr><td>纳税人签章</td><td colspan="2">长春市宏远汽车备品销售有限公司公章</td><td>代理人签章</td><td colspan="2"></td><td>代理人身份证号</td><td></td></tr>
<tr><td colspan="8">以下由税务机关填写：</td></tr>
<tr><td>受理人</td><td colspan="2"></td><td>受理日期</td><td colspan="2">年　月　日</td><td>受理税务机关签章</td><td></td></tr>
</table>

本表一式两份，一份纳税人留存，一份税务机关留存。

表 4－14(c)　　　　从租计征房产税税源明细表(首次申报登记须填写的相关信息)

纳税人名称：长春市宏远汽车备品销售有限公司　　　　纳税人分类：单位☑　个人□

填表日期：2019 年 1 月 12 日　　　　金额单位：元至角分；面积单位：平方米

纳税人识别号	2	2	0	1	0	4	7	8	3	7	5	0	0	0	0	×	×	×

身份证件类型	身份证□　护照□　其他□		身份证件号码			
房产名称	长春市宏远汽车备品销售有限公司		房产编号	*		
房产用途	工业□　商业及办公☑　住房□　其他□					
房产坐落地址(详细地址)	吉林省长春市绿园区东风大街××××号					
房产所属主管税务所(科、分局)	该房产的房产税收入所属的主管税务机关。系统允许各地配置该项的确定规则。该项不需纳税人手动填写，根据确定规则自动带出。					
承租方纳税识别号	220103552300000×××	承租方名称		甲企业		
出租面积	500 平方米	合同租金总收入		3 500 000.00 元		
合同约定租赁期起	2018.1.1	合同约定租赁期止		2025.12.31		
申报租金收入	87 500.00	申报租金所属租赁期起	2018.10.1	申报租金所属租赁期止	2018.12.31	
减免性质代码		减免项目名称		减免税租金收入		
减免税额						
以下由纳税人填写：						
纳税人声明	此纳税申报表是根据《中华人民共和国房产税暂行条例》和国家有关税收规定填报的，是真实的、可靠的、完整的。					
纳税人签章	长春市宏远汽车备品销售有限公司公章	代理人签章		代理人身份证号		
以下由税务机关填写：						
受理人		受理日期	年　月　日	受理税务机关签章		

本表一式两份，一份纳税人留存，一份税务机关留存。

第九节　车船税纳税申报实务模拟演练

车船税是以车船为征税对象，向在中华人民共和国境内拥有车船的单位和个人征收的一种税。

一、车船税纳税申报操作规范

(一) 纳税义务发生时间

车船税纳税义务发生时间为取得车船所有权或者管理权的当月。购置的新车船，购置当年的应纳税额自纳税义务发生的当月起按月计算。已办理退税的被盗抢车船失而复得的，纳税人应当从公安机关出具相关证明的当月起计算缴纳车船税。

（二）纳税期限

车船税按年申报缴纳。纳税年度自公历1月1日起至12月31日止。具体申报纳税期限由省、自治区、直辖市人民政府确定。

（三）纳税地点

车船税的纳税地点为车船的登记地或者车船税扣缴义务人所在地。依法不需要办理登记的车船，车船税的纳税地点为车船所有人或者管理人所在地。

（四）缴纳方法

车船税属于地方税。其所得属于地方政府的收入。车船税实行源泉控制，一律由纳税人所在地的税务局征收管理，各地对外省、市来的车船不再查补税款。具体的缴纳方法如下：

（1）车船的所有人或者管理人未缴纳车船税的，使用人应当代为缴纳车船税。

（2）从事机动车交通事故责任强制保险业务的保险机构为机动车车船税的扣缴义务人，应当依法代收代缴车船税。

（3）机动车车船税的扣缴义务人依法代收代缴车船税时，纳税人不得拒绝。由扣缴义务人代收代缴机动车车船税的，纳税人应在购买机动车交通事故责任强制保险的同时缴纳车船税。

（4）纳税人对扣缴义务人代收代缴税款有异议的，可向所在地的主管税务机关提出。

（5）纳税人在购买机动车交通事故责任强制保险时缴纳车船税的，不再向所在地税务机关申报纳税。

（6）扣缴义务人在代收车船税时，应当在机动车交通事故责任强制保险的保险单上注明已收税款的信息，作为纳税人完税的证明。除另有规定外，扣缴义务人不再给纳税人开具代扣代收税款凭证。纳税人如有需要，可以持注明已收税款信息的保险单，到主管地方税务机关开具完税凭证。

（7）扣缴义务人应当及时解缴代收代缴的税款，并向所在地税务机关申报。扣缴义务人解缴税款的具体期限由各省、自治区、直辖市税务机关依照法律、行政法规的规定确定。

（8）税务机关应当按照规定支付扣缴义务人代收代缴车船税的手续费。税务机关付给扣缴义务人代收代缴手续费的标准由国务院财政部门、税务部门制定。

纳税人向税务局申报的方式主要有直接申报、邮寄申报、网上申报和委托代征申报等。

二、车船税纳税申报案例

（一）报送资料

1. 必须报送资料

（1）车辆所有人或管理人，应报送：车辆登记管理部门核发的车辆登记证书或者行驶证复印件1份，不能提供车辆登记证书、行驶证的，应报送车辆出厂合格证明或者进口凭证复印件1份。车辆的所有人或者管理人身份证明材料原件1份，“车船税纳税申报表”2份。

（2）船舶所有人或管理人，应报送船舶登记管理部门核发的船舶登记证书复印件1份，船舶的所有人或者管理人身份证明材料原件1份，“车船税纳税申报表”2份。

2. 条件报送资料

（1）首次办理纳税申报或车辆及相关信息发生变化的纳税人，还应报送“车船税税源明细表(车辆)”2 份。新购置车辆的纳税人,还应报送购买车辆的发票或者其他证明购置日期的文件复印件 1 份。

(2) 首次办理纳税申报或船舶及相关信息发生变化的纳税人，还应报送“车船税税源明细表(船舶)”2 份。新购置船舶的纳税人,还应报送购买船舶的发票或者其他证明购置日期的文件复印件 1 份。

(二) 案例

【例 4－11】 甲企业为长春市交通运输企业,地处长春市绿园区东风大街××××号,纳税人识别号为 220104767110000×××,法定代表人为李杰。经济类型为国有有限责任公司,行业类别属于交通运输业,在交通银行长春东风大街支行开户,账号是 22010006900187121××××,电话为 8763××××。2018 年拥有载货汽车(整备质量为 40 吨/辆)35 辆、大客车 10 辆。长春市规定载货汽车年税额为每吨 96 元,乘人大型汽车年税额为每辆 600 元。

【要求】 计算该企业 2018 年应缴纳的车船税并填列车船税纳税申报表及附表。

【解析】

(1) 载货汽车应纳税额＝35×40×96＝134 400(元)

(2) 乘人汽车应纳税额＝10×600＝6 000(元)

(3) 该企业 2018 年共纳车船税 140 400 元。

【填表】

表 4－15

车船税纳税申报表

税款所属期限：自 2018 年 1 月 1 日至 2018 年 12 月 31 日　　填表日期：2019 年 1 月 5 日　　金额单位：元至角分

纳税人识别号 | 2 | 2 | 0 | 1 | 0 | 4 | 7 | 6 | 7 | 1 | 1 | 0 | 0 | 0 | 0 | × | × | × |

纳税人名称			甲企业				纳税人身份证照类型					
纳税人身份证照号码							居住(单位)地址			长春市东风大街×××号		
联系人			李杰				联系方式			8763××××		
序号	(车辆)号牌号码/(船舶)登记号码	车船识别代码(车架号/船舶识别号)	征收品目	计税单位	计税单位的数量	单位税额	年应缴税额	本年减免税额	减免性质代码	减免税证明号	当年应缴税额	本年已缴税额	本期年应补(退)税额
	1	2	3	4	5	6	7=5×6	8	9	10	11=7－8	12	13=11－12
1			载货汽车	辆	1 400.00	96.00	134 400.00				134 400.00		134 400.00
2			乘人汽车	辆	10.00	600.00	6 000.00				6 000.00		6 000.00
合计	—	—	—	—	—	—	140 400.00		—	—	140 400.00		140 400.00
申报车辆总数(辆)45							申报船舶总数(艘)						
以下由申报人填写：													
纳税人声明	此纳税申报表是根据《中华人民共和国车船税法》和国家有关税收规定填报的，是真实的、可靠的、完整的。												
纳税人签章	甲企业公章			代理人签章				代理人身份证号					
以下由税务机关填写：													
受理人				受理日期				受理税务机关(签章)					

本表一式两份，一份纳税人留存，一份税务机关留存。

表 4－15(a)

车船税税源明细表(车辆)附表 1(部分内容略)

纳税人名称：甲企业　　纳税人识别号：220104767110000×××　　填表日期：2019 年 1 月 5 日

申报车辆总数(辆)		50									
序号	号牌号码	车辆识别代码(车架号)	车辆类型	品牌型号	发动机号	车辆发票日期或注册登记日期	使用性质	燃料种类	排(气)量	核定载客	整备质量
1											
2	吉 AK8900	123 ****	集装箱货车	东风天龙 DFL5311XXYA13	康明斯 123 ****	2013.02.12	营业货车	柴油	8 900 L	3	13050T
3											
4											
5											
6											
7											
8											
9											
10											

第十节　印花税纳税申报实务模拟演练

印花税是对在中华人民共和国境内书立、领受《中华人民共和国印花税暂行条例》所列举凭证的单位和个人征收的一种行为税。印花税因以购买、粘贴印花的方式完成纳税义务而得名，它具有覆盖面广、税负轻、纳税人自行纳税等特点。印花税的征收方式与其他税种不同，它按照由纳税人自行计算税款、自行购买税票、自行贴花、自行注销的方式完成纳税义务。

一、印花税纳税申报操作规范

（一）纳税义务发生时间

首先，应纳税凭证应于书立或领受时贴花。具体情况如下：(1) 对各种商事合同，应于合同正式签订时贴花；(2) 对各种产权转移书据，应于书据立据时贴花；(3) 对各种营业账簿，应于账簿正式启用时贴花；(4) 对各种权利许可证照，应于证照领用时贴花。

其次，如果合同在国外签订，应在国内使用时贴花。

（二）纳税地点

印花税一般实行就地纳税。对于全国性商品物资订货会、展销会、交易会上所签订合同应纳的印花税，由纳税人回其所在地后及时办理贴花完税手续；对地方主办、不涉及省际关系的订货会、展销会上所签订合同的印花税，其纳税地点由各省、自治区、直辖市人民政府自行确定。

（三）纳税办法

印花税属于中央与地方共享税，证券交易印花税收入的 94%归中央政府，其余 6%和其他印花税收入归地方政府。

印花税的纳税办法根据税额大小、贴花次数以及税收征收管理的需要，分别采用以下办法：

1. 自行贴花办法

纳税人根据应纳税凭证的性质和适用的科目、税率，自行计算应纳税额、自行购买印花税票、自行一次贴足印花税票并加以注销或划销。这种办法适用于应税凭证较少或者贴花次数较少的纳税人。

2. 汇贴或汇缴办法

一份凭证应纳税额超过 500 元的，应向当地税务机关申请填写缴款书或者完税证，将其中一联粘贴在凭证上或者由税务机关在凭证上加注完税标记代替贴花。同一种类应纳税凭证，需频繁贴花的，应向当地税务机关申请按期汇总缴纳印花税。税务机关对核准汇总缴纳印花税的单位，应发给汇缴许可证。汇总缴纳的限期限额由当地税务机关确定，但最长期限不得超过 1 个月。这种办法一般适用于应税税额较大或者贴花次数频繁的纳税人。

3. 委托代征办法

委托代征办法包括税务机关委托发放或者办理应纳税凭证的单位代为征收印花税税款。如工商行政部门在核发各类营业执照和商标注册时，受税务机关委托，代收印花税税款，并监督领受单位和个人的贴花。

二、印花税纳税申报案例

（一）报送资料

“印花税纳税申报(报告)表”2 份。

（二）案例

【例 4－12】 长春市奥威汽车备品销售有限公司地处长春市高新区硅谷大街 1198 号，2019 年 10 月份开业，注册资金为 2 200 000 元，纳税人识别号为 220104771710000×××，法定代表人：李小鹏。经济类型为私营有限责任公司，行业类别属于汽车、摩托车及零配件批发，在交通银行长春卫星广场支行开户，账号是 2201000690018712l0000，电话为 8518××××，当月发生经营业务如下：

（1）领受工商营业执照、房屋产权证、土地使用证各一份；

（2）建账时共设 8 个账簿，其中，资金账簿中记载实收资本 2 200 000 元；

（3）签订购销合同 4 份，共记载金额 2 800 000 元；

（4）签订借款合同 1 份，记载金额 500 000 元，当年取得借款利息 8 000 元；

（5）与广告公司签订广告制作合同 1 份，分别记载加工费 30 000 元，广告公司提供的原材料 70 000 元；

（6）签订技术服务合同 1 份，记载金额 600 000 元；

（7）签订租赁合同 1 份，记载支付租赁费 500 000 元；

（8）签订转让专有技术使用权合同 1 份，记载金额 1 500 000 元。

【要求】 按下列顺序计算应纳的印花税并填列该公司 2019 年 10 月份印花税申报表。

（1）领受权利许可证照应缴纳印花税；

（2）设置账簿应缴纳印花税；

（3）签订购销合同应缴纳印花税；

（4）签订借款合同应缴纳印花税；

（5）签订广告合同应缴纳印花税；

（6）签订技术服务合同应缴纳印花税；

（7）签订租赁合同应缴纳印花税；

（8）签订专有技术使用权转让合同应缴纳印花税。

【解析】

（1）该企业领受的权利许可证照有工商营业执照、房屋产权证、土地使用证三份，每件贴花 5 元，故领受权利许可证照应纳印花税：3.00×5.00＝15.00(元)。

（2）自 2018 年 5 月 1 日起，对按万分之五税率贴花的资金账簿减半征收印花税，对按件贴花 5 元的其他账簿免征印花税。

营业账簿税目中，记载资金的账簿按实收资本和资本公积合计金额的 0.5‰减半贴花，故 2 200 000×0.5‰÷2＝550(元)。

（3）购销合同按购销金额的 0.3‰贴花，故签订购销合同应纳印花税：2 800 000×0.3‰＝840(元)。

（4）借款合同按借款金额的 0.05‰贴花，故签订借款合同应纳印花税：500 000×0.05‰＝25(元)。

（5）加工承揽合同的计税依据是加工或承揽收入的金额，对于由受托方提供原材料的加工、定做合同，凡在合同中分别记载加工费金额和原材料金额的，应分别按“加工承揽合同”“购销合同”计税，两项税额的相加数即为合同应贴印花。故签订广告合同应纳印花税：30 000×0.5‰＋70 000×0.3‰＝36(元)。

（6）技术合同按所载金额的 0.3‰贴花，故签订技术服务合同应纳印花税：600 000×

0.3‰=180(元)。

(7) 财产租赁合同按租赁金额的1‰贴花，故签订租赁合同应纳印花税：500 000×1‰=500(元)。

(8) 产权转移书据按所载金额的0.5‰贴花，故签订转让专有技术使用权合同应纳印花税：1 500 000×0.5‰=750(元)。

10月份共计应纳印花税额=15+550+840+25+36+180+500+750=2 896(元)

【填表】

表4-16　　印花税纳税申报表

税款所属期限：自2019年10月1日至2019年10月31日　　填表日期：2019年11月5日

纳税人识别号 | 2 | 2 | 0 | 0 | 0 | 4 | 7 | 7 | 1 | 7 | 1 | 0 | 0 | 0 | 0 | × | × | × |　　金额单位：元至角分

纳税人信息	名称		长春市奥威汽车备品销售有限公司			☑单位　□个人			
	登记注册类型		企业		所属行业	批发			
	身份证件类型				身份证件号码				
	联系方式		8518××××						
应税凭证	计税金额或件数	核定征收		适用税率	本期应纳税额	本期已缴税额	本期减免税额		本期应补(退)税额
		核定依据	核定比例				减免性质代码	减免额	
	1	2	3	4	5=1×4+2×3×4	6	7	8	9=5-6-8
购销合同	2 800 000.00 70 000.00			0.3‰	840.00 21.00				861.00
加工承揽合同	30 000.00			0.5‰	15.00				15.00
建设工程勘察设计合同				0.5‰					
建筑安装工程承包合同				0.3‰					
财产租赁合同	500 000.00			1‰	500.00				500.00
货物运输合同				0.5‰					
仓储保管合同				1‰					
借款合同	500 000.00			0.05‰	25.00				25.00
财产保险合同				1‰					
技术合同	600 000.00			0.3‰	180.00				180.00
产权转移书据	1 500 000.00			0.5‰	750.00				750.00
营业账簿(记载资金的账簿)	2 200 000.00	—		0.5‰	1 100.00			550.00	550.00

续表

权利、许可证照	3 件	—		5	15.00				15.00
合计	—	—		—	3 446.00		550.00	2 896.00	
以下由纳税人填写：									
纳税人声明	此纳税申报表是根据《中华人民共和国印花税暂行条例》和国家有关税收规定填报的，是真实的、可靠的、完整的。								
纳税人签章	长春市奥威汽车备品销售有限公司公章		代理人签章		代理人身份证号				
以下由税务机关填写：									
受理人			受理日期	年　月　日	受理税务机关签章				

本表一式两份，一份纳税人留存，一份税务机关留存。

第十一节　契税纳税申报实务模拟演练

契税是在中华人民共和国境内转移土地、房屋权属时对承受的单位和个人征收的一种行为税。契税实行一次性征收办法，普遍适用于内外资企业和本外国公民。

一、契税纳税申报操作规范

(一) 纳税义务发生时间

契税的纳税义务发生时间是纳税人签订土地、房屋权属转移合同的当天，或者纳税人取得其他具有土地、房屋权属转移合同性质凭证的当天。

(二) 纳税期限

纳税人应当自纳税义务发生之日起 10 日内向土地、房屋所在地的契税征收机关办理纳税申报，并在契税征收机关核定的期限内缴纳税款。

(三) 纳税地点

契税属于地方税，其收入归地方政府。纳税人应在土地、房屋所在地的征收机关缴纳税款。

(四) 缴纳方法

纳税人办理纳税事宜后，征收机关应向纳税人开具契税完税凭证。纳税人持契税完税凭证和其他规定的文件材料，依法向土地管理部门、房产管理部门办理有关土地、房屋的权属变更登记手续。土地管理部门和房产管理部门应向契税征收机关提供有关资料，并协助契税征收机关依法征收契税。

二、契税纳税申报案例

(一) 报送资料

1. 必须报送资料

(1)“契税纳税申报表”2 份。

(2) 身份证明原件及复印件 1 份。

(3) 不动产权属转移合同 1 份。

(4) 发票原件及复印件 1 份。

2. 条件报送资料

享受契税优惠的，还应报送减免契税证明材料原件及复印件 1 份。

(二) 案例

【例 4－13】 2018 年 12 月 20 日张伟(身份证号码：220103198301130000)将一套已居住 2 年的二居室住房(市场价格为 800 000 元)，与刘力(身份证号码：220104197312130000)交换一套四居室 140 平方米住房(市场价格为 1 500 000 元，地处长春市桂林路××××号)，作为其唯一家庭住房，支付差价 700 000 元。该地核定的契税税率为 3%。

【要求】 计算张伟应缴纳的契税。

【解析】 应纳契税＝700 000×3%÷2＝10 500(元)

【填表】

表 4－17　　契税纳税申报表

填表日期：2018 年 12 月 22 日　　金额单位：元至角分；面积单位：平方米

纳税人识别号 □□□□□□□□□□□□□□□□□□□□

<table>
<tr><td rowspan="4">承受方信息</td><td>名称</td><td colspan="3">张伟</td><td colspan="2">□单位 ☑个人</td><td colspan="2"></td></tr>
<tr><td>登记注册类型</td><td colspan="3"></td><td colspan="2">所属行业</td><td colspan="2"></td></tr>
<tr><td>身份证件类型</td><td colspan="3">身份证☑ 护照□ 其他□</td><td colspan="2">身份证件号码</td><td colspan="2">220103198301130000</td></tr>
<tr><td>联系人</td><td colspan="3">张伟</td><td colspan="2">联系方式</td><td colspan="2">13154550000</td></tr>
<tr><td rowspan="3">转让方信息</td><td>名称</td><td colspan="5">刘力</td><td colspan="2">□单位 ☑个人</td></tr>
<tr><td>纳税人识别号</td><td></td><td>登记注册类型</td><td colspan="3"></td><td>所属行业</td><td></td></tr>
<tr><td>身份证件类型</td><td>身份证</td><td>身份证件号码</td><td colspan="3">220104197312130000</td><td>联系方式</td><td>13514600000</td></tr>
<tr><td rowspan="3">土地房屋权属转移信息</td><td>合同签订日期</td><td>2018.12.20</td><td>土地房屋坐落地址</td><td>地处长春市桂林路××号</td><td colspan="2">权属转移对象</td><td colspan="2">房屋、土地</td></tr>
<tr><td>权属转移方式</td><td>交换</td><td>用途</td><td>居住</td><td colspan="2">家庭唯一普通住房</td><td colspan="2">☑ 90 平方米以上
□90 平方米及以下</td></tr>
<tr><td>权属转移面积</td><td>140</td><td>成交价格</td><td>700 000.00</td><td colspan="2">成交单价</td><td colspan="2">5 000 元/平方米</td></tr>
<tr><td rowspan="2">税款征收信息</td><td>评估价格</td><td></td><td>计税价格</td><td>700 000.00</td><td colspan="2">税率</td><td colspan="2">3%</td></tr>
<tr><td>计征税额</td><td>21 000.00</td><td>减免性质代码</td><td></td><td>减免税额</td><td>10 500.00</td><td>应纳税额</td><td>10 500.00</td></tr>
<tr><td colspan="9">以下由纳税人填写：</td></tr>
<tr><td>纳税人声明</td><td colspan="8">此纳税申报表是根据《中华人民共和国契税暂行条例》和国家有关税收规定填报的，是真实的、可靠的、完整的。</td></tr>
<tr><td>纳税人签章</td><td>张伟名章</td><td>代理人签章</td><td colspan="2"></td><td colspan="2">代理人身份证号</td><td colspan="2"></td></tr>
<tr><td colspan="9">以下由税务机关填写：</td></tr>
<tr><td>受理人</td><td></td><td>受理日期</td><td colspan="2">年　月　日</td><td colspan="2">受理税务机关签章</td><td colspan="2"></td></tr>
</table>

本表一式两份，一份纳税人留存，一份税务机关留存。

表 4－17(a)　　　　权属转移对象、方式、用途逻辑关系对照表

<table>
<tr><th colspan="3">权属转移对象</th><th colspan="2" rowspan="2">权属转移方式</th><th rowspan="2">用　途</th></tr>
<tr><th>一级
（大类）</th><th>二级
（小类）</th><th>三级
（细目）</th></tr>
<tr><td rowspan="6">土地☑</td><td rowspan="6">无</td><td rowspan="6">无</td><td colspan="2">土地使用权出让</td><td>1. 居住用地；2. 商业用地；3. 工业用地；4. 综合用地；5. 其他用地</td></tr>
<tr><td rowspan="5">土地使用权转让</td></tr>
<tr><td>土地使用权买卖</td><td>1. 居住用地；2. 商业用地；3. 工业用地；4. 综合用地；5. 其他用地</td></tr>
<tr><td>土地使用权赠与</td><td>1. 居住用地；2. 商业用地；3. 工业用地；4. 综合用地；5. 其他用地</td></tr>
<tr><td>土地使用权交换☑</td><td>1. 居住用地☑；2. 商业用地；3. 工业用地；4. 综合用地；5. 其他用地</td></tr>
<tr><td>土地使用权作价入股</td><td>1. 居住用地；2. 商业用地；3. 工业用地；4. 综合用地；5. 其他用地</td></tr>
<tr><td rowspan="10">房屋☑</td><td rowspan="5">增量房</td><td>普通商品住房</td><td colspan="2">1. 房屋买卖；2. 房屋赠与；3. 房屋交换；4. 房屋作价入股；5. 其他</td><td>1. 居住</td></tr>
<tr><td>非普通商品住房</td><td colspan="2">1. 房屋买卖；2. 房屋赠与；3. 房屋交换；4. 房屋作价入股；5. 其他</td><td>1. 居住</td></tr>
<tr><td>保障性住房</td><td colspan="2">1. 房屋买卖；2. 房屋赠与；3. 房屋交换；4. 房屋作价入股；5. 其他</td><td>1. 居住</td></tr>
<tr><td>其他住房</td><td colspan="2">1. 房屋买卖；2. 房屋赠与；3. 房屋交换；4. 房屋作价入股；5. 其他</td><td>1. 居住</td></tr>
<tr><td>非住房</td><td colspan="2">1. 房屋买卖；2. 房屋赠与；3. 房屋交换；4. 房屋作价入股；5. 其他</td><td>2. 商业；3. 办公；4. 商住；5. 附属建筑；6. 工业；7. 其他</td></tr>
<tr><td rowspan="5">存量房☑</td><td>普通商品住房☑</td><td colspan="2">1. 房屋买卖；2. 房屋赠与；3. 房屋交换☑；4. 房屋作价入股；5. 其他</td><td>1. 居住☑</td></tr>
<tr><td>非普通商品住房</td><td colspan="2">1. 房屋买卖；2. 房屋赠与；3. 房屋交换；4. 房屋作价入股；5. 其他</td><td>1. 居住</td></tr>
<tr><td>保障性住房</td><td colspan="2">1. 房屋买卖；2. 房屋赠与；3. 房屋交换；4. 房屋作价入股；5. 其他</td><td>1. 居住</td></tr>
<tr><td>其他住房</td><td colspan="2">1. 房屋买卖；2. 房屋赠与；3. 房屋交换；4. 房屋作价入股；5. 其他</td><td>1. 居住</td></tr>
<tr><td>非住房</td><td colspan="2">1. 房屋买卖；2. 房屋赠与；3. 房屋交换；4. 房屋作价入股；5. 其他</td><td>2. 商业；3. 办公；4. 商住；5. 附属建筑；6. 工业；7. 其他</td></tr>
</table>

第十二节　企业所得税纳税申报实务模拟演练

企业所得税是对我国境内的企业和其他取得收入的组织的生产经营所得和其他所得征收的一种税，是国家参与企业利润分配的重要手段。企业所得税在调节收入分配、促进公平竞争、筹集财政收入方面起到重要作用，是国家进行宏观经济调控的一个重要经济杠杆。企业所得税以应纳税所得额为计税依据，应纳税所得额的计算与成本、费用密切相关，征税以能力负担为原则，实行按年计征、分月或者分季预缴，年终汇算清缴，多退少补的征收办法。

一、企业所得税纳税申报操作规范

（一）纳税期限

企业所得税的纳税年度自公历 1 月 1 日起至 12 月 31 日止。企业在一个纳税年度的中间开业，或者由于合并、关闭等原因终止经营活动，使该纳税年度的实际经营期不足 12 个月的，应以其实际经营期为一个纳税年度。企业清算时，应当以清算期间作为一个纳税年度。例如，假定某公司 2007 年 6 月 18 日开业，2014 年 4 月 14 日进行清算，则第一个企业所得税纳税年度为 6 月 18 日至 12 月 31 日，第二个、第三个……第七个纳税年度均为 1 月 1 日至 12 月 31 日，第八个纳税年度为 1 月 1 日至 4 月 14 日。

我国《企业所得税法》规定，企业缴纳企业所得税，按年计征，分月或者分季预缴，年终汇算清缴，多退少补。按月或者按季预缴的，应当自月份或者季度终了之日起 15 日内，向税务机关报送预缴企业所得税纳税申报表，预缴税款。企业在报送企业所得税纳税申报表时应当按照规定附送财务会计报告和其他有关资料。企业应在年度终了之日起 5 个月内，向税务机关报送年度企业所得税纳税申报表，并汇算清缴，结清应缴应退税款。企业在年度中间终止经营活动的，应当自实际经营终止之日起 60 日内，向税务机关办理当期企业所得税汇算清缴。

企业在纳税年度内无论盈利或者亏损，都应当依照《企业所得税法》第 54 条规定的期限，向税务机关报送预缴企业所得税纳税申报表、年度企业所得税纳税申报表、财务会计报告和税务机关规定应当报送的其他有关资料。

（二）纳税地点

（1）除税收法律、行政法规另有规定外，居民企业以企业登记注册地为纳税地点；但登记注册地在境外的，以实际管理机构所在地为纳税地点。企业注册登记地，是指企业依照国家有关规定登记注册的所在地。

（2）居民企业在中国境内设立不具有法人资格的营业机构的，应当汇总计算并缴纳企业所得税。企业汇总计算并缴纳企业所得税时，应当统一核算应纳税所得额，具体办法由国务院财政、税务主管部门另行制定。

（3）非居民企业在中国境内设立机构、场所的，应当就其所设机构、场所取得的来源于中国境内的所得，以及发生在中国境外但与其所设机构、场所有实际联系的所得，以机构、场所所在地为纳税地点。非居民企业在中国境内设立两个或者两个以上机构、场所的，经税务机关审核批准，可以选择由其主要机构、场所汇总缴纳企业所得税。非居民企业经批准汇总缴纳企业所得税后，需要增设、合并、迁移、关闭机构、场所或者停止机构、场所业务的，应当事先由负责汇总申报缴纳企业所得税的主要机构、场所向其所在地税务机关报告；需要变更汇总缴纳企业所得税的主要机构、场所的，依照前款规定办理。

（4）非居民企业在中国境内未设立机构、场所的，或者虽设立机构、场所但取得的所得与其所设机构、场所没有实际联系的所得，以扣缴义务人所在地为纳税地点。

（5）除国务院另有规定外，企业之间不得合并缴纳企业所得税。

（三）征收机关

企业所得税属于中央与地方共享税，其所得属于中央政府和地方政府的共同收入。铁道部、各银行总行及海洋石油企业缴纳的企业所得税部分归中央政府，其余部分中央与地方政府按60%与40%的比例分享。

（四）缴纳方法

企业必须按照国家税务局或地方税务局的要求进行纳税申报，申报的方式主要有直接申报、邮寄申报、数据电文申报、代理申报、汇总申报。

二、企业所得税纳税申报表的组成

企业所得税申报表由"中华人民共和国企业所得税年度纳税申报表(A类)"及其附表、"中华人民共和国企业所得税月(季)度预缴纳税申报表(A类)"及其附表、"中华人民共和国企业所得税月(季)度预缴和年度纳税申报表(B类)""中华人民共和国企业清算所得税申报表""中华人民共和国企业年度关联业务往来报告表"等构成。

跨地区经营汇总纳税企业的分支机构，使用"企业所得税月(季)度预缴纳税申报表(A类)"和"企业所得税汇总纳税分支机构所得税分配表"进行年度企业所得税汇算清缴申报。

企业所得税纳税申报表所需报送资料具体如表4－18至表4－22所示。

表4－18　　居民企业所得税月(季)度预缴纳税申报(适用查账征收)报送资料

序　　号	材料名称	数量	备　　注
1	中华人民共和国企业所得税月(季)度预缴纳税申报表(A类，2018年版)	2份	
以下为条件报送资料			
跨省、自治区、直辖市和计划单列市设立的，实行汇总纳税办法的居民企业还应报送	企业当期财务报表	1份	按照"3.21财务会计报告报送"的有关规定报送
	各分支机构上一年度的年度财务报表(或年度财务状况和营业收支情况)	1份	由总机构在预缴申报时报送，在一个纳税年度内，原则上只需要报送一次
	企业所得税汇总纳税分支机构所得税分配表	1份	分支机构报送经总机构所在地主管税务机关受理的汇总纳税企业分支机构所得税分配表
跨省、自治区、直辖市和计划单列市经营的建筑企业总机构还应报送	直接管理的跨地区经营项目部就地预缴税款的完税证明	1份	

续表

序　　号	材料名称	数量	备　　注
在同一省、自治区、直辖市和计划单列市内跨地、市(区、县)设立的，实行汇总纳税办法的居民企业还应报送	各省税务机关规定的相关资料	1份	
符合条件的境外投资居民企业还应报送	居民企业参股外国企业信息报告表	1份	
收入全额归属中央的企业，新增二级及以下分支机构的，二级分支机构还应报送	加载统一社会信用代码营业执照	1份	
	总机构出具的其为二级或二级以下分支机构证明文件	1份	
适用股权激励和技术入股递延纳税政策的企业，还应报送	技术成果投资入股企业所得税递延纳税备案表	1份	投资完成后首次预缴申报时报送

表4－19　居民企业所得税月(季)度预缴纳税申报(适用核定征收)报送资料

序　　号	材料名称	数量	备　　注
1	中华人民共和国企业所得税月(季)度预缴和年度纳税申报表(B类，2018版)	2份	
以下为条件报送资料			
符合条件的境外投资居民企业还应报送	居民企业参股外国企业信息报告表	1份	

表4－20　居民企业所得税年度纳税申报(适用查账征收)报送资料

序　　号	材料名称	数量	备　　注
1	中华人民共和国企业所得税年度纳税申报表(A类，2017年版)	2份	
以下为条件报送资料			
政策性搬迁备案事项还应报送	“企业政策性搬迁清算损益表”及相关材料	1份	
房地产开发经营企业还应报送	房地产开发产品实际毛利额与预计毛利额之间差异调整情况的报告	1份	
	依据计税成本对象确定原则确定的已完工开发产品成本对象，确定原则、依据，共同成本分配原则、方法，以及开发项目基本情况、开发计划等专项报告	1份	

续表

<table>
<tr><th>序　　号</th><th>材料名称</th><th>数量</th><th>备　　注</th></tr>
<tr><td>税前扣除手续费及佣金支出的还应报送</td><td>当年手续费及佣金计算分配表和其他相关资料</td><td>1 份</td><td>应依法取得合法真实凭证</td></tr>
<tr><td rowspan="4">申报抵免境外所得税收(取得境外分支机构的营业利润所得)还应报送</td><td>与境外所得相关的完税证明或纳税凭证(原件或复印件)</td><td>1 份</td><td rowspan="20">备案资料使用非中文的,企业应同时提交中文译本复印件。上述资料已向税务机关提供的,可不再提供;上述资料若有变更的,须重新提供;复印件须注明与原件一致,译本须注明与原本无异义,并加盖企业公章</td></tr>
<tr><td>境外分支机构会计报表</td><td>1 份</td></tr>
<tr><td>境外分支机构所得依照中国境内企业所得税法及实施条例的规定计算的应纳税额的计算过程及说明资料</td><td>1 份</td></tr>
<tr><td>具有资质的机构出具的有关分支机构审计报告等</td><td>1 份</td></tr>
<tr><td rowspan="6">申报抵免境外所得税收(取得境外股息、红利所得)还应报送</td><td>与境外所得相关的完税证明或纳税凭证(原件或复印件)</td><td>1 份</td></tr>
<tr><td>集团组织架构图</td><td>1 份</td></tr>
<tr><td>被投资公司章程复印件</td><td>1 份</td></tr>
<tr><td>境外企业有权决定利润分配的机构作出的决定书等</td><td>1 份</td></tr>
<tr><td>依照中国境内企业所得税法及实施条例规定计算的应纳税额的资料及计算过程</td><td>1 份</td></tr>
<tr><td>项目合同复印件等</td><td>1 份</td></tr>
<tr><td rowspan="5">申报抵免境外所得税收(申请享受税收饶让抵免)还应报送</td><td>与境外所得相关的完税证明或纳税凭证(原件或复印件)</td><td>1 份</td></tr>
<tr><td>本企业及其直接或间接控制的外国企业在境外所获免税及减税的依据及证明或有关审计报告披露该企业享受的优惠政策的复印件</td><td>1 份</td></tr>
<tr><td>企业在其直接或间接控制的外国企业的参股比例等情况的证明复印件</td><td>1 份</td></tr>
<tr><td>间接抵免税额或者饶让抵免税额的计算过程</td><td>1 份</td></tr>
<tr><td>由本企业直接或间接控制的外国企业的财务会计资料</td><td>1 份</td></tr>
<tr><td rowspan="5">申报抵免境外所得税收(采用简易办法计算抵免限额)还应报送</td><td>与境外所得相关的完税证明或纳税凭证(原件或复印件)</td><td>1 份</td></tr>
<tr><td>取得境外分支机构的营业利润所得需提供企业申请及有关情况说明</td><td>1 份</td></tr>
<tr><td>来源国(地区)政府机关核发的具有纳税性质的凭证和证明复印件</td><td>1 份</td></tr>
<tr><td>取得符合境外税额间接抵免条件的股息所得需提供企业申请及有关情况说明</td><td>1 份</td></tr>
<tr><td>符合《企业所得税法》第 24 条条件的有关股权证明的文件或凭证复印件</td><td>1 份</td></tr>
</table>

续表

序　　号	材料名称	数量	备　　注
跨省、自治区、直辖市和计划单列市设立的，实行汇总纳税办法的居民企业(总机构)还应报送	总机构的年度财务报表	1份	按照"3.21财务会计报告报送"的有关规定报送
	各分支机构的年度财务报表	1份	
	各分支机构参与企业年度纳税调整情况的说明	1份	
跨省、自治区、直辖市和计划单列市设立的，实行汇总纳税办法的居民企业(分支机构)还应报送	经总机构所在地主管税务机关受理的汇总纳税企业分支机构所得税分配表	1份	
	按照"3.21财务会计报告报送"的有关规定报送	1份	
	分支机构参与企业年度纳税调整情况的说明	1份	
在同一省、自治区、直辖市和计划单列市内跨地、市(区、县)设立的实行汇总纳税办法的居民企业还应报送	省税务机关规定的相关资料	1份	
跨省、自治区、直辖市和计划单列市经营的建筑企业总机构还应报送	其所直接管理的跨地区经营项目部就地预缴税款的完税证明	1份	
委托中介机构代理纳税申报的还应报送	双方签订的代理合同	1份	
	中介机构出具的包括纳税调整的项目、原因、依据、计算过程、调整金额等内容的报告	1份	
适用《企业所得税法》第45条情形或者需要适用《特别纳税调整实施办法(试行)》第84条规定的居民企业还应报送	受控外国企业信息报告表	1份	
纳入《企业所得税法》第24条规定抵免范围的外国企业或符合《企业所得税法》第45条规定的受控外国企业还应报送	按照中国会计制度编报的年度独立财务报表	1份	
企业以非货币性资产对外投资确认的非货币性资产转让所得，适用分期均匀计入相应年度的应纳税所得额按规定计算缴纳企业所得税的还应报送	非货币性资产投资递延纳税调整明细表	1份	
企业符合研发项目可加计扣除研发费用的还应报送	研发项目可加计扣除研发费用情况归集表	1份	根据研发支出辅助账汇总表填报
企业发生符合规定的特殊性重组条件并选择特殊性税务	企业重组所得税特殊性税务处理报告表及附表	1份	

续表

序　　号	材料名称	数量	备　　注
处理的(债务重组)还应报送	债务重组的总体情况说明	1 份	包括债务重组方案、基本情况、债务重组所产生的应纳税所得额,并逐条说明债务重组的商业目的;以非货币资产清偿债务的,还应包括企业当年应纳税所得额情况
	清偿债务或债权转股权的合同(协议)或法院裁定书	1 份	需有权部门(包括内部和外部)批准的,提供批准文件
	相关股权评估报告或其他公允价值证明	1 份	债权转股权的提供
	工商管理部门等有权机关登记的相关企业股权变更事项的证明材料,以及债权人 12 个月内不转让所取得股权的承诺书	1 份	
	相关资产评估报告或其他公允价值证明	1 份	以非货币资产清偿债务的提供
	重组当事各方一致选择特殊性税务处理并加盖当事各方公章的证明资料	1 份	
	重组前连续 12 个月内有无与该重组相关的其他股权、资产交易,与该重组是否构成分步交易、是否作为一项企业重组业务进行处理情况的说明	1 份	
	按税法规定核算的资产(股权)计税基础与按会计准则规定核算的相关资产(股权)账面价值的暂时性差异专项说明	1 份	按会计准则规定当期应确认资产(股权)转让损益的提供
企业发生符合规定的特殊性重组条件并选择特殊性税务处理的(股权收购)还应报送	企业重组所得税特殊性税务处理报告表及附表	1 份	
	股权收购业务总体情况说明	1 份	包括股权收购方案、基本情况,并逐条说明股权收购的商业目的
	股权收购、资产收购业务合同(协议)	1 份	有权部门(包括内部和外部)批准的,应提供批准文件
	相关股权评估报告或其他公允价值证明	1 份	
	12 个月内不改变重组资产原来的实质性经营活动、原主要股东不转让所取得股权的承诺书	1 份	

续表

序　　号	材料名称	数量	备　　注
企业发生符合规定的特殊性重组条件并选择特殊性税务处理的(股权收购)还应报送	工商管理部门等有权机关登记的相关企业股权变更事项的证明材料	1份	
企业发生符合规定的特殊性重组条件并选择特殊性税务处理的(股权收购)还应报送	重组当事各方一致选择特殊性税务处理并加盖当事各方公章的证明资料	1份	
企业发生符合规定的特殊性重组条件并选择特殊性税务处理的(股权收购)还应报送	非货币性资产评估报告或其他公允价值证明	1份	涉及非货币性资产支付的提供
企业发生符合规定的特殊性重组条件并选择特殊性税务处理的(股权收购)还应报送	重组前连续12个月内有无与该重组相关的其他股权、资产交易，与该重组是否构成分步交易、是否作为一项企业重组业务进行处理情况的说明	1份	
企业发生符合规定的特殊性重组条件并选择特殊性税务处理的(股权收购)还应报送	按税法规定核算的资产(股权)计税基础与按会计准则规定核算的相关资产(股权)账面价值的暂时性差异专项说明	1份	按会计准则规定当期应确认资产(股权)转让损益的提供
企业发生符合规定的特殊性重组条件并选择特殊性税务处理的(资产收购)还应报送	企业重组所得税特殊性税务处理报告表及附表	1份	
企业发生符合规定的特殊性重组条件并选择特殊性税务处理的(资产收购)还应报送	资产收购业务总体情况说明	1份	包括资产收购方案、基本情况，并逐条说明资产收购的商业目的
企业发生符合规定的特殊性重组条件并选择特殊性税务处理的(资产收购)还应报送	资产收购业务合同(协议)	1份	需有权部门(包括内部和外部)批准的，应提供批准文件
企业发生符合规定的特殊性重组条件并选择特殊性税务处理的(资产收购)还应报送	相关资产评估报告或其他公允价值证明	1份	
企业发生符合规定的特殊性重组条件并选择特殊性税务处理的(资产收购)还应报送	被收购资产原计税基础的证明	1份	
企业发生符合规定的特殊性重组条件并选择特殊性税务处理的(资产收购)还应报送	12个月内不改变资产原来的实质性经营活动、原主要股东不转让所取得股权的承诺书	1份	
企业发生符合规定的特殊性重组条件并选择特殊性税务处理的(资产收购)还应报送	工商管理部门等有权机关登记的相关企业股权变更事项的证明材料	1份	
企业发生符合规定的特殊性重组条件并选择特殊性税务处理的(资产收购)还应报送	重组当事各方一致选择特殊性税务处理并加盖当事各方公章的证明资料	1份	
企业发生符合规定的特殊性重组条件并选择特殊性税务处理的(资产收购)还应报送	非货币性资产评估报告或其他公允价值证明	1份	涉及非货币性资产支付的提供
企业发生符合规定的特殊性重组条件并选择特殊性税务处理的(资产收购)还应报送	重组前连续12个月内有无与该重组相关的其他股权、资产交易，与该重组是否构成分步交易、是否作为一项企业重组业务进行处理情况的说明	1份	
企业发生符合规定的特殊性重组条件并选择特殊性税务处理的(资产收购)还应报送	按税法规定核算的资产(股权)计税基础与按会计准则规定核算的相关资产(股权)账面价值的暂时性差异专项说明	1份	按会计准则规定当期应确认资产(股权)转让损益的提供

续表

序　　号	材料名称	数量	备　　注
企业发生符合规定的特殊性重组条件并选择特殊性税务处理的(合并)还应报送	企业重组所得税特殊性税务处理报告表及附表	1份	
	企业合并的总体情况说明	1份	包括合并方案、基本情况,并逐条说明企业合并的商业目的
	企业合并协议或决议	1份	需有权部门(包括内部和外部)批准的,应提供批准文件
	企业合并当事各方的股权关系说明	1份	
	企业合并前参与合并各方受最终控制方的控制在12个月以上的证明材料	1份	当事各方属同一控制下且不需支付对价的合并提供
	被合并企业净资产、各单项资产和负债的账面价值和计税基础等相关资料	1份	
	12个月内不改变资产原来的实质性经营活动、原主要股东不转让所取得股权的承诺书	1份	
	工商管理部门等有权机关登记的相关企业股权变更事项的证明材料	1份	
	合并企业承继被合并企业相关所得税事项情况说明	1份	包括尚未确认的资产损失、分期确认收入和尚未享受期满的税收优惠政策等
	合并日净资产公允价值证明材料及主管税务机关确认的亏损弥补情况说明	1份	涉及可由合并企业弥补被合并企业亏损的提供
	重组当事各方一致选择特殊性税务处理并加盖当事各方公章的证明资料	1份	
	非货币性资产评估报告或其他公允价值证明	1份	涉及非货币性资产支付的提供
	重组前连续12个月内有无与该重组相关的其他股权、资产交易,与该重组是否构成分步交易、是否作为一项企业重组业务进行处理情况的说明	1份	
	按税法规定核算的资产(股权)计税基础与按会计准则规定核算的相关资产(股权)账面价值的暂时性差异专项说明	1份	按会计准则规定当期应确认资产(股权)转让损益的提供

续表

序　　号	材料名称	数量	备　　注
企业发生符合规定的特殊性重组条件并选择特殊性税务处理的(分立)还应报送	企业重组所得税特殊性税务处理报告表及附表	1份	
	企业分立的总体情况说明	1份	包括分立方案、基本情况，并逐条说明企业分立的商业目的
	被分立企业董事会、股东会(股东大会)关于企业分立的决议	1份	需有权部门(包括内部和外部)批准的，应提供批准文件
	被分立企业的净资产、各单项资产和负债账面价值和计税基础等相关资料	1份	
	12个月内不改变资产原来的实质性经营活动、原主要股东不转让所取得股权的承诺书	1份	
	工商管理部门等有权机关认定的分立和被分立企业股东股权比例证明材料；分立后，分立和被分立企业工商营业执照复印件	1份	
	重组当事各方一致选择特殊性税务处理并加盖当事各方公章的证明资料	1份	
	非货币性资产评估报告或其他公允价值证明	1份	涉及非货币性资产支付的
	分立企业承继被分立企业所分立资产相关所得税事项情况说明	1份	包括尚未确认的资产损失、分期确认收入和尚未享受期满的税收优惠政策等
	亏损弥补情况说明、被分立企业重组前净资产和分立资产公允价值的证明材料	1份	被分立企业尚有未超过法定弥补期限的亏损的提供
	重组前连续12个月内有无与该重组相关的其他股权、资产交易，与该重组是否构成分步交易、是否作为一项企业重组业务进行处理情况的说明	1份	
	按税法规定核算的资产(股权)计税基础与按会计准则规定核算的相关资产(股权)账面价值的暂时性差异专项说明	1份	按会计准则规定当期应确认资产(股权)转让损益的提供

表 4－21　　居民企业所得税年度纳税申报(适用核定征收)报送资料

序　号	材料名称	数量	备　注
1	中华人民共和国企业所得税月(季)度预缴和年度纳税申报表(B类，2018 年版)	2 份	
以下为条件报送资料			
适用《企业所得税法》第 45 条情形或者需要适用《特别纳税调整实施办法(试行)》第 84 条规定的居民企业还应报送	受控外国企业信息报告表	1 份	
纳入《企业所得税法》第 24 条规定抵免范围的外国企业或符合《企业所得税法》第 45 条规定的受控外国企业还应报送	按照中国会计制度编报的年度独立财务报表	1 份	

表 4－22　　居民企业清算企业所得税申报报送资料

序　号	材料名称	数量	备　注
1	中华人民共和国企业清算所得税申报表	2 份	
以下为条件报送资料			
企业由法人转变为个人独资企业、合伙企业等非法人组织，或将登记注册地转移至中华人民共和国境外(包括港澳台地区)，还应报送	企业改变法律形式的工商部门或其他政府部门的批准文件复印件	1 份	
	企业全部资产的计税基础以及评估机构出具的资产评估报告复印件	1 份	
	企业债权、债务处理或归属情况说明复印件	1 份	
被合并企业，还应报送	企业合并的工商部门或其他政府部门的批准文件复印件	1 份	
	企业全部资产和负债的计税基础以及评估机构出具的资产评估报告复印件	1 份	
	企业债务处理或归属情况说明复印件	1 份	
被分立企业，还应报送	企业分立的工商部门或其他政府部门的批准文件复印件	1 份	
	被分立企业全部资产的计税基础以及评估机构出具的资产评估报告复印件	1 份	
	企业债务处理或归属情况说明复印件	1 份	

表 4 - 23 关联申报报送资料

序　　号	材料名称	数量	备　　注
1	《中华人民共和国企业年度关联业务往来报告表(2016 年版)》	1 份	
以下为条件报送资料			
符合国别报告准备条件的	国别报告	1 份	

(一)“企业所得税年度纳税申报表(A 类)”及其附表

“企业所得税年度纳税申报表(A 类)”适用于实行查账征收方式的企业所得税纳税人在年度申报企业所得税时使用。

企业所得税年度纳税申报表共 37 张,基础信息表 1 张,主表 1 张,收入费用明细表 6 张,纳税调整表 13 张,亏损弥补表 1 张,税收优惠表 9 张,境外所得抵免表 4 张,汇总纳税表 2 张(详见表 4 - 24)。

主表包括基础信息表和企业所得税年度纳税申报表主表。

附表分为一级附表和二级附表。

一级附表 15 张。分别是:

收入费用明细表 6 张:(1) A101010 一般企业收入明细表;(2) A101020 金融企业收入明细表;(3) A102010 一般企业成本支出明细表;(4) A102020 金融企业支出明细表;(5) A103000 事业单位、民间非营利组织收入、支出明细表;(6) A104000 期间费用明细表。

纳税调整表 1 张,即 A105000 纳税调整项目明细表。

弥补亏损表 1 张,即 A106000 企业所得税弥补亏损明细表。

税收优惠表 5 张:(1) A107010 免税、减计收入及加计扣除优惠明细表;(2) A107020 所得减免优惠明细表;(3) A107030 抵扣应纳税所得额明细表;(4) A107040 减免所得税优惠明细表;(5) A107050 税额抵免优惠明细表。

境外所得抵免表 1 张,即 A108000 境外所得税收抵免明细表。

汇总纳税表 1 张,即 A109000 跨地区经营汇总纳税企业年度分摊企业所得税明细表。

二级附表 20 张。分别是:

纳税调整类 12 张:(1) A105010 视同销售和房地产开发企业特定业务纳税调整明细表;(2) A105020 未按权责发生制确认收入纳税调整明细表;(3) A105030 投资收益纳税调整明细表;(4) A105040 专项用途财政性资金纳税调整明细表;(5) A105050 职工薪酬支出及纳税调整明细表;(6) A105060 广告费和业务宣传费跨年度纳税调整明细表;(7) A105070 捐赠支出及纳税调整明细表;(8) A105080 资产折旧、摊销及纳税调整明细表;(9) A105090 资产损失税前扣除及纳税调整明细表;(10) A105100 企业重组及递延纳税事项纳税调整明细表;(11) A105110 政策性搬迁纳税调整明细表;(12) A105120 特殊行业准备金及纳税调整明细表。

税收优惠类 4 张:(1) A107011 符合条件的居民企业之间的股息、红利等权益性投资收益优惠明细表;(2) A107012 研发费用加计扣除优惠明细表;(3) A107041 高新技术企业优惠情况及明细表;(4) A107042 软件、集成电路企业优惠情况及明细表。

境外抵免 3 张:(1) A108010 境外所得纳税调整后所得明细表;(2) A108020 境外分支机构弥补亏损明细表;(3) A108030 跨年度结转抵免境外所得税明细表。

汇总纳税 1 张,即 A109010 企业所得税汇总纳税分支机构所得税分配表。

表 4－24　　企业所得税年度纳税申报表填报表单

表单编号	表　单　名　称	是否填报
A000000	企业所得税年度纳税申报基础信息表	√
A100000	中华人民共和国企业所得税年度纳税申报表(A 类)	√
A101010	一般企业收入明细表	□
A101020	金融企业收入明细表	□
A102010	一般企业成本支出明细表	□
A102020	金融企业支出明细表	□
A103000	事业单位、民间非营利组织收入、支出明细表	□
A104000	期间费用明细表	□
A105000	纳税调整项目明细表	□
A105010	视同销售和房地产开发企业特定业务纳税调整明细表	□
A105020	未按权责发生制确认收入纳税调整明细表	□
A105030	投资收益纳税调整明细表	□
A105040	专项用途财政性资金纳税调整明细表	□
A105050	职工薪酬支出及纳税调整明细表	□
A105060	广告费和业务宣传费跨年度纳税调整明细表	□
A105070	捐赠支出及纳税调整明细表	□
A105080	资产折旧、摊销及纳税调整明细表	□
A105090	资产损失税前扣除及纳税调整明细表	□
A105100	企业重组及递延纳税事项纳税调整明细表	□
A105110	政策性搬迁纳税调整明细表	□
A105120	特殊行业准备金及纳税调整明细表	□
A106000	企业所得税弥补亏损明细表	□
A107010	免税、减计收入及加计扣除优惠明细表	□
A107011	符合条件的居民企业之间的股息、红利等权益性投资收益优惠明细表	□
A107012	研发费用加计扣除优惠明细表	□
A107020	所得减免优惠明细表	□
A107030	抵扣应纳税所得额明细表	□
A107040	减免所得税优惠明细表	□
A107041	高新技术企业优惠情况及明细表	□
A107042	软件、集成电路企业优惠情况及明细表	□
A107050	税额抵免优惠明细表	□

续表

表单编号	表 单 名 称	是否填报
A108000	境外所得税收抵免明细表	□
A108010	境外所得纳税调整后所得明细表	□
A108020	境外分支机构弥补亏损明细表	□
A108030	跨年度结转抵免境外所得税明细表	□
A109000	跨地区经营汇总纳税企业年度分摊企业所得税明细表	□
A109010	企业所得税汇总纳税分支机构所得税分配表	□
说明：企业应当根据实际情况选择需要填报的表单。		

(二)"企业所得税月(季)度预缴纳税申报表(A类)"

"企业所得税月(季)度预缴纳税申报表(A类)"适用于实行查账征收的企业所得税纳税人在月(季)度预缴企业所得税时使用。跨地区经营汇总纳税企业的分支机构年度汇算清缴申报也适用本表。

"企业所得税月(季)度预缴纳税申报表(A类)"共21行,包括按照实际利润额预缴、按照上一纳税年度应纳税所得额的平均额预缴和按照税务机关确定的其他方法预缴,以及总分机构纳税人预缴。纳税人预缴所得税的方法一经确定,不得随意变更。其计算公式为:

月(季)预缴所得税额=月(季)应纳税所得额×所得税税率

或者=上一纳税年度应纳税所得额×1/12(或1/4)×所得税税率

(三)"企业所得税月(季)度预缴和年度纳税申报表(B类)"

"企业所得税月(季)度预缴和年度纳税申报表(B类)"适用于实行核定征收企业所得税的纳税人在预缴月份、季度企业所得税和年度汇算清缴企业所得税时使用。实行核定应税所得率方式的企业所得税的纳税人,年度汇算清缴申报也使用本表。

"企业所得税月(季)度预缴和年度纳税申报表(B类)"共17行,分为按照收入总额核定应纳税所得额、按成本费用核定应纳税所得额和核定应纳税额三种核定计算方式,适用不同的纳税人。

三、企业所得税纳税申报案例

(一)企业所得税年度纳税申报案例

"企业所得税年度纳税申报表(A类)"采用的是以间接法为基础的表样设计,包括利润总额计算、应纳税所得额计算和应纳税额计算三部分。在编制时,以利润表为起点,将会计利润按税法规定调整为应纳税所得额,进而计算应纳所得税额。具体计算步骤如下:

(1)应纳税所得额=会计利润总额-境外所得±纳税调整额-免税、减计收入及加计扣除+境外应税所得抵减境内亏损-所得减免-弥补以前年度亏损-抵扣应纳税所得额

(2)应纳所得税额=应纳税所得额×税率

(3)应纳税额=应纳所得税额-减免所得税额-抵免所得税额

(4)实际应纳所得税额=应纳税额+境外所得应纳所得税额-境外所得抵免所得税额

(5)本年应补(退)的所得税额=实际应纳所得税额-本年累计实际已预缴的所得税额

【例4-14】 长春市甲汽车股份有限公司为生产性增值税一般纳税人,拥有在册职工600

人，资产总额为 60 000 000 元，地处长春市高新区硅谷大街 1135 号，纳税人识别号为 220104771719794×××，法定代表人为王大鹏；在交通银行长春卫星广场支行开户，账号是 2201168690018712143335，电话为 851892239，主管税务机关为长春市税务局。会计主管：王芳；经办人：李红。

2018 年 1 月 1 日至 12 月 31 日会计资料反映的生产经营情况如下：

（1）产品销售收入总额 64 340 000 元；销售材料、下脚料、废料等的收入 1 138 000 元。

（2）国债投资 3 000 000 元，取得国债利息收入 300 000 元；金融债券投资 1 000 000 元，取得金融债券利息收入 100 000 元。

（3）短期投资（股票 A）340 000 元，全部转让取得所得 345 000 元，支付转让税费 1 400 元，取得转让投资收益 3 600 元。

（4）对深圳 B 生产性外商投资企业（纳税人识别号 91110000671702××××）投资 5 000 000 元，占被投资企业所有者权益的比例为 30%，从 B 企业分回税后利润 600 000 元，B 企业所得税税率为 25%。

（5）对美国某企业投资 6 000 000 元，占被投资企业所有者权益的比例为 40%，从该企业分回税后利润 1 200 000 元，美国所得税税率为 40%；在英国取得特许权使用费收益 800 000 元，该国预提所得税税率为 20%。

（6）产品销售成本 42 000 000 元，其他业务成本 994 500 元。

（7）销售税金及附加 1 054 284.62 元。

（8）销售费用 11 424 803.20 元。其中展览费 487 450 元（其中，国际商会组织的在国际会展中心展览的产品展览会支付 216 000 元，本单位组织的在国贸大厦展览的产品展览会支付 271 450 元）；产品广告费 10 050 000 元（其中，在中央电视台做产品广告支付 5 680 000 元，在吉林电视台做产品广告支付 4 350 000 元）；在《中国税务》杂志做产品广告支付 20 000 元。

（9）管理费用 8 826 214.26 元，其中，计入管理费用中的销售税金 80 860 元；业务招待费 402 524 元；差旅费 120 300 元；交通费 102 367 元；社会保险缴款 785 000 元；劳动保护费 344 623 元；管理用固定资产折旧费 300 000 元；发生 1 项新产品研究开发费用 400 000 元（其中，研发活动直接消耗的材料费用 200 000 元、燃料费用 60 000 元、动力费用 40 000 元，从事研发的在职人员费用 100 000 元）；存货发生坏账损失 230 000 元。

（10）财务费用 830 000 元，其中，年初向工商银行借款 10 000 000 元，用于生产经营，年利率为 5%；年初向万达贸易公司借款 2 000 000 元，用于生产经营，年利率为 10%；另支付逾期归还银行贷款的罚息 130 000 元。

（11）实发工资总额 12 844 308 元，其中，生产工人工资 2 722 468 元，车间管理人员工资 4 508 600 元，销售人员工资 778 380 元，行政管理人员工资 4 754 000 元，福利部门人员工资 48 480 元，工会人员工资 32 380 元。本年实际发生职工福利费 1 798 203.12 元，职工工会经费 256 886.16 元，职工教育经费 1 027 544.64 元（上述有关人员工资及三项经费已计入管理费用）。

（12）固定资产情况如下：厂房上年原值 5 000 000 元，当年折旧 250 000 元；办公楼上年原值 6 000 000 元，当年折旧 300 000 元；生产用机器设备 A 上年原值 6 800 000 元，当年折旧 680 000 元；当年增加生产用设备 B 600 000 元，当年折旧 50 000 元。会计折旧方法与税收折旧方法相同，都采用直线法折旧，会计折旧年限的估计也符合税法的规定，房屋 20 年，机器设备 10 年。

(13) 本期实际发生坏账损失 230 000 元(应收 A 公司货款因其破产而无法收回,到期日是 2013 年 10 月 31 日),通过注册税务师财产损失鉴证,经税务机关审批后准予核销。

(14) 营业外支出 605 600 元,其中,通过民政局向四川灾区捐款 150 000 元,通过当地希望工程基金会向贵州某希望小学捐款 300 000 元,通过中国红十字会向福建灾区捐款 50 000 元;缴纳税收滞纳金 45 600 元;支付另一企业合同违约金 60 000 元。

(15) 2016 年发生亏损 208 800 元,2017 年已弥补亏损 128 500 元,上年度未弥补的亏损为 80 300 元。

(16) 本年度已预缴企业所得税累计为 20 000 元。

【要求】 年终汇算清缴企业所得税,并计算填列企业所得税年度纳税申报表(A 类)及其附表。

【解析】

第一步,年终汇算清缴所得税的分析计算过程。

利润总额的计算:

1. 营业收入(详见附表 A101010)

营业收入=主营业务收入+其他业务收入=64 340 000+1 138 000=65 478 000(元)

"营业收入":填报纳税人主要经营业务和其他经营业务取得的收入总额。根据国家统一会计制度确认"主营业务收入"和"其他业务收入"的数额。附表 A101010 第 1 行"营业收入合计"金额作为计算业务招待费、广告费和业务宣传费支出扣除限额的计算基数。

2. 营业成本(详见附表 A102010)

营业成本=主营业务成本+其他业务成本=42 000 000+994 500=42 994 500(元)

"营业成本":填报纳税人主要经营业务和其他经营业务发生的成本总额。本行根据"主营业务成本"和"其他业务成本"的数额填报。

3. 税金及附加=1 054 284.62(元)

"税金及附加":填报纳税人经营活动发生的消费税、城市维护建设税、资源税、土地增值税和教育费附加等相关税费。本行应根据"税金及附加"科目的数额计算填报。

4. 期间费用(详见附表 A104000)

期间费用=销售费用+管理费用+财务费用

=11 424 803.20+8 826 214.26+830 000.00

=21 081 017.46(元)

"销售费用":填报纳税人在销售商品和材料、提供劳务的过程中发生的各种费用;"管理费用":填报纳税人为组织和管理企业生产经营发生的管理费用;"财务费用":填报纳税人为筹集生产经营所需资金等发生的筹资费用。

5. 投资收益=国债利息收入+金融债券利息收入+B 企业分回利润+短期投资(股票)+境外投资应税所得额

=300 000+100 000+600 000+3 600+1 200 000+800 000=3 003 600(元)

"投资收益":填报纳税人以各种方式对外投资确认所取得的收益或发生的损失。本行根据企业"投资收益"科目的数额计算填报。

6. 营业外支出(详见附表 A102010)

罚款支出=45 600+60 000=105 600(元)

捐赠支出=150 000+300 000+50 000=5 000 000(元)

营业外支出合计=105 600+5 000 000=605 000(元)

"营业外支出"：填报纳税人发生的与其经营活动无直接关系的各项支出的金额。一般企业纳税人通过"一般企业成本支出明细表"(A102010)填报。

7. 利润总额合计＝营业收入－营业成本－税金及附加－销售费用－管理费用
　　－财务费用＋投资收益－营业外支出
　　＝65 478 000－42 994 500－1 054 284.62－11 424 803.20
　　－8 826 214.26－830 000＋3 003 600－605 600
　　＝2 746 197.92(元)

应纳税所得额的计算：

1. 境外所得(详见附表 A108010)

从美国取得所得＝1 200 000(元)

从英国取得所得＝800 000(元)

境外所得合计＝1 200 000＋800 000＝2 000 000(元)

"境外所得"填报纳税人发生的分国(地区)别取得的境外税后所得计入利润总额的金额。

注意：

境外所得的纳税调整包括两个方面：减项为主表第 14 行"减：境外所得"，填报纳税人发生的分国(地区)别取得的境外所得计入利润总额的金额。金额应等于 A108010 第 10 行第 14 列"境外税前所得"合计数减去第 11 列境外"间接负担的所得税额"合计数的差额。加项为第 18 行"加：境外应税所得抵减境内亏损"。主表"利润总额"在"减：境外所得""加：纳税调整增加额""减：纳税调整减少额""减：免税、减计收入及加计扣除"后为负数的，需把已从利润总额中减去的境外应税所得拉回来抵减该亏损，产生的纳税调整通过主表第 18 行填报，为正数时，本行填零。

2. 纳税调整增加额(详见附表 A105000)

填报纳税人会计处理与税收规定不一致，进行纳税调整增加的金额。本行通过"纳税调整项目明细表"(A105000)"调增金额"列计算填报。

(1) 投资收益纳税调整额(详见附表 A105030)

纳税人根据税法、《国家税务总局关于贯彻落实企业所得税法若干税收问题的通知》(国税函〔2010〕79 号)等相关规定，以及国家统一企业会计制度，填报投资收益的会计处理、税法规定，以及纳税调整情况。发生持有期间投资收益并按税法规定为减免税收入的(如国债利息收入等)以及处置投资项目按税法规定确认为损失的，此处不作调整。

持有收益的账载金额＝长期股权投资＋长期债券投资
　　＝600 000＋300 000＋100 000＝1 000 000(元)

持有收益的税收金额＝长期股权投资＋长期债券投资
　　＝600 000＋300 000＋100 000＝1 000 000(元)

因此，此处无须调整。

(2) 职工薪酬及三项经费纳税调整额(详见附表 A105050)

职工薪酬纳税调整额：《中华人民共和国企业所得税法实施条例》(以下简称《企业所得税法实施条例》)第 34 条规定，企业发生的合理的工资薪金支出，准予扣除。由于纳税人是按国家统一会计制度计入成本费用的职工工资、奖金、津贴和补贴，因此，此处无须调整。

职工福利费、职工工会经费、职工教育经费纳税调整额：《企业所得税法实施条例》第 40 条、41 条和 42 条分别规定，企业发生的职工福利费支出，不超过工资薪金总额 14%的部分，准予扣除。企业拨缴的工会经费，不超过工资薪金总额2%的部分，准予扣除。除国务院财政、税务主管部门另有规定外，企业发生的职工教育经费支出，不超过工资薪金总额8%的部分，准予扣除；超过部分，准予在以后纳税年度结转扣除。根据财税〔2018〕51号《关于企业职工教育经费税前扣除政策的通知》的规定，自2018年1月1日起，企业发生的职工教育经费支出，不超过工资薪金总额8%的部分，准予在计算企业所得税应纳税所得额时扣除；超过部分，准予在以后纳税年度结转扣除。

三项经费的实际账载金额分别为：职工福利费1 798 203.12元，职工工会经费256 886.16元，职工教育经费1 027 544.64元；而按实发工资总额和规定的比例计提的职工福利费为1 798 203.12元，职工工会经费为256 886.16元，职工教育经费为1 027 544.64元。因此，此处无须调整。

(3) 业务招待费纳税调整额

《企业所得税法实施条例》第43条规定，企业发生的与生产经营活动有关的业务招待费支出，按照发生额的60%扣除，但最高不得超过当年销售(营业)收入的5‰。

业务招待费最高扣除标准＝销售(营业)收入×5‰＝65 478 000×5‰＝327 390(元)

实际发生额的60%＝402 524.00×60%＝241 514.40(元)＜327 390(元)，所以税前可以扣除的业务招待费为241 514.40元。

应调增应纳税所得额＝402 524－241 514.40＝161 009.60(元)

(4) 广告费和业务宣传费支出纳税调整额(详见附表A105060)

《企业所得税法实施条例》第43条规定，企业发生的符合条件的广告费和业务宣传费支出，除国务院财政、税务主管部门另有规定外，不超过当年销售(营业)收入15%的部分，准予扣除；超过部分，准予在以后纳税年度结转扣除。

广告费扣除标准＝销售(营业)收入净额×15%＝65 478 000×15%＝9 821 700(元)

实际广告费为10 050 000元，大于扣除标准，因此：

应调增应纳税所得额＝10 050 000－9 821 700＝228 300(元)

(5) 捐赠支出纳税调整额(详见附表A105070)

《企业所得税法实施条例》第53条规定，企业发生的公益性捐赠支出，不超过年度利润总额12%的部分，准予扣除。

根据财税〔2018〕15号关于公益性捐赠支出企业所得税税前结转扣除有关政策的通知，企业通过公益性社会组织或者县级(含县级)以上人民政府及其组成部门和直属机构，用于慈善活动、公益事业的捐赠支出，在年度利润总额12%以内的部分，准予在计算应纳税所得额时扣除；超过年度利润总额12%的部分，准予结转以后3年内在计算应纳税所得额时扣除。

企业实际发生的所有捐赠账载金额＝150 000＋300 000＋50 000＝500 000(元)

公益性捐赠扣除标准＝会计利润×12%＝2 746 197.92×12%＝329 543.75(元)

应调增应纳税所得额＝500 000－329 543.75＝170 456.25(元)

(6) 利息支出纳税调整额

《企业所得税法实施条例》第38条规定，企业在生产经营活动中发生的下列利息支出，准予扣除：① 非金融企业向金融企业借款的利息支出、金融企业的各项存款利息支出和同业拆借利息支出、企业经批准发行债券的利息支出；② 非金融企业向非金融企业借款的利息支出，不超过按照金融企业同期同类贷款利率计算的数额的部分。

全年利息账载金额＝10 000 000×5%＋2 000 000×10%＋130 000＝830 000(元)

准予扣除的利息支出＝10 000 000×5％＋2 000 000×5％＋130 000＝730 000(元)

利息支出纳税调整额＝830 000－730 000＝100 000(元)

(7) 罚款、罚金或滞纳金纳税调整额

各项税收的滞纳金、行政性罚款和罚金不得税前扣除，但支付另一企业合同违约金不属于行政性罚款，可以税前扣除，无须填列纳税调整项目明细表。因此，只需直接调增应纳税所得额 45 600 元。

(8) 资产折旧、摊销纳税调整额(详见附表 A105080)

根据税法及相关规定，以及国家统一企业会计制度，计算填报资产折旧、摊销的会计处理、税法规定，以及纳税调整情况。固定资产折旧根据固定资产用途不同分别记入“生产成本”“制造费用”和“管理费用”等账户。

资产账载金额合计＝11 000 000＋7 400 000＝18 400 000(元)

本年折旧、摊销额合计＝550 000＋730 000＝1 280 000(元)

由于会计折旧方法和税收折旧方法相同，因此，资产账载金额和资产计税基础相同，账载金额的本年折旧、摊销额和按税收一般规定计算的本年折旧、摊销额也相同，所以，本期纳税调整额为 0。

(9) 资产损失纳税调整额(详见附表 A105090)

本期实际发生坏账损失 230 000 元，经税务机关批准可以税前扣除，因此，此项无须调整。

(10) 纳税调整增加额合计

纳税调整增加额合计＝业务招待费支出＋广告费和业务宣传费支出＋捐赠支出
＋利息支出＋税收滞纳金
＝161 009.60＋228 300.00＋170 456.25＋100 000＋45 600
＝705 365.85(元)

填报纳税人实际发生的成本费用金额大于税收规定标准，应进行纳税调整增加所得的金额。纳税人如有未在收入总额中反映的收入项目或者不应在扣除项目中反映的支出项目，以及超出税收规定的扣除标准的支出金额。

来源于附表 A105000 纳税调整项目明细表的“调增金额”的“合计”。

3. 纳税调整减少额(详见附表 A105000)

填报纳税人会计处理与税收规定不一致，进行纳税调整减少的金额。本行通过“纳税调整项目明细表”(A105000)“调减金额”列计算填报。

此项没有调减金额。

4. 免税、减计收入及加计扣除(详见附表 A107010)

填报纳税人享受的本年发生的免税收入、减计收入和加计扣除优惠情况。

(1) 免税收入

免税收入包括国债利息收入 300 000 元和符合条件的居民企业之间的股息、红利等权益性投资收益(详见附表 A107011)600 000 元，合计 900 000 元。

(2) 加计扣除(详见附表 A107012)

财政部、税务总局、科技部发布的《关于提高研究开发费用税前加计扣除比例的通知》(财税〔2018〕99 号)规定，企业开展研发活动中实际发生的研发费用，未形成无形资产计入当期损益的，在按规定据实扣除的基础上，在 2018 年 1 月 1 日至 2020 年 12 月 31 日期间，再按照实际发生额的 75％在税前加计扣除；形成无形资产的，在上述期间按照无形资产成本的 175％在税前摊销。

加计扣除额＝400 000×75％＝300 000(元)

(3) 免税、减计收入及加计扣除合计＝900 000＋300 000＝1 200 000(元)

5. 纳税调整后所得

填报纳税人经过纳税调整、税收优惠、境外所得计算后的所得额。经过调整后的应纳税所得额，金额等于主表“第13－14＋15－16－17＋18＝19行”。当本行为负数时，即为可结转以后年度弥补的亏损额；若为正数，应继续计算应纳税所得额。

纳税调整后所得＝利润总额－境外所得＋纳税调整增加额－纳税调整减少额
－免税、减计收入及加计扣除＋境外应税所得抵减境内亏损
＝2 746 197.92－2 000 000＋705 365.85－1 200 000
＝251 563.77(元)

6. 弥补以前年度亏损(详见附表A106000)

纳税人发生年度亏损的，可以用下一纳税年度的所得弥补；下一纳税年度的所得不足弥补的，可以逐年延续弥补，但是延续弥补期限最长不得超过5年。5年内不论是盈利或亏损，都作为实际弥补期限计算。

由于纳税调整后所得为251 563.77元，因此，应弥补以前年度亏损为80 300元。

填报纳税人按税法规定可在税前弥补的以前年度亏损额。金额等于附表A106000“企业所得税弥补亏损明细表”第6行第10列。但不得超过主表第19行“纳税调整后所得”。

7. 应纳税所得额

金额等于主表第19行减第20行、减第21行、减第22行的计算结果，本行不得为负数。

应纳税所得额＝251 563.77－80 300.00＝171 263.77(元)

注意事项：主表第19行或者按照上述行次顺序计算结果本行为负数，本行金额填零。

应纳税额的计算：

1. 应纳所得税额

金额等于主表第23行乘以第24行。

应纳所得税额＝171 263.77×25％＝42 815.94(元)

2. 应纳税额

金额等于主表第25行减第26行、减第27行。

由于应纳税额之前的第26行“减免所得税额”和第27行“抵免所得税额”无填报项目，因此，应纳税额的金额还是42 815.94元。

3. 境外所得应纳所得税额、境外所得抵免所得税额(详见附表A108000)

境外所得应纳所得税额是按照我国《企业所得税实施条例》及其有关政策规定所应征收的企业所得税。应补税的境外投资收益的抵免税额即税额扣除。税额扣除是避免国家间对同一所得重复征税的一项重要措施，我国税法实行限额扣除，采用分国(地区)不分项计算，其计算公式为：

境外所得税税款扣除限额＝境内、境外所得按税法计算的应纳税总额×
(来源于某国外的所得÷境内、境外所得总额)

企业已在境外缴纳的所得税额小于抵免限额的，“境外所得抵免所得税额”按其在境外实际缴纳的所得税额填列；大于抵免限额的，按抵免限额填列，超过抵免限额的部分，可以在以后

5 个年度内，用每年度抵免限额抵免当年应抵税额后的余额进行抵补。

注意事项：可用境外所得弥补境内亏损的纳税人，其境外所得应纳税额公式中“境外应纳税所得额”项目和境外所得税税款扣除限额公式中“来源于某外国的所得”项目为境外所得，不含抵减境内亏损部分。

(1) 来源于美国所得的抵免税额

来源于美国的所得＝1 200 000÷(1－40％)＝2 000 000(元)

美国扣除限额＝2 000 000×25％＝500 000(元)

在美国已纳税款＝1 200 000÷(1－40％)×40％＝800 000(元)

在美国缴纳的所得税为 800 000 元，高于扣除限额 500 000 元，应按限额 500 000 元扣除，其超过扣除限额的部分 300 000 元不能扣除，但可用以后年度税额扣除的余额补扣。

(2) 来源于英国所得的抵免税额

来源于英国的所得＝800 000÷(1－20％)＝1 000 000(元)

英国扣除限额＝(1 000 000－0)×25％＝250 000(元)

在英国已纳税款＝800 000÷(1－20％)×20％＝200 000(元)

在英国缴纳的所得税为 200 000 元，低于扣除限额 250 000 元，可全额扣除。

(3) 境外所得应纳所得税额＝500 000＋250 000＝750 000(元)

(4) 境外所得抵免税额＝500 000＋200 000＝700 000(元)

“境外所得应纳所得税额”：填报纳税人来源于中国境外的应纳税所得额(如分得的所得为税后利润应还原计算)，按税法规定的税率(居民企业 25％)计算的应纳所得税额金额等于附表 A108000“境外所得税收抵免明细表”中第 9 列的“合计数”。

“境外所得抵免所得税额”：填报纳税人来源于中国境外的所得，依照税法规定计算的应纳所得税额即抵免限额。附表 A108000“境外所得税收抵免明细表”中第 19 列的“合计数”。

4. 实际应纳所得税额

填报纳税人当期的实际应纳所得税额金额等于主表“第 28 行加第 31 行减第 32 行”。

实际应纳所得税额＝应纳税额＋境外所得应纳所得税额－境外所得抵免所得税额
＝42 815.94＋750 000－700 000＝92 815.94(元)

5. 本年应补(退)的所得税额

本年应补(退)的所得税额＝实际应纳所得税额－本年累计实际已预缴的所得税额
＝92 815.94－20 000＝72 815.94(元)

综上所述，甲汽车股份有限公司根据企业所得税法规定，在年度终了后 5 个月内进行汇算清缴，应补缴所得税额 72 815.94 元。

第二步：根据纳税申报的要求填列企业所得税年度纳税申报表及其附表。

表 4－25 **企业所得税年度纳税申报表封面**

中华人民共和国企业所得税年度纳税申报表

（A 类，2017 年版）

税款所属期间：2018 年 1 月 1 日至 2018 年 12 月 31 日

纳税人识别号	2	2	0	1	0	4	7	7	1	7	1	9	7	9	4	×	×	×

（统一社会信用代码）

纳税人名称：长春市甲汽车股份有限公司

金额单位：人民币元（列至角分）

谨声明：本纳税申报表是根据国家税收法律法规及相关规定填报的，是真实的、可靠的、完整的。

纳税人（签章）：长春市甲汽车股份有限公司

2019 年 3 月 12 日

经办人：王芳	受理人：
经办人身份证号：220104197605015860	受理税务机关（章）：
代理机构签章：	受理日期：　年　月　日

国家税务总局监制

填报说明

“中华人民共和国企业所得税年度纳税申报表（A 类，2017 年版）”（以下简称“申报表”）适用于实行查账征收企业所得税的居民企业纳税人（以下简称“纳税人”）填报。有关项目填报说明如下：

1. “税款所属期间”：正常经营的纳税人，填报公历当年 1 月 1 日至 12 月 31 日；纳税人年度中间开业的，填报实际生产经营之日至当年 12 月 31 日；纳税人年度中间发生合并、分立、破产、停业等情况的，填报公历当年 1 月 1 日至实际停业或法院裁定并宣告破产之日；纳税人年度中间开业且年度中间又发生合并、分立、破产、停业等情况的，填报实际生产经营之日至实际停业或法院裁定并宣告破产之日。

2. “纳税人识别号（统一社会信用代码）”：填报有关部门核发的统一社会信用代码。未取得统一社会信用代码的，填报税务机关核发的纳税人识别号。

3. “纳税人名称”：填报营业执照、税务登记证等证件载明的纳税人名称。

4. “填报日期”：填报纳税人申报当日日期。

5. 纳税人聘请机构代理申报的，加盖代理机构公章。

表 4－26 **A000000 企业基础信息表**

基本经营情况（必填项目）			
101 纳税申报企业类型（填写代码）	100	102 分支机构就地纳税比例（%）	
103 资产总额（填写平均值，单位：万元）	60000000	104 从业人数（填写平均值，单位：人）	600
105 所属国民经济行业（填写代码）	C37	106 从事国家限制或禁止行业	□是　☑否
107 适用会计准则或会计制度（填写代码）	110	108 采用一般企业财务报表格式（2018 年版）	☑是　□否
109 小型微利企业	□是　☑否	110 上市公司	是（□境内　□境外） ☑否

续表

有关涉税事项情况(存在或者发生下列事项时必填)					
201 从事股权投资业务	☑是	202 存在境外关联交易	☑是		
203 选择采用的境外所得抵免方式	☑分国(地区)不分项　□不分国(地区)不分项				
204 有限合伙制创业投资企业的法人合伙人	□是	205 创业投资企业	□是		
206 技术先进型服务企业类型(填写代码)		207 非营利组织	□是		
208 软件、集成电路企业类型(填写代码)		209 集成电路生产项目类型	□130 纳米　□65 纳米		
210 科技型中小企业	210－1______年(申报所属期年度)入库编号 1		210－2 入库时间 1		
	210－3______年(所属期下一年度)入库编号 2		210－4 入库时间 2		
211 高新技术企业申报所属期年度有效的高新技术企业证书	211－1 证书编号 1		211－2 发证时间 1		
	211－3 证书编号 2		211－4 发证时间 2		
212 重组事项税务处理方式	□一般性　□特殊性	213 重组交易类型(填写代码)			
214 重组当事方类型(填写代码)		215 政策性搬迁开始时间	年　月		
216 发生政策性搬迁且停止生产经营无所得年度	□是	217 政策性搬迁损失分期扣除年度	□是		
218 发生非货币性资产对外投资递延纳税事项	□是	219 非货币性资产对外投资转让所得递延纳税年度	□是		
220 发生技术成果投资入股递延纳税事项	□是	221 技术成果投资入股递延纳税年度	□是		
222 发生资产(股权)划转特殊性税务处理事项	□是	223 债务重组所得递延纳税年度	□是		

主要股东及分红情况(必填项目)					
股东名称	证件种类	证件号码	投资比例(%)	当年(决议日)分配的股息、红利等权益性投资收益金额	国籍(注册地址)
其余股东合计	—	—			—

填报说明

纳税人在企业所得税年度纳税申报时应当向税务机关申报或者报告与确定应纳税额相关的信息。本表包括基本经营情况、有关涉税事项情况、主要股东及分红情况三部分内容。有关项目填报说明如下：

一、基本经营情况

本部分所列项目为纳税人必填(必选)内容。

1. "101 纳税申报企业类型"：纳税人根据申报所属期年度的企业经营方式情况，从"跨地区经营企业类型代码表"中选择相应的代码填入本项。

跨地区经营企业类型代码表

<table>
<tr><th rowspan="2">代码</th><th colspan="3">类　　型</th></tr>
<tr><th>大　类</th><th>中　类</th><th>小　类</th></tr>
<tr><td>100</td><td colspan="3">非跨地区经营企业</td></tr>
<tr><td>210</td><td rowspan="3">跨地区经营企业总机构</td><td colspan="2">总机构(跨省)——适用《跨地区经营汇总纳税企业所得税征收管理办法》</td></tr>
<tr><td>220</td><td colspan="2">总机构(跨省)——不适用《跨地区经营汇总纳税企业所得税征收管理办法》</td></tr>
<tr><td>230</td><td colspan="2">总机构(省内)</td></tr>
<tr><td>311</td><td rowspan="2">跨地区经营企业分支机构</td><td rowspan="2">需进行完整年度纳税申报</td><td>分支机构(须进行完整年度申报并按比例纳税)</td></tr>
<tr><td>312</td><td>分支机构(须进行完整年度申报但不就地缴纳)</td></tr>
</table>

代码说明

"非跨地区经营企业"：纳税人未跨地区设立不具有法人资格分支机构的，为非跨地区经营企业。

"总机构(跨省)——适用《跨地区经营汇总纳税企业所得税征收管理办法》"：纳税人为《国家税务总局关于印发〈跨地区经营汇总纳税企业所得税征收管理办法〉的公告》(国家税务总局公告 2012 年第 57 号发布、国家税务总局公告 2018 年第 31 号修改)规定的跨省、自治区、直辖市和计划单列市设立不具有法人资格分支机构的跨地区经营汇总纳税企业的总机构。

"总机构(跨省)——不适用《跨地区经营汇总纳税企业所得税征收管理办法》"：纳税人为《国家税务总局关于印发〈跨地区经营汇总纳税企业所得税征收管理办法〉的公告》(国家税务总局公告 2012 年第 57 号发布、国家税务总局公告 2018 年第 31 号修改)第二条规定的不适用该公告的跨地区经营汇总纳税企业的总机构。

"总机构(省内)"：纳税人为仅在同一省、自治区、直辖市和计划单列市内设立不具有法人资格分支机构的跨地区经营汇总纳税企业的总机构。

"分支机构(须进行完整年度申报并按比例纳税)"：纳税人为根据相关政策规定须进行完整年度申报并按比例就地缴纳企业所得税的跨地区经营企业的分支机构。

"分支机构(须进行完整年度申报但不就地缴纳)"：纳税人为根据相关政策规定须进行完整年度申报但不就地缴纳所得税的跨地区经营企业的分支机构。

2. "102 分支机构就地纳税比例"："101 纳税申报企业类型"为"分支机构(须进行完整年度申报并按比例纳税)"需要同时填报本项。分支机构填报年度纳税申报时应当就地缴纳企业所得税的比例。

3. "103 资产总额"：纳税人填报资产总额的全年季度平均值，单位为万元，保留小数点后 2 位。具体计算公式如下：

季度平均值＝(季初值＋季末值)÷2

全年季度平均值＝全年各季度平均值之和÷4

年度中间开业或者终止经营活动的，以其实际经营期作为一个纳税年度确定上述相关指标。

4. “104 从业人数”：纳税人填报从业人数的全年季度平均值，单位为人。从业人数是指与企业建立劳动关系的职工人数和企业接受的劳务派遣用工人数之和，依据和计算方法同“103 资产总额”。

5. “105 所属国民经济行业”：按照《国民经济行业分类》标准，纳税人填报所属的国民经济行业明细代码。

6. “106 从事国家限制或禁止行业”：纳税人从事行业为国家限制和禁止行业的，选择“是”；其他选择“否”。

7. “107 适用会计准则或会计制度”：纳税人根据会计核算采用的会计准则或会计制度从“会计准则或会计制度类型代码表”中选择相应的代码填入本项。

会计准则或会计制度类型代码表

代码	类　　型	
	大　　类	小　　类
110	企业会计准则	一般企业
120		银行
130		证券
140		保险
150		担保
200	小企业会计准则	
300	企业会计制度	
410	事业单位会计准则	事业单位会计制度
420		科学事业单位会计制度
430		医院会计制度
440		高等学校会计制度
450		中小学校会计制度
460		彩票机构会计制度
500	民间非营利组织会计制度	
600	村集体经济组织会计制度	
700	农民专业合作社财务会计制度(试行)	
999	其他	

8. “108 采用一般企业财务报表格式(2018 年版)”：纳税人根据《财政部关于修订印发 2018 年度一般企业财务报表格式的通知》(财会〔2018〕15 号)规定的格式编制财务报表的，选择“是”，其他选择“否”。

9. “109 小型微利企业”：纳税人符合《中华人民共和国企业所得税法》及其实施条例、《财政部税务总局关于进一步扩大小型微利企业所得税优惠政策范围的通知》(财税〔2018〕77 号)等文件规定的小型微利企业条件的，选择“是”，其他选择“否”。

10. “110 上市公司”：纳税人在中国境内上市的选择“境内”；在中国境外上市的选择“境外”；在境内外同时上市的可同时选择；其他选择“否”。纳税人在中国香港上市的，参照境外上市相关规定选择。

二、有关涉税事项情况

本部分所列项目为条件必填(必选)内容，当纳税人存在或发生下列事项时，必须填报。纳税人未填报的，视同不存在或未发生下列事项。

1. "201 从事股权投资业务"：纳税人从事股权投资业务的(包括集团公司总部、创业投资企业等)，选择"是"。

2. "202 存在境外关联交易"：纳税人存在境外关联交易的，选择"是"。

3. "203 选择采用的境外所得抵免方式"：纳税人适用境外所得税收抵免政策，且根据《财政部税务总局关于完善企业境外所得税收抵免政策问题的通知》(财税〔2017〕84 号)文件规定选择按国(地区)别分别计算其来源于境外的应纳税所得额，即"分国(地区)不分项"的，选择"分国(地区)不分项"；纳税人适用境外所得税收抵免政策，且根据财税〔2017〕84 号文件规定选择不按国(地区)别汇总计算其来源于境外的应纳税所得额，即"不分国(地区)不分项"的，选择"不分国(地区)不分项"。境外所得抵免方式一经选择，5 年内不得变更。

4. "204 有限合伙制创业投资企业的法人合伙人"：纳税人投资于有限合伙制创业投资企业且为其法人合伙人的，选择"是"。本项目中的有限合伙制创业投资企业的法人合伙人是指符合《中华人民共和国合伙企业法》《创业投资企业管理暂行办法》(国家发展和改革委员会令第 39 号)、《外商投资创业投资企业管理规定》(外经贸部、科技部、工商总局、税务总局、外汇管理局令 2003 年第 2 号发布，商务部令 2015 年第 2 号修改)、《私募投资基金监督管理暂行办法》(证监会令第 105 号)关于创业投资基金的特别规定等规定的创业投资企业法人合伙人。有限合伙制创业投资企业的法人合伙人无论是否享受企业所得税优惠政策，均应填报本项。

5. "205 创业投资企业"：纳税人为创业投资企业的，选择"是"。本项目中的创业投资企业是指依照《创业投资企业管理暂行办法》(国家发展和改革委员会令第 39 号)和《外商投资创业投资企业管理规定》(外经贸部、科技部、工商总局、税务总局、外汇管理局令 2003 年第 2 号发布，商务部令 2015 年第 2 号修改)、《私募投资基金监督管理暂行办法》(证监会令第 105 号)关于创业投资基金的特别规定等规定，在中华人民共和国境内设立的专门从事创业投资活动的企业或其他经济组织。创业投资企业无论是否享受企业所得税优惠政策，均应填报本项。

6. "206 技术先进型服务企业类型"：纳税人为经认定的技术先进型服务企业的，从"技术先进型服务企业类型代码表"中选择相应的代码填报本项。本项目中的经认定的技术先进型服务企业是指符合《财政部税务总局商务部科技部国家发展改革委关于将技术先进型服务企业所得税政策推广至全国实施的通知》(财税〔2017〕79 号)、《财政部税务总局商务部科技部国家发展改革委关于将服务贸易创新发展试点地区技术先进型服务企业所得税政策推广至全国实施的通知》(财税〔2018〕44 号)等文件规定的企业。经认定的技术先进型服务企业无论是否享受企业所得税优惠政策，均应填报本项。

技术先进型服务企业类型代码表

代码	类型	
	大类	小类
110	服务外包类	信息技术外包服务(ITO)
120		技术性业务流程外包服务(BPO)
130		技术性知识流程外包服务(KPO)
210	服务贸易类	计算机和信息服务
220		研究开发和技术服务
230		文化技术服务
240		中医药医疗服务

7. "207 非营利组织"：纳税人为非营利组织的，选择"是"。

8. "208 软件、集成电路企业类型"：纳税人按照企业类型从"软件、集成电路企业类型代码表"中选择相应的代码填入本项。软件、集成电路企业若符合相关企业所得税优惠政策条件的，无论是否享受企业所得税优惠，均应填报本项。

软件、集成电路企业类型代码表

<table>
<tr><td rowspan="2">代码</td><td colspan="3">类 型</td></tr>
<tr><td>大 类</td><td>中 类</td><td>小 类</td></tr>
<tr><td>110</td><td rowspan="5">集成电路生产企业</td><td colspan="2">线宽小于 0.8 微米(含)的企业</td></tr>
<tr><td>120</td><td colspan="2">线宽小于 0.25 微米的企业</td></tr>
<tr><td>130</td><td colspan="2">投资额超过 80 亿元的企业</td></tr>
<tr><td>140</td><td colspan="2">线宽小于 130 纳米的企业</td></tr>
<tr><td>150</td><td colspan="2">线宽小于 65 纳米或投资额超过 150 亿元的企业</td></tr>
<tr><td>210</td><td rowspan="3">集成电路设计企业</td><td colspan="2">新办符合条件企业</td></tr>
<tr><td>220</td><td colspan="2">符合规模条件的重点集成电路设计企业</td></tr>
<tr><td>230</td><td colspan="2">符合领域的重点集成电路设计企业</td></tr>
<tr><td>311</td><td rowspan="8">软件企业</td><td rowspan="4">一般软件企业</td><td>新办符合条件企业</td></tr>
<tr><td>312</td><td>符合规模条件的重点软件企业</td></tr>
<tr><td>313</td><td>符合领域条件的重点软件企业</td></tr>
<tr><td>314</td><td>符合出口条件的重点软件企业</td></tr>
<tr><td>321</td><td rowspan="4">嵌入式或信息系统集成软件</td><td>新办符合条件企业</td></tr>
<tr><td>322</td><td>符合规模条件的重点软件企业</td></tr>
<tr><td>323</td><td>符合领域条件的重点软件企业</td></tr>
<tr><td>324</td><td>符合出口条件的重点软件企业</td></tr>
<tr><td>400</td><td colspan="3">集成电路封装测试企业</td></tr>
<tr><td>500</td><td colspan="3">集成电路关键专用材料生产企业</td></tr>
<tr><td>600</td><td colspan="3">集成电路专用设备生产企业</td></tr>
</table>

代码说明

“集成电路生产企业”：符合《财政部国家税务总局发展改革委工业和信息化部关于软件和集成电路产业企业所得税优惠政策有关问题的通知》(财税〔2016〕49 号)、《财政部 税务总局 国家发展改革委 工业和信息化部关于集成电路生产企业有关企业所得税政策问题的通知》(财税〔2018〕27 号)等文件规定的集成电路生产企业。具体说明如下：

(1)“线宽小于 0.8 微米(含)的企业”是指可以享受第一年至第二年免征企业所得税，第三年至第五年按照 25%的法定税率减半征收企业所得税优惠政策的集成电路线宽小于 0.8 微米(含)的集成电路生产企业。

(2)“线宽小于 0.25 微米的企业”是指可以享受减按 15%的税率征收企业所得税优惠政策，或者第一年至第五年免征企业所得税，第六年至第十年按照 25%的法定税率减半征收企业所得税优惠政策的集成电路线宽小于 0.25 微米的集成电路生产企业。

(3)“投资额超过 80 亿元的企业”是指可以享受减按 15%的税率征收企业所得税优惠政策，或者第一年至第五年免征企业所得税，第六年至第十年按照 25%的法定税率减半征收企业所得税优惠政策的投资额超过 80 亿元的集成电路生产企业。

(4)“线宽小于 130 纳米的企业”是指可以享受第一年至第二年免征企业所得税，第三年至第五年按照 25%的法定税率减半征收企业所得税优惠政策的集成电路线宽小于 130 纳米的集成电路生产企业。

(5)“线宽小于 65 纳米或投资额超过 150 亿元的企业”是指可以享受第一年至第五年免征企业所得税，

第六年至第十年按照25%的法定税率减半征收企业所得税优惠政策的集成电路线宽小于65纳米或投资额超过150亿元的集成电路生产企业。

"集成电路设计企业"：符合《财政部 国家税务总局 发展改革委 工业和信息化部关于软件和集成电路产业企业所得税优惠政策有关问题的通知》(财税〔2016〕49号)等文件规定的集成电路设计企业、国家规划布局内的重点集成电路设计企业。具体说明如下：

(1)"新办符合条件企业"是指可以享受第一年至第二年免征企业所得税，第三年至第五年按照25%的法定税率减半征收企业所得税优惠政策的集成电路设计企业。

(2)"符合规模条件的重点集成电路设计企业"是指可以享受减按10%的税率征收企业所得税优惠政策的国家规划布局内的重点集成电路设计企业，且其符合财税〔2016〕49号文件第五条第(一)项"汇算清缴年度集成电路设计销售(营业)收入不低于2亿元，年应纳税所得额不低于1 000万元，研究开发人员占月平均职工总数的比例不低于25%"的规定。

(3)"符合领域的重点集成电路设计企业"是指可以享受减按10%的税率征收企业所得税优惠政策的国家规划布局内的重点集成电路设计企业，且其符合财税〔2016〕49号文件第五条第(二)项"在国家规定的重点集成电路设计领域内，汇算清缴年度集成电路设计销售(营业)收入不低于2 000万元，应纳税所得额不低于250万元，研究开发人员占月平均职工总数的比例不低于35%，企业在中国境内发生的研发开发费用金额占研究开发费用总额的比例不低于70%"的规定。

"软件企业"：符合《财政部国家税务总局发展改革委工业和信息化部关于软件和集成电路产业企业所得税优惠政策有关问题的通知》(财税〔2016〕49号)等文件规定的软件企业、国家规划布局内的重点软件企业。具体说明如下：

(1)"一般软件企业——新办符合条件企业"是指可以享受第一年至第二年免征企业所得税，第三年至第五年按照25%的法定税率减半征收企业所得税优惠政策的符合条件的软件企业，且其符合财税〔2016〕49号文件第四条第(四)项"汇算清缴年度软件产品开发销售(营业)收入占企业收入总额的比例不低于50%，其中：软件产品自主开发销售(营业)收入占企业收入总额的比例不低于40%"的规定。

(2)"一般软件企业——符合规模条件的重点软件企业"是指可以享受减按10%的税率征收企业所得税优惠政策的国家规划布局内的重点软件企业，且其符合财税〔2016〕49号文件第四条第(四)项"汇算清缴年度软件产品开发销售(营业)收入占企业收入总额的比例不低于50%，其中：软件产品自主开发销售(营业)收入占企业收入总额的比例不低于40%"和第六条第(一)项"汇算清缴年度软件产品开发销售(营业)收入不低于2亿元，应纳税所得额不低于1 000万元，研究开发人员占企业月平均职工总数的比例不低于25%"的规定。

(3)"一般软件企业——符合领域条件的重点软件企业"是指可以享受减按10%的税率征收企业所得税优惠政策的国家规划布局内的重点软件企业，且其符合财税〔2016〕49号文件第四条第(四)项"汇算清缴年度软件产品开发销售(营业)收入占企业收入总额的比例不低于50%，其中：软件产品自主开发销售(营业)收入占企业收入总额的比例不低于40%"和第六条第(二)项"在国家规定的重点软件领域内，汇算清缴年度软件产品开发销售(营业)收入不低于5 000万元，应纳税所得额不低于250万元，研究开发人员占企业月平均职工总数的比例不低于25%，企业在中国境内发生的研究开发费用金额占研究开发费用总额的比例不低于70%"的规定。

(4)"一般软件企业——符合出口条件的重点软件企业"是指可以享受减按10%的税率征收企业所得税优惠政策的国家规划布局内的重点软件企业，且其符合财税〔2016〕49号文件第四条第(四)项"汇算清缴年度软件产品开发销售(营业)收入占企业收入总额的比例不低于50%，其中：软件产品自主开发销售(营业)收入占企业收入总额的比例不低于40%"和第六条第(三)项"汇算清缴年度软件出口收入总额不低于800万美元，软件出口收入总额占本企业年度收入总额比例不低于50%，研究开发人员占企业月平均职工总数的比例不低于25%"的规定。

(5)"嵌入式或信息系统集成软件——新办符合条件企业"是指可以享受第一年至第二年免征企业所得税，第三年至第五年按照25%的法定税率减半征收企业所得税优惠政策的符合条件的软件企业，且其符合财税〔2016〕49号文件第四条第(四)项"汇算清缴年度嵌入式软件产品和信息系统集成产品开发销售(营业)收入占企业收入总额的比例不低于40%，其中：嵌入式软件产品和信息系统集成产品自主开发销售(营业)收入占企业收入总额的比例不低于30%”的规定。

(6)“嵌入式或信息系统集成软件——符合规模条件的重点软件企业”是指可以享受减按10%的税率征收企业所得税优惠政策的国家规划布局内的重点软件企业，且其符合财税〔2016〕49号文件第四条第(四)项“汇算清缴年度嵌入式软件产品和信息系统集成产品开发销售(营业)收入占企业收入总额的比例不低于40%，其中：嵌入式软件产品和信息系统集成产品自主开发销售(营业)收入占企业收入总额的比例不低于30%”和第六条第(一)项“汇算清缴年度软件产品开发销售(营业)收入不低于2亿元，应纳税所得额不低于1 000万元，研究开发人员占企业月平均职工总数的比例不低于25%”的规定。

(7)“嵌入式或信息系统集成软件——符合领域条件的重点软件企业”是指可以享受减按10%的税率征收企业所得税优惠政策的国家规划布局内的重点软件企业，且其符合财税〔2016〕49号文件第四条第(四)项“汇算清缴年度嵌入式软件产品和信息系统集成产品开发销售(营业)收入占企业收入总额的比例不低于40%，其中：嵌入式软件产品和信息系统集成产品自主开发销售(营业)收入占企业收入总额的比例不低于30%”和第六条第(二)项“在国家规定的重点软件领域内，汇算清缴年度软件产品开发销售(营业)收入不低于5 000万元，应纳税所得额不低于250万元，研究开发人员占企业月平均职工总数的比例不低于25%，企业在中国境内发生的研究开发费用金额占研究开发费用总额的比例不低于70%”的规定。

(8)“嵌入式或信息系统集成软件——符合出口条件的重点软件企业”是指可以享受减按10%的税率征收企业所得税优惠政策的国家规划布局内的重点软件企业，且其符合财税〔2016〕49号文件第四条第(四)项“汇算清缴年度嵌入式软件产品和信息系统集成产品开发销售(营业)收入占企业收入总额的比例不低于40%，其中：嵌入式软件产品和信息系统集成产品自主开发销售(营业)收入占企业收入总额的比例不低于30%”和第六条第(三)项“汇算清缴年度软件出口收入总额不低于800万美元，软件出口收入总额占本企业年度收入总额比例不低于50%，研究开发人员占企业月平均职工总数的比例不低于25%”的规定。

“集成电路封装测试企业”：符合《财政部国家税务总局发展改革委工业和信息化部关于进一步鼓励集成电路产业发展企业所得税政策的通知》(财税〔2015〕6号)文件规定可以享受企业所得税优惠政策的集成电路封装、测试企业。

“集成电路关键专用材料生产企业”：符合《财政部 国家税务总局 发展改革委 工业和信息化部关于进一步鼓励集成电路产业发展企业所得税政策的通知》(财税〔2015〕6号)文件规定可以享受企业所得税优惠政策的集成电路关键专用材料生产企业。

“集成电路专用设备生产企业”：符合《财政部 国家税务总局 发展改革委 工业和信息化部关于进一步鼓励集成电路产业发展企业所得税政策的通知》(财税〔2015〕6号)文件规定可以享受企业所得税优惠政策的集成电路专用设备生产企业。

9．“209集成电路生产项目类型”：纳税人投资集成电路线宽小于130纳米或集成电路线宽小于65纳米或投资额超过150亿元的集成电路生产项目，项目符合《财政部 税务总局 国家发展改革委 工业和信息化部关于集成电路生产企业有关企业所得税政策问题的通知》(财税〔2018〕27号)等文件规定的税收优惠政策条件，且按照项目享受企业所得税优惠政策的，应填报本项。纳税人投资线宽小于130纳米的集成电路生产项目的，选择“130纳米”，投资线宽小于65纳米或投资额超过150亿元的集成电路生产项目的，选择“65纳米”；同时投资上述两类项目的，可同时选择“130纳米”和“65纳米”。

纳税人既符合“208软件、集成电路企业类型”项目又符合“209集成电路生产项目类型”项目填报条件的，应当同时填报。

10．“210科技型中小企业”：纳税人根据申报所属期年度和申报所属期下一年度取得的科技型中小企业入库登记编号情况，填报本项目下的“210－1”“210－2”“210－3”“210－4”。例如，纳税人在进行2018年度企业所得税汇算清缴纳税申报时，“210－1______(申报所属期年度)入库编号”首先应当填列“2018(申报所属期年度)入库编号”，“210－3______(所属期下一年度)入库编号”首先应当填列“2019(所属期下一年度)入库编号”。若纳税人在2018年1月1日至2018年12月31日期间取得科技型中小企业入库登记编号的，将相应的“编号”及“入库时间”分别填入“210－1”和“210－2”项目中；若纳税人在2019年1月1日至2018年度汇算清缴纳税申报日期间取得科技型中小企业入库登记编号的，将相应的"编号"及"入库时间"分别填入"210－3"和"210－4"项目中。纳税人符合上述填报要求的，无论是否享受企业所得税优惠政策，均应填报本项。

11．"211 高新技术企业申报所属期年度有效的高新技术企业证书"：纳税人根据申报所属期年度拥有的有效期内的高新技术企业证书情况，填报本项目下的"211－1""211－2""211－3""211－4"。在申报所属期年度，如企业同时拥有两个高新技术企业证书，则两个证书情况均应填报。例如，纳税人 2015 年 10 月取得高新技术企业证书，有效期 3 年，2018 年再次参加认定并于 2018 年 11 月取得新高新技术企业证书，纳税人在进行 2018 年度企业所得税汇算清缴纳税申报时，应将两个证书的"编号"及"发证时间"分别填入"211－1""211－2""211－3""211－4"项目中。纳税人符合上述填报要求的，无论是否享受企业所得税优惠政策，均应填报本项。

12．"212 重组事项税务处理方式"：纳税人在申报所属期年度发生重组事项的，应填报本项。纳税人重组事项按一般性税务处理的，选择"一般性"；重组事项按特殊性税务处理的，选择"特殊性"。

13．"213 重组交易类型"和"214 重组当事方类型"：填报"212 重组事项税务处理方式"的纳税人，应当同时填报"213 重组交易类型"和"214 重组当事方类型"。纳税人根据重组情况从"重组交易类型和当事方类型代码表"中选择相应代码并分别填入对应项目中。重组交易类型和当事方类型根据《财政部 国家税务总局关于企业重组业务企业所得税处理若干问题的通知》（财税〔2009〕59 号）、《国家税务总局关于企业重组业务企业所得税征收管理若干问题的公告》（国家税务总局公告 2015 年第 48 号发布、国家税务总局公告 2018 年第 31 号修改）等文件规定判断。

重组交易类型和当事方类型代码表

重组交易		重组当事方	
代码	类　型	代码	类　型
100	法律形式改变	—	—
200	债务重组	210	债务人
		220	债权人
300	股权收购	310	收购方
		320	转让方
		330	被收购企业
400	资产收购	410	收购方
		420	转让方
500	合并	510	合并企业
		520	被合并企业
		530	被合并企业股东
600	分立	610	分立企业
		620	被分立企业
		630	被分立企业股东

14．"215 政策性搬迁开始时间"：纳税人发生政策性搬迁事项且申报所属期年度处在搬迁期内的，填报政策性搬迁开始的时间。

15"216 发生政策性搬迁且停止生产经营无所得年度"：纳税人的申报所属期年度处于政策性搬迁期内，且停止生产经营无所得的，选择"是"。

16．"217 政策性搬迁损失分期扣除年度"：纳税人发生政策性搬迁事项出现搬迁损失，按照《企业政策性搬迁所得税管理办法》（国家税务总局公告 2012 年第 40 号发布）等有关规定选择自搬迁完成年度起分 3 个年度均匀在税前扣除的，且申报所属期年度处在分期扣除期间的，选择“是”。

17. “218 发生非货币性资产对外投资递延纳税事项”：纳税人在申报所属期年度发生非货币性资产对外投资递延纳税事项的，选择“是”。

18. “219 非货币性资产对外投资转让所得递延纳税年度”：纳税人以非货币性资产对外投资确认的非货币性资产转让所得，按照《财政部 国家税务总局关于非货币性资产投资企业所得税政策问题的通知》(财税〔2014〕116 号)、《国家税务总局关于非货币性资产投资企业所得税有关征管问题的公告》(国家税务总局公告 2015 年第 33 号)等文件规定，在不超过 5 年期限内分期均匀计入相应年度的应纳税所得额的，且申报所属期年度处在递延纳税期间的，选择“是”。

19. “220 发生技术成果投资入股递延纳税事项”：纳税人在申报所属期年度发生技术入股递延纳税事项的，选择“是”。

20. “221 技术成果投资入股递延纳税年度”：纳税人发生技术入股事项，按照《财政部 国家税务总局关于完善股权激励和技术入股有关所得税政策的通知》(财税〔2016〕101 号)、《国家税务总局关于股权激励和技术入股所得税征管问题的公告》(国家税务总局公告 2016 年第 62 号)等文件规定选择适用递延纳税政策，即在投资入股当期暂不纳税，递延至转让股权时按股权转让收入减去技术成果原值和合理税费后的差额计算缴纳所得税的，且申报所属期年度为转让股权年度的，选择“是”。

21. “222 发生资产(股权)划转特殊性税务处理事项”：纳税人在申报所属期年度发生《财政部 国家税务总局关于促进企业重组有关企业所得税处理问题的通知》(财税〔2014〕109 号)、《国家税务总局关于资产(股权)划转企业所得税征管问题的公告》(国家税务总局公告 2015 年第 40 号)等文件规定的资产(股权)划转特殊性税务处理事项的，选择“是”。

22. “223 债务重组所得递延纳税年度”：纳税人债务重组确认的应纳税所得额按照《财政部 国家税务总局关于企业重组业务企业所得税处理若干问题的通知》(财税〔2009〕59 号)等文件规定，在 5 个纳税年度的期间内，均匀计入各年度的应纳税所得额的，且申报所属期年度处在递延纳税期间的，选择“是”。

三、主要股东及分红情况

纳税人填报本企业投资比例位列前 10 位的股东情况，包括股东名称，证件种类(营业执照、税务登记证、组织机构代码证、身份证、护照等)，证件号码(统一社会信用代码、纳税人识别号、组织机构代码号、身份证号、护照号等)，投资比例，当年(决议日)分配的股息、红利等权益性投资收益金额，国籍(注册地址)。纳税人股东数量超过 10 位的，应将其余股东有关数据合计后填入“其余股东合计”行次。

纳税人股东为非居民企业的，证件种类和证件号码可不填报。

表 4－27　　　　中华人民共和国企业所得税年度纳税申报表(A 类)

A100000

行次	类别	项　　目	金　额
1	利润总额计算	一、营业收入(填写 A101010\101020\103000)	65 478 000.00
2		减：营业成本(填写 A102010\102020\103000)	42 994 500.00
3		减：税金及附加	1 054 284.62
4		减：销售费用(填写 A104000)	11 424 803.20
5		减：管理费用(填写 A104000)	8 826 214.26
6		减：财务费用(填写 A104000)	830 000.00
7		减：资产减值损失	0.00
8		加：公允价值变动收益	0.00
9		加：投资收益	3 003 600.00

续表

行次	类别	项　　目	金　额
10	利润总额计算	二、营业利润(1－2－3－4－5－6－7＋8＋9)	3 351 797.92
11		加：营业外收入(填写 A101010\101020\103000)	0.00
12		减：营业外支出(填写 A102010\102020\103000)	605 600.00
13		三、利润总额(10＋11－12)	2 746 197.92
14	应纳税所得额计算	减：境外所得(填写 A108010)	2 000 000.00
15		加：纳税调整增加额(填写 A105000)	705 365.85
16		减：纳税调整减少额(填写 A105000)	0.00
17		减：免税、减计收入及加计扣除(填写 A107010)	1 200 000.00
18		加：境外应税所得抵减境内亏损(填写 A108000)	0.00
19		四、纳税调整后所得(13－14＋15－16－17＋18)	251 563.77
20		减：所得减免(填写 A107020)	0.00
21		减：弥补以前年度亏损(填写 A106000)	80 300.00
22		减：抵扣应纳税所得额(填写 A107030)	0.00
23		五、应纳税所得额(19－20－21－22)	171 263.77
24	应纳税额计算	税率(25%)	25%
25		六、应纳所得税额(23×24)	42 815.94
26		减：减免所得税额(填写 A107040)	0.00
27		减：抵免所得税额(填写 A107050)	0.00
28		七、应纳税额(25－26－27)	42 815.94
29		加：境外所得应纳所得税额(填写 A108000)	750 000.00
30		减：境外所得抵免所得税额(填写 A108000)	700 000.00
31		八、实际应纳所得税额(28＋29－30)	92 815.94
32		减：本年累计实际已缴纳的所得税额	20 000.00
33		九、本年应补(退)所得税额(31－32)	72 815.94
34		其中：总机构分摊本年应补(退)所得税额(填写 A109000)	0.00
35		财政集中分配本年应补(退)所得税额(填写 A109000)	0.00
36		总机构主体生产经营部门分摊本年应补(退)所得税额(填写 A109000)	0.00

填报说明

本表为企业所得税年度纳税申报表主表，企业应该根据《中华人民共和国企业所得税法》及其实施条例(以下简称《税法》)、相关税收政策，以及国家统一会计制度(企业会计准则、小企业会计准则、企业会计制度、事业单位会计准则和民间非营利组织会计制度等)的规定，计算填报利润总额、应纳税所得额和应纳税额等有关项目。

纳税人在计算应纳税所得额及应纳所得税时，会计处理与税收规定不一致的，应当按照税收规定计算。税收规定不明确的，在没有明确规定之前，暂按国家统一会计制度计算。

一、有关项目填报说明

（一）表体项目

本表是在纳税人会计利润总额的基础上，加减纳税调整等金额后计算出“纳税调整后所得”。会计与税法的差异（包括收入类、扣除类、资产类等差异）通过“纳税调整项目明细表”（A105000）集中填报。

本表包括利润总额计算、应纳税所得额计算、应纳税额计算三个部分。

1. “利润总额计算”中的项目，按照国家统一会计制度规定计算填报。实行企业会计准则、小企业会计准则、企业会计制度、分行业会计制度的纳税人，其数据直接取自利润表；实行事业单位会计准则的纳税人，其数据取自收入支出表；实行民间非营利组织会计制度的纳税人，其数据取自业务活动表；实行其他国家统一会计制度的纳税人，根据本表项目进行分析填报。

2. “应纳税所得额计算”和“应纳税额计算”中的项目，除根据主表逻辑关系计算的外，通过附表相应栏次填报。

（二）行次说明

第 1 到 13 行参照国家统一会计制度规定填写。本部分未设“研发费用”“其他收益”“资产处置收益”等项目，对于已执行《财政部关于修订印发 2018 年度一般企业财务报表格式的通知》（财会〔2018〕15 号）的纳税人，在利润表中归集的“研发费用”通过期间费用明细表（A104000）第 19 行“十九、研究费用”的管理费用相应列次填报；在利润表中归集的“其他收益”“资产处置收益”“信用减值损失”“净敞口套期收益”项目则无须填报，同时第 10 行“二、营业利润”不执行“第 10 行＝第 1－2－3－4－5－6－7＋8＋9 行”的表内关系，按照利润表“营业利润”项目直接填报。

1. 第 1 行“营业收入”：填报纳税人主要经营业务和其他经营业务取得的收入总额。本行根据“主营业务收入”和“其他业务收入”的数额填报。一般企业纳税人根据“一般企业收入明细表”（A101010）填报；金融企业纳税人根据“金融企业收入明细表”（A101020）填报；事业单位、社会团体、民办非企业单位、非营利组织等纳税人根据“事业单位、民间非营利组织收入、支出明细表”（A103000）填报。

2. 第 2 行“营业成本”项目：填报纳税人主要经营业务和其他经营业务发生的成本总额。本行根据“主营业务成本”和“其他业务成本”的数额填报。一般企业纳税人根据“一般企业成本支出明细表”（A102010）填报；金融企业纳税人根据“金融企业支出明细表”（A102020）填报；事业单位、社会团体、民办非企业单位、非营利组织等纳税人，根据“事业单位、民间非营利组织收入、支出明细表”（A103000）填报。

3. 第 3 行“税金及附加”：填报纳税人经营活动发生的消费税、城市维护建设税、资源税、土地增值税和教育费附加等相关税费。本行根据纳税人相关会计科目填报。纳税人在其他会计科目核算的税金不得重复填报。

4. 第 4 行“销售费用”：填报纳税人在销售商品和材料、提供劳务的过程中发生的各种费用。本行根据“期间费用明细表”（A104000）中对应的“销售费用”填报。

5. 第 5 行“管理费用”：填报纳税人为组织和管理企业生产经营发生的管理费用。本行根据“期间费用明细表”（A104000）中对应的“管理费用”填报。

6. 第 6 行“财务费用”：填报纳税人为筹集生产经营所需资金等发生的筹资费用。本行根据“期间费用明细表”（A104000）中对应的“财务费用”填报。

7. 第 7 行“资产减值损失”：填报纳税人计提各项资产准备发生的减值损失。本行根据企业“资产减值损失”科目上的数额填报。实行其他会计制度的比照填报。

8. 第 8 行“公允价值变动收益”：填报纳税人在初始确认时划分为以公允价值计量且其变动计入当期损益的金融资产或金融负债（包括交易性金融资产或负债，直接指定为以公允价值计量且其变动计入当期损益的金融资产或金融负债），以及采用公允价值模式计量的投资性房地产、衍生工具和套期业务中公允价值变动形成的应计入当期损益的利得或损失。本行根据企业“公允价值变动损益”科目的数额填报，损失以“－”号填列。

9. 第 9 行“投资收益”：填报纳税人以各种方式对外投资确认所取得的收益或发生的损失。根据企业“投资收益”科目的数额计算填报，实行事业单位会计准则的纳税人根据“其他收入”科目中的投资收益金额分析填报，损失以“－”号填列。实行其他会计制度的纳税人比照填报。

10. 第10行“营业利润”：填报纳税人当期的营业利润。根据上述项目计算填报。已执行《财政部关于修订印发2018年度一般企业财务报表格式的通知》(财会〔2018〕15号)的纳税人，根据利润表对应项目填列。

11. 第11行“营业外收入”：填报纳税人取得的与其经营活动无直接关系的各项收入的金额。一般企业纳税人根据“一般企业收入明细表”(A101010)填报；金融企业纳税人根据“金融企业收入明细表”(A101020)填报；实行事业单位会计准则或民间非营利组织会计制度的纳税人根据“事业单位、民间非营利组织收入、支出明细表”(A103000)填报。

12. 第12行“营业外支出”：填报纳税人发生的与其经营活动无直接关系的各项支出的金额。一般企业纳税人根据“一般企业成本支出明细表”(A102010)填报；金融企业纳税人根据“金融企业支出明细表”(A102020)填报；实行事业单位会计准则或民间非营利组织会计制度的纳税人根据“事业单位、民间非营利组织收入、支出明细表”(A103000)填报。

13. 第13行“利润总额”：填报纳税人当期的利润总额。根据上述项目计算填列。

14. 第14行“境外所得”：填报纳税人取得的境外所得且已计入利润总额的金额。本行根据“境外所得纳税调整后所得明细表”(A108010)填报。

15. 第15行“纳税调整增加额”：填报纳税人会计处理与税收规定不一致，进行纳税调整增加的金额。本行根据“纳税调整项目明细表”(A105000)“调增金额”列填报。

16. 第16行“纳税调整减少额”：填报纳税人会计处理与税收规定不一致，进行纳税调整减少的金额。本行根据“纳税调整项目明细表”(A105000)“调减金额”列填报。

17. 第17行“免税、减计收入及加计扣除”：填报属于税收规定免税收入、减计收入、加计扣除金额。本行根据“免税、减计收入及加计扣除优惠明细表”(A107010)填报。

18. 第18行“境外应税所得抵减境内亏损”：当纳税人选择不用境外所得抵减境内亏损时，填报0；当纳税人选择用境外所得抵减境内亏损时，填报境外所得抵减当年度境内亏损的金额，用境外所得弥补以前年度境内亏损的，填报“境外所得税收抵免明细表”(A108000)。

19. 第19行“纳税调整后所得”：填报纳税人经过纳税调整、税收优惠、境外所得计算后的所得额。

20. 第20行“所得减免”：填报属于税收规定所得减免金额。本行根据“所得减免优惠明细表”(A107020)填报。

21. 第21行“弥补以前年度亏损”：填报纳税人按照税收规定可在税前弥补的以前年度亏损数额，本行根据“企业所得税弥补亏损明细表”(A106000)填报。

22. 第22行“抵扣应纳税所得额”：填报根据税收规定应抵扣的应纳税所得额。本行根据“抵扣应纳税所得额明细表”(A107030)填报。

23. 第23行“应纳税所得额”：金额等于本表第19－20－21－22行计算结果。本行不得为负数。按照上述行次顺序计算结果本行为负数，本行金额填零。

24. 第24行“税率”：填报税收规定的税率25%。

25. 第25行“应纳所得税额”：金额等于本表第23×24行。

26. 第26行“减免所得税额”：填报纳税人按税收规定实际减免的企业所得税额。本行根据“减免所得税优惠明细表”(A107040)填报。

27. 第27行“抵免所得税额”：填报企业当年的应纳所得税额中抵免的金额。本行根据“税额抵免优惠明细表”(A107050)填报。

28. 第28行“应纳税额”：金额等于本表第25－26－27行。

29. 第29行“境外所得应纳所得税额”：填报纳税人来源于中国境外的所得，按照我国税收规定计算的应纳所得税额。本行根据“境外所得税收抵免明细表”(A108000)填报。

30. 第30行“境外所得抵免所得税额”：填报纳税人来源于中国境外所得依照中国境外税收法律以及相关规定应缴纳并实际缴纳(包括视同已实际缴纳)的企业所得税性质的税款(准予抵免税款)。本行根据“境外所得税收抵免明细表”(A108000)填报。

31. 第31行“实际应纳所得税额”：填报第28＋29－30行金额。其中，跨地区经营企业类型为“分支机构(须进行完整年度申报并按比例纳税)”的纳税人，填报(第28＋29－30行)×“分支机构就地纳税比例”金额。

32. 第 32 行“本年累计实际已缴纳的所得税额”：填报纳税人按照税收规定本纳税年度已在月(季)度累计预缴的所得税额,包括按照税收规定的特定业务已预缴(征)的所得税额,建筑企业总机构直接管理的跨地区设立的项目部按规定向项目所在地主管税务机关预缴的所得税额。

33. 第 33 行“本年应补(退)的所得税额”：填报纳税人当期应补(退)的所得税额。金额等于本表第 31－32 行。

34. 第 34 行“总机构分摊本年应补(退)所得税额”：填报汇总纳税的总机构按照税收规定在总机构所在地分摊本年应补(退)所得税额。本行根据“跨地区经营汇总纳税企业年度分摊企业所得税明细表”(A109000)填报。

35. 第 35 行“财政集中分配本年应补(退)所得税额”：填报汇总纳税的总机构按照税收规定财政集中分配本年应补(退)所得税款。本行根据“跨地区经营汇总纳税企业年度分摊企业所得税明细表”(A109000)填报。

36. 第 36 行“总机构主体生产经营部门分摊本年应补(退)所得税额”：填报汇总纳税的总机构所属的具有主体生产经营职能的部门按照税收规定应分摊的本年应补(退)所得税额。本行根据“跨地区经营汇总纳税企业年度分摊企业所得税明细表”(A109000)填报。

二、表内、表间关系

(一) 表内关系

1. 第 10 行＝第 1－2－3－4－5－6－7＋8＋9 行。

2. 第 13 行＝第 10＋11－12 行。

3. 第 19 行＝第 13－14＋15－16－17＋18 行。

4. 第 23 行＝第 19－20－21－22 行。

5. 第 25 行＝第 23×24 行。

6. 第 28 行＝第 25－26－27 行。

7. 第 31 行＝第 28＋29－30 行。其中,跨地区经营企业类型为“分支机构(须进行完整年度申报并按比例纳税)”的纳税人,第 31 行＝(第 28＋29－30 行)×表 A000000“102 分支机构就地纳税比例”。

8. 第 33 行＝第 31－32 行。

(二) 表间关系

1. 第 1 行＝表 A101010 第 1 行或表 A101020 第 1 行或表 A103000 第 2＋3＋4＋5＋6 行或表 A103000 第 11＋12＋13＋14＋15 行。

2. 第 2 行＝表 A102010 第 1 行或表 A102020 第 1 行或表 A103000 第 19＋20＋21＋22 行或表 A103000 第 25＋26＋27 行。

3. 第 4 行＝表 A104000 第 26 行第 1 列。

4. 第 5 行＝表 A104000 第 26 行第 3 列。

5. 第 6 行＝表 A104000 第 26 行第 5 列。

6. 第 9 行＝表 A103000 第 8 行或者第 16 行(仅限于填报表 A103000 的纳税人,其他纳税人根据财务核算情况自行填写)。

7. 第 11 行＝表 A101010 第 16 行或表 A101020 第 35 行或表 A103000 第 9 行或第 17 行。

8. 第 12 行＝表 A102010 第 16 行或表 A102020 第 33 行或表 A103000 第 23 行或第 28 行。

9. 第 14 行＝表 A108010 第 14 列合计－第 11 列合计。

10. 第 15 行＝表 A105000 第 45 行第 3 列。

11. 第 16 行＝表 A105000 第 45 行第 4 列。

12. 第 17 行＝表 A107010 第 31 行。

13. 第 18 行：

(1) 当 A100000 第 13－14＋15－16－17 行≥0,第 18 行＝0；

(2) 当 A100000 第 13－14＋15－16－17＜0 且表 A108000 第 5 列合计行≥0,表 A108000 第 6 列合计行＞0 时,第 18 行＝表 A108000 第 5 列合计行与表 A100000 第 13－14＋15－16－17 行绝对值的孰小值；

(3) 当 A100000 第 13－14＋15－16－17＜0 且表 A108000 第 5 列合计行≥0，表 A108000 第 6 列合计行＝0 时，第 18 行＝0。

14. 第 19 行＝表 A100000 第 13－14＋15－16－17＋18 行。

15. 第 20 行：

当第 19 行≤0 时，本行填报 0；

当第 19 行＞0 时，

(1) A107020 表合计行第 11 列≤表 A100000 第 19 行，本行＝表 A107020 合计行第 11 列；

(2) A107020 表合计行第 11 列＞表 A100000 第 19 行，本行＝表 A100000 第 19 行。

16. 第 21 行＝表 A106000 第 6 行第 10 列。

17. 第 22 行＝表 A107030 第 15 行第 1 列。

18. 第 26 行＝表 A107040 第 32 行。

19. 第 27 行＝表 A107050 第 7 行第 11 列。

20. 第 29 行＝表 A108000 第 9 列合计。

21. 第 30 行＝表 A108000 第 19 列合计。

22. 第 34 行＝表 A109000 第 12＋16 行。

23. 第 35 行＝表 A109000 第 13 行。

24. 第 36 行＝表 A109000 第 15 行。

表 4－27(a)　　企业所得税年度纳税申报表附表：A101010 一般企业收入明细表

A101010　　一般企业收入明细表

行次	项　　目	金　额
1	一、营业收入(2＋9)	65 478 000.00
2	(一) 主营业务收入(3＋5＋6＋7＋8)	64 340 000.00
3	1. 销售商品收入	64 340 000.00
4	其中：非货币性资产交换收入	
5	2. 提供劳务收入	
6	3. 建造合同收入	
7	4. 让渡资产使用权收入	
8	5. 其他	
9	(二) 其他业务收入(10＋12＋13＋14＋15)	1 138 000.00
10	1. 销售材料收入	1 138 000.00
11	其中：非货币性资产交换收入	
12	2. 出租固定资产收入	
13	3. 出租无形资产收入	
14	4. 出租包装物和商品收入	
15	5. 其他	
16	二、营业外收入(17＋18＋19＋20＋21＋22＋23＋24＋25＋26)	
17	(一) 非流动资产处置利得	

续表

行次	项　　目	金　额
18	（二）非货币性资产交换利得	
19	（三）债务重组利得	
20	（四）政府补助利得	
21	（五）盘盈利得	
22	（六）捐赠利得	
23	（七）罚没利得	
24	（八）确实无法偿付的应付款项	
25	（九）汇兑收益	
26	（十）其他	

填报说明

本表适用于执行除事业单位会计准则、非营利企业会计制度以外的其他国家统一会计制度的非金融居民纳税人填报。纳税人应根据国家统一会计制度的规定，填报“主营业务收入”“其他业务收入”和“营业外收入”。

一、有关项目填报说明

1. 第1行“营业收入”：根据主营业务收入、其他业务收入的数额计算填报。

2. 第2行“主营业务收入”：根据不同行业的业务性质分别填报纳税人核算的主营业务收入。

3. 第3行“销售商品收入”：填报从事工业制造、商品流通、农业生产以及其他商品销售的纳税人取得的主营业务收入。房地产开发企业销售开发产品(销售未完工开发产品除外)取得的收入也在此行填报。

4. 第4行“其中：非货币性资产交换收入”：填报纳税人发生的非货币性资产交换按照国家统一会计制度应确认的主营业务收入。

5. 第5行“提供劳务收入”：填报纳税人从事建筑安装、修理修配、交通运输、仓储租赁、邮电通信、咨询经纪、文化体育、科学研究、技术服务、教育培训、餐饮住宿、中介代理、卫生保健、社区服务、旅游、娱乐、加工以及其他劳务活动取得的主营业务收入。

6. 第6行“建造合同收入”：填报纳税人建造房屋、道路、桥梁、水坝等建筑物，以及生产船舶、飞机、大型机械设备等取得的主营业务收入。

7. 第7行“让渡资产使用权收入”：填报纳税人在主营业务收入核算的，让渡无形资产使用权而取得的使用费收入以及出租固定资产、无形资产、投资性房地产取得的租金收入。

8. 第8行“其他”：填报纳税人按照国家统一会计制度核算、上述未列举的其他主营业务收入。

9. 第9行：“其他业务收入”：填报根据不同行业的业务性质分别填报纳税人核算的其他业务收入。

10. 第10行“材料销售收入”：填报纳税人销售材料、下脚料、废料、废旧物资等取得的收入。

11. 第11行“其中：非货币性资产交换收入”：填报纳税人发生的非货币性资产交换按照国家统一会计制度应确认的其他业务收入。

12. 第12行“出租固定资产收入”：填报纳税人将固定资产使用权让与承租人获取的其他业务收入。

13. 第13行“出租无形资产收入”：填报纳税人让渡无形资产使用权取得的其他业务收入。

14. 第14行“出租包装物和商品收入”：填报纳税人出租、出借包装物和商品取得的其他业务收入。

15. 第15行“其他”：填报纳税人按照国家统一会计制度核算、上述未列举的其他业务收入。

16. 第16行“营业外收入”：填报纳税人计入本科目核算的与生产经营无直接关系的各项收入。

17. 第17行“非流动资产处置利得”：填报纳税人处置固定资产、无形资产等取得的净收益。

18. 第18行“非货币性资产交换利得”：填报纳税人发生非货币性资产交换应确认的净收益。

19. 第 19 行"债务重组利得"：填报纳税人发生的债务重组业务确认的净收益。

20. 第 20 行"政府补助利得"：填报纳税人从政府无偿取得货币性资产或非货币性资产应确认的净收益。

21. 第 21 行"盘盈利得"：填报纳税人在清查财产过程中查明的各种财产盘盈应确认的净收益。

22. 第 22 行"捐赠利得"：填报纳税人接受的来自企业、组织或个人无偿给予的货币性资产、非货币性资产捐赠应确认的净收益。

23. 第 23 行"罚没利得"：填报纳税人在日常经营管理活动中取得的罚款、没收收入应确认的净收益。

24. 第 24 行"确实无法偿付的应付款项"：填报纳税人因确实无法偿付的应付款项而确认的收入。

25. 第 25 行"汇兑收益"：填报纳税人取得企业外币货币性项目因汇率变动形成的收益应确认的收入。(该项目为执行小企业准则企业填报)

26. 第 26 行"其他"：填报纳税人取得的上述项目未列举的其他营业外收入，包括执行《企业会计准则》纳税人按权益法核算长期股权投资对初始投资成本调整确认的收益，执行《小企业会计准则》纳税人取得的出租包装物和商品的租金收入、逾期未退包装物押金收益等。

二、表内、表间关系

(一) 表内关系

1. 第 1 行＝第 2＋9 行。

2. 第 2 行＝第 3＋5＋6＋7＋8 行。

3. 第 9 行＝第 10＋12＋13＋14＋15 行。

4. 第 16 行＝第 17＋18＋19＋20＋21＋22＋23＋24＋25＋26 行。

(二) 表间关系

1. 第 1 行＝表 A100000 第 1 行。

2. 第 16 行＝表 A100000 第 11 行。

表 4－27(b)　企业所得税年度纳税申报表附表：A102010 一般企业成本支出明细表

A102010　一般企业成本支出明细表

行次	项　目	金　额
1	一、营业成本(2＋9)	42 994 500.00
2	(一) 主营业务成本(3＋5＋6＋7＋8)	42 000 000.00
3	1. 销售商品成本	42 000 000.00
4	其中：非货币性资产交换成本	
5	2. 提供劳务成本	
6	3. 建造合同成本	
7	4. 让渡资产使用权成本	
8	5. 其他	
9	(二) 其他业务成本(10＋12＋13＋14＋15)	994 500.00
10	1. 材料销售成本	994 500.00
11	其中：非货币性资产交换成本	
12	2. 出租固定资产成本	
13	3. 出租无形资产成本	
14	4. 包装物出租成本	

续表

行次	项目	金额
15	5. 其他	
16	二、营业外支出(17＋18＋19＋20＋21＋22＋23＋24＋25＋26)	605 600.00
17	(一) 非流动资产处置损失	
18	(二) 非货币性资产交换损失	
19	(三) 债务重组损失	
20	(四) 非常损失	
21	(五) 捐赠支出	500 000.00
22	(六) 赞助支出	
23	(七) 罚没支出	105 600.00
24	(八) 坏账损失	
25	(九) 无法收回的债券股权投资损失	
26	(十) 其他	

填报说明

本表适用于执行除事业单位会计准则、非营利企业会计制度以外的其他国家统一会计制度的查账征收企业所得税非金融居民纳税人填报。纳税人应根据国家统一会计制度的规定，填报“主营业务成本”“其他业务成本”和“营业外支出”。

一、有关项目填报说明

1. 第1行“营业成本”：填报纳税人主要经营业务和其他经营业务发生的成本总额。本行根据“主营业务成本”和“其他业务成本”的数额计算填报。

2. 第2行“主营业务成本”：根据不同行业的业务性质分别填报纳税人核算的主营业务成本。

3. 第3行“销售商品成本”：填报从事工业制造、商品流通、农业生产以及其他商品销售企业发生的主营业务成本。房地产开发企业销售开发产品(销售未完工开发产品除外)发生的成本也在此行填报。

4. 第4行“其中：非货币性资产交换成本”：填报纳税人发生的非货币性资产交换按照国家统一会计制度应确认的主营业务成本。

5. 第5行“提供劳务成本”：填报纳税人从事建筑安装、修理修配、交通运输、仓储租赁、邮电通信、咨询经纪、文化体育、科学研究、技术服务、教育培训、餐饮住宿、中介代理、卫生保健、社区服务、旅游、娱乐、加工以及其他劳务活动发生的主营业务成本。

6. 第6行“建造合同成本”：填报纳税人建造房屋、道路、桥梁、水坝等建筑物，以及生产船舶、飞机、大型机械设备等发生的主营业务成本。

7. 第7行“让渡资产使用权成本”：填报纳税人在主营业务成本核算的，让渡无形资产使用权而发生的使用费成本以及出租固定资产、无形资产、投资性房地产发生的租金成本。

8. 第8行“其他”：填报纳税人按照国家统一会计制度核算、上述未列举的其他主营业务成本。

9. 第9行：“其他业务成本”：根据不同行业的业务性质分别填报纳税人按照国家统一会计制度核算的其他业务成本。

10. 第10行“材料销售成本”：填报纳税人销售材料、下脚料、废料、废旧物资等发生的成本。

11. 第11行“非货币性资产交换成本”：填报纳税人发生的非货币性资产交换按照国家统一会计制度应确认的其他业务成本。

12. 第12行“出租固定资产成本”：填报纳税人将固定资产使用权让与承租人形成的出租固定资产成本。

13. 第 13 行“出租无形资产成本”：填报纳税人让渡无形资产使用权形成的出租无形资产成本。

14. 第 14 行“包装物出租成本”：填报纳税人出租、出借包装物形成的包装物出租成本。

15. 第 15 行“其他”：填报纳税人按照国家统一会计制度核算，上述未列举的其他业务成本。

16. 第 16 行“营业外支出”：填报纳税人计入本科目核算的与生产经营无直接关系的各项支出。

17. 第 17 行“非流动资产处置损失”：填报纳税人处置非流动资产形成的净损失。

18. 第 18 行“非货币性资产交换损失”：填报纳税人发生非货币性资产交换应确认的净损失。

19. 第 19 行“债务重组损失”：填报纳税人进行债务重组应确认的净损失。

20. 第 20 行“非常损失”：填报纳税人在营业外支出中核算的各项非正常的财产损失。

21. 第 21 行“捐赠支出”：填报纳税人无偿给予其他企业、组织或个人的货币性资产、非货币性资产的捐赠支出。

22. 第 22 行“赞助支出”：填报纳税人发生的货币性资产、非货币性资产赞助支出。

23. 第 23 行“罚没支出”：填报纳税人在日常经营管理活动中对外支付的各项罚没支出。

24. 第 24 行“坏账损失”：填报纳税人发生的各项坏账损失。（该项目为使用小企业准则企业填报）

25. 第 25 行“无法收回的债券股权投资损失”：填报纳税人各项无法收回的债券股权投资损失。（该项目为使用小企业准则企业填报）

26. 第 26 行“其他”：填报纳税人本期实际发生的在营业外支出核算的其他损失及支出。

二、表内、表间关系

（一）表内关系

1. 第 1 行＝第 2＋9 行。

2. 第 2 行＝第 3＋5＋6＋7＋8 行。

3. 第 9 行＝第 10＋12＋13＋14＋15 行。

4. 第 16 行＝第 17＋18＋…＋26 行。

（二）表间关系

1. 第 1 行＝表 A100000 第 2 行。

2. 第 16 行＝表 A100000 第 12 行。

表 4－27(c)　　企业所得税年度纳税申报表附表：A104000 期间费用明细表

A104000　　期间费用明细表

行次	项　目	销售费用	其中：境外支付	管理费用	其中：境外支付	财务费用	其中：境外支付
		1	2	3	4	5	6
1	一、职工薪酬		*		*	*	*
2	二、劳务费					*	*
3	三、咨询顾问费					*	*
4	四、业务招待费		*	402 524.00	*	*	*
5	五、广告费和业务宣传费	10 050 000.00	*		*	*	*
6	六、佣金和手续费						
7	七、资产折旧摊销费		*	300 000.00	*	*	*
8	八、财产损耗、盘亏及毁损损失		*	230 000.00	*	*	*
9	九、办公费		*		*	*	*
10	十、董事会费		*		*	*	*

续表

行次	项　目	销售费用	其中：境外支付	管理费用	其中：境外支付	财务费用	其中：境外支付
		1	2	3	4	5	6
11	十一、租赁费					*	*
12	十二、诉讼费		*		*	*	*
13	十三、差旅费		*	120 300.00	*	*	*
14	十四、保险费		*	785 000.00	*	*	*
15	十五、运输、仓储费					*	*
16	十六、修理费					*	*
17	十七、包装费		*		*	*	*
18	十八、技术转让费					*	*
19	十九、研究费用			400 000.00		*	*
20	二十、各项税费		*	80 860.00	*	*	*
21	二十一、利息收支	*	*	*	*	830 000.00	
22	二十二、汇兑差额	*	*	*	*		
23	二十三、现金折扣	*	*	*	*		*
24	二十四、党组织工作经费	*	*		*	*	*
25	二十五、其他	1 374 803.20		6 507 530.00			
26	合计(1+2+3+…+25)	11 424 803.20		8 826 214.26		830 000.00	

填报说明

本表适用于执行企业会计准则、小企业会计准则、企业会计制度、分行业会计制度的查账征收居民纳税人填报。纳税人应根据企业会计准则、小企业会计准则、企业会计、分行业会计制度规定，填报“销售费用”“管理费用”和“财务费用”等项目。

一、有关项目填报说明

1. 第 1 列“销售费用”：填报在销售费用科目进行核算的相关明细项目的金额，其中金融企业填报在业务及管理费科目进行核算的相关明细项目的金额。

2. 第 2 列“其中：境外支付”：填报在销售费用科目进行核算的向境外支付的相关明细项目的金额，其中金融企业填报在业务及管理费科目进行核算的相关明细项目的金额。

3. 第 3 列“管理费用”：填报在管理费用科目进行核算的相关明细项目的金额。

4. 第 4 列“其中：境外支付”：填报在管理费用科目进行核算的向境外支付的相关明细项目的金额。

5. 第 5 列“财务费用”：填报在财务费用科目进行核算的有关明细项目的金额。

6. 第 6 列“其中：境外支付”：填报在财务费用科目进行核算的向境外支付的有关明细项目的金额。

7. 第 1 行至第 25 行：根据费用科目核算的具体项目金额进行填报，如果贷方发生额大于借方发生额，应填报负数。

8. 第 26 行第 1 列：填报第 1 行至第 25 行第 1 列的合计金额。

9. 第 26 行第 2 列：填报第 1 行至第 25 行第 2 列的合计金额。

10. 第 26 行第 3 列：填报第 1 行至第 25 行第 3 列的合计金额。

11. 第 26 行第 4 列：填报第 1 行至第 25 行第 4 列的合计金额。

12. 第 26 行第 5 列：填报第 1 行至第 25 行第 5 列的合计金额。

13. 第 26 行第 6 列：填报第 1 行至第 25 行第 6 列的合计金额。

二、表内、表间关系

（一）表内关系

1. 第 26 行第 1 列＝第 1 列第 1＋2＋…＋20＋25 行。

2. 第 26 行第 2 列＝第 2 列第 2＋3＋6＋11＋15＋16＋18＋19＋25 行。

3. 第 26 行第 3 列＝第 3 列第 1＋2＋…＋20＋24＋25 行。

4. 第 26 行第 4 列＝第 4 列第 2＋3＋6＋11＋15＋16＋18＋19＋25 行。

5. 第 26 行第 5 列＝第 5 列第 6＋21＋22＋23＋25 行。

6. 第 26 行第 6 列＝第 6 列第 6＋21＋22＋25 行。

（二）表间关系

1. 第 26 行第 1 列＝表 A100000 第 4 行。

2. 第 26 行第 3 列＝表 A100000 第 5 行。

3. 第 26 行第 5 列＝表 A100000 第 6 行。

表 4－27(d)　　企业所得税年度纳税申报表附表：A105000 纳税调整项目明细表

A105000　　纳税调整项目明细表

行次	项　目	账载金额	税收金额	调增金额	调减金额
		1	2	3	4
1	一、收入类调整项目(2＋3＋…＋8＋10＋11)	*	*		
2	（一）视同销售收入(填写 A105010)	*			*
3	（二）未按权责发生制原则确认的收入(填写 A105020)				
4	（三）投资收益(填写 A105030)	1 000 000.00	1 000 000.00		
5	（四）按权益法核算长期股权投资对初始投资成本调整确认收益	*	*	*	
6	（五）交易性金融资产初始投资调整	*	*		*
7	（六）公允价值变动净损益		*		
8	（七）不征税收入	*	*		
9	其中：专项用途财政性资金（填写 A105040)	*	*		
10	（八）销售折扣、折让和退回				
11	（九）其他				
12	二、扣除类调整项目(13＋14＋…＋24＋26＋27＋28＋29＋30)	*	*	705 365.85	
13	（一）视同销售成本(填写 A105010)	*		*	
14	（二）职工薪酬(填写 A105050)	15 926 941.92	15 926 941.92	0.00	
15	（三）业务招待费支出	402 524.00	241 514.40	161 009.60	*

续表

行次	项 目	账载金额	税收金额	调增金额	调减金额
		1	2	3	4
16	(四) 广告费和业务宣传费支出(填写A105060)	*	*	228 300.00	
17	(五) 捐赠支出(填写 A105070)	500 000.00	329 543.75	170 456.25	*
18	(六) 利息支出	830 000.00	730 000.00	100 000.00	
19	(七) 罚金、罚款和被没收财物的损失		*		*
20	(八) 税收滞纳金、加收利息	45 600.00	*	45 600.00	*
21	(九) 赞助支出		*		*
22	(十) 与未实现融资收益相关在当期确认的财务费用				
23	(十一) 佣金和手续费支出				*
24	(十二) 不征税收入用于支出所形成的费用	*	*		*
25	其中：专项用途财政性资金用于支出所形成的费用(填写 A105040)	*	*		*
26	(十三) 跨期扣除项目				
27	(十四) 与取得收入无关的支出		*		*
28	(十五) 境外所得分摊的共同支出	*	*		*
29	(十六) 党组织工作经费				
30	(十七) 其他				
31	二、资产类调整项目(32+33+34+35)	*	*		
32	(一) 资产折旧、摊销(填写 A105080)	1 280 000.00	1 280 000.00	0.00	
33	(二) 资产减值准备金		*		
34	(三) 资产损失(填写 A105090)	230 000.00	230 000.00		
35	(四) 其他			0.00	
36	四、特殊事项调整项目(37+38+…+42)	*	*		
37	(一) 企业重组及递延纳税事项(填写A105100)				
38	(二) 政策性搬迁(填写 A105110)	*	*		
39	(三) 特殊行业准备金(填写 A105120)				
40	(四) 房地产开发企业特定业务计算的纳税调整额(填写 A105010)	*			
41	(五) 有限合伙企业法人合伙方应分得的应纳税所得额				

续表

行次	项　目	账载金额	税收金额	调增金额	调减金额
		1	2	3	4
42	（六）其他	*	*		
43	五、特别纳税调整应税所得	*	*		
44	六、其他	*	*		
45	合计(1+12+31+36+43+44)	*	*	705 365.85	0.00

填报说明

本表由纳税人根据税法、相关税收规定以及国家统一会计制度的规定，填报企业所得税涉税事项的会计处理、税务处理以及纳税调整情况。

一、有关项目填报说明

本表纳税调整项目按照“收入类调整项目”“扣除类调整项目”“资产类调整项目”“特殊事项调整项目”“特别纳税调整应税所得”“其他”六大项分类填报汇总，并计算出纳税“调增金额”和“调减金额”的合计金额。

数据栏分别设置“账载金额”“税收金额”“调增金额”“调减金额”四个栏次。“账载金额”是指纳税人按照国家统一会计制度规定核算的项目金额。“税收金额”是指纳税人按照税收规定计算的项目金额。

对需填报下级明细表的纳税调整项目，其“账载金额”“税收金额”“调增金额”“调减金额”根据相应附表进行计算填报。

（一）收入类调整项目

1. 第1行“一、收入类调整项目”：根据第2行至第11行(不含第9行)进行填报。

2. 第2行“（一）视同销售收入”：填报会计处理不确认为销售收入，税收规定确认应税收入的收入。根据“视同销售和房地产开发企业特定业务纳税调整明细表”(A105010)填报。第2列“税收金额”为表A105010第1行第1列金额。第3列“调增金额”为表A105010第1行第2列金额。

3. 第3行“（二）未按权责发生制原则确认的收入”：根据“未按权责发生制确认收入纳税调整明细表”(A105020)填报。第1列“账载金额”为表A105020第14行第2列金额。第2列“税收金额”为表A105020第14行第4列金额。表A105020第14行第6列，若≥0，填入本行第3列“调增金额”；若<0，将绝对值填入本行第4列“调减金额”。

4. 第4行“（三）投资收益”：根据“投资收益纳税调整明细表”(A105030)填报。第1列“账载金额”为表A105030第10行第1+8列的合计金额。第2列“税收金额”为表A105030第10行第2+9列的合计金额。表A105030第10行第11列，若≥0，填入本行第3列“调增金额”；若<0，将绝对值填入本行第4列“调减金额”。

5. 第5行“（四）按权益法核算长期股权投资对初始投资成本调整确认收益”：第4列“调减金额”填报纳税人采取权益法核算，初始投资成本小于取得投资时应享有被投资单位可辨认净资产公允价值份额的差额计入取得投资当期的营业外收入的金额。

6. 第6行“（五）交易性金融资产初始投资调整”：第3列“调增金额”填报纳税人根据税收规定确认交易性金融资产初始投资金额与会计核算的交易性金融资产初始投资账面价值的差额。

7. 第7行“（六）公允价值变动净损益”：第1列“账载金额”填报纳税人会计核算的以公允价值计量的金融资产、金融负债以及投资性房地产类项目，计入当期损益的公允价值变动金额；第1列≤0，将绝对值填入第3列“调增金额”；若第1列>0，填入第4列“调减金额”。

8. 第8行“（七）不征税收入”：填报纳税人计入收入总额但属于税收规定不征税的财政拨款、依法收取并纳入财政管理的行政事业性收费以及政府性基金和国务院规定的其他不征税收入。第3列“调增金额”填报纳税人以前年度取得财政性资金且已作为不征税收入处理，在5年(60个月)内未发生支出且未缴回财政部门或其他拨付资金的政府部门，应计入应税收入额的金额。第4列“调减金额”填报符合税收规定不征税收入条件并作为不征税收入处理，且已计入当期损益的金额。

9. 第9行"其中：专项用途财政性资金"：根据《专项用途财政性资金纳税调整明细表》(A105040)填报。第3列"调增金额"为表A105040第7行第14列金额。第4列"调减金额"为表A105040第7行第4列金额。

10. 第10行"(八)销售折扣、折让和退回"：填报不符合税收规定的销售折扣和折让应进行纳税调整的金额，和发生的销售退回因会计处理与税收规定有差异需纳税调整的金额。第1列"账载金额"填报纳税人会计核算的销售折扣和折让金额及销货退回的追溯处理的净调整额。第2列"税收金额"填报根据税收规定可以税前扣除的折扣和折让的金额及销货退回业务影响当期损益的金额。第1列减第2列，若余额≥0，填入第3列"调增金额"；若余额<0，将绝对值填入第4列"调减金额"，第4列仅为销货退回影响损益的跨期时间性差异。

11. 第11行"(九)其他"：填报其他因会计处理与税收规定有差异需纳税调整的收入类项目金额。若第2列≥第1列，将第2－1列的余额填入第3列"调增金额"；若第2列<第1列，将第2－1列余额的绝对值填入第4列"调减金额"。

(二)扣除类调整项目

12. 第12行"二、扣除类调整项目"：根据第13行至第30行(不含第25行)填报。

13. 第13行"(一)视同销售成本"：填报会计处理不作为销售核算，税收规定作为应税收入对应的销售成本金额。根据"视同销售和房地产开发企业特定业务纳税调整明细表"(A105010)填报。第2列"税收金额"为表A105010第11行第1列金额。第4列"调减金额"为表A105010第11行第2列金额的绝对值。

14. 第14行"(二)职工薪酬"：根据"职工薪酬支出及纳税调整明细表"(A105050)填报。第1列"账载金额"为表A105050第13行第1列金额。第2列"税收金额"为表A105050第13行第5列金额。表A105050第13行第6列，若≥0，填入本行第3列"调增金额"；若<0，将绝对值填入本行第4列"调减金额"。

15. 第15行"(三)业务招待费支出"：第1列"账载金额"填报纳税人会计核算计入当期损益的业务招待费金额。第2列"税收金额"填报按照税收规定允许税前扣除的业务招待费支出的金额。第3列"调增金额"为第1－2列金额。

16. 第16行"(四)广告费和业务宣传费支出"：根据"广告费和业务宣传费跨年度纳税调整明细表"(A105060)填报。表A105060第12行，若≥0，填入第3列"调增金额"；若<0，将绝对值填入第4列"调减金额"。

17. 第17行"(五)捐赠支出"：根据"捐赠支出及纳税调整明细表"(A105070)填报。第1列"账载金额"为表A105070第8行第1列金额。第2列"税收金额"为表A105070第8行第4列金额。第3列"调增金额"为表A105070第8行第5列金额。第4列"调减金额"为表A105070第8行第6列金额。

18. 第18行"(六)利息支出"：第1列"账载金额"填报纳税人向非金融企业借款，会计核算计入当期损益的利息支出的金额。第2列"税收金额"填报按照税收规定允许税前扣除的利息支出的金额。若第1列≥第2列，将第1列减第2列余额填入第3列"调增金额"；若第1列<第2列，将第1列减第2列余额的绝对值填入第4列"调减金额"。

19. 第19行"(七)罚金、罚款和被没收财物的损失"：第1列"账载金额"填报纳税人会计核算计入当期损益的罚金、罚款和被罚没财物的损失，不包括纳税人按照经济合同规定支付的违约金(包括银行罚息)、罚款和诉讼费。第3列"调增金额"等于第1列金额。

20. 第20行"(八)税收滞纳金、加收利息"：第1列"账载金额"填报纳税人会计核算计入当期损益的税收滞纳金、加收利息。第3列"调增金额"等于第1列金额。

21. 第21行"(九)赞助支出"：第1列"账载金额"填报纳税人会计核算计入当期损益的不符合税收规定的公益性捐赠的赞助支出的金额，包括直接向受赠人的捐赠、赞助支出等(不含广告性的赞助支出，广告性的赞助支出在表A105060中调整)。第3列"调增金额"等于第1列金额。

22. 第22行"(十)与未实现融资收益相关在当期确认的财务费用"：第1列"账载金额"填报纳税人会计核算的与未实现融资收益相关并在当期确认的财务费用的金额。第2列"税收金额"填报按照税收规定允许税前扣除的金额。若第1列≥第2列，将第1－2列余额填入第3列"调增金额"；若第1列<第2列，将第1－2列余额的绝对值填入第4列"调减金额"。

23. 第 23 行“(十一) 佣金和手续费支出”：第 1 列“账载金额”填报纳税人会计核算计入当期损益的佣金和手续费金额。第 2 列“税收金额”填报按照税收规定允许税前扣除的佣金和手续费支出金额。第 3 列“调增金额”为第 1－2 列的余额。

24. 第 24 行“(十二) 不征税收入用于支出所形成的费用”：第 3 列“调增金额”填报符合条件的不征税收入用于支出所形成的计入当期损益的费用化支出金额。

25. 第 25 行“其中：专项用途财政性资金用于支出所形成的费用”：根据“专项用途财政性资金纳税调整明细表”(A105040)填报。第 3 列“调增金额”为表 A105040 第 7 行第 11 列金额。

26. 第 26 行“(十三) 跨期扣除项目”：填报维简费、安全生产费用、预提费用、预计负债等跨期扣除项目调整情况。第 1 列“账载金额”填报纳税人会计核算计入当期损益的跨期扣除项目金额。第 2 列“税收金额”填报按照税收规定允许税前扣除的金额。若第 1 列≥第 2 列，将第 1－2 列余额填入第 3 列“调增金额”；若第 1 列＜第 2 列，将第 1－2 列余额的绝对值填入第 4 列“调减金额”。

27. 第 27 行“(十四) 与取得收入无关的支出”：第 1 列“账载金额”填报纳税人会计核算计入当期损益的与取得收入无关的支出的金额。第 3 列“调增金额”等于第 1 列金额。

28. 第 28 行“(十五) 境外所得分摊的共同支出”：第 3 列“调增金额”为“境外所得纳税调整后所得明细表”(A108010)第 10 行第 16＋17 列的合计金额。

29. 第 29 行“(十六) 党组织工作经费”：填报纳税人根据有关文件规定，为创新基层党建工作、建立稳定的经费保障制度发生的党组织工作经费及纳税调整情况。

30. 第 30 行“(十七) 其他”：填报其他因会计处理与税收规定有差异需纳税调整的扣除类项目金额。若第 1 列≥第 2 列，将第 1－2 列余额填入第 3 列“调增金额”；若第 1 列＜第 2 列，将第 1－2 列余额的绝对值填入第 4 列“调减金额”。

(三) 资产类调整项目

31. 第 31 行“三、资产类调整项目”：填报资产类调整项目第 32 行至第 35 行的合计金额。

32. 第 32 行“(一) 资产折旧、摊销”：根据“资产折旧、摊销及纳税调整明细表”(A105080)填报。第 1 列“账载金额”为表 A105080 第 39 行第 2 列金额。第 2 列“税收金额”为表 A105080 第 39 行第 5 列金额。表 A105080 第 39 行第 9 列，若≥0，填入本行第 3 列“调增金额”；若＜0，将绝对值填入本行第 4 列“调减金额”。

33. 第 33 行“(二) 资产减值准备金”：填报坏账准备、存货跌价准备、理赔费用准备金等不允许税前扣除的各类资产减值准备金纳税调整情况。第 1 列“账载金额”填报纳税人会计核算计入当期损益的资产减值准备金金额(因价值恢复等原因转回的资产减值准备金应予以冲回)。第 1 列，若≥0，填入第 3 列“调增金额”；若＜0，将绝对值填入第 4 列“调减金额”。

34. 第 34 行“(三) 资产损失”：根据“资产损失税前扣除及纳税调整明细表”(A105090)填报。第 1 列“账载金额”为表 A105090 第 14 行第 1 列金额。第 2 列“税收金额”为表 A105090 第 14 行第 5 列金额。表 A105090 第 14 行第 6 列，若≥0，填入本行第 3 列“调增金额”；若＜0，将绝对值填入本行第 4 列“调减金额”。

35. 第 35 行“(四) 其他”：填报其他因会计处理与税收规定有差异需纳税调整的资产类项目金额。若第 1 列≥第 2 列，将第 1－2 列余额填入第 3 列“调增金额”；若第 1 列＜第 2 列，将第 1－2 列余额的绝对值填入第 4 列“调减金额”。

(四) 特殊事项调整项目

36. 第 36 行“四、特殊事项调整项目”：填报特殊事项调整项目第 37 行至第 42 行的合计金额。

37. 第 37 行“(一) 企业重组及递延纳税事项”：根据“企业重组及递延纳税事项纳税调整明细表”(A105100)填报。第 1 列“账载金额”为表 A105100 第 16 行第 1＋4 列金额。第 2 列“税收金额”为表 A105100 第 16 行第 2＋5 列金额。表 A105100 第 16 行第 7 列，若≥0，填入本行第 3 列“调增金额”；若＜0，将绝对值填入本行第 4 列“调减金额”。

38. 第 38 行“(二) 政策性搬迁”：根据“政策性搬迁纳税调整明细表”(A105110)填报。表 A105110 第 24 行，若≥0，填入本行第 3 列“调增金额”；若＜0，将绝对值填入本行第 4 列“调减金额”。

39. 第 39 行“(三) 特殊行业准备金”：根据“特殊行业准备金及纳税调整明细表”(A105120)填报。第 1

列“账载金额”为表 A105120 第 43 行第 1 列金额。第 2 列“税收金额”为表 A105120 第 43 行第 2 列金额。表 A105120 第 43 行第 3 列，若≥0，填入本行第 3 列“调增金额”；若<0，将绝对值填入本行第 4 列“调减金额”。

40. 第 40 行“（四）房地产开发企业特定业务计算的纳税调整额”：根据“视同销售和房地产开发企业特定业务纳税调整明细表”（A105010）填报。第 2 列“税收金额”为表 A105010 第 21 行第 1 列金额。表 A105010 第 21 行第 2 列，若≥0，填入本行第 3 列“调增金额”；若<0，将绝对值填入本行第 4 列“调减金额”。

41. 第 41 行“（五）有限合伙企业法人合伙方分得的应纳税所得额”：第 1 列“账载金额”填报有限合伙企业法人合伙方本年会计核算上确认的对有限合伙企业的投资所得；第 2 列“税收金额”填报纳税人按照“先分后税”原则和《财政部 国家税务总局关于合伙企业合伙人所得税问题的通知》（财税〔2008〕159 号）文件第四条规定计算的从合伙企业分得的法人合伙方应纳税所得额；若第 1 列≤第 2 列，将第 2－1 列余额填入第 3 列“调增金额”，若第 1 列>第 2 列，将第 2－1 列余额的绝对值填入第 4 列“调减金额”。

42. 第 42 行“（六）其他”：填报其他因会计处理与税收规定有差异需纳税调整的特殊事项金额。

（五）特殊纳税调整所得项目

43. 第 43 行“五、特别纳税调整应税所得”：第 3 列“调增金额”填报纳税人按特别纳税调整规定自行调增的当年应税所得。第 4 列“调减金额”填报纳税人依据双边预约定价安排或者转让定价相应调整磋商结果的通知，需要调减的当年应税所得。

（六）其他

44. 第 44 行“六、其他”：其他会计处理与税收规定存在差异需纳税调整的项目金额。

45. 第 45 行“合计”：填报第 1＋12＋31＋36＋43＋44 行的合计金额。

二、表内、表间关系

（一）表内关系

1. 第 1 行＝第 2＋3＋4＋5＋6＋7＋8＋10＋11 行。

2. 第 12 行＝第 13＋14＋…＋23＋24＋26＋27＋28＋29＋30 行。

3. 第 31 行＝第 32＋33＋34＋35 行。

4. 第 36 行＝第 37＋38＋39＋40＋41＋42 行。

5. 第 45 行＝第 1＋12＋31＋36＋43＋44 行。

（二）表间关系

1. 第 2 行第 2 列＝表 A105010 第 1 行第 1 列；第 2 行第 3 列＝表 A105010 第 1 行第 2 列。

2. 第 3 行第 1 列＝表 A105020 第 14 行第 2 列；第 3 行第 2 列＝表 A105020 第 14 行第 4 列；若表 A105020 第 14 行第 6 列≥0，第 3 行第 3 列＝表 A105020 第 14 行第 6 列；若表 A105020 第 14 行第 6 列<0，第 3 行第 3 列＝表 A105020 第 14 行第 6 列的绝对值。

3. 第 4 行第 1 列＝表 A105030 第 10 行第 1＋8 列；第 4 行第 2 列＝表 A105030 第 10 行第 2＋9 列；若表 A105030 第 10 行第 11 列≥0，第 4 行第 3 列＝表 A105030 第 10 行第 11 列；若表 A105030 第 10 行第 11 列<0，第 4 行第 4 列＝表 A105030 第 10 行第 11 列的绝对值。

4. 第 9 行第 3 列＝表 A105040 第 7 行第 14 列；第 9 行第 4 列＝表 A105040 第 7 行第 4 列。

5. 第 13 行第 2 列＝表 A105010 第 11 行第 1 列；第 13 行第 4 列＝表 A105010 第 11 行第 2 列的绝对值。

6. 第 14 行第 1 列＝表 A105050 第 13 行第 1 列；第 14 行第 2 列＝表 A105050 第 13 行第 5 列；若表 A105050 第 13 行第 6 列≥0，第 14 行第 3 列＝表 A105050 第 13 行第 6 列；若表 A105050 第 13 行第 6 列<0，第 14 行第 4 列＝表 A105050 第 13 行第 6 列的绝对值。

7. 若表 A105060 第 12 行≥0，第 16 行第 3 列＝表 A105060 第 12 行，若表 A105060 第 12 行<0，第 16 行第 4 列＝表 A105060 第 12 行的绝对值。

8. 第 17 行第 1 列＝表 A105070 第 8 行第 1 列；第 17 行第 2 列＝表 A105070 第 8 行第 4 列；第 17 行第 3 列＝表 A105070 第 8 行第 5 列；第 17 行第 4 列＝表 A105070 第 8 行第 6 列。

9. 第 25 行第 3 列＝表 A105040 第 7 行第 11 列。

10. 第 28 行第 3 列＝表 A108010 第 10 行第 16＋17 列。

11. 第32行第1列=表A105080第39行第2列;第32行第2列=表A105080第39行第5列;若表A105080第39行第9列≥0,第32行第3列=表A105080第39行第9列,若表A105080第39行第9列<0,第32行第4列=表A105080第39行第9列的绝对值。

12. 第34行第1列=表A105090第14行第1列;第34行第2列=表A105090第14行第5列;若表A105090第14行第6列≥0,第34行第3列=表A105090第14行第6列,若表A105090第14行第6列<0,第34行第4列=表A105090第14行第6列的绝对值。

13. 第37行第1列=表A105100第16行第1+4列;第37行第2列=表A105100第16行第2+5列;若表A105100第16行第7列≥0,第37行第3列=表A105100第16行第7列,若表A105100第16行第7列<0,第37行第4列=表A105100第16行第7列的绝对值。

14. 若表A105110第24行≥0,第38行第3列=表A105110第24行,若表A105110第24行<0,第38行第4列=表A105110第24行的绝对值。

15. 第39行第1列=表A105120第43行第1列;第39行第2列=表A105120第43行第2列;若表A105120第43行第3列≥0,第39行第3列=表A105120第43行第3列,若表A105120第43行第3列<0,第39行第4列=表A105120第43行第3列的绝对值。

16. 第40行第2列=表A105010第21行第1列;若表A105010第21行第2列≥0,第40行第3列=表A105010第21行第1列,若表A105010第21行第2列<0,第40行第4列=表A105010第21行第1列的绝对值。

17. 第45行第3列=表A100000第15行;第45行第4列=表A100000第16行。

表 4－27(e) **企业所得税年度纳税申报表附表：A105030 投资收益纳税调整明细表**

A105030

投资收益纳税调整明细表

行次	项目	持有收益			处置收益							纳税调整金额
		账载金额	税收金额	纳税调整金额	会计确认的处置收入	税收计算的处置收入	处置投资的账面价值	处置投资的计税基础	会计确认的处置所得或损失	税收计算的处置所得	纳税调整金额	
		1	2	3(2－1)	4	5	6	7	8(4－6)	9(5－7)	10(9－8)	11(3＋10)
1	一、交易性金融资产											
2	二、可供出售金融资产											
3	三、持有至到期投资											
4	四、衍生工具											
5	五、交易性金融负债											
6	六、长期股权投资	600 000.00	600 000.00	0.00								0.00
7	七、短期投资				343 600.00	343 600.00	340 000.00	340 000.00	3600.00	3600.00	0.00	0.00
8	八、长期债券投资	400 000.00	400 000.00	0.00								
9	九、其他											
10	合计(1＋2＋3＋4＋5＋6＋7＋8＋9)	1 000 000.00	1 000 000.00	0.00	343 600.00	343 600.00	340 000.00	340 000.00	3600.00	3600.00	0.00	0.00

填报说明

本表适用于发生投资收益纳税调整项目的纳税人及从事股权投资业务的纳税人填报。纳税人根据税法、《国家税务总局关于贯彻落实企业所得税法若干税收问题的通知》(国税函〔2010〕79号)等相关规定,以及国家统一企业会计制度,填报投资收益的会计处理、税收规定,以及纳税调整情况。发生持有期间投资收益,并按税收规定为减免税收入的(如国债利息收入等),本表不作调整。处置投资项目按税收规定确认为损失的,本表不作调整,在“资产损失税前扣除及纳税调整明细表”(A105090)进行纳税调整。处置投资项目符合企业重组且适用特殊性税务处理规定的,本表不作调整,在“企业重组及递延纳税事项纳税调整明细表”(A105100)进行纳税调整。

一、有关项目填报说明

已执行《企业会计准则第22号——金融工具确认和计量》(财会〔2017〕7号发布)、《企业会计准则第23号——金融资产转移》(财会〔2017〕8号发布)、《企业会计准则第24号——套期会计》(财会〔2017〕9号发布)、《企业会计准则第37号——金融工具列报》(财会〔2017〕14号发布)(以上四项简称“新金融准则”)的纳税人,若投资收益的项目类别不为本表第1行至第8行的,则在第9行“九、其他”中填报相关会计处理、税收规定,以及纳税调整情况。

1. 第1列“账载金额”:填报纳税人持有投资项目,会计核算确认的投资收益。

2. 第2列“税收金额”:填报纳税人持有投资项目,按照税收规定确认的投资收益。

3. 第3列“纳税调整金额”:填报纳税人持有投资项目,会计核算确认投资收益与税收规定投资收益的差异需纳税调整金额,为第2-1列金额。

4. 第4列“会计确认的处置收入”:填报纳税人收回、转让或清算处置投资项目,会计核算确认的扣除相关税费后的处置收入金额。

5. 第5列“税收计算的处置收入”:填报纳税人收回、转让或清算处置投资项目,按照税收规定计算的扣除相关税费后的处置收入金额。

6. 第6列“处置投资的账面价值”:填报纳税人收回、转让或清算处置的投资项目,会计核算的处置投资的账面价值。

7. 第7列“处置投资的计税基础”:填报纳税人收回、转让或清算处置的投资项目,按税收规定计算的处置投资的计税金额。

8. 第8列“会计确认的处置所得或损失”:填报纳税人收回、转让或清算处置投资项目,会计核算确认的处置所得或损失,按第4-6列金额填报(损失以“-”号填列)。

9. 第9列“税收计算的处置所得”:填报纳税人收回、转让或清算处置投资项目,按照税收规定计算的处置所得,按第5-7列金额填报。

10. 第10列“纳税调整金额”:填报纳税人收回、转让或清算处置投资项目,会计处理与税收规定不一致需纳税调整金额,按第9-8列金额填报。

11. 第11列“纳税调整金额”:填报第3+10列金额。

二、表内、表间关系

(一)表内关系

1. 第10行=第1+2+3+4+5+6+7+8+9行。

2. 第3列=第2-1列。

3. 第8列=第4-6列。

4. 第9列=第5-7列。

5. 第10列=第9-8列。

6. 第11列=第3+10列。

(二)表间关系

1. 第10行第1+8列=表A105000第4行第1列。

2. 第10行第2+9列=表A105000第4行第2列。

3. 若第10行第11列≥0,第10行第11列=表A105000第4行第3列;若第10行第11列<0,第10行第11列绝对值=表A105000第4行第4列。

表 4－27(f)　　**企业所得税年度纳税申报表附表：A105050 职工薪酬支出及纳税调整明细表**

A105050　　职工薪酬支出及纳税调整明细表

行次	项　　目	账载金额	实际发生额	税收规定扣除率	以前年度累计结转扣除额	税收金额	纳税调整金额	累计结转以后年度扣除额
		1	2	3	4	5	6(1－5)	7(1＋4－5)
1	一、工资薪金支出	12 844 308.00	12 844 308.00	*	*	12 844 308.00	0.00	*
2	其中：股权激励			*	*			*
3	二、职工福利费支出	1 798 203.12	1 798 203.12	14%	*	1 798 203.12	0.00	*
4	三、职工教育经费支出	1 027 544.64	1 027 544.64	*		1 027 544.64	0.00	
5	其中：按税收规定比例扣除的职工教育经费	1 027 544.64	1 027 544.64	8%		1 027 544.64	0.00	
6	按税收规定全额扣除的职工培训费用				*			*
7	四、工会经费支出	256 886.15	256 886.16	2%	*	256 886.16	0.00	*
8	五、各类基本社会保障性缴款			*	*			*
9	六、住房公积金			*	*			*
10	七、补充养老保险				*			*
11	八、补充医疗保险				*			*
12	九、其他			*	*			*
13	合计(1＋3＋4＋7＋8＋9＋10＋11＋12)	15 926 941.92	15 926 941.92	*		15 926 941.92	0.00	

填报说明

纳税人根据税法、《国家税务总局关于企业工资薪金及职工福利费扣除问题的通知》(国税函〔2009〕3号)、《财政部国家税务总局关于扶持动漫产业发展有关税收政策问题的通知》(财税〔2009〕65号)、《财政部国家税务总局关于进一步鼓励软件产业和集成电路产业发展企业所得税政策的通知》(财税〔2012〕27号)、《国家税务总局关于我国居民企业实行股权激励计划有关企业所得税处理问题的公告》(国家税务总局公告2012年第18号)、《财政部国家税务总局商务部科技部国家发展改革委关于完善技术先进型服务企业有关企业所得税政策问题的通知》(财税〔2014〕59号)、《国家税务总局关于企业工资薪金和职工福利费等支出税前扣除问题的公告》(国家税务总局公告2015年第34号)、《财政部税务总局关于企业职工教育经费税前扣除政策的通知》(财税〔2018〕51号)等相关规定,以及国家统一企业会计制度,填报纳税人职工薪酬会计处理、税收规定,以及纳税调整情况。纳税人只要发生相关支出,不论是否纳税调整,均需填报。

一、有关项目填报说明

1. 第1行"一、工资薪金支出":填报纳税人本年度支付给在本企业任职或者受雇的员工的所有现金形式或非现金形式的劳动报酬及其会计核算、纳税调整等金额,具体如下:

(1) 第1列"账载金额":填报纳税人会计核算计入成本费用的职工工资、奖金、津贴和补贴金额。

(2) 第2列"实际发生额":分析填报纳税人"应付职工薪酬"会计科目借方发生额(实际发放的工资薪金)。

(3) 第5列"税收金额":填报纳税人按照税收规定允许税前扣除的金额,按照第1列和第2列分析填报。

(4) 第6列"纳税调整金额":填报第1－5列金额。

2. 第2行"股权激励":适用于执行《上市公司股权激励管理办法》(中国证券监督管理委员会令第126号)的纳税人填报,具体如下:

(1) 第1列"账载金额":填报纳税人按照国家有关规定建立职工股权激励计划,会计核算计入成本费用的金额。

(2) 第2列"实际发生额":填报纳税人根据本年实际行权时股权的公允价格与激励对象实际行权支付价格的差额和数量计算确定的金额。

(3) 第5列"税收金额":填报行权时按照税收规定允许税前扣除的金额,按第2列金额填报。

(4) 第6列"纳税调整金额":填报第1－5列金额。

3. 第3行"二、职工福利费支出":填报纳税人本年度发生的职工福利费及其会计核算、纳税调整等金额,具体如下:

(1) 第1列"账载金额":填报纳税人会计核算计入成本费用的职工福利费的金额。

(2) 第2列"实际发生额":分析填报纳税人"应付职工薪酬"会计科目下的职工福利费实际发生额。

(3) 第3列"税收规定扣除率":填报税收规定的扣除比例。

(4) 第5列"税收金额":填报按照税收规定允许税前扣除的金额,按第1行第5列"工资薪金支出\税收金额"×税收规定扣除率与第1列、第2列三者孰小值填报。

(5) 第6列"纳税调整金额":填报第1－5列金额。

4. 第4行"三、职工教育经费支出":填报第5行金额或者第5+6行金额。

5. 第5行"按税收规定比例扣除的职工教育经费":适用于按照税收规定职工教育经费按比例税前扣除的纳税人填报,填报纳税人本年度发生的按税收规定比例扣除的职工教育经费及其会计核算、纳税调整等金额,具体如下:

(1) 第1列"账载金额"填报纳税人会计核算计入成本费用的按税收规定比例扣除的职工教育经费金额,不包括第6行"按税收规定全额扣除的职工培训费用"金额。

(2) 第2列"实际发生额":分析填报纳税人"应付职工薪酬"会计科目下的职工教育经费实际发生额,不包括第6行"按税收规定全额扣除的职工培训费用"金额。

(3) 第3列"税收规定扣除率":填报税收规定的扣除比例。

(4) 第4列"以前年度累计结转扣除额":填报纳税人以前年度累计结转准予扣除的职工教育经费支出余额。

(5) 第5列"税收金额":填报纳税人按照税收规定允许税前扣除的金额(不包括第6行"按税收规定全额

扣除的职工培训费用”金额)，按第1行第5列“工资薪金支出\税收金额”×税收规定扣除率与第2+4列的孰小值填报。

(6) 第6列“纳税调整金额”：填报第1−5列金额。

(7) 第7列“累计结转以后年度扣除额”：填报第2+4−5列金额。

6. 第6行“按税收规定全额扣除的职工培训费用”：适用于按照税收规定职工培训费用允许全额税前扣除的纳税人填报，填报纳税人本年度发生的按税收规定全额扣除的职工培训费用及其会计核算、纳税调整等金额，具体如下：

(1) 第1列“账载金额”：填报纳税人会计核算计入成本费用的按税收规定全额扣除的职工培训费用金额。

(2) 第2列“实际发生额”：分析填报纳税人“应付职工薪酬”会计科目下的职工教育经费本年实际发生额中可全额扣除的职工培训费用金额。

(3) 第3列“税收规定扣除率”：填报税收规定的扣除比例(100%)。

(4) 第5列“税收金额”：填报按照税收规定允许税前扣除的金额，按第2列金额填报。

(5) 第6列“纳税调整金额”：填报第1−5列金额。

7. 第7行“四、工会经费支出”：填报纳税人本年度拨缴工会经费及其会计核算、纳税调整等金额，具体如下：

(1) 第1列“账载金额”：填报纳税人会计核算计入成本费用的工会经费支出金额。

(2) 第2列“实际发生额”：分析填报纳税人“应付职工薪酬”会计科目下的工会经费本年实际发生额。

(3) 第3列“税收规定扣除率”：填报税收规定的扣除比例。

(4) 第5列“税收金额”：填报按照税收规定允许税前扣除的金额，按第1行第5列“工资薪金支出\税收金额”×税收规定扣除率与第1列、第2列三者孰小值填报。

(5) 第6列“纳税调整金额”：填报第1−5列金额。

8. 第8行“五、各类基本社会保障性缴款”：填报纳税人依照国务院有关主管部门或者省级人民政府规定的范围和标准为职工缴纳的基本社会保险费及其会计核算、纳税调整等金额，具体如下：

(1) 第1列“账载金额”：填报纳税人会计核算的各类基本社会保障性缴款的金额。

(2) 第2列“实际发生额”：分析填报纳税人“应付职工薪酬”会计科目下的各类基本社会保障性缴款本年实际发生额。

(3) 第5列“税收金额”：填报按照税收规定允许税前扣除的各类基本社会保障性缴款的金额，按纳税人依照国务院有关主管部门或者省级人民政府规定的范围和标准计算的各类基本社会保障性缴款的金额、第1列及第2列孰小值填报。

(4) 第6列“纳税调整金额”：填报第1−5列金额。

9. 第9行“六、住房公积金”：填报纳税人依照国务院有关主管部门或者省级人民政府规定的范围和标准为职工缴纳的住房公积金及其会计核算、纳税调整等金额，具体如下：

(1) 第1列“账载金额”：填报纳税人会计核算的住房公积金金额。

(2) 第2列“实际发生额”：分析填报纳税人“应付职工薪酬”会计科目下的住房公积金本年实际发生额。

(3) 第5列“税收金额”：填报按照税收规定允许税前扣除的住房公积金金额，按纳税人依照国务院有关主管部门或者省级人民政府规定的范围和标准计算的住房公积金金额、第1列及第2列三者孰小值填报。

(4) 第6列“纳税调整金额”：填报第1−5列金额。

10. 第10行“七、补充养老保险”：填报纳税人为投资者或者职工支付的补充养老保险费及其会计核算、纳税调整等金额，具体如下：

(1) 第1列“账载金额”：填报纳税人会计核算的补充养老保险金额。

(2) 第2列“实际发生额”：分析填报纳税人“应付职工薪酬”会计科目下的补充养老保险本年实际发生额。

(3) 第3列“税收规定扣除率”：填报税收规定的扣除比例。

(4) 第5列“税收金额”：填报按照税收规定允许税前扣除的补充养老保险的金额，按第1行第5列“工资薪金支出\税收金额”×税收规定扣除率与第1列、第2列三者孰小值填报。

(5) 第 6 列"纳税调整金额"：填报第 1－5 列金额。

11. 第 11 行"八、补充医疗保险"：填报纳税人为投资者或者职工支付的补充医疗保险费及其会计核算、纳税调整等金额，具体如下：

(1) 第 1 列"账载金额"：填报纳税人会计核算的补充医疗保险金额。

(2) 第 2 列"实际发生额"：分析填报纳税人"应付职工薪酬"会计科目下的补充医疗保险本年实际发生额。

(3) 第 3 列"税收规定扣除率"：填报税收规定的扣除比例。

(4) 第 5 列"税收金额"：填报按照税收规定允许税前扣除的补充医疗保险的金额，按第 1 行第 5 列"工资薪金支出\税收金额"×税收规定扣除率与第 1 列、第 2 列三者孰小值填报。

(5) 第 6 列"纳税调整金额"：填报第 1－5 列金额。

12. 第 12 行"九、其他"：填报其他职工薪酬的金额及其会计核算、纳税调整等金额。

13. 第 13 行"合计"：填报第 1＋3＋4＋7＋8＋9＋10＋11＋12 行金额。

二、表内、表间关系

(一) 表内关系

1. 第 4 行＝第 5 行或第 5＋6 行。

2. 第 13 行＝第 1＋3＋4＋7＋8＋9＋10＋11＋12 行。

3. 第 6 列＝第 1－5 列。

4. 第 7 列＝第 2＋4－5 列。

(二) 表间关系

1. 第 13 行第 1 列＝表 A105000 第 14 行第 1 列。

2. 第 13 行第 5 列＝表 A105000 第 14 行第 2 列。

3. 若第 13 行第 6 列≥0，第 13 行第 6 列＝表 A105000 第 14 行第 3 列；若第 13 行第 6 列＜0，第 13 行第 6 列的绝对值＝表 A105000 第 14 行第 4 列。

表 4－27(g) 企业所得税年度纳税申报表附表：A105060 广告费和业务宣传费跨年度纳税调整明细表

A105060 广告费和业务宣传费跨年度纳税调整明细表

行次	项　　目	金　额
1	一、本年广告费和业务宣传费支出	10 050 000.00
2	减：不允许扣除的广告费和业务宣传费支出	0.00
3	二、本年符合条件的广告费和业务宣传费支出(1－2)	10 050 000.00
4	三、本年计算广告费和业务宣传费扣除限额的销售(营业)收入	65 478 000.00
5	乘：税收规定扣除率	15%
6	四、本企业计算的广告费和业务宣传费扣除限额(4×5)	9 821 700.00
7	五、本年结转以后年度扣除额(3＞6，本行＝3－6；3≤6，本行＝0)	228 300.00
8	加：以前年度累计结转扣除额	0.00
9	减：本年扣除的以前年度结转额[3＞6，本行＝0；3≤6，本行＝8 或(6－3)孰小值]	0.00
10	六、按照分摊协议归集至其他关联方的广告费和业务宣传费(10≤3 或 6 孰小值)	0.00
11	按照分摊协议从其他关联方归集至本企业的广告费和业务宣传费	0.00
12	七、本年广告费和业务宣传费支出纳税调整金额(3＞6，本行＝2＋3－6＋10－11；3≤6，本行＝2＋10－11－9)	228 300.00
13	八、累计结转以后年度扣除额(7＋8－9)	228 300.00

填报说明

本表适用于发生广告费和业务宣传费纳税调整项目(含广告费和业务宣传费结转)的纳税人填报。纳税人根据税法、《财政部 国家税务总局关于广告费和业务宣传费支出税前扣除政策的通知》(财税〔2012〕48 号)等相关规定，以及国家统一企业会计制度，填报广告费和业务宣传费会计处理、税收规定，以及跨年度纳税调整情况。

一、有关项目填报说明

1. 第 1 行“一、本年广告费和业务宣传费支出”：填报纳税人会计核算计入本年损益的广告费和业务宣传费用金额。

2. 第 2 行“减：不允许扣除的广告费和业务宣传费支出”：填报税法规定不允许扣除的广告费和业务宣传费支出金额。

3. 第 3 行“二、本年符合条件的广告费和业务宣传费支出”：填报第 1－2 行的金额。

4. 第 4 行“三、本年计算广告费和业务宣传费扣除限额的销售(营业)收入”：填报按照税法规定计算广告费和业务宣传费扣除限额的当年销售(营业)收入。

5. 第 5 行“税收规定扣除率”：填报税法规定的扣除比例。

6. 第 6 行“四、本企业计算的广告费和业务宣传费扣除限额”：填报第 4×5 行的金额。

7. 第 7 行“五、本年结转以后年度扣除额”：若第 3 行＞第 6 行，填报第 3－6 行的金额；若第 3 行≤第 6 行，填 0。

8. 第 8 行“加：以前年度累计结转扣除额”：填报以前年度允许税前扣除但超过扣除限额未扣除、结转扣除的广告费和业务宣传费的金额。

9. 第 9 行“减：本年扣除的以前年度结转额”：若第 3 行＞第 6 行，填 0；若第 3 行≤第 6 行，填报第 6－3 行或第 8 行的孰小值。

10. 第 10 行“六、按照分摊协议归集至其他关联方的广告费和业务宣传费”：填报签订广告费和业务宣传费分摊协议(以下简称分摊协议)的关联企业的一方，按照分摊协议，将其发生的不超过当年销售(营业)收入税前扣除限额比例内的广告费和业务宣传费支出归集至其他关联方扣除的广告费和业务宣传费，本行应≤第 3 行或第 6 行的孰小值。

11. 第 11 行“按照分摊协议从其他关联方归集至本企业的广告费和业务宣传费”：填报签订广告费和业务宣传费分摊协议(以下简称分摊协议)的关联企业的一方，按照分摊协议，从其他关联方归集至本企业的广告费和业务宣传费。

12. 第 12 行“七、本年广告费和业务宣传费支出纳税调整金额”：若第 3 行＞第 6 行，填报第 2＋3－6＋10－11 行的金额；若第 3 行≤第 6 行，填报第 2＋10－11－9 行的金额。

13. 第 13 行“八、累计结转以后年度扣除额”：填报第 7＋8－9 行的金额。

二、表内、表间关系

(一) 表内关系

1. 第 3 行＝第 1－2 行。

2. 第 6 行＝第 4×5 行。

3. 若第 3＞6 行，第 7 行＝第 3－6 行；若第 3≤6 行，第 7 行＝0。

4. 若第 3＞6 行，第 9 行＝0；若第 3≤6 行，第 9 行＝第 8 行或第 6－3 行的孰小值。

5. 若第 3＞6 行，第 12 行＝2＋3－6＋10－11 行；若第 3≤6 行，第 12 行＝第 2－9＋10－11 行。

6. 第 13 行＝第 7＋8－9 行。

(二) 表间关系

若第 12 行≥0，第 12 行＝表 A105000 第 16 行第 3 列；若第 12 行＜0，第 12 行的绝对值＝表 A105000 第 16 行第 3 列。

表 4－27(h)　企业所得税年度纳税申报表附表：A105070 捐赠支出纳税调整明细表

A105070

捐赠支出及纳税调整明细表

行次	项　目	账载金额	以前年度结转可扣除的捐赠额	按税收规定计算的扣除限额	税收金额	纳税调增金额	纳税调减金额	可结转以后年度扣除的捐赠额
		1	2	3	4	5	6	7
1	一、非公益性捐赠		*	*	*		*	*
2	二、全额扣除的公益性捐赠		*	*		*	*	*
3	三、限额扣除的公益性捐赠(4+5+6+7)	500 000.00		329 543.75	329 543.75	170 456.25		170 456.25
4	前三年度(　　年)	*		*	*	*		*
5	前二年度(　　年)	*		*	*	*		
6	前一年度(　　年)	*		*	*	*		
7	本　年(2018 年)	500 000.00	*	329 543.75	329 543.75	170 456.25	*	170 456.25
8	合计(1+2+3)	500 000.00		329 543.75	329 543.75	170 456.25		170 456.25

填报说明

本表适用于发生捐赠支出(含捐赠支出结转)的纳税人填报。纳税人根据税法、《财政部国家税务总局关于公益性捐赠税前扣除有关问题的通知》(财税〔2008〕160 号)等相关规定,以及国家统一企业会计制度,填报捐赠支出会计处理、税收规定的税前扣除额、捐赠支出结转额以及纳税调整额。纳税人发生相关支出(含捐赠支出结转),无论是否纳税调整,均应填报本表。

一、有关项目填报说明

1. 第 1 行“非公益性捐赠支出”:填报纳税人本年发生且已计入本年损益的税收规定公益性捐赠以外的其他捐赠支出的会计核算、纳税调整情况。具体如下:

(1) 第 1 列“账载金额”:填报纳税人会计核算计入本年损益的税收规定公益性捐赠以外的其他捐赠支出金额。

(2) 第 5 列“纳税调增额”:填报非公益性捐赠支出纳税调整增加额,金额等于第 1 列“账载金额”。

2. 第 2 行“全额扣除的公益性捐赠支出”:填报纳税人发生的可全额税前扣除的公益性捐赠支出。具体如下:

(1) 第 1 列“账载金额”:填报纳税人本年发生的会计核算计入本年损益的按税收规定可全额税前扣除的捐赠支出金额。

(2) 第 4 列“税收金额”:等于第 1 列“账载金额”。

3. 第 3 行“限额扣除的公益性捐赠支出”:填报纳税人本年发生的限额扣除的公益性捐赠支出、纳税调整额、以前年度结转扣除捐赠支出等。第 3 行等于第 4+5+6+7 行。其中本行第 4 列“税收金额”:当本行第 1 列+第 2 列大于第 3 列时,第 4 列=第 3 列;当本行第 1 列+第 2 列小于等于第 3 列时,第 4 列=第 1 列+第 2 列。

4. 第 4 行“前三年度”:填报纳税人前三年度发生的未税前扣除的公益性捐赠支出在本年度扣除的金额。具体如下:

(1) 第 2 列“以前年度结转可扣除的捐赠额”:填报前三年度发生的尚未税前扣除的公益性捐赠支出金额。

(2) 第 6 列“纳税调减额”:根据本年扣除限额以及前三年度未扣除的公益性捐赠支出分析填报。

5. 第 5 行“前二年度”:填报纳税人前二年度发生的未税前扣除的公益性捐赠支出在本年度扣除的捐赠额以及结转以后年度扣除的捐赠额。具体如下:

(1) 第 2 列“以前年度结转可扣除的捐赠额”:填报前二年度发生的尚未税前扣除的公益性捐赠支出金额。

(2) 第 6 列“纳税调减额”:根据本年剩余扣除限额、本年扣除前三年度捐赠支出、前二年度未扣除的公益性捐赠支出分析填报。

(3) 第 7 列“可结转以后年度扣除的捐赠额”:填报前二年度未扣除、结转以后年度扣除的公益性捐赠支出金额。

6. 第 6 行“前一年度”:填报纳税人前一年度发生的未税前扣除的公益性捐赠支出在本年度扣除的捐赠额以及结转以后年度扣除的捐赠额。具体如下:

(1) 第 2 列“以前年度结转可扣除的捐赠额”:填报前一年度发生的尚未税前扣除的公益性捐赠支出金额。

(2) 第 6 列“纳税调减额”:根据本年剩余扣除限额、本年扣除前三年度捐赠支出、本年扣除前二年度捐赠支出、前一年度未扣除的公益性捐赠支出分析填报。

(3) 第 7 列“可结转以后年度扣除的捐赠额”:填报前一年度未扣除、结转以后年度扣除的公益性捐赠支出金额。

7. 第 7 行“本年”:填报纳税人本年度发生、本年税前扣除、本年纳税调增以及结转以后年度扣除的公益性捐赠支出。具体如下:

(1) 第 1 列“账载金额”:填报本年会计核算计入本年损益的公益性捐赠支出金额。

(2) 第 3 列“按税收规定计算的扣除限额”：填报按照本年利润总额乘以 12%的金额，若利润总额为负数，则以 0 填报。

(3) 第 4 列“税收金额”：填报本年实际发生的公益性捐赠支出以及结转扣除以前年度公益性捐赠支出情况分析填报。

(4) 第 5 列“纳税调增额”：填报本年公益性捐赠支出账载金额超过税收规定的税前扣除额的部分。

(5) 第 7 列“可结转以后年度扣除的捐赠额”：填报本年度未扣除、结转以后年度扣除的公益性捐赠支出金额。

8. 第 8 行“合计”：填报第 1+2+3 行的合计金额。

二、表内、表间关系

(一) 表内关系

1. 第 1 行第 5 列=第 1 行第 1 列。

2. 第 2 行第 4 列=第 2 行第 1 列。

3. 第 3 行=第 4+5+6+7 行。

4. 第 8 行=第 1+2+3 行。

(二) 表间关系

1. 第 7 行第 3 列=表 A100000 第 13 行×12%(当表 A100000 第 13 行≤0，第 7 行第 3 列=0)。

2. 第 8 行第 1 列=表 A105000 第 17 行第 1 列；第 8 行第 4 列=表 A105000 第 17 行第 2 列；第 8 行第 5 列=表 A105000 第 17 行第 3 列；第 8 行第 6 列=表 A105000 第 17 行第 4 列。

表 4 - 27(i)　企业所得税年度纳税申报表附表：A105080 资产折旧、摊销情况及纳税调整明细表

A105080

资产折旧、摊销情况及纳税调整明细表

行次	项目		账载金额			税收金额					纳税调整金额
			资产原值	本年折旧、摊销额	累计折旧、摊销额	资产计税基础	税收折旧、摊销额	享受加速折旧政策的资产按税收一般规定计算的折旧、摊销额	加速折旧统计额	累计折旧、摊销额	
			1	2	3	4	5	6	7=5-6	8	9(2-5)
1	一、固定资产(2+3+4+5+6+7)		18 400 000.00	1 280 000.00		18 400 000.00	1 280 000.00	*	*		0.00
2	所有固定资产	(一)房屋、建筑物	11 000 000.00	550 000.00		11 000 000.00	550 000.00	*	*		0.00
3		(二)飞机、火车、轮船、机器、机械和其他生产设备	7 400 000.00	730 000.00		7 400 000.00	730 000.00	*	*		0.00
4		(三)与生产经营活动有关的器具、工具、家具等						*	*		
5		(四)飞机、火车、轮船以外的运输工具						*	*		
6		(五)电子设备						*	*		
7		(六)其他						*	*		
8	其中：享受固定资产加速折旧及一次性扣除政策的资产加速折旧额大于一般折旧额的部分	(一)重要行业固定资产加速折旧(不含一次性扣除)									*
9		(二)其他行业研发设备加速折旧									*
10		(三)固定资产一次性扣除									*
11		(四)技术进步、更新换代固定资产									*
12		(五)常年强震动、高腐蚀固定资产									*
13		(六)外购软件折旧									*
14		(七)集成电路企业生产设备									*

续表

行次	项　目	账载金额			税收金额					纳税调整金额
		资产原值	本年折旧、摊销额	累计折旧、摊销额	资产计税基础	税收折旧、摊销额	享受加速折旧政策的资产按税收一般规定计算的折旧、摊销额	加速折旧统计额	累计折旧、摊销额	
		1	2	3	4	5	6	7=5-6	8	9(2-5)
15	二、生产性生物资产(16+17)						*	*		
16	（一）林木类						*	*		
17	（二）畜类						*	*		
18	三、无形资产(19+20+21+22+23+24+25+26+27)						*	*		
19	（一）专利权						*	*		
20	（二）商标权						*	*		
21	（三）著作权						*	*		
22	（四）土地使用权						*	*		
23	（五）非专利技术						*	*		
24	（六）特许权使用费						*	*		
25	（七）软件						*	*		
26	其中：享受企业外购软件加速摊销政策									*

续表

行次	项　目	账载金额			税收金额					纳税调整金额
		资产原值	本年折旧、摊销额	累计折旧、摊销额	资产计税基础	税收折旧、摊销额	享受加速折旧政策的资产按税收一般规定计算的折旧、摊销额	加速折旧统计额	累计折旧、摊销额	
		1	2	3	4	5	6	7=5−6	8	9(2−5)
27	（八）其他						*	*		
28	四、长期待摊费用(29+30+31+32+33)						*	*		
29	（一）已足额提取折旧的固定资产的改建支出						*	*		
30	（二）租入固定资产的改建支出						*	*		
31	（三）固定资产的大修理支出						*	*		
32	（四）开办费						*	*		
33	（五）其他						*	*		
34	五、油气勘探投资						*	*		
35	六、油气开发投资						*	*		
36	合计(1+15+18+28+34+35)	18 400 000.00	1 280 000.00		18 400 000.00	1 280 000.00				0.00
附列资料	全民所有制改制资产评估增值政策资产						*	*		

填报说明

本表适用于发生资产折旧、摊销的纳税人填报。纳税人根据税法、《国家税务总局关于企业固定资产加速折旧所得税处理有关问题的通知》(国税发〔2009〕81 号)、《国家税务总局关于融资性售后回租业务中承租方出售资产行为有关税收问题的公告》(国家税务总局公告 2010 年第 13 号)、《国家税务总局关于企业所得税若干问题的公告》(国家税务总局公告 2011 年第 34 号)、《国家税务总局关于发布〈企业所得税政策性搬迁所得税管理办法〉的公告》(国家税务总局公告 2012 年第 40 号)、《财政部国家税务总局关于进一步鼓励软件产业和集成电路产业发展企业所得税政策的通知》(财税〔2012〕27 号)、《国家税务总局关于企业所得税应纳税所得额若干问题的公告》(国家税务总局公告 2014 年第 29 号)、《财政部国家税务总局关于完善固定资产加速折旧税收政策有关问题的通知》(财税〔2014〕75 号)、《财政部国家税务总局关于进一步完善固定资产加速折旧企业所得税政策的通知》(财税〔2015〕106 号)、《国家税务总局关于全民所有制企业公司制改制企业所得税处理问题的公告》(国家税务总局公告 2017 年第 34 号)、《财政部税务总局关于设备器具扣除有关企业所得税政策的通知》(财税〔2018〕54 号)、《国家税务总局关于设备器具扣除有关企业所得税政策执行问题的公告》(国家税务总局公告 2018 年第 46 号)等相关规定，以及国家统一企业会计制度，填报资产折旧、摊销的会计处理、税收规定，以及纳税调整情况。纳税人只要发生相关事项，均需填报本表。

一、有关项目填报说明

(一) 列次填报

对于不征税收入形成的资产，其折旧、摊销额不得税前扣除。第 4 列至第 8 列税收金额不包含不征税收入所形成资产的折旧、摊销额。

1. 第 1 列“资产原值”：填报纳税人会计处理计提折旧、摊销的资产原值(或历史成本)的金额。

2. 第 2 列“本年折旧、摊销额”：填报纳税人会计核算的本年资产折旧、摊销额。

3. 第 3 列“累计折旧、摊销额”：填报纳税人会计核算的累计(含本年)资产折旧、摊销额。

4. 第 4 列“资产计税基础”：填报纳税人按照税收规定据以计算折旧、摊销的资产原值(或历史成本)的金额。

5. 第 5 列“税收折旧、摊销额”：填报纳税人按照税收规定计算的允许税前扣除的本年资产折旧、摊销额。

第 8 行至第 14 行、第 26 行第 5 列“税收折旧、摊销额”：填报享受相关加速折旧、摊销优惠政策的资产，采取税收加速折旧、摊销或一次性扣除方式计算的税收折旧额合计金额、摊销额合计金额。本列仅填报“税收折旧、摊销额”大于“享受加速折旧政策的资产按税收一般规定计算的折旧、摊销额”月份的金额合计。如，享受加速折旧、摊销优惠政策的资产，发生本年度某些月份其“税收折旧、摊销额”大于“享受加速折旧政策的资产按税收一般规定计算的折旧、摊销额”，其余月份其“税收折旧、摊销额”小于“享受加速折旧政策的资产按税收一般规定计算的折旧、摊销额”的情形，仅填报“税收折旧、摊销额”大于“享受加速折旧政策的资产按税收一般规定计算的折旧、摊销额”月份的税收折旧额合计金额、摊销额合计金额。

6. 第 6 列“享受加速折旧政策的资产按税收一般规定计算的折旧、摊销额”：仅适用于第 8 行至第 14 行、第 26 行，填报纳税人享受加速折旧、摊销优惠政策的资产，按照税收一般规定计算的折旧额合计金额、摊销额合计金额。按照税收一般规定计算的折旧、摊销额，是指该资产在不享受加速折旧、摊销优惠政策情况下，按照税收规定的最低折旧年限以直线法计算的折旧额、摊销额。本列仅填报“税收折旧、摊销额”大于“享受加速折旧政策的资产按税收一般规定计算的折旧、摊销额”月份的按税收一般规定计算的折旧额合计金额、摊销额合计金额。

7. 第 7 列“加速折旧、摊销统计额”：用于统计纳税人享受各类固定资产加速折旧政策的优惠金额，按第 5－6 列金额填报。

8. 第 8 列“累计折旧、摊销额”：填报纳税人按照税收规定计算的累计(含本年)资产折旧、摊销额。

9. 第 9 列“纳税调整金额”：填报第 2－5 列金额。

(二) 行次填报

1. 第 2 行至第 7 行、第 16 行至第 17 行、第 19 行至第 25 行、第 27 行、第 29 行至第 35 行：填报各类资产有关情况。

2. 第 8 行至第 14 行、第 26 行：填报纳税人享受相关加速折旧、摊销优惠政策的资产有关情况及优惠统计情况。

第 8 行“(一) 重要行业固定资产加速折旧”：适用于符合财税〔2014〕75 号和财税〔2015〕106 号文件规定的生物药品制造业，专用设备制造业，铁路、船舶、航空航天和其他运输设备制造业，计算机、通信和其他电子设备制造业，仪器仪表制造业，信息传输、软件和信息技术服务业 6 个行业，以及轻工、纺织、机械、汽车四大领域 18 个行业(简称“重要行业”)的企业填报，填报新购进固定资产享受加速折旧政策的有关情况及优惠统计情况。重要行业纳税人按照上述文件规定享受固定资产一次性扣除政策的资产情况在第 10 行“(三) 固定资产一次性扣除”中填报。

第 9 行“(二) 其他行业研发设备加速折旧”：适用于重要行业以外的其他企业填报，填报单位价值超过 100 万元以上专用研发设备采取缩短折旧年限或加速折旧方法的有关情况及优惠统计情况。

第 10 行“(三) 固定资产一次性扣除”：填报新购进单位价值不超过 500 万元的设备、器具等，按照税收规定一次性扣除的有关情况及优惠统计情况。

第 11 行“(四) 技术进步、更新换代固定资产”：填报固定资产因技术进步、产品更新换代较快而按税收规定享受固定资产加速折旧政策的有关情况及优惠统计情况。

第 12 行“(五) 常年强震动、高腐蚀固定资产”：填报常年处于强震动、高腐蚀状态的固定资产按税收规定享受固定资产加速折旧政策的有关情况及优惠统计情况。

第 13 行“(六) 外购软件折旧”：填报企业外购软件作为固定资产处理，按财税〔2012〕27 号文件规定享受加速折旧政策的有关情况及优惠统计情况。

第 14 行“(七) 集成电路企业生产设备”：填报集成电路生产企业的生产设备，按照财税〔2012〕27 号文件规定享受加速折旧政策的有关情况及优惠统计情况。

第 26 行“享受企业外购软件加速摊销政策”：填报企业外购软件作无形资产处理，按财税〔2012〕27 号文件规定享受加速摊销政策的有关情况及优惠统计情况。

附列资料“全民所有制企业公司制改制资产评估增值政策资产”：填报企业按照国家税务总局公告 2017 年第 34 号文件规定，执行“改制中资产评估增值不计入应纳税所得额，资产的计税基础按其原有计税基础确定，资产增值部分的折旧或者摊销不得在税前扣除”政策的有关情况。本行不参与计算，仅用于统计享受全民所有制企业公司制改制资产评估增值政策资产的有关情况，相关资产折旧、摊销情况及调整情况在第 1 行至第 36 行填报。

二、表内、表间关系

(一) 表内关系

1. 第 1 行＝第 2＋3＋…＋7 行。

2. 第 15 行＝第 16＋17 行。

3. 第 18 行＝第 19＋20＋21＋22＋23＋24＋25＋27 行。

4. 第 28 行＝第 29＋30＋31＋32＋33 行。

5. 第 36 行＝第 1＋15＋18＋28＋34＋35 行。(其中第 36 行第 6 列＝第 8＋9＋10＋11＋12＋13＋14＋26 行第 6 列；第 36 行第 7 列＝第 8＋9＋10＋11＋12＋13＋14＋26 行第 7 列)。

6. 第 7 列＝第 5－6 列。

7. 第 9 列＝第 2－5 列。

(二) 表间关系

1. 第 36 行第 2 列＝表 A105000 第 32 行第 1 列。

2. 第 36 行第 5 列＝表 A105000 第 32 行第 2 列。

3. 若第 36 行第 9 列≥0，第 36 行第 9 列＝表 A105000 第 32 行第 3 列；若第 36 行第 9 列＜0，第 36 行第 9 列的绝对值＝表 A105000 第 32 行第 4 列。

表 4－27(j)　企业所得税年度纳税申报表附表：A105090 资产损失税前扣除及纳税调整明细表

A105090

资产损失税前扣除及纳税调整明细表

行次	项　　目	资产损失的账载金额	资产处置收入	赔偿收入	资产计税基础	资产损失的税收金额	纳税调整金额
		1	2	3	4	5(4—2—3)	6(1—5)
1	一、现金及银行存款损失						
2	二、应收及预付款项坏账损失	230 000.00			230 000.00	230 000.00	0.00
3	其中：逾期三年以上的应收款项损失	230 000.00			230 000.00	230 000.00	0.00
4	逾期一年以上的小额应收款项损失						
5	三、存货损失						
6	其中：存货盘亏、报废、损毁、变质或被盗损失						
7	四、固定资产损失						
8	其中：固定资产盘亏、丢失、报废、损毁或被盗损失						
9	五、无形资产损失						
10	其中：无形资产转让损失						
11	无形资产被替代或超过法律保护期限形成的损失						
12	六、在建工程损失						
13	其中：在建工程停建、报废损失						
14	七、生产性生物资产损失						
15	其中：生产性生物资产盘亏、非正常死亡、被盗、丢失等产生的损失						

续表

行次	项　目	资产损失的账载金额	资产处置收入	赔偿收入	资产计税基础	资产损失的税收金额	纳税调整金额
		1	2	3	4	5(4—2—3)	6(1—5)
16	八、债权性投资损失(17+22)						
17	(一)金融企业债权性投资损失(18+21)						
18	1. 符合条件的涉农和中小企业贷款损失						
19	其中：单户贷款余额300万(含)以下的贷款损失						
20	单户贷款余额300万元至1 000万元(含)的 贷款损失						
21	2. 其他债权性投资损失						
22	(二)非金融企业债权性投资损失						
23	九、股权(权益)性投资损失						
24	其中：股权转让损失						
25	十、通过各种交易场所、市场买卖债券、股票、期货、基金以及金融衍生产品等发生的损失						
26	十一、打包出售资产损失						
27	十二、其他资产损失						
28	合计(1+2+5+7+9+12+14+16+23+25+26+27)	230 000.00			230 000.00	230 000.00	0.00
29	其中：分支机构留存备查的资产损失						

填报说明

本表适用于发生资产损失税前扣除项目及纳税调整项目的纳税人填报。纳税人根据税法、《财政部国家税务总局关于企业资产损失税前扣除政策的通知》(财税〔2009〕57号)、《国家税务总局关于发布〈企业资产损失所得税税前扣除管理办法〉的公告》(国家税务总局公告2011年第25号发布、国家税务总局公告2018年第31号修改)、《国家税务总局关于商业零售企业存货损失税前扣除问题的公告》(国家税务总局公告2014年第3号)、《国家税务总局关于企业因国务院决定事项形成的资产损失税前扣除问题的公告》(国家税务总局公告2014年第18号)、《财政部国家税务总局关于金融企业涉农贷款和中小企业贷款损失准备金税前扣除有关问题的通知》(财税〔2015〕3号)、《国家税务总局关于金融企业涉农贷款和中小企业贷款损失税前扣除问题的公告》(国家税务总局公告2015年第25号)、《国家税务总局关于企业所得税资产损失资料留存备查有关事项的公告》(国家税务总局公告2018年第15号)等相关规定,及国家统一企业会计制度,填报资产损失的会计处理、税收规定,以及纳税调整情况。

一、有关项目填报说明

(一) 行次填报

纳税人在第1至27行按资产类型填报留存备查的资产损失情况,跨地区经营汇总纳税企业在第1行至27行应填报总机构和全部分支机构的资产损失情况,并在第29行填报各分支机构留存备查的资产损失汇总情况。

1. 第1行"一、现金及银行存款损失": 填报纳税人当年发生的现金损失和银行存款损失的账载金额、资产处置收入、赔偿收入、资产计税基础、资产损失的税收金额及纳税调整金额。

2. 第2行"二、应收及预付款项坏账损失": 填报纳税人当年发生的应收及预付款项坏账损失的账载金额、资产处置收入、赔偿收入、资产计税基础、资产损失的税收金额及纳税调整金额。

3. 第3行"逾期三年以上的应收款项损失": 填报纳税人当年发生的应收及预付款项坏账损失中,逾期三年以上的应收款项且当年在会计上已作为损失处理的坏账损失的账载金额、资产处置收入、赔偿收入、资产计税基础、资产损失的税收金额及纳税调整金额。

4. 第4行"逾期一年以上的小额应收款项损失": 填报纳税人当年发生的应收及预付款项坏账损失中,逾期一年以上,单笔数额不超过五万或者不超过企业年度收入总额万分之一的应收款项,会计上已经作为损失处理的坏账损失的账载金额、资产处置收入、赔偿收入、资产计税基础、资产损失的税收金额及纳税调整金额。

5. 第5行"三、存货损失": 填报纳税人当年发生的存货损失的账载金额、资产处置收入、赔偿收入、资产计税基础、资产损失的税收金额及纳税调整金额。

6. 第6行"存货盘亏、报废、损毁、变质或被盗损失": 填报纳税人当年发生的存货损失中,存货盘亏损失、存货报废、毁损或变质损失以及存货被盗损失的账载金额、资产处置收入、赔偿收入、资产计税基础、资产损失的税收金额及纳税调整金额。

7. 第7行"四、固定资产损失": 填报纳税人当年发生的固定资产损失的账载金额、资产处置收入、赔偿收入、资产计税基础、资产损失的税收金额及纳税调整金额。

8. 第8行"固定资产盘亏丢失、报废、损毁或被盗损失": 填报纳税人当年发生的固定资产损失中,固定资产盘亏、丢失损失,报废、毁损损失以及被盗损失的账载金额、资产处置收入、赔偿收入、资产计税基础、资产损失的税收金额及纳税调整金额。

9. 第9行"五、无形资产损失": 填报纳税人当年发生的无形资产损失的账载金额、资产处置收入、赔偿收入、资产计税基础、资产损失的税收金额及纳税调整金额。

10. 第10行"无形资产转让损失": 填报纳税人当年在正常经营管理活动中,按照公允价格转让无形资产发生的损失的账载金额、资产处置收入、赔偿收入、资产计税基础、资产损失的税收金额及纳税调整金额。

11. 第11行"无形资产被替代或超过法律保护期限形成的损失": 填报纳税人当年发生的无形资产损失中,被其他新技术所代替或超过法律保护期限,已经丧失使用价值和转让价值,尚未摊销的无形资产损失的账载金额、资产处置收入、赔偿收入、资产计税基础、资产损失的税收金额及纳税调整金额。

12. 第12行"六、在建工程损失"：填报纳税人当年发生的在建工程损失的账载金额、资产处置收入、赔偿收入、资产计税基础、资产损失的税收金额及纳税调整金额。

13. 第13行"在建工程停建、报废损失"：填报纳税人当年发生的在建工程损失中，在建工程停建、报废损失的账载金额、资产处置收入、赔偿收入、资产计税基础、资产损失的税收金额及纳税调整金额。

14. 第14行"七、生产性生物资产损失"：填报纳税人当年发生的生产性生物资产损失的账载金额、资产处置收入、赔偿收入、资产计税基础、资产损失的税收金额及纳税调整金额。

15. 第15行"生产性生物资产盘亏、非正常死亡、被盗、丢失等产生的损失"：填报纳税人当年发生的生产性生物资产损失中，生产性生物资产盘亏损失、因森林病虫害、疫情、死亡而产生的生产性生物资产损失以及被盗伐、被盗、丢失而产生的生产性生物资产损失的账载金额、资产处置收入、赔偿收入、资产计税基础、资产损失的税收金额及纳税调整金额。

16. 第16行"八、债权性投资损失"：填报纳税人当年发生的债权性投资损失的账载金额、资产处置收入、赔偿收入、资产计税基础、资产损失的税收金额及纳税调整金额。

17. 第17行"(一) 金融企业债权性投资损失"：填报金融企业当年发生的债权性投资损失的账载金额、资产处置收入、赔偿收入、资产计税基础、资产损失的税收金额及纳税调整金额。

18. 第18行"1. 符合条件的涉农和中小企业贷款损失"：填报金融企业当年发生的，符合财税〔2015〕3号规定条件的涉农和中小企业贷款形成的资产损失的账载金额、资产处置收入、赔偿收入、资产计税基础、资产损失的税收金额及纳税调整金额。

19. 第19行"单户贷款余额300万(含)以下的贷款损失"：填报金融企业当年发生的符合条件的涉农和中小企业贷款损失中，单户贷款余额300万(含)以下的资产损失的账载金额、资产处置收入、赔偿收入、资产计税基础、资产损失的税收金额及纳税调整金额。

20. 第20行"单户贷款余额300万元至1 000万元(含)的贷款损失"：填报金融企业当年发生的符合条件的涉农和中小企业贷款损失中，单户余额300万元至1 000万元(含)的资产损失的账载金额、资产处置收入、赔偿收入、资产计税基础、资产损失的税收金额及纳税调整金额。

21. 第21行"2. 其他债权性投资损失"：填报金融企业当年发生的，除符合条件的涉农和中小企业贷款损失以外的其他债权性投资损失的账载金额、资产处置收入、赔偿收入、资产计税基础、资产损失的税收金额及纳税调整金额。

22. 第22行"(二) 非金融企业债权性投资损失"：填报非金融企业当年发生的债权性投资损失的账载金额、资产处置收入、赔偿收入、资产计税基础、资产损失的税收金额及纳税调整金额。

23. 第23行"九、股权(权益)性投资损失"：填报纳税人当年发生的股权(权益)性投资损失的账载金额、资产处置收入、赔偿收入、资产计税基础、资产损失的税收金额及纳税调整金额。

24. 第24行"股权转让损失"：填报纳税人当年发生的股权(权益)性投资损失中，因股权转让形成的资产损失的账载金额、资产处置收入、赔偿收入、资产计税基础、资产损失的税收金额及纳税调整金额。

25. 第25行"十、通过各种场所、市场等买卖债券、股票、期货、基金以及金融衍生产品等发生的损失"：填报纳税人当年发生的，按照市场公平交易原则，通过各种交易场所、市场等买卖债券、股票、期货、基金以及金融衍生产品等发生的损失的账载金额、资产处置收入、赔偿收入、资产计税基础、资产损失的税收金额及纳税调整金额。

26. 第26行"十一、打包出售资产损失"：填报纳税人当年发生的，将不同类别的资产捆绑(打包)，以拍卖、询价、竞争性谈判、招标等市场方式出售形成的资产损失的账载金额、资产处置收入、赔偿收入、资产计税基础、资产损失的税收金额及纳税调整金额。

27. 第27行"十二、其他资产损失"：填报纳税人当年发生的其他资产损失的账载金额、资产处置收入、赔偿收入、资产计税基础、资产损失的税收金额及纳税调整金额。

28. 第28行"合计"行次：填报第1+2+5+7+9+12+14+16+23+25+26+27行的合计金额。

29. 第29行"分支机构留存备查的资产损失"：填报跨地区经营企业各分支机构留存备查的资产损失的账载金额、资产处置收入、赔偿收入、资产计税基础、资产损失的税收金额及纳税调整金额。

（二）列次填报

1. 第1列"资产损失的账载金额"：填报纳税人会计核算计入当期损益的对应项目的资产损失金额。

2. 第2列"资产处置收入"：填报纳税人处置发生损失的资产可收回的残值或处置收益。

3. 第3列"赔偿收入"：填报纳税人发生的资产损失，取得的相关责任人、保险公司赔偿的金额。

4. 第4列"资产计税基础"：填报纳税人按税收规定计算的发生损失时资产的计税基础，含损失资产涉及的不得抵扣增值税进项税额。

5. 第5列"资产损失的税收金额"：填报按税收规定允许当期税前扣除的资产损失金额，按第4－2－3列金额填报。

6. 第6列"纳税调整金额"：填报第1－5列金额。

二、表内、表间关系

（一）表内关系

1. 第16行＝第17＋22行。

2. 第17行＝第18＋21行。

3. 第28行＝第1＋2＋5＋7＋9＋12＋14＋16＋23＋25＋26＋27行。

4. 第5列＝第4－2－3列。

5. 第6列＝第1－5列。

（二）表间关系

1. 第28行第1列＝表A105000第34行第1列。

2. 第28行第5列＝表A105000第34行第2列。

3. 若第28行第6列≥0，第28行第6列＝表A105000第34行第3列；若第28行第6列＜0，第28行第6列的绝对值＝表A105000第34行第4列。

表 4-27(k) **企业所得税年度纳税申报表附表：A106000 企业所得税弥补亏损明细表**

A106000

企业所得税弥补亏损明细表

行次	项目	年度	当年境内所得额	分立转出的亏损额	合并、分立转入的亏损额		弥补亏损企业类型	当年亏损额	当年待弥补的亏损额	用本年度所得额弥补的以前年度亏损额		当年可结转以后年度弥补的亏损额
					可弥补年限5年	可弥补年限10年				使用境内所得弥补	使用境外所得弥补	
		1	2	3	4	5	6	7	8	9	10	11
1	前十年度											
2	前九年度											
3	前八年度											
4	前七年度											
5	前六年度											
6	前五年度											
7	前四年度											
8	前三年度											
9	前二年度	2016	−208 800.00				100	−208 800.00	128 500.00	0.00		128 500.00
10	前一年度	2017	128 500.00				100	128 500.00	80 300.00	128 500.00		80 300.00
11	本年度	2018	251 563.77				100	251 563.77	0.00	80 300.00		0.00
12	可结转以后年度弥补的亏损额合计											208 800.00

填报说明

本表适用于发生弥补亏损、亏损结转等事项的纳税人填报。纳税人应当根据税法、《财政部税务总局关于延长高新技术企业和科技型中小企业亏损结转年限的通知》(财税〔2018〕76 号)、《国家税务总局关于延长高新技术企业和科技型中小企业亏损结转弥补年限有关企业所得税处理问题的公告》(国家税务总局公告 2018 年第 45 号)等相关规定,填报本表。

一、有关项目填报说明

纳税人弥补以前年度亏损时,应按照“先到期亏损先弥补、同时到期亏损先发生的先弥补”的原则处理。

1. 第 1 列“年度”:填报公历年度。纳税人应首先填报第 11 行“本年度”对应的公历年度,再依次从第 10 行往第 1 行倒推填报以前年度。纳税人发生政策性搬迁事项,如停止生产经营活动年度可以从法定亏损结转弥补年限中减除,则按可弥补亏损年度进行填报。本年度是指申报所属期年度,如:纳税人在 2019 年 5 月 10 日进行 2018 年度企业所得税年度纳税申时,本年度(申报所属期年度)为 2018 年。

2. 第 2 列“当年境内所得额”:第 11 行填报表 A100000 第 19—20 行金额。第 1 行至第 10 行填报以前年度主表第 23 行(2013 年及以前纳税年度)、以前年度表 A106000 第 6 行第 2 列(2014 至 2017 纳税年度)、以前年度表 A106000 第 11 行第 2 列的金额(亏损以“－”号填列)。发生查补以前年度应纳税所得额、追补以前年度未能税前扣除的实际资产损失等情况的,按照相应调整后的金额填报。

3. 第 3 列“分立转出的亏损额”:填报本年度企业分立按照企业重组特殊性税务处理规定转出的符合条件的亏损额。分立转出的亏损额按亏损所属年度填报,转出亏损的亏损额以正数表示。

4. 第 4 列“合并、分立转入的亏损额－可弥补年限 5 年”:填报企业符合企业重组特殊性税务处理规定,因合并或分立本年度转入的不超过 5 年亏损弥补年限规定的亏损额。合并、分立转入的亏损额按亏损所属年度填报,转入亏损以负数表示。

5. 第 5 列“合并、分立转入的亏损额－可弥补年限 10 年”:填报企业符合企业重组特殊性税务处理规定,因合并或分立本年度转入的不超过 10 年亏损弥补年限规定的亏损额。合并、分立转入的亏损额按亏损所属年度填报,转入亏损以负数表示。

6. 第 6 列“弥补亏损企业类型”:纳税人根据不同年度情况从《弥补亏损企业类型代码表》中选择相应的代码填入本项。不同类型纳税人的亏损结转年限不同,纳税人选择“一般企业”是指亏损结转年限为 5 年的纳税人;“符合条件的高新技术企业”“符合条件的科技型中小企业”是指符合《财政部税务总局关于延长高新技术企业和科技型中小企业亏损结转年限的通知》(财税〔2018〕76 号)、《国家税务总局关于延长高新技术企业和科技型中小企业亏损结转弥补年限有关企业所得税处理问题的公告》(国家税务总局公告 2018 年第 45 号)等文件规定的,亏损结转年限为 10 年的纳税人。

弥补亏损企业类型代码表

代码	类　型
100	一般企业
200	符合条件的高新技术企业
300	符合条件的科技型中小企业

7. 第 7 列“当年亏损额”:填报纳税人各年度可弥补亏损额的合计金额。

8. 第 8 列“当年待弥补的亏损额”:填报在用本年度(申报所属期年度)所得额弥补亏损前,当年度尚未被弥补的亏损额。

9. 第 9 列“用本年度所得额弥补的以前年度亏损额－使用境内所得弥补”:第 1 行至第 10 行,当第 11 行第 2 列本年度(申报所属期年度)的“当年境内所得额”>0 时,填报各年度被本年度(申报所属期年度)境内所得依次弥补的亏损额。本列第 11 行,填报本列第 1 行至第 10 行的合计金额,表 A100000 第 21 行填报本项金额。

10. 第 10 列“用本年度所得额弥补的以前年度亏损额－使用境外所得弥补”:第 1 行至第 10 行,当纳税人选择用境外所得弥补境内以前年度亏损的,填报各年度被本年度(申报所属期年度)境外所得依次弥补的亏损额。本列第 11 行,填报本列第 1 行至第 10 行的合计金额。

11. 第 11 列"当年可结转以后年度弥补的亏损额":第 1 行至第 11 行,填报各年度尚未弥补完的且准予结转以后年度弥补的亏损额。本列第 12 行,填报本列第 1 行至第 11 行的合计金额。

二、表内、表间关系

(一) 表内关系

1. 当第 2 列<0 且第 3 列>0 时,第 3 列<第 2 列的绝对值;当第 2 列≥0 时,则第 3 列=0。

2. 第 9 列第 11 行=第 9 列第 1+2+3+4+5+6+7+8+9+10 行;当第 2 列第 11 行≤0 时,第 9 列第 1 行至第 11 行=0;当第 2 列第 11 行>0 时,第 9 列第 11 行≤第 2 列第 11 行。

3. 第 10 列第 11 行=第 10 列第 1+2+3+4+5+6+7+8+9+10 行。

4. 第 11 列第 12 行=第 11 列第 1+2+3+4+5+6+7+8+9+10+11 行。

5. 第 1 行第 11 列=0;第 2 至 10 行第 11 列=第 8－9－10 列;第 11 行第 11 列=第 8 列。

(二) 表间关系

1. 第 11 行第 2 列=表 A100000 第 19－20 行。

2. 第 11 行第 9 列=表 A100000 第 21 行。

3. 第 11 行第 10 列=表 A108000 第 10 行第 6 列－表 A100000 第 18 行。

表 4－27(1)　企业所得税年度纳税申报表附表:A107010 免税、减计收入及加计扣除优惠明细表

A107010　　免税、减计收入及加计扣除优惠明细表

行次	项　　目	金　额
1	一、免税收入(2+3+6+7+…+16)	900 000.00
2	(一) 国债利息收入免征企业所得税	300 000.00
3	(二) 符合条件的居民企业之间的股息、红利等权益性投资收益免征企业所得税(填写 A107011)	600 000.00
4	其中:内地居民企业通过沪港通投资且连续持有 H 股满 12 个月取得的股息红利所得免征企业所得税(填写 A107011)	
5	内地居民企业通过深港通投资且连续持有 H 股满 12 个月取得的股息红利所得免征企业所得税(填写 A107011)	
6	(三) 符合条件的非营利组织的收入免征企业所得税	
7	(四) 符合条件的非营利组织(科技企业孵化器)的收入免征企业所得税	
8	(五) 符合条件的非营利组织(国家大学科技园)的收入免征企业所得税	
9	(六) 中国清洁发展机制基金取得的收入免征企业所得税	
10	(七) 投资者从证券投资基金分配中取得的收入免征企业所得税	
11	(八) 取得的地方政府债券利息收入免征企业所得税	
12	(九) 中国保险保障基金有限责任公司取得的保险保障基金等收入免征企业所得税	
13	(十) 中央电视台的广告费和有线电视费收入免征企业所得税	
14	(十一) 中国奥委会取得北京冬奥组委支付的收入免征企业所得税	
15	(十二) 中国残奥委会取得北京冬奥组委分期支付的收入免征企业所得税	
16	(十三) 其他	

续表

行次	项　　目	金　额
17	二、减计收入(18+19+23+24)	
18	（一）综合利用资源生产产品取得的收入在计算应纳税所得额时减计收入	
19	（二）金融、保险等机构取得的涉农利息、保费减计收入(20+21+22)	
20	1. 金融机构取得的涉农贷款利息收入在计算应纳税所得额时减计收入	
21	2. 保险机构取得的涉农保费收入在计算应纳税所得额时减计收入	
22	3. 小额贷款公司取得的农户小额贷款利息收入在计算应纳税所得额时减计收入	
23	（三）取得铁路债券利息收入减半征收企业所得税	
24	（四）其他	
25	三、加计扣除(26+27+28+29+30)	300 000.00
26	（一）开发新技术、新产品、新工艺发生的研究开发费用加计扣除(填写A107012)	300 000.00
27	（二）科技型中小企业开发新技术、新产品、新工艺发生的研究开发费用加计扣除(填写 A107012)	
28	（三）企业为获得创新性、创意性、突破性的产品进行创意设计活动而发生的相关费用加计扣除	
29	（四）安置残疾人员所支付的工资加计扣除	
30	（五）其他	
31	合计(1+17+25)	1 200 000.00

填报说明

本表适用于享受免税收入、减计收入和加计扣除优惠的纳税人填报。纳税人根据税法及相关税收政策规定，填报本年发生的免税收入、减计收入和加计扣除优惠情况。

一、有关项目填报说明

1. 第 1 行“一、免税收入”：填报第 2+3+6+7+8+9+10+11+12+13+14+15+16 行金额。

2. 第 2 行“（一）国债利息收入免征企业所得税”：填报纳税人根据《国家税务总局关于企业国债投资业务企业所得税处理问题的公告》(国家税务总局公告 2011 年第 36 号)等相关税收政策规定，持有国务院财政部门发行的国债取得的利息收入。

3. 第 3 行“（二）符合条件的居民企业之间的股息、红利等权益性投资收益免征企业所得税”：填报《符合条件的居民企业之间的股息、红利等权益性投资收益明细表》(A107011)第 8 行第 17 列金额。

4. 第 4 行“内地居民企业通过沪港通投资且连续持有 H 股满 12 个月取得的股息红利所得免征企业所得税”：填报根据《财政部国家税务总局证监会关于沪港股票市场交易互联互通机制试点有关税收政策的通知》(财税〔2014〕81 号)等相关税收政策规定，内地居民企业连续持有 H 股满 12 个月取得的股息红利所得，按表 A107011 第 9 行第 17 列金额填报。

5. 第 5 行“内地居民企业通过深港通投资且连续持有 H 股满 12 个月取得的股息红利所得免征企业所得税”：填报根据《财政部国家税务总局证监会关于深港股票市场交易互联互通机制试点有关税收政策的通知》(财税〔2016〕127 号)等相关税收政策规定，内地居民企业连续持有 H 股满 12 个月取得的股息红利所得，按表

A107011 第 10 行第 17 列金额填报。

6. 第 6 行“(三) 符合条件的非营利组织的收入免征企业所得税”：填报纳税人根据税法、《财政部国家税务总局关于非营利组织企业所得税免税收入问题的通知》(财税〔2009〕122 号)、《财政部税务总局关于非营利组织免税资格认定管理有关问题的通知》(财税〔2018〕13 号)等相关税收政策规定，同时符合条件并依法履行登记手续的非营利组织，取得的捐赠收入等免税收入，不包括从事营利性活动所取得的收入。当表 A000000 的“207 非营利组织”选择“是”时，本行可以填报，否则不得填报。

7. 第 7 行“(四) 符合条件的非营利组织(科技企业孵化器)的收入免征企业所得税”：填报根据税法、财税〔2009〕122 号、财税〔2018〕13 号和《财政部国家税务总局关于科技企业孵化器税收政策的通知》(财税〔2016〕89 号)等相关税收政策规定，符合非营利组织条件的科技企业孵化器的收入。当表 A000000 的“207 非营利组织”选择“是”时，本行可以填报，否则不得填报。

8. 第 8 行“(五) 符合条件的非营利组织(国家大学科技园)的收入免征企业所得税”：填报根据税法、财税〔2009〕122 号、财税〔2018〕13 号和《财政部国家税务总局关于国家大学科技园税收政策的通知》(财税〔2016〕98 号)等相关税收政策规定，符合非营利组织条件的科技园的收入。当表 A000000 的“207 非营利组织”选择“是”时，本行可以填报，否则不得填报。

9. 第 9 行“(六) 中国清洁发展机制基金取得的收入免征企业所得税”：填报中国清洁发展机制基金根据《财政部国家税务总局关于中国清洁发展机制基金及清洁发展机制项目实施企业有关企业所得税政策问题的通知》(财税〔2009〕30 号)等相关税收政策规定，取得的 CDM 项目温室气体减排量转让收入上缴国家的部分，国际金融组织赠款收入，基金资金的存款利息收入，购买国债的利息收入，国内外机构、组织和个人的捐赠收入。

10. 第 10 行“(七) 投资者从证券投资基金分配中取得的收入免征企业所得税”：填报纳税人根据《财政部国家税务总局关于企业所得税若干优惠政策的通知》(财税〔2008〕1 号)第二条第(二)项等相关税收政策规定，投资者从证券投资基金分配中取得的收入。

11. 第 11 行“(八) 取得的地方政府债券利息收入免征企业所得税”：填报纳税人根据《财政部国家税务总局关于地方政府债券利息所得免征所得税问题的通知》(财税〔2011〕76 号)、《财政部国家税务总局关于地方政府债券利息免征所得税问题的通知》(财税〔2013〕5 号)等相关税收政策规定，取得的 2009 年、2010 年和 2011 年发行的地方政府债券利息所得，2012 年及以后年度发行的地方政府债券利息收入。

12. 第 12 行“(九) 中国保险保障基金有限责任公司取得的保险保障基金等收入免征企业所得税”：填报中国保险保障基金有限责任公司根据《财政部税务总局关于保险保障基金有关税收政策问题的通知》(财税〔2018〕41 号)等相关税收政策规定，按《保险保障基金管理办法》规定取得的境内保险公司依法缴纳的保险保障基金；依法从撤销或破产保险公司清算财产中获得的受偿收入和向有关责任方追偿所得，以及依法从保险公司风险处置中获得的财产转让所得；捐赠所得；银行存款利息收入；购买政府债券、中央银行、中央企业和中央级金融机构发行债券的利息收入；国务院批准的其他资金运用取得的收入。

13. 第 13 行“(十) 中国奥委会取得北京冬奥组委支付的收入免征企业所得税”：根据《财政部税务总局海关总署关于北京 2022 年冬奥会和冬残奥会税收政策的通知》(财税〔2017〕60 号)等相关税收政策规定，中国奥委会填报按中国奥委会、主办城市签订的《联合市场开发计划协议》和中国奥委会、主办城市、国际奥委会签订的《主办城市合同》取得的由北京冬奥组委分期支付的收入、按比例支付的盈余分成收入。

14. 第 14 行“(十一) 中国残奥委会取得北京冬奥组委分期支付的收入免征企业所得税”：填报根据财税〔2017〕60 号等相关税收政策规定，中国残奥委会按照《联合市场开发计划协议》取得的由北京冬奥组委分期支付的收入。

15. 第 15 行“(十二) 其他 1”：填报纳税人享受的其他减免税项目名称、减免税代码及免税收入金额。

16. 第 16 行“(十三) 其他 2”：填报纳税人享受的其他减免税项目名称、减免税代码及免税收入金额。

17. 第 17 行“二、减计收入”：填报第 18＋19＋23＋24 行金额。

18. 第 18 行“(一) 综合利用资源生产产品取得的收入在计算应纳税所得额时减计收入”：填报纳税人综合利用资源生产产品取得的收入总额乘以 10％的金额。

19. 第 19 行“(二) 金融、保险等机构取得的涉农利息、保费减计收入”：填报金融、保险等机构取得的涉农利息、保费收入减计收入的金额，按第 20＋21＋22 行金额填报。

20. 第 20 行“1. 金融机构取得的涉农贷款利息收入在计算应纳税所得额时减计收入”：填报纳税人取得农户小额贷款利息收入总额乘以 10％的金额。

21. 第 21 行“2. 保险机构取得的涉农保费收入在计算应纳税所得额时减计收入”：填报保险公司为种植业、养殖业提供保险业务取得的保费收入总额乘以 10％的金额。其中保费收入总额＝原保费收入＋分保费收入－分出保费。

22. 第 22 行“3. 小额贷款公司取得的农户小额贷款利息收入在计算应纳税所得额时减计收入”：填报按照《财政部税务总局关于小额贷款公司有关税收政策的通知》(财税〔2017〕48 号)等相关税收政策规定，对经省级金融管理部门(金融办、局等)批准成立的小额贷款公司取得的农户小额贷款利息收入乘以 10％的金额。

23. 第 23 行“(三) 取得铁路债券利息收入减半征收企业所得税”：填报纳税人根据《财政部国家税务总局关于铁路建设债券利息收入企业所得税政策的通知》(财税〔2011〕99 号)、《财政部国家税务总局关于 2014 年、2015 年铁路建设债券利息收入企业所得税政策的通知》(财税〔2014〕2 号)及《财政部国家税务总局关于铁路债券利息收入所得税政策问题的通知》(财税〔2016〕30 号)等相关税收政策规定，企业持有中国铁路建设铁路债券等企业债券取得的利息收入乘以 50％的金额。

24. 第 24 行“(四) 其他”：填报纳税人享受的其他减免税项目名称、减免税代码及减计收入金额。

25. 第 25 行“三、加计扣除”：填报第 26＋27＋28＋29＋30 行的合计金额。

26. 第 26 行“(一) 开发新技术、新产品、新工艺发生的研究开发费用加计扣除”：当表 A000000“210－3”项目未填有入库编号时，填报表 A107012 第 51 行金额。本行与第 27 行不可同时填报。

27. 第 27 行“(二) 科技型中小企业开发新技术、新产品、新工艺发生的研究开发费用加计扣除”：当表 A000000“210－3”项目填有入库编号时，填报表 A107012 第 51 行金额。本行与第 26 行不可同时填报。

28. 第 28 行“(三) 企业为获得创新性、创意性、突破性的产品进行创意设计活动而发生的相关费用加计扣除”：填报纳税人根据《财政部国家税务总局科技部关于完善研究开发费用税前加计扣除政策的通知》(财税〔2015〕119 号)第二条第四项规定，为获得创新性、创意性、突破性的产品进行创意设计活动而发生的相关费用按照规定进行税前加计扣除的金额。

29. 第 29 行“(四) 安置残疾人员所支付的工资加计扣除”：填报纳税人根据《财政部国家税务总局关于安置残疾人员就业有关企业所得税优惠政策问题的通知》(财税〔2009〕70 号)等相关税收政策规定安置残疾人员的，按照支付给残疾职工工资的 100％加计扣除的金额。

30. 第 30 行“(五) 其他”：填报纳税人享受的其他加计扣除项目名称、减免税代码及加计扣除的金额。

31. 第 31 行“合计”：填报第 1＋17＋25 行金额。

二、表内、表间关系

(一) 表内关系

1. 第 1 行＝第 2＋3＋6＋7＋8＋9＋10＋11＋12＋13＋14＋15＋16 行。
2. 第 17 行＝第 18＋19＋23＋24 行。
3. 第 19 行＝第 20＋21＋22 行。
4. 第 25 行＝第 26＋27＋28＋29＋30 行。
5. 第 26 行和第 27 行不可同时填报。
6. 第 31 行＝第 1＋17＋25 行。

(二) 表间关系

1. 第 3 行＝表 A107011 第 8 行第 17 列。
2. 第 4 行＝表 A107011 第 9 行第 17 列。
3. 第 5 行＝表 A107011 第 10 行第 17 列。
4. 当表 A000000“210－3”项目未填有入库编号时，第 26 行＝表 A107012 第 51 行。
5. 当表 A000000“210－3”项目填有入库编号时，第 27 行＝表 A107012 第 51 行。
6. 第 31 行＝表 A100000 第 17 行。

表 4－27(m)

企业所得税年度纳税申报表附表：A107011 符合条件的居民企业之间的股息、红利等权益性投资收益优惠明细表

A107011

符合条件的居民企业之间的股息、红利等权益性投资收益优惠明细表

行次	被投资企业	被投资企业统一社会信用代码（纳税人识别号）	投资性质	投资成本	投资比例	被投资企业利润分配确认金额		被投资企业清算确认金额			撤回或减少投资确认金额					
						被投资企业做出利润分配或转股决定时间	依决定归属于本公司的股息、红利等权益性投资收益金额	分得的被投资企业清算剩余资产	被清算企业累计未分配利润和累计盈余公积应享有部分	应确认的股息所得	从被投资企业撤回或减少投资取得的资产	减少投资比例	收回初始投资成本	取得资产中超过收回初始投资成本部分	撤回或减少投资应享有被投资企业累计未分配利润和累计盈余公积	应确认的股息所得
	1	2	3	4	5	6	7	8	9	10(8与9孰小)	11	12	13(4×12)	14(11－13)	15	16(14与15孰小)
1	B企业	91110000671702××××	直接投资	5 000 000.00	30%	2017.12	600 000.00									
2																
3																
4																
5																
6																
7																
8	合计															
9	其中：股票投资——沪港通 H 股															
10	股票投资——深港通 H 股															

填报说明

本表适用于享受符合条件的居民企业之间的股息、红利等权益性投资收益优惠的纳税人填报。纳税人根据税法、《财政部 国家税务总局关于企业清算业务企业所得税处理若干问题的通知》(财税〔2009〕60 号)、《财政部 国家税务总局关于执行企业所得税优惠政策若干问题的通知》(财税〔2009〕69 号)、《国家税务总局关于贯彻落实企业所得税法若干税收问题的通知》(国税函〔2010〕79 号)、《国家税务总局关于企业所得税若干问题的公告》(国家税务总局公告 2011 年第 34 号)、《财政部 国家税务总局 证监会关于沪港股票市场交易互联互通机制试点有关税收政策的通知》(财税〔2014〕81 号)、《财政部 国家税务总局 证监会关于深港股票市场交易互联互通机制试点有关税收政策的通知》(财税〔2016〕127 号)等相关税收政策规定,填报本年发生的符合条件的居民企业之间的股息、红利(包括 H 股)等权益性投资收益优惠情况,不包括连续持有居民企业公开发行并上市流通的股票不足 12 个月取得的投资收益。

一、有关项目填报说明

1. 行次根据投资企业名称和投资性质填报,可以根据情况增加。

2. 第 8 行"合计":填报第 1+2+…+7 行的第 17 列合计金额,若增行,根据增行后的情况合计。

3. 第 9 行"其中:股票投资—沪港通 H 股":填报第 1+2…+7 行中,"投资性质"列选择"(3)股票投资(沪港通 H 股投资)"的行次,第 17 列合计金额。

4. 第 10 行"股票投资—深港通 H 股":填报第 1+2…+7 行中,"投资性质"列选择"(4) 股票投资(深港通 H 股投资)"的行次,第 17 列合计金额。

5. 第 1 列"被投资企业":填报被投资企业名称。

6. 第 2 列"被投资企业统一社会信用代码(纳税人识别号)":填报被投资企业工商等部门核发的纳税人统一社会信用代码。未取得统一社会信用代码的,填报税务机关核发的纳税人识别号。

7. 第 3 列"投资性质":按选项填报:(1) 直接投资、(2) 股票投资(不含 H 股)、(3) 股票投资(沪港通 H 股投资)、(4) 股票投资(深港通 H 股投资)。

符合《财政部 国家税务总局 证监会关于沪港股票市场交易互联互通机制试点有关税收政策的通知》(财税〔2014〕81 号)文件第一条第(四)项第 1 目规定,享受沪港通 H 股股息红利免税政策的企业,选择"(3) 股票投资(沪港通 H 股投资)"。

符合《财政部 国家税务总局 证监会关于深港股票市场交易互联互通机制试点有关税收政策的通知》(财税〔2016〕127 号)文件第一条第(四)项第 1 目规定,享受深港通 H 股股息红利免税政策的企业,选择"(4) 股票投资(深港通 H 股投资)"。

8. 第 4 列"投资成本":填报纳税人投资于被投资企业的计税成本。

9. 第 5 列"投资比例":填报纳税人投资于被投资企业的股权比例。若购买公开发行股票的,此列可不填报。

10. 第 6 列"被投资企业做出利润分配或转股决定时间":填报被投资企业做出利润分配或转股决定的时间。

11. 第 7 列"依决定归属于本公司的股息、红利等权益性投资收益金额":填报纳税人按照投资比例或者其他方法计算的,实际归属于本公司的股息、红利等权益性投资收益金额。若被投资企业将股权(票)溢价所形成的资本公积转为股本的,不作为投资方企业的股息、红利收入,投资方企业也不得增加该项长期投资的计税基础。

12. 第 8 列"分得的被投资企业清算剩余资产":填报纳税人分得的被投资企业清算后的剩余资产。

13. 第 9 列"被清算企业累计未分配利润和累计盈余公积应享有部分":填报被清算企业累计未分配利润和累计盈余公积中本企业应享有的金额。

14. 第 10 列"应确认的股息所得":填报第 7 列与第 8 列孰小值。

15. 第 11 列"从被投资企业撤回或减少投资取得的资产":填报纳税人从被投资企业撤回或减少投资时取得的资产。

16. 第 12 列"减少投资比例":填报纳税人撤回或减少的投资额占投资方在被投资企业持有总投资比例。

17. 第 13 列"收回初始投资成本":填报第 3×11 列的金额。

18. 第 14 列"取得资产中超过收回初始投资成本部分":填报第 11－13 列的余额。

19. 第 15 列"撤回或减少投资应享有被投资企业累计未分配利润和累计盈余公积":填报被投资企业累

计未分配利润和累计盈余公积按减少实收资本比例计算的部分。

20. 第 16 列“应确认的股息所得”：填报第 13 列与第 14 列孰小值。

21. 第 17 列“合计”：填报第 7＋10＋16 列的合计金额。

二、表内、表间关系

（一）表内关系

1. 第 13 列＝第 4×12 列。

2. 第 14 列＝第 11－13 列。

3. 第 17 列＝第 7＋10＋16 列。

4. 第 10 列＝第 8 列与第 9 列孰小值。

5. 第 16 列＝第 14 列与第 15 列孰小值。

6. 第 8 行（“合计”行）＝第 1＋2＋…＋7 行第 17 列合计。

7. 第 9 行（“股票投资—沪港通 H 股”合计行）＝第 1＋2＋…＋7 行中，各行第 3 列选择“(3) 股票投资（沪港通 H 股投资）”的行次第 17 列合计金额。

8. 第 10 行（“股票投资—深港通 H 股”合计行）＝第 1＋2…＋7 行中，各行第 3 列选择“(4) 股票投资（深港通 H 股投资）”的行次第 17 列合计金额。

（二）表间关系

1. 第 8 行第 17 列＝表 A107010 第 3 行。

2. 第 9 行第 17 列＝表 A107010 第 4 行。

3. 第 10 行第 17 列＝表 A107010 第 5 行。

表 4－27(n)　　企业所得税年度纳税申报表附表：A107012 研发费用加计扣除优惠明细表

A107012　　研发费用加计扣除优惠明细表

行次	项　　目	金额（数量）
1	本年可享受研发费用加计扣除项目数量	
2	一、自主研发、合作研发、集中研发（3＋7＋16＋19＋23＋34）	400 000
3	（一）人员人工费用（4＋5＋6）	100 000
4	1. 直接从事研发活动人员工资薪金	100 000
5	2. 直接从事研发活动人员五险一金	
6	3. 外聘研发人员的劳务费用	
7	（二）直接投入费用（8＋9＋10＋11＋12＋13＋14＋15）	300 000
8	1. 研发活动直接消耗材料费用	200 000
9	2. 研发活动直接消耗燃料费用	60 000
10	3. 研发活动直接消耗动力费用	40 000
11	4. 用于中间试验和产品试制的模具、工艺装备开发及制造费	
12	5. 用于不构成固定资产的样品、样机及一般测试手段购置费	
13	6. 用于试制产品的检验费	
14	7. 用于研发活动的仪器、设备的运行维护、调整、检验、维修等费用	
15	8. 通过经营租赁方式租入的用于研发活动的仪器、设备租赁费	

续表

行次	项　　目	金额(数量)
16	（三）折旧费用(17＋18)	
17	1. 用于研发活动的仪器的折旧费	
18	2. 用于研发活动的设备的折旧费	
19	（四）无形资产摊销(20＋21＋22)	
20	1. 用于研发活动的软件的摊销费用	
21	2. 用于研发活动的专利权的摊销费用	
22	3. 用于研发活动的非专利技术(包括许可证、专有技术、设计和计算方法等)的摊销费用	
23	（五）新产品设计费等(24＋25＋26＋27)	
24	1. 新产品设计费	
25	2. 新工艺规程制定费	
26	3. 新药研制的临床试验费	
27	4. 勘探开发技术的现场试验费	
28	（六）其他相关费用(29＋30＋31＋32＋33)	
29	1. 技术图书资料费、资料翻译费、专家咨询费、高新科技研发保险费	
30	2. 研发成果的检索、分析、评议、论证、鉴定、评审、评估、验收费用	
31	3. 知识产权的申请费、注册费、代理费	
32	4. 职工福利费、补充养老保险费、补充医疗保险费	
33	5. 差旅费、会议费	
34	（七）经限额调整后的其他相关费用	
35	二、委托研发(36＋37＋39)	
36	（一）委托境内机构或个人进行研发活动所发生的费用	
37	（二）委托境外机构进行研发活动发生的费用	
38	其中：允许加计扣除的委托境外机构进行研发活动发生的费用	
39	（三）委托境外个人进行研发活动发生的费用	
40	三、年度研发费用小计(2＋36×80%＋38)	400 000
41	（一）本年费用化金额	400 000
42	（二）本年资本化金额	
43	四、本年形成无形资产摊销额	
44	五、以前年度形成无形资产本年摊销额	
45	六、允许扣除的研发费用合计(41＋43＋44)	400 000

续表

行次	项　　目	金额(数量)
46	减：特殊收入部分	0.00
47	七、允许扣除的研发费用抵减特殊收入后的金额(45－46)	400 000
48	减：当年销售研发活动直接形成产品(包括组成部分)对应的材料部分	0.00
49	减：以前年度销售研发活动直接形成产品(包括组成部分)对应材料部分结转金额	0.00
50	八、加计扣除比例(%)	75%
51	九、本年研发费用加计扣除总额(47－48－49)×50	300 000
52	十、销售研发活动直接形成产品(包括组成部分)对应材料部分结转以后年度扣减金额(当 47－48－49≥0,本行＝0;当 47－48－49<0,本行＝47－48－49 的绝对值)	0.00

填报说明

本表适用于享受研发费用加计扣除优惠(含结转)政策的纳税人填报。纳税人根据税法、《财政部国家税务总局科技部关于完善研究开发费用税前加计扣除政策的通知》(财税〔2015〕119 号)、《国家税务总局关于企业研究开发费用税前加计扣除政策有关问题的公告》(国家税务总局公告 2015 年第 97 号)、《财政部税务总局科技部关于提高科技型中小企业研究开发费用税前加计扣除比例的通知》(财税〔2017〕34 号)、《科技部财政部国家税务总局关于印发〈科技型中小企业评价办法〉的通知》(国科发政〔2017〕115 号)、《国家税务总局关于提高科技型中小企业研究开发费用税前加计扣除比例有关问题的公告》(国家税务总局公告 2017 年第 18 号)、《国家税务总局关于研发费用税前加计扣除归集范围有关问题的公告》(国家税务总局公告 2017 年第 40 号)、《财政部税务总局关于企业委托境外研究开发费用税前加计扣除有关政策问题的通知》(财税〔2018〕64 号)、《财政部税务总局科技部关于提高研究开发费税前加计扣除比例的通知》(财税〔2018〕99 号)等相关税收政策规定,填报本年发生的研发费用加计扣除优惠情况及结转情况。

一、有关项目填报说明

1. 第 1 行"本年可享受研发费用加计扣除项目数量":填报纳税人本年研发项目中可享受研发费用加计扣除优惠政策的项目数量。

2. 第 2 行"一、自主研发、合作研发、集中研发":填报第 3＋7＋16＋19＋23＋34 行金额。

3. 第 3 行"(一) 人员人工费用":填报第 4＋5＋6 行金额。

直接从事研发活动的人员、外聘研发人员同时从事非研发活动的,填报按实际工时占比等合理方法分配的用于研发活动的相关费用。

4. 第 4 行"1. 直接从事研发活动人员工资薪金":填报纳税人直接从事研发活动人员,包括研究人员、技术人员、辅助人员的工资、薪金、奖金、津贴、补贴以及按规定可以在税前扣除的对研发人员股权激励的支出。

5. 第 5 行"2. 直接从事研发活动人员五险一金":填报纳税人直接从事研发活动人员,包括研究人员、技术人员、辅助人员的基本养老保险费、基本医疗保险费、失业保险费、工伤保险费、生育保险费和住房公积金。

6. 第 6 行"3. 外聘研发人员的劳务费用":填报与纳税人或劳务派遣企业签订劳务用工协议(合同)的外聘研发人员的劳务费用,以及临时聘用的研究人员、技术人员、辅助人员的劳务费用。

7. 第 7 行"(二) 直接投入费用":填报第 8＋9＋10＋11＋12＋13＋14＋15 行金额。

8. 第 8 行"1. 研发活动直接消耗材料费用":填报纳税人研发活动直接消耗的材料费用。

9. 第 9 行"2. 研发活动直接消耗燃料费用":填报纳税人研发活动直接消耗的燃料费用。

10. 第 10 行"3. 研发活动直接消耗动力费用":填报纳税人研发活动直接消耗的动力费用。

11. 第 11 行"4. 用于中间试验和产品试制的模具、工艺装备开发及制造费":填报纳税人研发活动中用于中间试验和产品试制的模具、工艺装备开发及制造的费用。

12. 第12行"5. 用于不构成固定资产的样品、样机及一般测试手段购置费"：填报纳税人研发活动中用于不构成固定资产的样品、样机及一般测试手段购置费用。

13. 第13行"6. 用于试制产品的检验费"：填报纳税人研发活动中用于试制产品的检验费。

14. 第14行"7. 用于研发活动的仪器、设备的运行维护、调整、检验、维修等费用"：填报纳税人用于研发活动的仪器、设备的运行维护、调整、检验、维修等费用。

15. 第15行"8. 通过经营租赁方式租入的用于研发活动的仪器、设备租赁费"：填报纳税人经营租赁方式租入的用于研发活动的仪器、设备租赁费。以经营租赁方式租入的用于研发活动的仪器、设备，同时用于非研发活动的，填报按实际工时占比等合理方法分配的用于研发活动的相关费用。

16. 第16行"(三) 折旧费用"：填报第17＋18行金额。

用于研发活动的仪器、设备，同时用于非研发活动的，填报按实际工时占比等合理方法分配的用于研发活动的相关费用。纳税人用于研发活动的仪器、设备，符合税收规定且选择加速折旧优惠政策的，在享受研发费用税前加计扣除政策时，按照税前扣除的折旧口径填报。

17. 第17行"1. 用于研发活动的仪器的折旧费"：填报纳税人用于研发活动的仪器的折旧费。

18. 第18行"2. 用于研发活动的设备的折旧费"：填报纳税人用于研发活动的设备的折旧费。

19. 第19行"(四) 无形资产摊销"：填报第20＋21＋22行金额。用于研发活动的无形资产，同时用于非研发活动的，填报按实际工时占比等合理方法在研发费用和生产经营费用间分配的用于研发活动的相关费用。纳税人用于研发活动的无形资产，符合税收规定且选择加速摊销优惠政策的，在享受研发费用税前加计扣除政策时，按照税前扣除的摊销口径填报。

20. 第20行"1. 用于研发活动的软件的摊销费用"：填报纳税人用于研发活动的软件的摊销费用。

21. 第21行"2. 用于研发活动的专利权的摊销费用"：填报纳税人用于研发活动的专利权的摊销费用。

22. 第22行"3. 用于研发活动的非专利技术(包括许可证、专有技术、设计和计算方法等)的摊销费用"：填报纳税人用于研发活动的非专利技术(包括许可证、专有技术、设计和计算方法等)的摊销费用。

23. 第23行"(五) 新产品设计费等"：填报第24＋25＋26＋27行金额。新产品设计费、新工艺规程制定费、新药研制的临床试验费、勘探开发技术的现场试验费等由辅助生产部门提供的，填报按照一定的分配标准分配给研发项目的金额。

24. 第24行"1. 新产品设计费"：填报纳税人研发活动中发生的新产品设计费。

25. 第25行"2. 新工艺规程制定费"：填报纳税人研发活动中发生的新工艺规程制定费。

26. 第26行"3. 新药研制的临床试验费"：填报纳税人研发活动中发生的新药研制的临床试验费。

27. 第27行"4. 勘探开发技术的现场试验费"：填报纳税人研发活动中发生的勘探开发技术的现场试验费。

28. 第28行"(六) 其他相关费用"：填报第29＋30＋31＋32＋33行金额。

29. 第29行"1. 技术图书资料费、资料翻译费、专家咨询费、高新科技研发保险费"：填报纳税人研发活动中发生的技术图书资料费、资料翻译费、专家咨询费、高新科技研发保险费。

30. 第30行"2. 研发成果的检索、分析、评议、论证、鉴定、评审、评估、验收费用"：填报纳税人研发活动中发生的研发成果的检索、分析、评议、论证、鉴定、评审、评估、验收费用。

31. 第31行"3. 知识产权的申请费、注册费、代理费"：填报纳税人研发活动中发生的知识产权的申请费、注册费、代理费。

32. 第32行"4. 职工福利费、补充养老保险费、补充医疗保险费"：填报纳税人研发活动人员发生的职工福利费、补充养老保险费、补充医疗保险费。

33. 第33行"5. 差旅费、会议费"：填报纳税人研发活动发生的差旅费、会议费。

34. 第34行"(七) 经限额调整后的其他相关费用"：根据研发活动分析汇总填报。

35. 第35行"二、委托研发"：填报第36＋37＋39行金额。

36. 第36行"(一) 委托境内机构或个人进行研发活动所发生的费用"：填报纳税人研发项目委托境内机构或个人进行研发活动所发生的费用。

37. 第37行"(二) 委托境外机构进行研发活动发生的费用"：填报纳税人研发项目委托境外机构进行研发活动所发生的费用。

38. 第38行"允许加计扣除的委托境外机构进行研发活动发生的费用"：填报纳税人按照税收规定允许加计扣除的委托境外机构进行研发活动发生的研发费用。

39. 第39行"(三) 委托境外个人进行研发活动发生的费用"：填报纳税人委托境外个人进行研发活动发生的费用。本行不参与加计扣除优惠金额的计算。

40. 第40行"三、年度研发费用小计"：填报第2行＋第36行×80%＋第38行金额。

41. 第41行"(一) 本年费用化金额"：填报纳税人研发活动本年费用化部分金额。

42. 第42行"(二) 本年资本化金额"：填报纳税人研发活动本年结转无形资产的金额。

43. 第43行"四、本年形成无形资产摊销额"：填报纳税人研发活动本年形成无形资产的摊销额。

44. 第44行"五、以前年度形成无形资产本年摊销额"：填报纳税人研发活动以前年度形成无形资产本年摊销额。

45. 第45行"六、允许扣除的研发费用合计"：填报第41＋43＋44行金额。

46. 第46行"特殊收入部分"：填报纳税人已归集计入研发费用，但在当期取得的研发过程中形成的下脚料、残次品、中间试制品等特殊收入。

47. 第47行"七、允许扣除的研发费用抵减特殊收入后的金额"：填报第45－46行金额。

48. 第48行"当年销售研发活动直接形成产品(包括组成部分)对应的材料部分"：填报纳税人当年销售研发活动直接形成产品(包括组成部分)对应的材料部分金额。

49. 第49行"以前年度销售研发活动直接形成产品(包括组成部分)对应材料部分结转金额"：填报纳税人以前年度销售研发活动直接形成产品(包括组成部分)对应材料部分结转金额。

50. 第50行"八、加计扣除比例"：根据有关政策规定填报。

51. 第51行"九、本年研发费用加计扣除总额"：填报第(47－48－49)行×第50行的金额，当第47－48－49行＜0时，本行填报0。

52. 第52行"十、销售研发活动直接形成产品(包括组成部分)对应材料部分结转以后年度扣减金额"：当第47－48－49行≥0时，填报0；当第47－48－49行＜0时，填报第47－48－49行金额的绝对值。

二、表内、表间关系

(一) 表内关系

1. 第2行＝第3＋7＋16＋19＋23＋34行。

2. 第3行＝第4＋5＋6行。

3. 第7行＝第8＋9＋10＋11＋12＋13＋14＋15行。

4. 第16行＝第17＋18行。

5. 第19行＝第20＋21＋22行。

6. 第23行＝第24＋25＋26＋27行。

7. 第28行＝第29＋30＋31＋32＋33行。

8. 第35行＝第36＋37＋39行。

9. 第40行＝第2行＋第36行×80%＋第38行。

10. 第45行＝第41＋43＋44行。

11. 第47行＝第45－46行。

12. 第51行＝(第47－48－49行)×第50行，当第47－48－49行＜0时，本行＝0。

13. 当第47－48－49行≥0时，第52行＝0；当第47－48－49行＜0时，第52行－第46－47－48行金额的绝对值。

(二) 表间关系

1. 当表A000000"210－3"项目未填有入库编号时，第51行＝表A107010第26行。

2. 当表A000000"210－3"项目填有入库编号时，第51行＝表A107010第27行。

表 4－27(o)　**企业所得税年度纳税申报表附表：A108000 境外所得税收抵免明细表**

A108000

境外所得税收抵免明细表

行次	国家（地区）	境外税前所得	境外所得纳税调整后所得	弥补境外以前年度亏损	境外应纳税所得额	抵减境内亏损	抵减境内亏损后的境外应纳税所得额	税率	境外所得应纳税额	境外所得可抵免税额	境外所得抵免限额	本年可抵免境外所得税额	未超过境外所得税抵免限额的余额	本年可抵免以前年度未抵免境外所得税额	按简易办法计算：按低于12.5%的实际税率计算的抵免额	按简易办法计算：按12.5%计算的抵免额	按简易办法计算：按25%计算的抵免额	按简易办法计算：小计	境外所得抵免所得税额合计
	1	2	3	4	5(3－4)	6	7(5－6)	8	9(7×8)	10	11	12	13(11－12)	14	15	16	17	18(15+16+17)	19(12+14+18)
1	美国	2 000 000.00	2 000 000.00	0.00	2 000 000.00	0.00	2 000 000.00	25%	500 000.00	800 000.00	500 000.00	500 000.00	0.00	0.00				0.00	500 000.00
2	英国	1 000 000.00	1 000 000.00	0.00	1 000 000.00	0.00	1 000 000.00	25%	250 000.00	200 000.00	250 000.00	200 000.00	50 000.00	0.00				0.00	200 000.00
3																			
4																			
5																			
6																			
7																			
8																			
9																			
10	合计	3 000 000.00	3 000 000.00	0.00	3 000 000.00	0.00	3 000 000.00		750 000.00	1 000 000.00	750 000.00	700 000.00	50 000.00	0.00				0.00	700 000.00

填报说明

本表适用于取得境外所得的纳税人填报。纳税人应根据税法、《财政部国家税务总局关于企业境外所得税收抵免有关问题的通知》(财税〔2009〕125号)、《国家税务总局关于发布〈企业境外所得税收抵免操作指南〉的公告》(国家税务总局公告2010年第1号)、《财政部国家税务总局关于我国石油企业从事油(气)资源开采所得税收抵免有关问题的通知》(财税〔2011〕23号)、《财政部税务总局关于完善企业境外所得税收抵免政策问题的通知》(财税〔2017〕84号)等规定,填报本年来源于或发生于其他国家、地区的所得按照税收规定计算应缴纳和应抵免的企业所得税。

一、有关项目填报说明

(一)行次填报

纳税人若选择"分国(地区)不分项"的境外所得抵免方式,应根据"境外所得纳税调整后所得明细表"(A108010)、"境外分支机构弥补亏损明细表"(A108020)、"跨年度结转抵免境外所得税明细表"(A108030)分国(地区)别逐行填报本表;纳税人若选择"不分国(地区)不分项"的境外所得抵免方式,应按照税收规定计算可抵免境外所得税税额和抵免限额,并根据表A108010、表A108020、表A108030的合计金额填报本表第1行。

(二)列次填报

1. 第1列"国家(地区)":纳税人若选择"分国(地区)不分项"的境外所得抵免方式,填报纳税人境外所得来源的国家(地区)名称,来源于同一国家(地区)的境外所得合并到一行填报;纳税人若选择"不分国(地区)不分项"的境外所得抵免方式,无须填报。

2. 第2列"境外税前所得":填报表A108010第14列的金额。

3. 第3列"境外所得纳税调整后所得":填报表A108010第18列的金额。

4. 第4列"弥补境外以前年度亏损":填报表A108020第4+8列的合计金额。

5. 第5列"境外应纳税所得额":填报第3－4列的余额。当第3－4列<0时,本列填报0。

6. 第6列"抵减境内亏损":当纳税人选择用境外所得抵减弥补境内亏损时,填报纳税人境外所得按照税收规定抵减境内的亏损额(包括抵减的当年度境内亏损额和弥补的以前年度境内亏损额);当纳税人选择不用境外所得抵减弥补境内亏损时,填报0。

7. 第7列"抵减境内亏损后的境外应纳税所得额":填报第5－6列金额。

8. 第8列"税率":填报法定税率25%。符合《财政部国家税务总局关于高新技术企业境外所得适用税率及税收抵免问题的通知》(财税〔2011〕47号)第一条规定的高新技术企业填报15%。

9. 第9列"境外所得应纳税额":填报第7×8列金额。

10. 第10列"境外所得可抵免税额":填报表A108010第13列金额。

11. 第11列"境外所得抵免限额":境外所得抵免限额按以下公式计算:

抵免限额＝中国境内、境外所得依照企业所得税法和条例的规定计算的应纳税总额×来源于某国(地区)的应纳税所得额÷中国境内、境外应纳税所得总额。

12. 第12列"本年可抵免境外所得税额":填报纳税人本年来源于境外的所得已缴纳所得税在本年度允许抵免的金额。按第10列、第11列孰小值填报。

13. 第13列"未超过境外所得税抵免限额的余额":填报纳税人本年在抵免限额内抵免完境外所得税后有余额的,可用于抵免以前年度结转的待抵免的所得税额。按第11－12列金额填报。

14. 第14列"本年可抵免以前年度未抵免境外所得税额":填报纳税人本年可抵免以前年度未抵免、结转到本年度抵免的境外所得税额,按表A108030第13列金额填报。

15. 第15列至第18列由选择简易办法计算抵免额的纳税人填报。

(1)第15列"按低于12.5%的实际税率计算的抵免额":纳税人从境外取得营业利润所得以及符合境外税额间接抵免条件的股息所得,所得来源国(地区)的实际有效税率低于12.5%的,填报按照实际有效税率计算的抵免额。

(2)第16列"按12.5%计算的抵免额":纳税人从境外取得营业利润所得以及符合境外税额间接抵免条

件的股息所得，除第 15 列情形外，填报按照 12.5%计算的抵免额。

(3) 第 17 列“按 25%计算的抵免额”：纳税人从境外取得营业利润所得以及符合境外税额间接抵免条件的股息所得，所得来源国(地区)的实际有效税率高于 25%的，填报按照 25%计算的抵免额。

16. 第 19 列“境外所得抵免所得税额合计”：填报第 12+14+18 列金额。

二、表内、表间关系

(一) 表内关系

1. 第 5 列=第 3−4 列，当第 3−4 列<0 时，本列=0。

2. 第 6 列≤第 5 列。

3. 第 7 列=第 5−6 列。

4. 第 9 列=第 7×8 列。

5. 第 12 列=第 10 列、第 11 列孰小值。

6. 第 13 列=第 11−12 列。

7. 第 14 列≤第 13 列。

8. 第 18 列=第 15+16+17 列。

9. 第 19 列=第 12+14+18 列。

(二) 表间关系

1. 若选择“分国(地区)不分项”的境外所得抵免方式，第 2 列各行=表 A108010 第 14 列相应行次；若选择“不分国(地区)不分项”的境外所得抵免方式，第 1 行第 2 列=表 A108010 第 14 列合计。

2. 若选择“分国(地区)不分项”的境外所得抵免方式，第 3 列各行=表 A108010 第 18 列相应行次；若选择“不分国(地区)不分项”的境外所得抵免方式，第 1 行第 3 列=表 A108010 第 18 列合计。

3. 若选择“分国(地区)不分项”的境外所得抵免方式，第 4 列各行=表 A108020 第 4 列相应行次+第 8 列相应行次；若选择“不分国(地区)不分项”的境外所得抵免方式，第 1 行第 4 列=表 A108020 第 4 列合计+第 8 列合计。

4. 若选择“分国(地区)不分项”的境外所得抵免方式，第 6 列合计≤第 5 列合计、表 A106000 第 8 列第 1 行至第 10 行合计+表 A100000 第 18 行的孰小值；若选择“不分国(地区)不分项”的境外所得抵免方式，第 1 行第 6 列≤第 1 行第 5 列、表 A106000 第 8 列第 1 行至第 10 行合计+表 A100000 第 18 行的孰小值。

5. 第 9 列合计=表 A100000 第 29 行。

6. 若选择“分国(地区)不分项”的境外所得抵免方式，第 10 列各行=表 A108010 第 13 列相应行次；若选择“不分国(地区)不分项”的境外所得抵免方式，第 1 行第 10 列=表 A108010 第 13 列合计。

7. 若选择“分国(地区)不分项”的境外所得抵免方式，第 14 列各行=表 A108030 第 13 列相应行次；若选择“不分国(地区)不分项”的境外所得抵免方式，第 1 行第 14 列=表 A108030 第 13 列合计。

8. 第 19 列合计=表 A100000 第 30 行。

表 4－27(p)　　企业所得税年度纳税申报表附表：A108010 境外所得纳税调整后所得明细表

A108010

境外所得纳税调整后所得明细表

行次	国家(地区)	境外税后所得								境外所得可抵免的所得税额				境外税前所得	境外分支机构收入与支出纳税调整额	境外分支机构调整分摊扣除的有关成本费用	境外所得对应调整的相关成本费用支出	境外所得纳税调整后所得
		分支机构营业利润所得	股息、红利等权益性投资所得	利息所得	租金所得	特许权使用费所得	财产转让所得	其他所得	小计	直接缴纳的所得税额	间接负担的所得税额	享受税收饶让抵免税额	小计					
	1	2	3	4	5	6	7	8	9(2+…+8)	10	11	12	13(10+11+12)	14(9+10+11)	15	16	17	18(14+15－16－17)
1	美国		1 200 000.00						1 200 000.00	800 000.00			800 000.00	2 000 000.00				2 000 000.00
2	英国					8C0 000.0C			800 000.00	200 000.00			200 000.00	1 000 000.00				1 000 000.00
3																		
4																		
5																		
6																		
7																		
8																		
9																		
10	合计		1 200 000.00		800 000.00				2 000 000.00	1 000 000.00			1 000 000.00	3 000 000.00				3 000 000.00

填报说明

本表适用于取得境外所得的纳税人填报。纳税人应根据税法、《财政部 国家税务总局关于企业境外所得税收抵免有关问题的通知》(财税〔2009〕125 号)和《国家税务总局关于发布〈企业境外所得税收抵免操作指南〉的公告》(国家税务总局公告 2010 年第 1 号)、《财政部 国家税务总局关于我国石油企业从事油(气)资源开采所得税收抵免有关问题的通知》(财税〔2011〕23 号)、《财政部 税务总局关于完善企业境外所得税收抵免政策问题的通知》(财税〔2017〕84 号)规定,填报本年来源于或发生于不同国家、地区的所得按照税收规定计算的境外所得纳税调整后所得。对于境外所得税收抵免方式选择"不分国(地区)不分项"的纳税人,也应按照规定计算可抵免境外所得税税额,并按国(地区)别逐行填报。

一、有关项目填报说明

1. 第 1 列"国家(地区)":填报纳税人境外所得来源的国家(地区)名称,来源于同一个国家(地区)的境外所得可合并到一行填报。

2. 第 2 列至第 9 列"境外税后所得":填报纳税人取得的来源于境外的税后所得,其中,第 3 列股息、红利等权益性投资所得包含通过"受控外国企业信息报告表"(国家税务总局公告 2014 年第 38 号附件 2)计算的视同分配给企业的股息。

3. 第 10 列"直接缴纳的所得税额":填报纳税人来源于境外的营业利润所得在境外所缴纳的企业所得税,以及就来源于或发生于境外的股息、红利等权益性投资所得、利息、租金、特许权使用费、财产转让等所得在境外被源泉扣缴的预提所得税。

4. 第 11 列"间接负担的所得税额":填报纳税人从其直接或者间接控制的外国企业分得的来源于中国境外的股息、红利等权益性投资收益,外国企业在境外实际缴纳的所得税额中属于该项所得负担的部分。

5. 第 12 列"享受税收饶让抵免税额":填报纳税人从与我国政府订立税收协定(或安排)的国家(地区)取得的所得,按照该国(地区)税收法律享受了免税或减税待遇,且该免税或减税的数额按照税收协定应视同已缴税额的金额。

6. 第 15 列"境外分支机构收入与支出纳税调整额":填报纳税人境外分支机构收入、支出按照税收规定计算的纳税调整额。

7. 第 16 列"境外分支机构调整分摊扣除的有关成本费用":填报纳税人境外分支机构应合理分摊的总部管理费等有关成本费用,同时在"纳税调整项目明细表"(A105000)进行纳税调增。

8. 第 17 列"境外所得对应调整的相关成本费用支出":填报纳税人实际发生与取得境外所得有关但未直接计入境外所得应纳税所得的成本费用支出,同时在"纳税调整项目明细表"(A105000)进行纳税调增。

9. 第 18 列"境外所得纳税调整后所得":填报第 14+15-16-17 列的金额。

二、表内、表间关系

(一) 表内关系

1. 第 9 列=第 2+3+…+8 列。

2. 第 13 列=第 10+11+12 列。

3. 第 14 列=第 9+10+11 列。

4. 第 18 列=第 14+15-16-17 列。

(二) 表间关系

1. 若选择"分国(地区)不分项"的境外所得抵免方式,第 13 列各行=表 A108000 第 10 列相应行次;若选择"不分国(地区)不分项"的境外所得抵免方式,第 13 列合计=表 A108000 第 1 行第 10 列。

2. 若选择"分国(地区)不分项"的境外所得抵免方式,第 14 列各行=表 A108000 第 2 列相应行次;若选择"不分国(地区)不分项"的境外所得抵免方式,第 14 列合计=表 A108000 第 1 行第 2 列。

3. 第 14 列合计-第 11 列合计=表 A100000 第 14 行。

4. 第 16 列合计+第 17 列合计=表 A105000 第 28 行第 3 列。

5. 若选择"分国(地区)不分项"的境外所得抵免方式,第 18 列相应行次=表 A108000 第 3 列相应行次;若选择"不分国(地区)不分项"的境外所得抵免方式,第 18 列合计=表 A108000 第 1 行第 3 列。

【例 4－15】 长春欣元食品有限公司属增值税一般纳税人，纳税人识别号为 220107789103396××××；经营地址为长春市沿街路 305 号；法定代表人为李大鹏；开户银行为中国农业银行长春市分行；账号为 220116888000444499556；主管税务机关为长春市税务局。会计主管赵新。

该企业主要从事食品的加工与销售，2018 年度当年相关生产、经营资料如下：

1. 收入相关资料

(1) 产品销售收入 68 000 000 元；

(2) 其他业务收入出租包装物收入(含逾期包装物押金)52 000 元。

(3) 营业外收入处置固定资产净收益 75 000 元；出售无形资产收益 200 000 元；接受外单位捐赠的原材料一批，增值税专用发票上注明的价格是 500 000 元，进项税额 80 000 元。

(4) 投资国债 500 000 元，取得国债利息收入 25 000 元；投资金融债券 600 000 元，取得利息收入 48 000 元。投资于韩国某公司 4 500 000 元，占该企业 25%的股权，分回税后利润 200 000 元，韩国公司的所得税税率为 20%(税前利润为 250 000 元)。

2. 成本、税金、费用类资料

(1) 产品销售成本 43 000 000 元，包装物出租成本 36 000 元。

(2) 税金及附加 336 000 元。

(3) 管理费用 3 200 000 元，其中，招待费支出 430 000 元，技术开发费 350 000 元(其中直接从事研发活动人员工资薪金 100 000 元，五险一金 30 000 元；研发活动直接消耗材料 120 000 元，产品的检验费 80 000 元，仪器、设备的运行维护、调整、检验、维修等费用 20 000 元)。

(4) 销售费用 2 800 000 元，其中，广告费支出 1 900 000 元。

(5) 财务费用 987 000 元，其中，支付的非金融机构借款利息为 500 000 元(借款金额 5 000 000 元，借款期限 1 年，年利率 10%，银行同期利率 7%)。

(6) 营业外支出中卫生管理部门罚款支出 85 000 元，向红十字会捐款 145 000 元。

3. 其他相关资料

全年职工工资总额 5 800 000 元，职工福利费 813 000 元，职工教育经费 469 000 元，职工工会经费 120 000 元。

1～12 月份已经预缴 4 250 000 元。

【要求】 根据长春欣元食品有限公司 2018 年的财务资料，计算该企业的年度会计利润，并在此基础上编制该企业 2018 年度的企业所得税纳税申报表(见表 4－28、表 4－29、表 4－30 及其附表)。

【计算】

1. 年度利润总额的计算

(1) 营业收入＝68 000 000＋52 000＝68 052 000(元)(见附表 A101010)

(2) 营业成本＝43 000 000＋36 000＝43 036 000(元)(见附表 A102010)

(3) 税金及附加＝336 000(元)

(4) 销售费用＝2 800 000(元)(见附表 A104000)

(5) 管理费用＝3 200 000(元)(见附表 A104000)

(6) 财务费用＝987 000(元)(见附表 A104000)

(8) 投资收益＝25 000＋48 000＋200 000＝273 000(元)

(9) 营业利润＝68 052 000－43 036 000－336 000－2 800 000－3 200 000－987 000＋273 000＝17 966 000(元)

(10) 营业外收入＝75 000＋200 000＋585 000＝860 000(元)

(11) 营业外支出＝85 000＋145 000＝230 000(元)(见附表 A102010)

(12) 利润总额＝17 966 000＋860 000－230 000＝18 596 000(元)

2. 应纳税所得额的计算

(1) 境外所得＝200 000(元)(见附表 A108010)

(2) 纳税调整增加额(见附表 A105000)

① 招待费支出:企业实际发生业务招待费 430 000 元,按照《企业所得税法》的规定为发生额的 60%与营业收入的 5‰中的较小者。430 000×60%＝258 000(元),68 052 000×5‰＝340 260(元),因此最高扣除限额＝258 000(元),本例应调增应纳税所得额＝430 000－258 000＝172 000(元)。

② 工资三费支出:全年职工工资总额 5 800 000 元,职工福利费、职工教育经费、职工工会经费分别按工资总额的 14%、8%、2%计提,超过部分不允许在本期扣除。(见附表 A105050)

允许扣除的职工福利费限额＝5 800 000×14%＝812 000(元),允许扣除的职工教育经费限额＝5 800 000×8%＝464 000(元),允许扣除的职工工会经费限额＝5 800 000×2%＝116 000(元)。

因此,本例应调增应纳税所得额＝813 000＋469 000＋120 000－812 000－464 000－116 000＝10 000(元)。

③ 广告费支出:《企业所得税法》规定,广告费与业务宣传费的扣除限额为营业收入的 15%,超过部分准予结转以后纳税年度扣除。68 052 000×15%＝10 207 800(元)＞1 900 000(元),因此没有超出扣除限额,无须调整。

④ 利息支出:支付非金融机构借款利息为 500 000 元(借款金额 5 000 000 元,借款期限 1 年,年利率 10%,银行同期利率 7%),按《企业所得税法》规定可扣除的利息＝500 000×7%＝350 000(元),因此,应调增应纳税所得额＝500 000－350 000＝150 000(元)。

⑤ 罚款支出按照《企业所得税法》的规定,行政罚款不得扣除,因此,应调增应纳税所得额为 85 000 元。

⑥ 捐赠支出按照《企业所得税法》的规定,企业实际发生的公益性捐赠支出,在年度利润总额 12%以内的部分,准予在计算应纳税所得额时扣除。

145 000＜18 596 000×12%＝2 231 520(元),因此,没有超过扣除限额,无须调整。

纳税调整增加额合计＝172 000＋10 000＋150 000＋85 000＝417 000(元)

(3) 免税、减计收入及加计扣除＝25 000＋262 500＝287 500(元)(详见附表 A107010)

(4) 纳税调整后所得＝18 596 000－200 000＋417 000－287 500＝18 525 500(元)

(5) 境内应纳税所得额＝18 525 500(元)

3. 应纳税额的计算

(1) 境内应纳所得税额＝18 525 500×25%＝4 631 375(元)

(2) 境外所得应纳所得税额:

来自韩国的应税所得＝200 000÷(1－20%)＝250 000(元),由于韩国的企业所得税率低于我国的,因此,在韩国已纳税额允许全额抵扣。

境外已纳税额＝250 000×20%＝50 000(元)

境外所得应纳所得税额＝250 000×25%＝62 500(元)

境外所得抵免所得税额＝50 000(元)

(3) 境内外实际应纳所得税额＝4 631 375＋62 500－50 000＝4 643 875(元)

(4) 本年累计实际已预缴的所得税额 4 250 000 元，

(5) 本年应补(退)所得税额＝4 643 875－4 250 000＝393 875(元)

【填表】

表 4－28 **企业所得税年度纳税申报表封面**

中华人民共和国企业所得税年度纳税申报表

(A类，2017 年版)

税款所属期间：2018 年 1 月 1 日至 2018 年 12 月 31 日

纳税人识别号	2	2	0	1	0	7	7	8	9	1	0	3	3	9	×	×	×	×

(统一社会信用代码)

纳税人名称：长春欣元食品有限公司

金额单位：人民币元(列至角分)

谨声明：本纳税申报表是根据国家税收法律法规及相关规定填报的，是真实的、可靠的、完整的。

纳税人(签章)：长春欣元食品有限公司

2019 年 3 月 12 日

经办人：赵新 经办人身份证号： 220104197601015860 代理机构签章：	受理人： 受理税务机关(章)： 受理日期： 年 月 日

国家税务总局监制

表 4－29 **企业基础信息表**

A000000

基本经营情况(必填项目)				
101 纳税申报企业类型(填写代码)	100	102 分支机构就地纳税比例(%)		
103 资产总额(填写平均值，单位，万元)	60 000 000	104 从业人数(填写平均值，单位，人)	50	
105 所属国民经济行业(填写代码)	C14	106 从事国家限制或禁止行业	□是 ☑否	
107 适用会计准则或会计制度(填写代码)	110	108 采用一般企业财务报表格式(2018 年版)	☑是 □否	
109 小型微利企业	□是 ☑否	110 上市公司	是(□境内 □境外) ☑否	
有关涉税事项情况(存在或者发生下列事项时必填)				
201 从事股权投资业务	☑是	202 存在境外关联交易	☑是	
203 选择采用的境外所得抵免方式	☑分国(地区)不分项 □不分国(地区)不分项			
204 有限合伙制创业投资企业的法人合伙人	□是	205 创业投资企业	□是	

续表

206 技术先进型服务企业类型（填写代码）		207 非营利组织	□是
208 软件、集成电路企业类型（填写代码）		209 集成电路生产项目类型	□130 纳米　□65 纳米

210 科技型中小企业	210－1______年（申报所属期年度）入库编号 1		210－2 入库时间 1	
	210－3______年（所属期下一年度）入库编号 2		210－4 入库时间 2	
211 高新技术企业申报所属期年度有效的高新技术企业证书	211－1 证书编号 1		211－2 发证时间 1	
	211－3 证书编号 2		211－4 发证时间 2	

212 重组事项税务处理方式	□一般性　□特殊性	213 重组交易类型（填写代码）	
214 重组当事方类型（填写代码）		215 政策性搬迁开始时间	年月
216 发生政策性搬迁且停止生产经营无所得年度	□是	217 政策性搬迁损失分期扣除年度	□是
218 发生非货币性资产对外投资递延纳税事项	□是	219 非货币性资产对外投资转让所得递延纳税年度	□是
220 发生技术成果投资入股递延纳税事项	□是	221 技术成果投资入股递延纳税年度	□是
222 发生资产（股权）划转特殊性税务处理事项	□是	223 债务重组所得递延纳税年度	□是

主要股东及分红情况（必填项目）

股东名称	证件种类	证件号码	投资比例（%）	当年（决议日）分配的股息、红利等权益性投资收益金额	国籍（注册地址）
其余股东合计	—	—			—

表 4－30　　中华人民共和国企业所得税年度纳税申报表(A 类)

A100000

行次	类别	项　　目	金　额
1	利润总额计算	一、营业收入(填写 A101010\101020\103000)	68 052 000.00
2		减：营业成本(填写 A102010\102020\103000)	43 036 000.00
3		减：税金及附加	336 000.00
4		减：销售费用(填写 A104000)	2 800 000.00
5		减：管理费用(填写 A104000)	3 200 000.00
6		减：财务费用(填写 A104000)	987 000.00
7		减：资产减值损失	0.00
8		加：公允价值变动收益	0.00
9		加：投资收益	273 000.00
10		二、营业利润(1－2－3－4－5－6－7＋8＋9)	17 966 000.00
11		加：营业外收入(填写 A101010\101020\103000)	860 000.00
12		减：营业外支出(填写 A102010\102020\103000)	230 000.00
13		三、利润总额(10＋11－12)	18 596 000.00
14	应纳税所得额计算	减：境外所得(填写 A108010)	200 000.00
15		加：纳税调整增加额(填写 A105000)	417 000.00
16		减：纳税调整减少额(填写 A105000)	0.00
17		减：免税、减计收入及加计扣除(填写 A107010)	287 500.00
18		加：境外应税所得抵减境内亏损(填写 A108000)	0.00
19		四、纳税调整后所得(13－14＋15－16－17＋18)	18 525 500.00
20		减：所得减免(填写 A107020)	0.00
21		减：弥补以前年度亏损(填写 A106000)	0.00
22		减：抵扣应纳税所得额(填写 A107030)	0.00
23		五、应纳税所得额(19－20－21－22)	18 525 500.00
24	应纳税额计算	税率(25％)	25％
25		六、应纳所得税额(23×24)	4 631 375.00
26		减：减免所得税额(填写 A107040)	0.00
27		减：抵免所得税额(填写 A107050)	0.00
28		七、应纳税额(25－26－27)	4 631 375.00
29		加：境外所得应纳所得税额(填写 A108000)	62 500.00
30		减：境外所得抵免所得税额(填写 A108000)	50 000.00
31		八、实际应纳所得税额(28＋29－30)	4 643 875.00
32		减：本年累计实际已缴纳的所得税额	4 250 000.00
33		九、本年应补(退)所得税额(31－32)	393 875.00
34		其中：总机构分摊本年应补(退)所得税额(填写 A109000)	0.00
35		财政集中分配本年应补(退)所得税额(填写 A109000)	0.00
36		总机构主体生产经营部门分摊本年应补(退)所得税额(填写 A109000)	0.00

表 4-30(a)　　企业所得税年度纳税申报表附表：A101010 收入明细表

A101010　　一般企业收入明细表

行次	项　　目	金　额
1	一、营业收入(2+9)	68 052 000.00
2	(一) 主营业务收入(3+5+6+7+8)	68 000 000.00
3	1. 销售商品收入	68 000 000.00
4	其中：非货币性资产交换收入	
5	2. 提供劳务收入	
6	3. 建造合同收入	
7	4. 让渡资产使用权收入	
8	5. 其他	
9	(二) 其他业务收入(10+12+13+14+15)	52 000.00
10	1. 销售材料收入	
11	其中：非货币性资产交换收入	
12	2. 出租固定资产收入	
13	3. 出租无形资产收入	
14	4. 出租包装物和商品收入	52 000.00
15	5. 其他	
16	二、营业外收入(17+18+19+20+21+22+23+24+25+26)	860 000.00
17	(一) 非流动资产处置利得	275 000.00
18	(二) 非货币性资产交换利得	
19	(三) 债务重组利得	
20	(四) 政府补助利得	
21	(五) 盘盈利得	
22	(六) 捐赠利得	585 000.00
23	(七) 罚没利得	
24	(八) 确实无法偿付的应付款项	
25	(九) 汇兑收益	
26	(十) 其他	

表 4－30(b)　　企业所得税年度纳税申报表附表：A102010 成本支出明细表

A102010

一般企业成本支出明细表

行次	项　　目	金　额
1	一、营业成本(2+9)	43 036 000.00
2	(一) 主营业务成本(3+5+6+7+8)	43 000 000.00
3	1. 销售商品成本	43 000 000.00
4	其中：非货币性资产交换成本	
5	2. 提供劳务成本	
6	3. 建造合同成本	
7	4. 让渡资产使用权成本	
8	5. 其他	
9	(二) 其他业务成本(10+12+13+14+15)	36 000.00
10	1. 材料销售成本	
11	其中：非货币性资产交换成本	
12	2. 出租固定资产成本	
13	3. 出租无形资产成本	
14	4. 包装物出租成本	36 000.00
15	5. 其他	
16	二、营业外支出(17+18+19+20+21+22+23+24+25+26)	230 000.00
17	(一) 非流动资产处置损失	
18	(二) 非货币性资产交换损失	
19	(三) 债务重组损失	
20	(四) 非常损失	
21	(五) 捐赠支出	145 000.00
22	(六) 赞助支出	
23	(七) 罚没支出	85 000.00
24	(八) 坏账损失	
25	(九) 无法收回的债券股权投资损失	
26	(十) 其他	

表 4-30(c)　　企业所得税年度纳税申报表附表：A104000 期间费用明细表

A104000

期间费用明细表

行次	项　　目	销售费用	其中：境外支付	管理费用	其中：境外支付	财务费用	其中：境外支付
		1	2	3	4	5	6
1	一、职工薪酬		*		*	*	*
2	二、劳务费					*	*
3	三、咨询顾问费					*	*
4	四、业务招待费		*	430 000.00	*	*	*
5	五、广告费和业务宣传费	1 900 000.00	*		*	*	*
6	六、佣金和手续费						
7	七、资产折旧摊销费		*		*	*	*
8	八、财产损耗、盘亏及毁损损失		*		*	*	*
9	九、办公费		*		*	*	*
10	十、董事会费		*		*	*	*
11	十一、租赁费					*	*
12	十二、诉讼费		*		*	*	*
13	十三、差旅费		*		*	*	*
14	十四、保险费		*		*	*	*
15	十五、运输、仓储费					*	*
16	十六、修理费					*	*
17	十七、包装费		*		*	*	*
18	十八、技术转让费					*	*
19	十九、研究费用			350 000.00		*	*
20	二十、各项税费		*		*	*	*
21	二十一、利息收支	*	*	*	*	500 000.00	
22	二十二、汇兑差额	*	*	*	*		
23	二十三、现金折扣	*	*	*	*		*
24	二十四、党组织工作经费	*	*		*	*	*
25	二十五、其他	900 000.00		2 420 000.00		487 000.00	
26	合计(1+2+3+…+25)	2 800 000.00		3 200 000.00		987 000.00	

表 4 - 30(d)　　企业所得税年度纳税申报表附表：A105000 纳税调整项目明细表

A105000　　纳税调整项目明细表

行次	项　目	账载金额	税收金额	调增金额	调减金额
		1	2	3	4
1	一、收入类调整项目(2+3+…+8+10+11)	*	*		
2	(一) 视同销售收入(填写 A105010)	*			*
3	(二) 未按权责发生制原则确认的收入(填写 A105020)				
4	(三) 投资收益(填写 A105030)				
5	(四) 按权益法核算长期股权投资对初始投资成本调整确认收益	*	*	*	
6	(五) 交易性金融资产初始投资调整	*	*		*
7	(六) 公允价值变动净损益		*		
8	(七) 不征税收入	*	*		
9	其中：专项用途财政性资金(填写 A105040)	*	*		
10	(八) 销售折扣、折让和退回				
11	(九) 其他				
12	二、扣除类调整项目(13+14+…+24+26+27+28+29+30)	*	*	417 000.00	
13	(一) 视同销售成本(填写 A105010)	*		*	
14	(二) 职工薪酬(填写 A105050)	7 202 000.00	7 192 000.00	10 000.00	
15	(三) 业务招待费支出	430 000.00	258 000.00	172 000.00	*
16	(四) 广告费和业务宣传费支出(填写 A105060)	*	*	0.00	
17	(五) 捐赠支出(填写 A105070)	145 000.00	22 331 520.00	0.00	
18	(六) 利息支出	500 000.00	350 000.00	150 000.00	
19	(七) 罚金、罚款和被没收财物的损失	85 000.00	*	85 000.00	*
20	(八) 税收滞纳金、加收利息		*		*
21	(九) 赞助支出		*		*
22	(十) 与未实现融资收益相关在当期确认的财务费用				
23	(十一) 佣金和手续费支出				*
24	(十二) 不征税收入用于支出所形成的费用	*	*		*
25	其中：专项用途财政性资金用于支出所形成的费用(填写 A105040)	*	*		*

续表

行次	项　　目	账载金额	税收金额	调增金额	调减金额
		1	2	3	4
26	（十三）跨期扣除项目				
27	（十四）与取得收入无关的支出		*		*
28	（十五）境外所得分摊的共同支出	*	*		*
29	（十六）党组织工作经费				
30	（十七）其他				
31	三、资产类调整项目(32＋33＋34＋35)	*	*		
32	（一）资产折旧、摊销(填写 A105080)				
33	（二）资产减值准备金		*		
34	（三）资产损失(填写 A105090)				
35	（四）其他				
36	四、特殊事项调整项目(37＋38＋…＋42)	*	*		
37	（一）企业重组及递延纳税事项(填写 A105100)				
38	（二）政策性搬迁(填写 A105110)	*	*		
39	（三）特殊行业准备金(填写 A105120)				
40	（四）房地产开发企业特定业务计算的纳税调整额(填写 A105010)	*			
41	（五）有限合伙企业法人合伙方应分得的应纳税所得额				
42	（六）其他	*	*		
43	五、特别纳税调整应税所得	*	*		
44	六、其他	*	*		
45	合计(1＋12＋31＋36＋43＋44)	*	*	417 000.00	0.00

表 4-30(e)　　企业所得税年度纳税申报表附表：A105050 职工薪酬支出及纳税调整明细表

A105050

职工薪酬支出及纳税调整明细表

行次	项　　目	账载金额	实际发生额	税收规定扣除率	以前年度累计结转扣除额	税收金额	纳税调整金额	累计结转以后年度扣除额
		1	2	3	4	5	6(1－5)	7(1＋4－5)
1	一、工资薪金支出	5 800 000.00	5 800 000.00	*	*	5 800 000.00	0.00	*
2	其中：股权激励			*	*			*
3	二、职工福利费支出	813 000.00	813 000.00	14%	*	812 000.00	1 000.00	*
4	三、职工教育经费支出	469 000.00	469 000.00	*		464 000.00	5 000.00	
5	其中：按税收规定比例扣除的职工教育经费	469 000.00	469 000.00	8%		464 000.00	5 000.00	
6	按税收规定全额扣除的职工培训费用				*			*
7	四、工会经费支出	120 000.00	120 000.00	2%	*	116 000.00	4 000.00	*
8	五、各类基本社会保障性缴款			*	*			*
9	六、住房公积金			*	*			*
10	七、补充养老保险				*			*
11	八、补充医疗保险				*			*
12	九、其他			*	*			*
13	合计(1＋3＋4＋7＋8＋9＋10＋11＋12)	7 202 000.00	7 202 000.00	*		7 192 000.00	10 000.00	

表 4－30(f)　企业所得税年度纳税申报表附表：A105060 广告费和业务宣传费跨年度纳税调整明细表

A105060　　　　　　　　广告费和业务宣传费跨年度纳税调整明细表

行次	项　　目	金　额
1	一、本年广告费和业务宣传费支出	1 900 000.00
2	减：不允许扣除的广告费和业务宣传费支出	0.00
3	二、本年符合条件的广告费和业务宣传费支出(1－2)	1 900 000.00
4	三、本年计算广告费和业务宣传费扣除限额的销售(营业)收入	68 052 000.00
5	乘：税收规定扣除率	15%
6	四、本企业计算的广告费和业务宣传费扣除限额(4×5)	10 207 800.00
7	五、本年结转以后年度扣除额(3>6，本行＝3－6；3≤6，本行＝0)	0.00
8	加：以前年度累计结转扣除额	0.00
9	减：本年扣除的以前年度结转额[3>6，本行＝0；3≤6，本行＝8 或(6－3)孰小值]	0.00
10	六、按照分摊协议归集至其他关联方的广告费和业务宣传费(10≤3 或 6 孰小值)	0.00
11	按照分摊协议从其他关联方归集至本企业的广告费和业务宣传费	0.00
12	七、本年广告费和业务宣传费支出纳税调整金额(3>6，本行＝2＋3－6＋10－11；3≤6，本行＝2＋10－11－9)	0.00
13	八、累计结转以后年度扣除额(7＋8－9)	0.00

表 4 - 30(g)　　企业所得税年度纳税申报表附表：A105070 捐赠支出及纳税调整明细表

A105070

捐赠支出及纳税调整明细表

行次	项　　目	账载金额	以前年度结转可扣除的捐赠额	按税收规定计算的扣除限额	税收金额	纳税调增金额	纳税调减金额	可结转以后年度扣除的捐赠额
		1	2	3	4	5	6	7
1	一、非公益性捐赠		*	*	*		*	*
2	二、全额扣除的公益性捐赠		*	*		*	*	*
3	三、限额扣除的公益性捐赠(4+5+6+7)	145 000.00		2 231 520.00	2 231 520.00	0.00		0.00
4	前三年度(　　年)	*		*	*	*		*
5	前二年度(　　年)	*		*	*	*		
6	前一年度(　　年)	*		*	*	*		
7	本　　年(2018 年)	145 000.00	*	2 231 520.00	2 231 520.00	0.00	*	0.00
8	合计(1+2+3)	145 000.00		2 231 520.00	2 231 520.00	0.00		0.00

表 4－30(h)　企业所得税年度纳税申报表附表：A107010 免税、减计收入及加计扣除优惠明细表

A107010　免税、减计收入及加计扣除优惠明细表

行次	项　目	金　额
1	一、免税收入(2＋3＋6＋7＋…＋16)	25 000.00
2	(一) 国债利息收入免征企业所得税	25 000.00
3	(二) 符合条件的居民企业之间的股息、红利等权益性投资收益免征企业所得税(填写 A107011)	
4	其中：内地居民企业通过沪港通投资且连续持有 H 股满 12 个月取得的股息红利所得免征企业所得税(填写 A107011)	
5	内地居民企业通过深港通投资且连续持有 H 股满 12 个月取得的股息红利所得免征企业所得税(填写 A107011)	
6	(三) 符合条件的非营利组织的收入免征企业所得税	
7	(四) 符合条件的非营利组织(科技企业孵化器)的收入免征企业所得税	
8	(五) 符合条件的非营利组织(国家大学科技园)的收入免征企业所得税	
9	(六) 中国清洁发展机制基金取得的收入免征企业所得税	
10	(七) 投资者从证券投资基金分配中取得的收入免征企业所得税	
11	(八) 取得的地方政府债券利息收入免征企业所得税	
12	(九) 中国保险保障基金有限责任公司取得的保险保障基金等收入免征企业所得税	
13	(十) 中央电视台的广告费和有线电视费收入免征企业所得税	
14	(十一) 中国奥委会取得北京冬奥组委支付的收入免征企业所得税	
15	(十二) 中国残奥委会取得北京冬奥组委分期支付的收入免征企业所得税	
16	(十三) 其他	
17	二、减计收入(18＋19＋23＋24)	
18	(一) 综合利用资源生产产品取得的收入在计算应纳税所得额时减计收入	
19	(二) 金融、保险等机构取得的涉农利息、保费减计收入(20＋21＋22)	
20	1. 金融机构取得的涉农贷款利息收入在计算应纳税所得额时减计收入	
21	2. 保险机构取得的涉农保费收入在计算应纳税所得额时减计收入	
22	3. 小额贷款公司取得的农户小额贷款利息收入在计算应纳税所得额时减计收入	
23	(三) 取得铁路债券利息收入减半征收企业所得税	
24	(四) 其他	
25	三、加计扣除(26＋27＋28＋29＋30)	262 500.00
26	(一) 开发新技术、新产品、新工艺发生的研究开发费用加计扣除(填写 A107012)	262 500.00
27	(二) 科技型中小企业开发新技术、新产品、新工艺发生的研究开发费用加计扣除(填写 A107012)	
28	(三) 企业为获得创新性、创意性、突破性的产品进行创意设计活动而发生的相关费用加计扣除	
29	(四) 安置残疾人员所支付的工资加计扣除	
30	(五) 其他	
31	合计(1＋17＋25)	287 500.00

表 4－30(i)　　企业所得税年度纳税申报表附表：A107012 研发费用加计扣除优惠明细表

A107012　　研发费用加计扣除优惠明细表

行次	项　　目	金额(数量)
1	本年可享受研发费用加计扣除项目数量	
2	一、自主研发、合作研发、集中研发(3＋7＋16＋19＋23＋34)	350 000 00
3	（一）人员人工费用(4＋5＋6)	130 000 00
4	1. 直接从事研发活动人员工资薪金	100 000 00
5	2. 直接从事研发活动人员五险一金	30 000 00
6	3. 外聘研发人员的劳务费用	
7	（二）直接投入费用(8＋9＋10＋11＋12＋13＋14＋15)	220 000 00
8	1. 研发活动直接消耗材料费用	120 000 00
9	2. 研发活动直接消耗燃料费用	
10	3. 研发活动直接消耗动力费用	
11	4. 用于中间试验和产品试制的模具、工艺装备开发及制造费	
12	5. 用于不构成固定资产的样品、样机及一般测试手段购置费	
13	6. 用于试制产品的检验费	80 000 00
14	7. 用于研发活动的仪器、设备的运行维护、调整、检验、维修等费用	20 000 00
15	8. 通过经营租赁方式租入的用于研发活动的仪器、设备租赁费	
16	（三）折旧费用(17＋18)	
17	1. 用于研发活动的仪器的折旧费	
18	2. 用于研发活动的设备的折旧费	
19	（四）无形资产摊销(20＋21＋22)	
20	1. 用于研发活动的软件的摊销费用	
21	2. 用于研发活动的专利权的摊销费用	
22	3. 用于研发活动的非专利技术(包括许可证、专有技术、设计和计算方法等)的摊销费用	
23	（五）新产品设计费等(24＋25＋26＋27)	
24	1. 新产品设计费	
25	2. 新工艺规程制定费	
26	3. 新药研制的临床试验费	
27	4. 勘探开发技术的现场试验费	

续表

行次	项　　目	金额(数量)
28	(六) 其他相关费用(29+30+31+32+33)	
29	1. 技术图书资料费、资料翻译费、专家咨询费、高新科技研发保险费	
30	2. 研发成果的检索、分析、评议、论证、鉴定、评审、评估、验收费用	
31	3. 知识产权的申请费、注册费、代理费	
32	4. 职工福利费、补充养老保险费、补充医疗保险费	
33	5. 差旅费、会议费	
34	(七) 经限额调整后的其他相关费用	
35	二、委托研发 (36+37+39)	
36	(一) 委托境内机构或个人进行研发活动所发生的费用	
37	(二) 委托境外机构进行研发活动发生的费用	
38	其中：允许加计扣除的委托境外机构进行研发活动发生的费用	
39	(三) 委托境外个人进行研发活动发生的费用	
40	三、年度研发费用小计(2+36×80%+38)	35 000 000
41	(一) 本年费用化金额	35 000 000
42	(二) 本年资本化金额	
43	四、本年形成无形资产摊销额	
44	五、以前年度形成无形资产本年摊销额	
45	六、允许扣除的研发费用合计(41+43+44)	35 000 000
46	减：特殊收入部分	0.00
47	七、允许扣除的研发费用抵减特殊收入后的金额(45−46)	35 000 000
48	减：当年销售研发活动直接形成产品(包括组成部分)对应的材料部分	0.00
49	减：以前年度销售研发活动直接形成产品(包括组成部分)对应材料部分结转金额	0.00
50	八、加计扣除比例(%)	75%
51	九、本年研发费用加计扣除总额(47−48−49)×50	26 250 000
52	十、销售研发活动直接形成产品(包括组成部分)对应材料部分结转以后年度扣减金额(当 47−48−49≥0,本行=0;当 47−48−49<0,本行=47−48−49 的绝对值)	0.00

表 4－30(j) **企业所得税年度纳税申报表附表：A108000 境外所得税收抵免明细表**

A108000

境外所得税收抵免明细表

行次	国家（地区）	境外税前所得	境外所得纳税调整后所得	弥补境外以前年度亏损	境外应纳税所得额	抵减境内亏损	抵减境内亏损后的境外应纳税所得额	税率	境外所得应纳税额	境外所得可抵免税额	境外所得抵免限额	本年可抵免境外所得税额	未超过境外所得税抵免限额的余额	本年可抵免以前年度未抵免境外所得税额	按简易办法计算：按低于12.5%的实际税率计算的抵免额	按简易办法计算：按12.5%计算的抵免额	按简易办法计算：按25%计算的抵免额	按简易办法计算：小计	境外所得抵免所得税额合计
	1	2	3	4	5(3－4)	6	7(5－6)	8	9(7×8)	10	11	12	13(11－12)	14	15	16	17	18(15＋16＋17)	19(12＋14＋18)
1	韩国	250 000.00	250 000.00	0.00	250 000.00	0.00	250 000.00	25%	62 500.00	50 000.00	62 500.00	50 000.00	12 500.00	0.00				0.00	50 000.00
2																			
3																			
4																			
5																			
6																			
7																			
8																			
9																			
10	合计	250 000.00	250 000.00	0.00	250 000.00	0.00	250 000.00		62 500.00	62 500.00	50 000.00	50 000.00	12 500.00	0.00				0.00	50 000.00

表 4－30(k)　企业所得税年度纳税申报表附表：A108010 境外所得纳税调整后所得明细表

A108010

境外所得纳税调整后所得明细表

行次	国家（地区）	境外税后所得								境外所得可抵免的所得税额				境外税前所得	境外分支机构收入与支出纳税调整额	境外分支机构调整分摊扣除的有关成本费用	境外所得对应调整的相关成本费用支出	境外所得纳税调整后所得
		分支机构机构营业利润所得	股息、红利等权益性投资所得	利息所得	租金所得	特许权使用费所得	财产转让所得	其他所得	小计	直接缴纳的所得税额	间接负担的所得税额	享受税收饶让抵免税额	小计					
	1	2	3	4	5	6	7	8	9(2+3+4+5+6+7+8)	10	11	12	13(10+11+12)	14(9+10+11)	15	16	17	18(14+15−16−17)
1	韩国		4 500 000.00						4 500 000.00	50 000.00			50 000.00	250 000.00				250 000.00
2																		
3																		
4																		
5																		
6																		
7																		
8																		
9																		
10	合计		4 500 000.00						4 500 000.00	50 000.00			50 000.00	250 000.00				250 000.00

（二）适用于查账征收方式预缴纳税申报案例

【例 4－16】 长春市奥威汽车备品销售有限公司地处长春市高新区硅谷大街 1198 号，2014 年 10 月份开业，注册资金为 2 200 000 元，纳税人识别号为 220104771719678×××，法定代表人为王宏；在交通银行长春卫星广场支行开户，账号是 220100069001871214695，电话为 85189669，经济类型为私营有限责任公司，行业类别属于汽车、摩托车及零配件批发，增值税税率为 17%，拥有在册职工 300 人，采取查账征收方式预缴企业所得税，主管税务机关为长春市税务局，会计主管为陈大林。

2018 年 10 月 1 日至 2018 年 12 月 31 日会计资料反映的生产经营情况如下：

（1）销售收入总额 5 344 400 元。

（2）国债利息收入 75 000 元，金融债券利息收入 25 000 元。

（3）产品销售成本 2 333 000 元，税金及附加 92 200 元。

（4）销售费用 58 800 元，管理费用 389 000 元，财务费用 100 000 元，营业外支出 280 000 元。

【要求】 计算并填列该公司 2018 年第四季度企业所得税纳税申报表。

【解析】

营业收入＝5 344 400＋75 000＋25 000＝5 444 400(元)

营业成本＝2 333 000＋92 200＋58 800＋389 000＋100 000＋280 000

＝3 253 000(元)

利润总额＝5 444 400－3 253 000＝2 191 400(元)

免税收入＝75 000(元)

应纳所得税额＝(2 191 400－75 000)×25%＝529 100(元)

【填表】

表 4－31　　中华人民共和国企业所得税月(季)度预缴纳税申报表(A 类)

A200000　　税款所属期间：2018 年 10 月 1 日至 2018 年 12 月 31 日

纳税人识别号(统一社会信用代码)	2	2	0	1	0	4	7	7	1	7	1	9	6	7	8	×	×	×

纳税人名称：长春市奥威汽车备品销售有限公司　　金额单位：人民币元(列至角分)

预缴方式	☑按照实际利润额预缴	□按照上一纳税年度应纳税所得额平均额预缴	□按照税务机关确定的其他方法预缴
企业类型	☑一般企业	□跨地区经营汇总纳税企业总机构	□跨地区经营汇总纳税企业分支机构

预缴税款计算		
行次	项　　目	本年累计金额
1	营业收入	5 444 400.00
2	营业成本	3 253 000.00
3	利润总额	2 191 400.00
4	加：特定业务计算的应纳税所得额	
5	减：不征税收入	
6	减：免税收入、减计收入、所得减免等优惠金额(填写 A201010)	75 000.00

续表

7	减：固定资产加速折旧(扣除)调减额(填写 A201020)		
8	减：弥补以前年度亏损		
9	实际利润额(3+4－5－6－7－8)\按照上一纳税年度应纳税所得额平均额确定的应纳税所得额		2 116 400.00
10	税率(25%)		25%
11	应纳所得税额(9×10)		529 100.00
12	减：减免所得税额(填写 A201030)		
13	减：实际已缴纳所得税额		
14	减：特定业务预缴(征)所得税额		
15	本期应补(退)所得税额(11－12－13－14)\税务机关确定的本期应纳所得税额		529 100.00
汇总纳税企业总分机构税款计算			
16	总机构填报	总机构本期分摊应补(退)所得税额(17+18+19)	
17		其中：总机构分摊应补(退)所得税额(15×总机构分摊比例____%)	
18		财政集中分配应补(退)所得税额(15×财政集中分配比例____%)	
19		总机构具有主体生产经营职能的部门分摊所得税额(15×全部分支机构分摊比例____%×总机构具有主体生产经营职能部门分摊比例____%)	
20	分支机构填报	分支机构本期分摊比例	
21		分支机构本期分摊应补(退)所得税额	
附　报　信　息			
高新技术企业	□是　☑否	科技型中小企业	□是　☑否
技术入股递延纳税事项	□是　☑否		
按　季　度　填　报　信　息			
季初从业人数	300	季末从业人数	300
季初资产总额(万元)		季末资产总额(万元)	
国家限制或禁止行业	□是　☑否	小型微利企业	□是　☑否
谨声明：本纳税申报表是根据国家税收法律法规及相关规定填报的，是真实的、可靠的、完整的。 纳税人(签章)：长春市奥威汽车备品销售有限公司　　2019 年 1 月 10 日			
经办人：王宏 经办人身份证号：220104199009195623 代理机构签章： 代理机构统一社会信用代码：		受理人： 受理税务机关(章)： 受理日期：　　年　　月　　日	

国家税务总局监制

填报说明

一、适用范围

本表适用于实行查账征收企业所得税的居民企业纳税人(以下简称“纳税人”)在月(季)度预缴纳税申报

时填报。执行《跨地区经营汇总纳税企业所得税征收管理办法》(国家税务总局公告2012年第57号发布)的跨地区经营汇总纳税企业的分支机构，在年度纳税申报时填报本表。省(自治区、直辖市和计划单列市)税务机关对仅在本省(自治区、直辖市和计划单列市)内设立不具有法人资格分支机构的企业，参照《跨地区经营汇总纳税企业所得税征收管理办法》征收管理的，企业的分支机构在年度纳税申报时填报本表。

二、表头项目

(一) 税款所属期间

1. 月(季)度预缴纳税申报

正常情况填报税款所属期月(季)度第一日至税款所属期月(季)度最后一日；年度中间开业的纳税人，在首次月(季)度预缴纳税申报时，填报开始经营之日至税款所属月(季)度最后一日，以后月(季)度预缴纳税申报时按照正常情况填报；年度中间终止经营活动的纳税人，在终止经营活动当期纳税申报时，填报税款所属期月(季)度第一日至终止经营活动之日，以后月(季)度预缴纳税申报表不再填报。

2. 年度纳税申报

填报税款所属年度1月1日至12月31日。

(二) 纳税人识别号(统一社会信用代码)

填报税务机关核发的纳税人识别号或有关部门核发的统一社会信用代码。

(三) 纳税人名称

填报营业执照、税务登记证等证件载明的纳税人名称。

三、有关项目填报说明

(一) 预缴方式

纳税人根据情况选择。

“按照上一纳税年度应纳税所得额平均额预缴”和“按照税务机关确定的其他方法预缴”两种预缴方式属于税务行政许可事项，纳税人需要履行行政许可相关程序。

(二) 企业类型

纳税人根据情况选择。

纳税人为《跨地区经营汇总纳税企业所得税征收管理办法》规定的跨省、自治区、直辖市和计划单列市设立不具有法人资格分支机构的跨地区经营汇总纳税企业，总机构选择“跨地区经营汇总纳税企业总机构”；仅在同一省(自治区、直辖市、计划单列市)内设立不具有法人资格分支机构的跨地区经营汇总纳税企业，并且总机构、分支机构参照《跨地区经营汇总纳税企业所得税征收管理办法》规定征收管理的，总机构选择“跨地区经营汇总纳税企业总机构”。

纳税人为《跨地区经营汇总纳税企业所得税征收管理办法》规定的跨省、自治区、直辖市和计划单列市设立不具有法人资格分支机构的跨地区经营汇总纳税企业，分支机构选择“跨地区经营汇总纳税企业分支机构”；仅在同一省(自治区、直辖市、计划单列市)内设立不具有法人资格分支机构的跨地区经营汇总纳税企业，并且总机构、分支机构参照《跨地区经营汇总纳税企业所得税征收管理办法》规定征收管理的，分支机构选择“跨地区经营汇总纳税企业分支机构”。

上述企业以外的其他企业选择“一般企业”。

(三) 预缴税款计算

预缴方式选择“按照实际利润额预缴”的纳税人填报第1行至第15行，预缴方式选择“按照上一纳税年度应纳税所得额平均额预缴”的纳税人填报第9、10、11、12、13、15行，预缴方式选择“按照税务机关确定的其他方法预缴”的纳税人填报第15行。

1. 第1行“营业收入”：填报纳税人截至本税款所属期末，按照国家统一会计制度规定核算的本年累计营业收入。

如：以前年度已经开始经营且按季度预缴纳税申报的纳税人，第二季度预缴纳税申报时本行填报本年1月1日至6月30日期间的累计营业收入。

2. 第2行“营业成本”：填报纳税人截至本税款所属期末，按照国家统一会计制度规定核算的本年累计营业成本。

3. 第3行"利润总额"：填报纳税人截至本税款所属期末，按照国家统一会计制度规定核算的本年累计利润总额。

4. 第4行"特定业务计算的应纳税所得额"：从事房地产开发等特定业务的纳税人，填报按照税收规定计算的特定业务的应纳税所得额。房地产开发企业销售未完工开发产品取得的预售收入，按照税收规定的预计计税毛利率计算的预计毛利额填入此行。企业开发产品完工后，其未完工预售环节按照税收规定的预计计税毛利率计算的预计毛利额在汇算清缴时调整，月(季)度预缴纳税申报时不调整。本行填报金额不得小于本年上期申报金额。

5. 第5行"不征税收入"：填报纳税人已经计入本表"利润总额"行次但属于税收规定的不征税收入的本年累计金额。

6. 第6行"免税收入、减计收入、所得减免等优惠金额"：填报属于税收规定的免税收入、减计收入、所得减免等优惠的本年累计金额。

本行根据"免税收入、减计收入、所得减免等优惠明细表"(A201010)填报。

7. 第7行"固定资产加速折旧(扣除)调减额"：填报固定资产税收上享受加速折旧优惠计算的折旧额大于同期会计折旧额期间，发生纳税调减的本年累计金额。

本行根据"固定资产加速折旧(扣除)明细表"(A201020)填报。

8. 第8行"弥补以前年度亏损"：填报纳税人截至税款所属期末，按照税收规定在企业所得税税前弥补的以前年度尚未弥补亏损的本年累计金额。根据《财政部 税务总局关于延长高新技术企业和科技型中小企业亏损结转年限的通知》(财税〔2018〕76号)的规定，自2018年1月1日起，当年具备高新技术企业或科技型中小企业资格的企业，其具备资格年度之前的5个年度发生的尚未弥补完的亏损，准予结转以后年度弥补，最长结转年限由5年延长至10年。

当本表第3+4－5－6－7行≤0时，本行＝0。

9. 第9行"实际利润额\按照上一纳税年度应纳税所得额平均额确定的应纳税所得额"：预缴方式选择"按照实际利润额预缴"的纳税人，根据本表相关行次计算结果填报，第9行＝第3+4－5－6－7－8行；预缴方式选择"按照上一纳税年度应纳税所得额平均额预缴"的纳税人，填报按照上一纳税年度应纳税所得额平均额计算的本年累计金额。

10. 第10行"税率(25%)"：填报25%。

11. 第11行"应纳所得税额"：根据相关行次计算结果填报。第11行＝第9×10行，且第11行≥0。

12. 第12行"减免所得税额"：填报纳税人截至税款所属期末，按照税收规定享受的减免企业所得税的本年累计金额。

本行根据"减免所得税额明细表"(A201030)填报。

13. 第13行"实际已缴纳所得税额"：填报纳税人按照税收规定已在此前月(季)度申报预缴企业所得税的本年累计金额。

建筑企业总机构直接管理的跨地区设立的项目部，按照税收规定已经向项目所在地主管税务机关预缴企业所得税的金额不填本行，而是填入本表第14行。

14. 第14行"特定业务预缴(征)所得税额"：填报建筑企业总机构直接管理的跨地区设立的项目部，按照税收规定已经向项目所在地主管税务机关预缴企业所得税的本年累计金额。

本行本期填报金额不得小于本年上期申报的金额。

15. 第15行"本期应补(退)所得税额\税务机关确定的本期应纳所得税额"：按照不同预缴方式，分情况填报：

预缴方式选择"按照实际利润额预缴"以及"按照上一纳税年度应纳税所得额平均额预缴"的纳税人根据本表相关行次计算填报。第15行＝第11－12－13－14行，当第11－12－13－14行<0时，本行填0。其中，企业所得税收入全额归属中央且按比例就地预缴企业的分支机构，以及在同一省(自治区、直辖市、计划单列市)内的按比例就地预缴企业的分支机构，第15行＝第11行×就地预缴比例－第12行×就地预缴比例－第13行－第14行，当第11行×就地预缴比例－第12行×就地预缴比例－第13行－第14行<0时，本行填0。

预缴方式选择“按照税务机关确定的其他方法预缴”的纳税人填报本期应纳企业所得税的金额。

(四) 汇总纳税企业总分机构税款计算

企业类型选择“跨地区经营汇总纳税企业总机构”的纳税人填报第16、17、18、19行；企业类型选择“跨地区经营汇总纳税企业分支机构”的纳税人填报第20、21行。

1. 第16行“总机构本期分摊应补(退)所得税额”：跨地区经营汇总纳税企业的总机构根据相关行次计算结果填报，第16行＝第17＋18＋19行。

2. 第17行“总机构分摊应补(退)所得税额(15×总机构分摊比例____%)”：根据相关行次计算结果填报，第17行＝第15行×总机构分摊比例。其中：跨省、自治区、直辖市和计划单列市经营的汇总纳税企业“总机构分摊比例”填报25%，同一省(自治区、直辖市、计划单列市)内跨地区经营汇总纳税企业“总机构分摊比例”按照各省(自治区、直辖市、计划单列市)确定的总机构分摊比例填报。

3. 第18行“财政集中分配应补(退)所得税额(15×财政集中分配比例____%)”：根据相关行次计算结果填报，第18行＝第15行×财政集中分配比例。其中：跨省、自治区、直辖市和计划单列市经营的汇总纳税企业“财政集中分配比例”填报25%，同一省(自治区、直辖市、计划单列市)内跨地区经营汇总纳税企业“财政集中分配比例”按照各省(自治区、直辖市、计划单列市)确定的财政集中分配比例填报。

4. 第19行“总机构具有主体生产经营职能的部门分摊所得税额(15×全部分支机构分摊比例____%×总机构具有主体生产经营职能部门分摊比例____%)”：根据相关行次计算结果填报，第19行＝第15行×全部分支机构分摊比例×总机构具有主体生产经营职能部门分摊比例。其中：跨省、自治区、直辖市和计划单列市经营的汇总纳税企业“全部分支机构分摊比例”填报50%，同一省(自治区、直辖市、计划单列市)内跨地区经营汇总纳税企业“分支机构分摊比例”按照各省(自治区、直辖市、计划单列市)确定的分支机构分摊比例填报；“总机构具有主体生产经营部门分摊比例”按照设立的具有主体生产经营职能的部门在参与税款分摊的全部分支机构中的分摊比例填报。

5. 第20行“分支机构本期分摊比例”：跨地区经营汇总纳税企业分支机构填报其总机构出具的本期《企业所得税汇总纳税分支机构所得税分配表》“分配比例”列次中列示的本分支机构的分配比例。

6. 第21行“分支机构本期分摊应补(退)所得税额”：跨地区经营汇总纳税企业分支机构填报其总机构出具的本期“企业所得税汇总纳税分支机构所得税分配表”“分配所得税额”列次中列示的本分支机构应分摊的所得税额。

四、附报信息

企业类型选择“跨地区经营汇总纳税企业分支机构”的，不填报“附报信息”所有项目。

(一) 高新技术企业

必报项目。

根据《高新技术企业认定管理办法》《高新技术企业认定管理工作指引》等文件规定，符合条件的纳税人履行相关认定程序后取得“高新技术企业证书”。凡是取得“高新技术企业证书”且在有效期内的纳税人，选择“是”；未取得“高新技术企业证书”或者“高新技术企业证书”不在有效期内的纳税人，选择“否”。

(二) 科技型中小企业

必报项目。

符合条件的纳税人可以按照《科技型中小企业评价办法》进行自主评价，并按照自愿原则到“全国科技型中小企业信息服务平台”填报企业信息，经公示无异议后纳入“全国科技型中小企业信息库”。凡是取得本年“科技型中小企业入库登记编号”且编号有效的纳税人，选择“是”；未取得本年“科技型中小企业入库登记编号”或者已取得本年“科技型中小企业入库登记编号”但被科技管理部门撤销登记编号的纳税人，选择“否”。

(三) 技术入股递延纳税事项

必报项目。

根据《财政部国家税务总局关于完善股权激励和技术入股有关所得税政策的通知》(财税〔2016〕101号)的规定，企业以技术成果投资入股到境内居民企业，被投资企业支付的对价全部为股票(权)的，企业可以选择适用递延纳税优惠政策。本年内发生以技术成果投资入股且选择适用递延纳税优惠政策的纳税人，选择

"是";本年内未发生以技术成果投资入股或者以技术成果投资入股但选择继续按现行有关税收政策执行的纳税人,选择"否"。

五、按季度填报信息

企业类型选择"跨地区经营汇总纳税企业分支机构"的,不填报"按季度填报信息"所有项目。本项下所有项目按季度填报。按月申报的纳税人,在季度最后一个属期的月份填报。

(一) 季初从业人数、季末从业人数

必报项目。

纳税人填报税款所属季度的季初和季末从业人员的数量。季度中间开业的纳税人,"季初从业人数"填报开业时从业人数。季度中间停止经营的纳税人,"季末从业人数"填报停止经营时从业人数。从业人数是指与企业建立劳动关系的职工人数和企业接受的劳务派遣用工人数之和。汇总纳税企业总机构填报包括分支机构在内的所有从业人数。

(二) 季初资产总额(万元)、季末资产总额(万元)

必报项目。

纳税人填报税款所属季度的季初和季末资产总额。季度中间开业的纳税人,"季初资产总额"填报开业时资产总额。季度中间停止经营的纳税人,"季末资产总额"填报停止经营时资产总额。填报单位为人民币万元,保留小数点后 2 位。

(三) 国家限制或禁止行业

必报项目。

纳税人从事行业为国家限制和禁止行业的,选择"是";其他选择"否"。

(四) 小型微利企业

必报项目。

本纳税年度截至本期末的从业人数季度平均值不超过 300 人、资产总额季度平均值不超过 5 000 万元、本表"国家限制或禁止行业"选择"否"且本期本表第 9 行"实际利润额\按照上一纳税年度应纳税所得额平均额确定的应纳税所得额"不超过 300 万元的纳税人,选择"是";否则选择"否"。计算方法如下:

季度平均值=(季初值+季末值)÷2

截至本期末季度平均值=截至本期末各季度平均值之和÷相应季度数

年度中间开业或者终止经营活动的,以其实际经营期计算上述指标。

六、表内表间关系

(一) 表内关系

1. 预缴方式选择"按照实际利润额预缴"的纳税人,第 9 行=第 3+4−5−6−7−8 行。

2. 第 11 行=第 9×10 行。

3. 预缴方式选择"按照实际利润额预缴""按照上一纳税年度应纳税所得额平均额预缴"的纳税人,第 15 行=第 11−12−13−14 行。当第 11−12−13−14 行<0 时,第 15 行=0。

其中,企业所得税收入全额归属中央且按比例就地预缴企业的分支机构,以及在同一省(自治区、直辖市、计划单列市)内的按比例就地预缴企业的分支机构,第 15 行=第 11 行×就地预缴比例−第 12 行×就地预缴比例−第 13 行−第 14 行。当第 11 行×就地预缴比例−第 12 行×就地预缴比例−第 13 行−第 14 行<0 时,第 15 行=0。

4. 第 16 行=第 17+18+19 行。

5. 第 17 行=第 15 行×总机构分摊比例。

6. 第 18 行=第 15 行×财政集中分配比例。

7. 第 19 行=第 15 行×全部分支机构分摊比例×总机构具有主体生产经营职能部门分摊比例。

(二) 表间关系

1. 第 6 行=表 A201010 第 41 行。

2. 第 7 行=表 A201020 第 5 行第 5 列。

3. 第 12 行＝表 A201030 第 30 行。

4. 第 15 行＝表 A202000“应纳所得税额”栏次填报的金额。

5. 第 17 行＝表 A202000“总机构分摊所得税额”栏次填报的金额。

6. 第 18 行＝表 A202000“总机构财政集中分配所得税额”栏次填报的金额。

7. 第 19 行＝表 A202000“分支机构情况”中对应总机构独立生产经营部门行次的“分配所得税额”列次填报的金额。

表 4－31(a)　　　　中华人民共和国企业所得税月(季)度预缴纳税申报表(A 类)附表 1

A201010　　　　　　免税收入、减计收入、所得减免等优惠明细表

行次	项　　目	本年累计金额
1	一、免税收入(2＋3＋6＋7＋…＋15)	75 000.00
2	(一) 国债利息收入免征企业所得税	75 000.00
3	(二) 符合条件的居民企业之间的股息、红利等权益性投资收益免征企业所得税	
4	其中：内地居民企业通过沪港通投资且连续持有 H 股满 12 个月取得的股息红利所得免征企业所得税	
5	内地居民企业通过深港通投资且连续持有 H 股满 12 个月取得的股息红利所得免征企业所得税	
6	(三) 符合条件的非营利组织的收入免征企业所得税	
7	(四) 符合条件的非营利组织(科技企业孵化器)的收入免征企业所得税	
8	(五) 符合条件的非营利组织(国家大学科技园)的收入免征企业所得税	
9	(六) 中国清洁发展机制基金取得的收入免征企业所得税	
10	(七) 投资者从证券投资基金分配中取得的收入免征企业所得税	
11	(八) 取得的地方政府债券利息收入免征企业所得税	
12	(九) 中国保险保障基金有限责任公司取得的保险保障基金等收入免征企业所得税	
13	(十) 中国奥委会取得北京冬奥组委支付的收入免征企业所得税	
14	(十一) 中国残奥委会取得北京冬奥组委分期支付的收入免征企业所得税	
15	(十二) 其他	
16	二、减计收入(17＋18＋22＋23)	
17	(一) 综合利用资源生产产品取得的收入在计算应纳税所得额时减计收入	
18	(二) 金融、保险等机构取得的涉农利息、保费减计收入(19＋20＋21)	
19	1. 金融机构取得的涉农贷款利息收入在计算应纳税所得额时减计收入	
20	2. 保险机构取得的涉农保费收入在计算应纳税所得额时减计收入	
21	3. 小额贷款公司取得的农户小额贷款利息收入在计算应纳税所得额时减计收入	
22	(三) 取得铁路债券利息收入减半征收企业所得税	
23	(四) 其他	

续表

行次	项　　目	本年累计金额
24	三、加计扣除(25+26+27+28)	*
25	(一) 开发新技术、新产品、新工艺发生的研究开发费用加计扣除	*
26	(二) 科技型中小企业开发新技术、新产品、新工艺发生的研究开发费用加计扣除	*
27	(三) 企业为获得创新性、创意性、突破性的产品进行创意设计活动而发生的相关费用加计扣除	*
28	(四) 安置残疾人员所支付的工资加计扣除	*
29	四、所得减免(30+33+34+35+36+37+38+39+40)	
30	(一) 从事农、林、牧、渔业项目的所得减免征收企业所得税(31+32)	
31	1. 免税项目	
32	2. 减半征收项目	
33	(二) 从事国家重点扶持的公共基础设施项目投资经营的所得定期减免企业所得税	
34	(三) 从事符合条件的环境保护、节能节水项目的所得定期减免企业所得税	
35	(四) 符合条件的技术转让所得减免征收企业所得税	
36	(五) 实施清洁发展机制项目的所得定期减免企业所得税	
37	(六) 符合条件的节能服务公司实施合同能源管理项目的所得定期减免企业所得税	
38	(七) 线宽小于 130 纳米的集成电路生产项目的所得减免企业所得税	
39	(八) 线宽小于 65 纳米或投资额超过 150 亿元的集成电路生产项目的所得减免企业所得税	
40	(九) 其他	
41	合计(1+16+24+29)	75 000.00

注：填报说明见 A107010 免税、减计收入及加计扣除优惠明细表。

【例 4-17】 长春市宏远汽车备品销售有限公司属于小型企业，地处长春市绿园区东风大街 115 号，纳税人识别号为 220104783759778×××，经济类型为私营有限责任公司，行业类别属于汽车及零配件批发，采取核定征收方式预缴纳税，法定代表人为王彤，会计主管陈圆圆，身份证号为 220104199810105683，职工人数 22 人。2019 年 4 月 10 日向其主管税务机关申报 2019 年第一季度取得收入总额 150 000 元，发生直接成本 120 000 元、其他费用 40 000 元，一季度亏损 10 000 元。经税务机关检查确认其成本、费用无误，但收入总额不能准确核算。假定当地税务机关核定的应税所得率为 20%。

【要求】 计算并填列该公司 2019 年第一季度企业所得税纳税申报表。

【解析】

成本费用总额＝120 000＋40 000＝160 000(元)

应纳税所得额＝160 000÷(1－20%)×20%＝40 000(元)

应纳所得税额＝40 000×25%＝10 000(元)

【填表】

表 4-32　　中华人民共和国企业所得税月(季)度预缴和年度纳税申报表(B类,2018年版)

B100000　　　　　税款所属期间：2019年1月1日至2019年3月31日

纳税人识别号(统一社会信用代码) | 2 | 2 | 0 | 1 | 0 | 4 | 7 | 8 | 3 | 7 | 5 | 9 | 7 | 7 | 8 | × | × | × |

纳税人名称：长春市宏远汽车备品销售有限公司　　　　　金额单位：人民币元(列至角分)

核定征收方式	□核定应税所得率(能核算收入总额的)　☑核定应税所得率(能核算成本费用总额的) □核定应纳所得税额	
行次	项　　目	本年累计金额
1	收入总额	
2	减：不征税收入	
3	减：免税收入(4+5+8+9)	
4	国债利息收入免征企业所得税	
5	符合条件的居民企业之间的股息、红利等权益性投资收益免征企业所得税	
6	其中：通过沪港通投资且连续持有H股满12个月取得的股息红利所得免征企业所得税	
7	通过深港通投资且连续持有H股满12个月取得的股息红利所得免征企业所得税	
8	投资者从证券投资基金分配中取得的收入免征企业所得税	
9	取得的地方政府债券利息收入免征企业所得税	
10	应税收入额(1−2−3)\成本费用总额	160 000.00
11	税务机关核定的应税所得率(%)	20%
12	应纳税所得额(第10×11行)[第10行÷(1−第11行)×第11行]	40 000.00
13	税率(25%)	25%
14	应纳所得税额(12×13)	10 000.00
15	减：符合条件的小型微利企业减免企业所得税	
16	减：实际已缴纳所得税额	
17	本期应补(退)所得税额(14−15−16)\税务机关核定本期应纳所得税额	10 000.00

按　季　度　填　报　信　息			
季初从业人数	22	季末从业人数	22
季初资产总额(万元)		季末资产总额(万元)	320
国家限制或禁止行业	□是　☑否	小型微利企业	□是　☑否
按　年　度　填　报　信　息			
小型微利企业	□是　☑否		

谨声明：本纳税申报表是根据国家税收法律法规及相关规定填报的，是真实的、可靠的、完整的。

纳税人(签章)：长春市宏远汽车备品销售有限公司　2019年4月10日

经办人：陈圆圆 经办人身份证号：220104199810105683 代理机构签章： 代理机构统一社会信用代码：	受理人： 受理税务机关(章)： 受理日期：　　年　　月　　日

国家税务总局监制

填报说明

一、适用范围

本表适用于实行核定征收企业所得税的居民企业纳税人(以下简称“纳税人”)在月(季)度预缴纳税申报时填报。此外,实行核定应税所得率方式的纳税人在年度纳税申报时填报本表。

二、表头项目

(一) 税款所属期间

1. 月(季)度预缴纳税申报

正常情况填报税款所属期月(季)度第一日至税款所属期月(季)度最后一日;年度中间开业的纳税人,在首次月(季)度预缴纳税申报时,填报开始经营之日至税款所属月(季)度最后一日,以后月(季)度预缴纳税申报时按照正常情况填报。年度中间发生终止经营活动的纳税人,在终止经营活动当期纳税申报时,填报税款所属期月(季)度第一日至终止经营活动之日,以后月(季)度预缴纳税申报表不再填报。

2. 年度纳税申报

正常情况填报税款所属年度 1 月 1 日至 12 月 31 日;年度中间开业的纳税人,在首次年度纳税申报时,填报开始经营之日至当年 12 月 31 日,以后年度纳税申报时按照正常情况填报;年度中间终止经营活动的纳税人,在终止经营活动年度纳税申报时,填报当年 1 月 1 日至终止经营活动之日;年度中间开业且当年度中间终止经营活动的纳税人,填报开始经营之日至终止经营活动之日。

(二) 纳税人识别号(统一社会信用代码)

填报税务机关核发的纳税人识别号或有关部门核发的统一社会信用代码。

(三) 纳税人名称

填报营业执照、税务登记证等证件载明的纳税人名称。

三、有关项目填报说明

(一) 核定征收方式

纳税人根据申报税款所属期税务机关核定的征收方式选择填报。

(二) 行次说明

核定征收方式选择“核定应税所得率(能核算收入总额的)”的纳税人填报第 1 行至第 17 行,核定征收方式选择“核定应税所得率(能核算成本费用总额的)”的纳税人填报第 10 行至第 17 行,核定征收方式选择“核定应纳所得税额”的纳税人填报第 17 行。

1. 第 1 行“收入总额”:填报纳税人各项收入的本年累计金额。

2. 第 2 行“不征税收入”:填报纳税人已经计入本表“收入总额”行次但属于税收规定的不征税收入的本年累计金额。

3. 第 3 行“免税收入”:填报属于税收规定的免税收入优惠的本年累计金额。根据相关行次计算结果填报。本行=第 4+5+8+9 行。

4. 第 4 行“国债利息收入免征企业所得税”:填报纳税人根据《国家税务总局关于企业国债投资业务企业所得税处理问题的公告》(国家税务总局公告 2011 年第 36 号)等相关税收政策规定的,持有国务院财政部门发行的国债取得的利息收入。本行填报金额为本年累计金额。

5. 第 5 行“符合条件的居民企业之间的股息、红利等权益性投资收益免征企业所得税”:填报本期发生的符合条件的居民企业之间的股息、红利等权益性投资收益情况,不包括连续持有居民企业公开发行并上市流通的股票不足 12 个月取得的投资收益。本行填报金额为本年累计金额。

本行包括内地居民企业通过沪港通投资且连续持有 H 股满 12 个月取得的股息红利所得、内地居民企业通过深港通投资且连续持有 H 股满 12 个月取得的股息红利所得的情况。

6. 第 6 行“通过沪港通投资且连续持有 H 股满 12 个月取得的股息红利所得免征企业所得税”:填报根据《财政部国家税务总局证监会关于沪港股票市场交易互联互通机制试点有关税收政策的通知》(财税〔2014〕81 号)等相关税收政策规定的,内地居民企业连续持有 H 股满 12 个月取得的股息红利所得。本行填报金额为本年累计金额。

7. 第 7 行“通过深港通投资且连续持有 H 股满 12 个月取得的股息红利所得免征企业所得税”:填报根

据《财政部国家税务总局证监会关于深港股票市场交易互联互通机制试点有关税收政策的通知》(财税〔2016〕127 号)等相关税收政策规定的，内地居民企业连续持有 H 股满 12 个月取得的股息红利所得。本行填报金额为本年累计金额。

8. 第 8 行“投资者从证券投资基金分配中取得的收入免征企业所得税”：填报纳税人根据《财政部国家税务总局关于企业所得税若干优惠政策的通知》(财税〔2008〕1 号)第二条第(二)项等相关税收政策规定的，投资者从证券投资基金分配中取得的收入。本行填报金额为本年累计金额。

9. 第 9 行“取得的地方政府债券利息收入免征企业所得税”：填报纳税人根据《财政部国家税务总局关于地方政府债券利息所得免征所得税问题的通知》(财税〔2011〕76 号)、《财政部国家税务总局关于地方政府债券利息免征所得税问题的通知》(财税〔2013〕5 号)等相关税收政策规定的，取得的 2009 年、2010 年和 2011 年发行的地方政府债券利息所得，2012 年及以后年度发行的地方政府债券利息收入。本行填报金额为本年累计金额。

10. 第 10 行“应税收入额\成本费用总额”：核定征收方式选择“核定应税所得率(能核算收入总额的)”的纳税人，本行＝第 1－2－3 行。核定征收方式选择“核定应税所得率(能核算成本费用总额的)”的纳税人，本行填报纳税人各项成本费用的本年累计金额。

11. 第 11 行“税务机关核定的应税所得率(％)”：填报税务机关核定的应税所得率。

12. 第 12 行“应纳税所得额”：根据相关行次计算结果填报。核定征收方式选择“核定应税所得率(能核算收入总额的)”的纳税人，本行＝第 10×11 行。核定征收方式选择“核定应税所得率(能核算成本费用总额的)”的纳税人，本行＝第 10 行÷(1－第 11 行)×第 11 行。

13. 第 13 行“税率”：填报 25％。

14. 第 14 行“应纳所得税额”：根据相关行次计算填报。本行＝第 12×13 行。

15. 第 15 行“符合条件的小型微利企业减免企业所得税”：填报纳税人享受小型微利企业普惠性所得税减免政策减免企业所得税的金额。本行填报根据本表第 12 行计算的减免企业所得税的本年累计金额。

16. 第 16 行“实际已缴纳所得税额”：填报纳税人按照税收规定已在此前月(季)度预缴企业所得税的本年累计金额。

17. 第 17 行“本期应补(退)所得税额\税务机关核定本期应纳所得税额”：核定征收方式选择“核定应税所得率(能核算收入总额的)”“核定应税所得率(能核算成本费用总额的)”的纳税人，根据相关行次计算结果填报，本行＝第 14－15－16 行。月(季)度预缴纳税申报时，若第 14－15－16 行＜0，本行填 0。核定征收方式选择“核定应纳所得税额”的纳税人，本行填报税务机关核定的本期应纳所得税额(如果纳税人符合小型微利企业条件，本行填报的金额应为税务机关按照程序调减定额后的本期应纳所得税额)。

四、按季度填报信息填报说明

本项下所有项目按季度填报。按月申报的纳税人，在季度最后一个属期的月份填报。实行核定应纳所得税额方式的纳税人仅填报“小型微利企业”选项。

(一) 季初从业人数、季末从业人数

纳税人填报税款所属季度的季初和季末从业人员的数量。季度中间开业的纳税人，“季初从业人数”填报开业时从业人数。季度中间停止经营的纳税人，“季末从业人数”填报停止经营时从业人数。从业人数是指与企业建立劳动关系的职工人数和企业接受的劳务派遣用工人数之和。

(二) 季初资产总额(万元)、季末资产总额(万元)

纳税人填报税款所属季度的季初和季末资产总额。季度中间开业的纳税人，“季初资产总额”填报开业时资产总额。季度中间停止经营的纳税人，“季末资产总额”填报停止经营时资产总额。填报单位为人民币万元，保留小数点后 2 位。

(三) 国家限制或禁止行业

纳税人从事行业为国家限制和禁止行业的，选择“是”；其他选择“否”。

(四) 小型微利企业

本栏次为必报项目。

1. 实行核定应税所得率方式的纳税人，本纳税年度截至本期末的从业人数季度平均值不超过 300 人、资产总额季度平均值不超过 5 000 万元、本表“国家限制或禁止行业”选择“否”且本期本表第 12 行“应纳税所得额”不超过 300 万元的纳税人，选择“是”，否则选择“否”。具体计算方法如下：

季度平均值＝(季初值＋季末值)÷2

截至本期末季度平均值＝截至本期末各季度平均值之和÷相应季度数

年度中间开业或者终止经营活动的，以其实际经营期计算上述指标。

2. 实行核定应纳所得税额方式的纳税人，由税务机关在核定应纳所得税额时进行判断并告知纳税人，判断标准按照税收规定的条件执行。

五、按年度填报信息填表说明

实行核定应税所得率方式的纳税人年度申报时填报，实行核定应纳所得税额方式的纳税人不填报。

“小型微利企业”：本栏次为必报项目，按照以下规则选择

从事国家非限制和禁止行业，从业人数不超过 300 人，资产总额不超过 5 000 万元，年应纳税所得额不超过 300 万元的纳税人，选择“是”，否则选择“否”。

其中，从业人数和资产总额指标按企业全年的季度平均值确定。具体计算公式如下：

季度平均值＝(季初值＋季末值)÷2

全年季度平均值＝全年各季度平均值之和÷4

年度中间开业或者终止经营活动的，以实际经营期作为一个纳税年度确定上述相关指标。

六、表内关系

1. 第 3 行＝第 4＋5＋8＋9 行。

2. 核定征收方式选择为“核定应税所得率(能核算收入总额的)”的，第 10 行＝第 1－2－3 行。

3. 核定征收方式选择为“核定应税所得率(能核算收入总额的)”的，第 12 行＝第 10×11 行；核定征收方式选择为“核定应税所得率(能核算成本费用总额的)”的，第 12 行＝第 10 行÷(1－第 11 行)×第 11 行。

4. 第 14 行＝第 12×13 行。

5. 核定征收方式选择为“核定应税所得率(能核算收入总额的)”“核定应税所得率(能核算成本费用总额的)”的，第 17 行＝第 14－15－16 行。当月(季)度预缴纳税申报时，若第 14－15－16 行＜0，第 17 行＝0。

第十三节　个人所得税纳税申报实务模拟演练

个人所得税法，是指国家制定的用以调整个人所得税征收与缴纳之间权利及义务关系的法律规范。现行个人所得税的基本规范是 1980 年 9 月 10 日第五届全国人民代表大会第三次会议通过，根据 1993 年 10 月 31 日第八届全国人民代表大会常务委员会第四次会议《关于修改〈中华人民共和国个人所得税法〉的决定》第一次修正，以及根据 2018 年 8 月 31 日第十三届全国人民代表大会常务委员会第五次会议《关于修改〈中华人民共和国个人所得税法〉的决定》第七次修正的《中华人民共和国个人所得税法》，还有在 2018 年 12 月 18 日根据中华人民共和国国务院令第 707 号第四次修订并于 2019 年 1 月 1 日施行的《中华人民共和国个人所得税法实施条例》。

个人所得税以所得人为纳税人，以支付所得的单位或者个人为扣缴义务人。纳税人有中国公民身份证号码的，以中国公民身份证号码为纳税人识别号；纳税人没有中国公民身份证号码的，由税务机关赋予其纳税人识别号。扣缴义务人扣缴税款时，纳税人应当向扣缴义务人提供纳税人识别号。

一、个人所得税纳税申报操作规范

(一) 扣缴纳税申报

个人所得税实行扣缴纳税申报的，扣缴义务人应当依法办理全员全额扣缴申报。

实行个人所得税全员全额扣缴申报的应税所得包括：(1) 工资、薪金所得；(2) 劳务报酬所得；(3) 稿酬所得；(4) 特许权使用费所得；(5) 利息、股息、红利所得；(6) 财产租赁所得；(7) 财产转让所得；(8) 偶然所得。

扣缴义务人首次向纳税人支付所得时，应当按照纳税人提供的纳税人识别号等基础信息，填写“个人所得税基础信息表(A 表)”，并于次月扣缴申报时向税务机关报送；扣缴义务人应当按照纳税人提供的信息计算税款、办理扣缴申报，不得擅自更改纳税人提供的信息。扣缴义务人每月或者每次预扣、代扣的税款，应当在次月 15 日内缴入国库，并向税务机关报送“个人所得税扣缴申报表”。

一是扣缴义务人向居民个人支付工资、薪金所得，劳务报酬所得，稿酬所得，特许权使用费所得时，预扣预缴个人所得税。年度预扣预缴税额与年度应纳税额不一致的，由居民个人向主管税务机关办理综合所得年度汇算清缴，税款多退少补。

(1) 扣缴义务人向居民个人支付工资、薪金所得时，应当按照累计预扣法计算预扣税款，并按月办理扣缴申报。

具体计算公式如下：

本期应预扣预缴税额＝(累计预扣预缴应纳税所得额×预扣率－速算扣除数)
－累计减免税额－累计已预扣预缴税额
累计预扣预缴应纳税所得额＝累计收入－累计免税收入－累计减除费用－累计专项扣除
－累计专项附加扣除－累计依法确定的其他扣除

其中：累计减除费用，按照 5 000 元/月乘以纳税人当年截至本月在本单位的任职受雇月份数计算。

上述公式中，计算居民个人工资、薪金所得适用 3％至 45％的七级超额累进预扣率。

(2) 扣缴义务人向居民个人支付劳务报酬所得、稿酬所得、特许权使用费所得，按次或者按月预扣预缴个人所得税。

具体预扣预缴方法如下：

劳务报酬所得、稿酬所得、特许权使用费所得以收入减除费用后的余额为收入额。其中，稿酬所得的收入额减按 70％计算。

减除费用：劳务报酬所得、稿酬所得、特许权使用费所得每次收入不超过 4 000 元的，减除费用按 800 元计算；每次收入 4 000 元以上的，减除费用按 20％计算。

应纳税所得额：劳务报酬所得、稿酬所得、特许权使用费所得，以每次收入额为预扣预缴应纳税所得额。劳务报酬所得适用 20％至 40％的三级超额累进预扣率，稿酬所得、特许权使用费所得适用 20％的比例预扣率。

劳务报酬所得应预扣预缴税额＝预扣预缴应纳税所得额×预扣率－速算扣除数
稿酬所得、特许权使用费所得应预扣预缴税额＝预扣预缴应纳税所得额×20％

二是扣缴义务人向非居民个人支付工资、薪金所得，劳务报酬所得，稿酬所得和特许权使用费所得时，按月或者按次代扣代缴个人所得税。

具体代扣代缴方法如下：

非居民个人的工资、薪金所得，以每月收入额减除费用五千元后的余额为应纳税所得额；劳务报酬所得、稿酬所得、特许权使用费所得，以每次收入额为应纳税所得额，适用按月换算后的非居民个人月度税率表计算应纳税额。其中，劳务报酬所得、稿酬所得、特许权使用费所得以收入减除20%的费用后的余额为收入额。稿酬所得的收入额减按70%计算。

非居民个人工资、薪金所得，劳务报酬所得，稿酬所得，特许权使用费所得应纳税额＝应纳税所得额×税率－速算扣除数

非居民个人在一个纳税年度内税款扣缴方法保持不变，达到居民个人条件时，应当告知扣缴义务人基础信息变化情况，年度终了后按照居民个人有关规定办理汇算清缴。

三是扣缴义务人支付利息、股息、红利所得，财产租赁所得，财产转让所得或者偶然所得时，依法按次或者按月代扣代缴税款。

利息、股息、红利所得，以支付利息、股息、红利时取得的收入为一次；财产租赁所得，以一个月内取得的收入为一次；偶然所得，以每次取得该项收入为一次。

（二）自行纳税申报

纳税人首次办理自行申报或者个人基础信息发生变化的，应当报送“个人所得税基础信息表(B表)”。

1. 取得综合所得需要办理汇算清缴的纳税申报

取得综合所得且符合下列情形之一的纳税人，应当依法办理汇算清缴：

(1) 从两处以上取得综合所得，且综合所得年收入额减除专项扣除后的余额超过6万元；

(2) 取得劳务报酬所得、稿酬所得、特许权使用费所得中一项或者多项所得，且综合所得年收入额减除专项扣除的余额超过6万元；

(3) 纳税年度内预缴税额低于应纳税额；

(4) 纳税人申请退税。

需要办理汇算清缴的纳税人，应当在取得所得的次年3月1日至6月30日内，向任职、受雇单位所在地主管税务机关办理纳税申报，并报送“个人所得税年度自行纳税申报表”。纳税人有两处以上任职、受雇单位的，选择向其中一处任职、受雇单位所在地主管税务机关办理纳税申报；纳税人没有任职、受雇单位的，向户籍所在地或经常居住地主管税务机关办理纳税申报。

纳税人办理综合所得汇算清缴，应当准备与收入、专项扣除、专项附加扣除、依法确定的其他扣除、捐赠、享受税收优惠等相关的资料，并按规定留存备查或报送。

2. 取得经营所得的纳税申报

个体工商户业主、个人独资企业投资者、合伙企业个人合伙人、承包承租经营者个人以及其他从事生产、经营活动的个人取得经营所得，包括以下情形：

(1) 个体工商户从事生产、经营活动取得的所得，个人独资企业投资人、合伙企业的个人合伙人来源于境内注册的个人独资企业、合伙企业生产、经营的所得；

(2) 个人依法从事办学、医疗、咨询以及其他有偿服务活动取得的所得；

(3) 个人对企业、事业单位承包经营、承租经营以及转包、转租取得的所得；

(4) 个人从事其他生产、经营活动取得的所得。

纳税人取得经营所得，按年计算个人所得税，由纳税人在月度或季度终了后15日内，向经营管理所在地主管税务机关办理预缴纳税申报，并报送“个人所得税经营所得纳税申报表(A表)”。在取得所得的次年3月31日前，向经营管理所在地主管税务机关办理汇算清缴，并报送“个人所得税经营所得纳税申报表(B表)”；从两处以上取得经营所得的，选择向其中一处经营管理所在地主管税务机关办理年度汇总申报，并报送“个人所得税经营所得纳税申报表(C表)”。

3. 取得应税所得，扣缴义务人未扣缴税款的纳税申报

纳税人取得应税所得，扣缴义务人未扣缴税款的，应当区别以下情形办理纳税申报：

(1) 居民个人取得综合所得的，按照上述第 1 条规定办理。

(2) 非居民个人取得工资、薪金所得，劳务报酬所得，稿酬所得，特许权使用费所得的，应当在取得所得的次年 6 月 30 日前，向扣缴义务人所在地主管税务机关办理纳税申报，并报送“个人所得税自行纳税申报表(A 表)”。有两个以上扣缴义务人均未扣缴税款的，选择向其中一处扣缴义务人所在地主管税务机关办理纳税申报。非居民个人在次年 6 月 30 日前离境(临时离境除外)的，应当在离境前办理纳税申报。

(3) 纳税人取得利息、股息、红利所得，财产租赁所得，财产转让所得和偶然所得的，应当在取得所得的次年 6 月 30 日前，按相关规定向主管税务机关办理纳税申报，并报送“个人所得税自行纳税申报表(A 表)”。

税务机关通知限期缴纳的，纳税人应当按照期限缴纳税款。

4. 取得境外所得的纳税申报

居民个人从中国境外取得所得的，应当在取得所得的次年 3 月 1 日至 6 月 30 日内，向中国境内任职、受雇单位所在地主管税务机关办理纳税申报；在中国境内没有任职、受雇单位的，向户籍所在地或中国境内经常居住地主管税务机关办理纳税申报；户籍所在地与中国境内经常居住地不一致的，选择其中一地主管税务机关办理纳税申报；在中国境内没有户籍的，向中国境内经常居住地主管税务机关办理纳税申报。

5. 因移居境外注销中国户籍的纳税申报

纳税人因移居境外注销中国户籍的，应当在申请注销中国户籍前，向户籍所在地主管税务机关办理纳税申报，进行税款清算。

(1) 纳税人在注销户籍年度取得综合所得的，应当在注销户籍前，办理当年综合所得的汇算清缴，并报送“个人所得税年度自行纳税申报表”。尚未办理上一年度综合所得汇算清缴的，应当在办理注销户籍纳税申报时一并办理。

(2) 纳税人在注销户籍年度取得经营所得的，应当在注销户籍前，办理当年经营所得的汇算清缴，并报送“个人所得税经营所得纳税申报表(B 表)”。从两处以上取得经营所得的，还应当一并报送“个人所得税经营所得纳税申报表(C 表)”。尚未办理上一年度经营所得汇算清缴的，应当在办理注销户籍纳税申报时一并办理。

(3) 纳税人在注销户籍当年取得利息、股息、红利所得，财产租赁所得，财产转让所得和偶然所得的，应当在注销户籍前，申报当年上述所得的完税情况，并报送“个人所得税自行纳税申报表(A 表)”。

(4) 纳税人有未缴或者少缴税款的，应当在注销户籍前，结清欠缴或未缴的税款。纳税人存在分期缴税且未缴纳完毕的，应当在注销户籍前，结清尚未缴纳的税款。

(5) 纳税人办理注销户籍纳税申报时，需要办理专项附加扣除、依法确定的其他扣除的，应当向税务机关报送“个人所得税专项附加扣除信息表”“商业健康保险税前扣除情况明细表”“个人税收递延型商业养老保险税前扣除情况明细表”等。

6. 非居民个人在中国境内从两处以上取得工资、薪金所得的纳税申报

非居民个人在中国境内从两处以上取得工资、薪金所得的，应当在取得所得的次月 15 日内，向其中一处任职、受雇单位所在地主管税务机关办理纳税申报，并报送“个人所得税自行纳税申报表(A 表)”。

二、个人所得税纳税申报案例

(一) 居民个人取得综合所得的纳税申报案例

【例 4-18】 销售经理李昊为中国居民，2009 年 1 月起受雇于宏盛公司，2019 年 1～12 月每月在该公司取得工资薪金收入 16 000 元，个人每月负担的基本养老保险 800 元、基本医疗保险 200 元、失业保险 150 元、住房公积金 1 350 元，“三险一金”合计 2 500 元，此外，从 1 月份开始享受子女教育 2 000 元、赡养老人 1 000 元的专项附加扣除合计 3 000 元，无其他扣除，无免税收入；另外，2019 年 3 月取得稿酬收入 5 000 元，大华出版社扣缴了个人所得税；6 月取得劳务报酬收入 30 000 元，支付劳务单位建华集团扣缴了个人所得税。9 月取得特许权使用费 2 000 元，由所在公司扣缴了个人所得税。

【要求】 根据以上资料：

1. 分析并计算李昊 2019 年取得各项综合所得应预扣预缴的个人所得税。
2. 分析并计算李昊 2019 年度末汇算清缴应补退的个人所得税。
3. 根据上述计算结果填列个人所得税基础信息表(A 表)、分别各扣缴单位填列个人所得税扣缴申报表和个人所得税年度自行纳税申报表。

【解析】

<u>2019 年李昊应预扣预缴的个人所得税</u>

1. 宏盛公司每月支付工资薪金所得应预扣预缴的个人所得税计算过程：

1 月应预扣预缴税额＝(16 000－5 000－2 500－3 000)×3%＝165(元)

2 月累计预扣预缴税额＝(16 000×2－5 000×2－2 500×2－3 000×2)×3%－165
＝165(元)

3 月累计预扣预缴税额＝(16 000×3－5 000×3－2 500×3－3 000×3)×3%－165×2
＝165(元)

4 月累计预扣预缴税额＝(16 000×4－5 000×4－2 500×4－3 000×4)×3%－165×3
＝165(元)

5 月累计预扣预缴税额＝(16 000×5－5 000×5－2 500×5－3 000×5)×3%－165×4
＝165(元)

6 月累计预扣预缴税额＝(16 000×6－5 000×6－2 500×6－3 000×6)×3%－165×5
＝165(元)

7 月累计预扣预缴税额＝(16 000×7－5 000×7－2 500×7－3 000×7)×10%－2 520－165×6＝340(元)

8 月累计预扣预缴税额＝(16 000×8－5 000×8－2 500×8－3 000×8)×10%－2 520－165×6－340＝550(元)

9 月累计预扣预缴税额＝(16 000×9－5 000×9－2 500×9－3 000×9)×10%－2 520－165×6－340－550＝550(元)

10 月累计预扣预缴税额＝(16 000×10－5 000×10－2 500×10－3 000×10)×10%－2 520－165×6－340－550×2＝550(元)

11 月累计预扣预缴税额＝(16 000×11－5 000×11－2 500×11－3 000×11)×10%－2 520－165×6－340－550×3＝550(元)

12 月累计预扣预缴税额＝(16 000×12－5 000×12－2 500×12－3 000×12)×10%－

2 520－165×6－340－550×4＝550(元)

列表见表 4－33。

表 4－33　　工资薪金所得应预扣款缴的个人所得税　　金额单位：元

月份	工资薪金收入	费用扣除标准	专项扣除	专项附加扣除	应纳税所得额	税率	速算扣除数	累计应纳税额	当月应纳税额
1月	16 000	5 000	2 500	3 000	5 500	3%	0	165	165
2月累计	32 000	10 000	5 000	6 000	11 000	3%	0	330	165
3月累计	48 000	15 000	7 500	9 000	16 500	3%	0	495	165
4月累计	64 000	20 000	10 000	12 000	22 000	3%	0	660	165
5月累计	80 000	25 000	12 500	15 000	27 500	3%	0	825	165
6月累计	96 000	30 000	15 000	18 000	33 000	3%	0	990	165
7月累计	112 000	35 000	17 500	21 000	38 500	10%	2 520	1 330	340
8月累计	128 000	40 000	20 000	24 000	44 000	10%	2 520	1 880	550
9月累计	144 000	45 000	22 500	27 000	49 500	10%	2 520	2 430	550
10月累计	160 000	50 000	25 000	30 000	55 000	10%	2 520	2 980	550
11月累计	176 000	55 000	27 500	33 000	60 500	10%	2 520	3 530	550
12月累计	192 000	60 000	30 000	36 000	66 000	10%	2 520	4 080	550
2019年合计		4 080							

2. 李昊取得其他综合所得(劳务报酬、稿酬、特许权使用费所得)各扣缴单位应预扣预缴的个人所得税计算过程：

(1) 2019 年 3 月取得稿酬所得时，大华出版社应预扣预缴的税额＝5 000×(1－20%)×70%×20%＝560(元)。

(2) 2019 年 6 月取得劳务报酬所得时，建华集团应预扣预缴的税额＝30 000×(1－20%)×30%－2 000＝5 200(元)。

(3) 2019 年 9 月取得特许权使用费所得时，宏盛公司应预扣预缴的税额＝(2 000－800)×20%＝240(元)。

李昊 2019 年度末汇算清缴应补退的个人所得税

汇算清缴计算过程如下：

(1) 全年收入额＝16 000×12＋5 000×(1－20%)×70%＋30 000×(1－20%)＋2 000×(1－20%)＝220 400(元)

(2) 综合所得应纳税所得额＝220 400－60 000－(2 500×12)－(3 000×12)＝94 400(元)

(3) 应纳税额＝94 400×10%－2 520＝6 920(元)

(4) 预扣预缴税额＝4 080＋560＋5 200＋240＝10 080(元)

(5) 年度汇算应补退税额＝6 920－10 080＝－3 160(元)

李昊 2019 年度末汇算清缴应退税额 3 160 元。

【填表】

说明：为方便计算对比，将李昊 12 个月工资薪金所得预扣预缴的个人所得税情况汇总在一张表上(见本书末插页表 4－35)。

表 4－34

个人所得税基础信息表(A 表)

(适用于扣缴义务人填报)

扣缴义务人名称：宏盛公司

扣缴义务人纳税人识别号(统一社会信用代码) 9 1 2 2 0 1 0 2 × × × × × × × × × ×

序号	纳税人基本信息(带＊必填)						任职受雇从业信息					联系方式					银行账户		投资信息		其他信息		华侨、港澳台、外籍个人信息(带＊必填)					备注
	纳税人识别号	＊纳税人姓名	＊身份证件类型	＊身份证件号码	＊出生日期	＊国籍/地区	类型	职务	学历	任职受雇从业日期	离职日期	手机号码	户籍所在地	经常居住地	联系地址	电子邮箱	开户银行	银行账号	投资额(元)	投资比例	是否残疾/孤老/烈属	残疾/烈属证号	＊出生地	＊性别	＊首次入境时间	＊预计离境时间	＊涉税事由	
1	2	3	4	5	6	7	8	9	10	11	12	13	14	15	16	17	18	19	20	21	22	23	24	25	26	27	28	29
1	22010419680124 ****	李昊	身份证	22010419680124 ****	19680124	中国吉林	雇员	销售经理	大学 本科	2009.01		1399999 ****	吉林省长春市	吉林省长春市	人民大街**号	Lihao@163.com	九台农商银行	622935 *************										

谨声明：本表是根据国家税收法律法规及相关规定填报的，是真实的、可靠的、完整的。

扣缴义务人(签章)：　宏盛公司　　　　2019 年 1 月 6 日

经办人签字：张梅 经办人身份证件号码：22900519810213 **** 代理机构签章： 代理机构统一社会信用代码：	受理人：张洁 受理税务机关(章)：朝阳税务分局 受理日期：　2019 年　1 月 7 日

国家税务总局监制

表 4－36

个人所得税扣缴申报表 2

税款所属期：2019 年 3 月 1 日至 2019 年 3 月 31 日

扣缴义务人名称：大华出版社

扣缴义务人纳税人识别号（统一社会信用代码）：9 1 2 1 0 1 0 6 × × × × × × × × × ×　　金额单位：人民币元

序号	姓名	身份证件类型	身份证件号码	纳税人识别号	是否为非居民个人	所得项目	本月（次）情况														累计情况									减按计税比例	准予扣除的捐赠额	税款计算							备注
							收入额计算			减除费用	专项扣除				其他扣除						累计收入额	累计减除费用	累计专项扣除	累计专项附加扣除					累计其他扣除			应纳税所得额	税率/预扣率	速算扣除数	应纳税额	减免税额	已缴税额	应补/退税额	
							收入	费用	免税收入		基本养老保险费	基本医疗保险费	失业保险费	住房公积金	年金	商业健康保险	税延养老保险	财产原值	允许扣除的税费	其他				子女教育	赡养老人	住房贷款利息	住房租金	继续教育											
1	2	3	4	5	6	7	8	9	10	11	12	13	14	15	16	17	18	19	20	21	22	23	24	25	26	27	28	29	30	31	32	33	34	35	36	37	38	39	40
1	李昊	居民身份证	22010419680124 ****	22010419680124 ****	否	稿酬所得	5 000	1 000	1 200																							2 800	20%	0	560			560	
合 计							5 000	1 000	1 200																							2 800			560			560	

谨声明：本表是根据国家税收法律法规及相关规定填报的，是真实的、可靠的、完整的。

扣缴义务人（签章）：大华出版社　　2019 年 4 月 6 日

经办人签字：李莉 经办人身份证件号码：22010219760218 **** 代理机构签章： 代理机构统一社会信用代码：	受理人：赵虹亮 受理税务机关（章）：朝阳税务分局 受理日期：2019 年 4 月 7 日

国家税务总局监制

表 4－37

个人所得税扣缴申报表 3

税款所属期：2019 年 6 月 1 日至 2019 年 6 月 30 日

扣缴义务人名称：建华集团

扣缴义务人纳税人识别号(统一社会信用代码) 9 1 0 0 0 1 0 6 × × × × × × × × × ×

金额单位：人民币元

序号	姓名	身份证件类型	身份证件号码	纳税人识别号	是否为非居民个人	所得项目	本月(次)情况														累计情况									减按计税比例	准予扣除的捐赠额	税款计算							备注
							收入额计算			减除费用	专项扣除				其他扣除						累计收入额	累计减除费用	累计专项扣除	累计专项附加扣除					累计其他扣除			应纳税所得额	税率/预扣率	速算扣除数	应纳税额	减免税额	已缴税额	应补/退税额	
							收入	费用	免税收入		基本养老保险费	基本医疗保险费	失业保险费	住房公积金	年金	商业健康保险	税延养老保险	财产原值	允许扣除的税费	其他				子女教育	赡养老人	住房贷款利息	住房租金	继续教育											
1	2	3	4	5	6	7	8	9	10	11	12	13	14	15	16	17	18	19	20	21	22	23	24	25	26	27	28	29	30	31	32	33	34	35	36	37	38	39	40
1	李昊	居民身份证	22010419680124 ****	22010419680124 ****	否	劳务报酬	30 000	6 000																								24 000	30%	2 000	5 200			5 200	
合计							30 000	6 000																								24 000			5 200			5 200	

谨声明：本表是根据国家税收法律法规及相关规定填报的，是真实的、可靠的、完整的。

扣缴义务人(签章)：建华集团　　2019 年 7 月 6 日

经办人签字：赵梅 经办人身份证件号码：22010519681021 **** 代理机构签章： 代理机构统一社会信用代码：	受理人：孟杰 受理税务机关(章)：南关税务分局 受理日期：　2019 年　7　月　7　日

国家税务总局监制

表 4－38

个人所得税扣缴申报表 4

税款所属期：2019 年 9 月 1 日至 2019 年 9 月 30 日

扣缴义务人名称：宏盛公司

扣缴义务人纳税人识别号(统一社会信用代码) 9 1 2 2 0 1 0 2 × × × × × × × × × ×　　金额单位：人民币元

序号(月份)	姓名	身份证件类型	身份证件号码	纳税人识别号	是否为非居民个人	所得项目	本月(次)情况														累计情况									减按计税比例	准予扣除的捐赠额	税款计算							备注
							收入额计算			减除费用	专项扣除				其他扣除						累计收入额	累计减除费用	累计专项扣除	累计专项附加扣除					累计其他扣除			应纳税所得额	税率/预扣率	速算扣除数	应纳税额	减免税额	已缴税额	应补/退税额	
							收入	费用	免税收入		基本养老保险费	基本医疗保险费	失业保险费	住房公积金	年金	商业健康保险	税延养老保险	财产原值	允许扣除的税费	其他				子女教育	赡养老人	住房贷款利息	住房租金	继续教育											
1	2	3	4	5	6	7	8	9	10	11	12	13	14	15	16	17	18	19	20	21	22	23	24	25	26	27	28	29	30	31	32	33	34	35	36	37	38	39	40
	李昊	居民身份证	22010419680124 ****	22010419680124 ****	否	特许权使用费	2 000	800																								1 200	20%	0	240			240	
合计							2 000	800																								1 200			240			240	

谨声明：本表是根据国家税收法律法规及相关规定填报的，是真实的、可靠的、完整的。

扣缴义务人(签章)：宏盛公司　　2019 年 10 月 6 日

经办人签字：张梅 经办人身份证件号码：22900519810213 **** 代理机构签章： 代理机构统一社会信用代码：	受理人：张洁 受理税务机关(章)：朝阳税务分局 受理日期：　2019 年　10　月　7 日

国家税务总局监制

表 4－39　　　　个人所得税年度自行纳税申报表

税款所属期：2019 年 1 月 1 日至　2019 年 12　月 31 日

纳税人姓名：李昊

纳税人识别号 | 2 | 2 | 0 | 1 | 0 | 4 | 1 | 9 | 6 | 8 | 0 | 1 | 2 | 4 | × | × | × | × |　　金额单位：人民币元

项　　目	行次	金额
一、收入合计(1＝2＋3＋4＋5)	1	229 000
（一）工资、薪金所得	2	192 000
（二）劳务报酬所得	3	30 000
（三）稿酬所得	4	5 000
（四）特许权使用费所得	5	2 000
二、费用合计	6	7 400
三、免税收入合计	7	1 200
四、减除费用	8	60 000
五、专项扣除合计(9＝10＋11＋12＋13)	9	30 000
（一）基本养老保险费	10	9 600
（二）基本医疗保险费	11	2 400
（三）失业保险费	12	1 800
（四）住房公积金	13	16 200
六、专项附加扣除合计(14＝15＋16＋17＋18＋19＋20)	14	36 000
（一）子女教育	15	24 000
（二）继续教育	16	
（三）大病医疗	17	
（四）住房贷款利息	18	
（五）住房租金	19	
（六）赡养老人	20	12 000
七、其他扣除合计(21＝22＋23＋24＋25＋26)	21	
（一）年金	22	
（二）商业健康保险	23	
（三）税延养老保险	24	
（四）允许扣除的税费	25	
（五）其他	26	
八、准予扣除的捐赠额	27	
九、应纳税所得额(28＝1－6－7－8－9－14－21－27)	28	94 400
十、税率(％)	29	10％

续表

<table>
<tr><td colspan="3">项　　目</td><td>行次</td><td>金额</td></tr>
<tr><td colspan="3">十一、速算扣除数</td><td>30</td><td>2 520</td></tr>
<tr><td colspan="3">十二、应纳税额(31=28×29−30)</td><td>31</td><td>6 920</td></tr>
<tr><td colspan="3">十三、减免税额</td><td>32</td><td></td></tr>
<tr><td colspan="3">十四、已缴税额</td><td>33</td><td>10 080</td></tr>
<tr><td colspan="3">十五、应补/退税额(34=31−32−33)</td><td>34</td><td>−3 160</td></tr>
<tr><td colspan="5">无住所个人附报信息</td></tr>
<tr><td>在华停留天数</td><td></td><td>已在华停留年数</td><td colspan="2"></td></tr>
<tr><td colspan="5">谨声明：本表是根据国家税收法律法规及相关规定填报的，是真实的、可靠的、完整的。
纳税人签字：李昊　　　　2020 年 3 月 8 日</td></tr>
<tr><td colspan="2">经办人签字：李昊
经办人身份证件号码：22010419680124 ****
代理机构签章：
代理机构统一社会信用代码：</td><td colspan="3">受理人：张洁
受理税务机关(章)：朝阳税务分局
受理日期：　2020 年 3 月　10 日</td></tr>
</table>

国家税务总局监制

填表说明

本表适用于居民个人取得境内综合所得，按税法规定进行个人所得税汇算清缴。居民个人取得综合所得需要办理汇算清缴的，应当在取得所得的次年 3 月 1 日至 6 月 30 日内，向主管税务机关办理汇算清缴，并报送本表。

本表各栏填写要求如下：

（一）表头项目

1. 税款所属期：填写纳税人取得所得应纳个人所得税款的所属期间，如 2019 年 1 月 1 日至 2019 年 12 月 31 日。

2. 纳税人姓名：填写自然人纳税人姓名。

3. 纳税人识别号：有中国公民身份证号码的，填写中华人民共和国居民身份证上载明的“公民身份证号码”；没有中国公民身份证号码的，填写税务机关赋予的纳税人识别号。

（二）表内各行

1. 第 1 行“收入合计”：填写纳税人本年度取得综合所得的收入合计金额。第 1 行＝第 2 行＋第 3 行＋第 4 行＋第 5 行。

2. 第 2 行“工资、薪金所得”：填写本年度应当并入综合所得计税的工资、薪金收入总额。

3. 第 6 行“费用合计”：纳税人取得劳务报酬所得、稿酬所得、特许权使用费所得时，填写减除 20％费用的合计金额。

4. 第 7 行“免税收入合计”：填写本年度符合税法规定的免税收入合计金额。其中，税法规定“稿酬所得的收入额减按 70％计算”，对减计的 30％部分，填入本行。

5. 第 8 行“减除费用”：按税法规定的减除费用标准填写。

6. 第 9 行“专项扣除合计”：填写按规定本年度可在税前扣除的基本养老保险费、基本医疗保险费、失业保险费、住房公积金的合计金额。

第 9 行＝第 10 行＋第 11 行＋第 12 行＋第 13 行。

7. 第 14 行“专项附加扣除合计”：填写按规定本年度可在税前扣除的子女教育、继续教育、大病医疗、住房贷款利息或住房租金、赡养老人等专项附加扣除费用的合计金额。

第 14 行＝第 15 行＋第 16 行＋第 17 行＋第 18 行＋第 19 行＋第 20 行。

8. 第 21 行“其他扣除合计”：填写按规定本年度可在税前扣除的年金、商业健康保险、税延养老保险、允许扣除的税费等其他扣除项目的合计金额。

第 21 行＝第 22 行＋第 23 行＋第 24 行＋第 25 行＋第 26 行。

9. 第 27 行“准予扣除的捐赠额”：填写按规定本年度准予在税前扣除的捐赠额的合计金额。

10. 第 28 行“应纳税所得额”：根据相应行次计算填报。

第 28 行＝第 1 行－第 6 行－第 7 行－第 8 行－第 9 行－第 14 行－第 21 行－第 27 行。

11. 第 29～30 行“税率”“速算扣除数”：填写按规定适用的税率和速算扣除数。

12. 第 31 行“应纳税额”：按照相关行次计算填报。

第 31 行＝第 28 行×第 29 行－第 30 行。

13. 第 32 行“减免税额”：填写符合税法规定的可以减免的税额，并附报“个人所得税减免税事项报告表”。

14. 第 33 行“已缴税额”：填写本年度内纳税人在中国境内已经缴纳或者被扣缴税款的合计金额。

15. 第 34 行“应补/退税额”：根据相关行次计算填报。

第 34 行＝第 31 行－第 32 行－第 33 行

（三）无住所个人附报信息：本栏由无住所个人填写。不是，则不填。

1. 在华停留天数：填写一个纳税年度内，无住所居民个人在中国境内停留的天数。

2. 已在华停留年数：填写无住所个人已在华连续停留的年份数。

（二）非居民个人取得综合所得的纳税申报案例

【例 4－19】 杰克森是美国公民，与我国签订不参保协议，不缴纳社会保险。2019 年 3 月被聘为华图教育有限公司的临时员工，本月从公司取得工资薪金收入 20 000 元，此外，本月杰克森还为大桥外语提供私教服务，一次取得劳务报酬 10 000 元。

【要求】 根据以上资料：

1. 分析计算杰克森在 2019 年 3 月取得工资薪金所得时，华图教育有限公司应代扣代缴的个人所得税。

2. 分析计算杰克森在 2019 年 3 月取得劳务报酬所得时，大桥外语应代扣代缴的个人所得税。

3. 根据上述计算结果，分别各扣缴单位填列个人所得税扣缴申报表。

【解析】

2019 年 3 月吉林华图教育有限公司应代扣代缴杰克森个人所得税：

(20 000－5 000)×20％－1 410＝1 590(元)

2019 年 3 月大桥外语应代扣代缴杰克森个人所得税：

10 000×(1－20％)×10％－210＝590(元)

【填表】

表 4-40

个人所得税扣缴申报表 5

税款所属期：2019 年 3 月 1 日至 2019 年 3 月 31 日

扣缴义务人名称：华图教育有限公司

扣缴义务人纳税人识别号(统一社会信用代码) 9 1 2 4 y 1 2 × × × × × × × × × × ×

金额单位：人民币元

序号	姓名	身份证件类型	身份证件号码	纳税人识别号	是否为非居民个人	所得项目	本月(次)情况														累计情况									减按计税比例	准予扣除的捐赠额	税款计算							备注
							收入额计算			减除费用	专项扣除				其他扣除						累计收入额	累计减除费用	累计专项扣除	累计专项附加扣除					累计其他扣除			应纳税所得额	税率/预扣率	速算扣除数	应纳税额	减免税额	已缴税额	应补/退税额	
							收入	费用	免税收入		基本养老保险费	基本医疗保险费	失业保险费	住房公积金	年金	商业健康保险	税延养老保险	财产原值	允许扣除的税费	其他				子女教育	赡养老人	住房贷款利息	住房租金	继续教育											
1	2	3	4	5	6	7	8	9	10	11	12	13	14	15	16	17	18	19	20	21	22	23	24	25	26	27	28	29	30	31	32	33	34	35	36	37	38	39	40
1	杰克森	护照	340000 ***	340000 ***	是	工资薪金所得	20 000	5 000																								15 000	20%	1 410	1 590			1 590	
合计							20 000	5 000																								15 000			1 590			1 590	

谨声明：本表是根据国家税收法律法规及相关规定填报的，是真实的、可靠的、完整的。

扣缴义务人(签章) 华图教育有限公司　　2019 年 4 月 6 日

经办人签字：王静
经办人身份证件号码：22010519860211 ****
代理机构签章：
代理机构统一社会信用代码：

受理人：孙俪
受理税务机关(章)：宽城税务分局
受理日期： 2019 年 4 月 7 日

国家税务总局监制

表 4 - 41

个人所得税扣缴申报表 6

税款所属期：2019 年 3 月 1 日至 2019 年 3 月 31 日

扣缴义务人名称：大桥外语

扣缴义务人纳税人识别号(统一社会信用代码) 9 1 1 2 1 1 2 × × × × × × × × × × ×

金额单位：人民币元

序号	姓名	身份证件类型	身份证件号码	纳税人识别号	是否为非居民个人	所得项目	本月(次)情况														累计情况									减按计税比例	准予扣除的捐赠额	税款计算							备注
							收入额计算			减除费用	专项扣除				其他扣除						累计收入额	累计减除费用	累计专项扣除	累计专项附加扣除					累计其他扣除			应纳税所得额	税率/预扣率	速算扣除数	应纳税额	减免税额	已缴税额	应补/退税额	
							收入	费用	免税收入		基本养老保险费	基本医疗保险费	失业保险费	住房公积金	年金	商业健康保险	税延养老保险	财产原值	允许扣除的税费	其他				子女教育	赡养老人	住房贷款利息	住房租金	继续教育											
1	2	3	4	5	6	7	8	9	10	11	12	13	14	15	16	17	18	19	20	21	22	23	24	25	26	27	28	29	30	31	32	33	34	35	36	37	38	39	40
1	杰克森	护照	340000 ***	340000 ***	是	劳务所得	10 000	2 000																								8 000	10%	210	590			590	
合 计							10 000	2 000																								8 000			590			590	

谨声明：本表是根据国家税收法律法规及相关规定填报的，是真实的、可靠的、完整的。

扣缴义务人(签章) 大桥外语　　2019 年 4 月 6 日

经办人签字：杜飞
经办人身份证件号码：22010219660423 ****
代理机构签章：
代理机构统一社会信用代码：

受理人：赵虹亮
受理税务机关(章)：朝阳税务分局
受理日期：　2019　年　4　月　7　日

国家税务总局监制

(三) 居民个人取得应税所得,扣缴义务人未扣缴税款的纳税申报案例

【例 4－20】 李翔(身份证：22010419620208 ****)为我国公民，2019 年 3 月转让购买的住房一套,售价 2 400 000 元,转让过程中支付相关税费 128 000 元。该套房屋的购进价为 1 800 000元,购房过程中支付相关税费 36 000 元。所有税费支出均取得合法凭证。李翔转让该房屋无扣缴义务人。

【要求】 根据以上资料：

1. 分析计算李翔在 2019 年 3 月取得财产转让所得应缴纳的个人所得税。
2. 根据上述计算结果,填列个人所得税自行纳税申报表(A 表)。

【解析】

2019 年 3 月李翔取得财产转让所得应缴纳的个人所得税：

(2 400 000－128 000－1 800 000－36 000)×20％＝87 200(元)

【填表】

表 4-42

个人所得税自行纳税申报表(A 表)

税款所属期：2019 年 3 月 1 日 至 2019 年 3 月 31 日

纳税人姓名：李翔

纳税人识别号 2 2 0 1 0 4 1 9 6 2 0 2 0 8 × × × ×

金额单位：人民币元

自行申报情形	☑居民个人取得应税所得，扣缴义务人未扣缴税款 ☐非居民个人取得应税所得，扣缴义务人未扣缴税款 ☐非居民个人在中国境内从两处以上取得工资、薪金所得 ☐其他 ________	是否为非居民个人	☐是 ☑否	非居民个人本年度境内居住天数	☐不超过 90 天 ☐超过 90 天不超过 183 天

序号	所得项目	收入额计算			减除费用	专项扣除				其他扣除			减按计税比例	准予扣除的捐赠额	税款计算							备注
		收入	费用	免税收入		基本养老保险费	基本医疗保险费	失业保险费	住房公积金	财产原值	允许扣除的税费	其他			应纳税所得额	税率	速算扣除数	应纳税额	减免税额	已缴税额	应补/退税额	
1	2	3	4	5	6	7	8	9	10	11	12	13	14	15	16	17	18	19	20	21	22	23
1	财产转让	2 400 000								1 800 000	164 000				436 000	20%		87 200			87 200	

谨声明：本表是根据国家税收法律法规及相关规定填报的，是真实的、可靠的、完整的。

纳税人签字：李翔 2019 年 4 月 5 日

经办人签字：李翔 经办人身份证件号码：22010419620208 **** 代理机构签章： 代理机构统一社会信用代码：	受理人：汪涵 受理税务机关(章)：朝阳税务分局 受理日期： 2019 年 4 月 6 日

国家税务总局监制

填表说明

本表适用于居民个人取得应税所得，扣缴义务人未扣缴税款，非居民个人取得应税所得扣缴义务人未扣缴税款，非居民个人在中国境内从两处以上取得工资、薪金所得等情形在办理自行纳税申报时，向税务机关报送。居民个人取得应税所得扣缴义务人未扣缴税款，应当在取得所得的次年 6 月 30 日前办理纳税申报。税务机关通知限期缴纳的，纳税人应当按照期限缴纳税款；非居民个人取得应税所得，扣缴义务人未扣缴税款的，应当在取得所得的次年 6 月 30 日前办理纳税申报。非居民个人在次年 6 月 30 日前离境（临时离境除外）的，应当在离境前办理纳税申报；非居民个人在中国境内从两处以上取得工资、薪金所得的，应当在取得所得的次月 15 日内办理纳税申报；其他需要纳税人办理自行申报的情形，按规定的申报期限办理。

本表各栏填写要求如下：

（一）表头项目

1. 税款所属期：填写纳税人取得所得应纳个人所得税款的所属期间，填写具体的起止年月日。

2. 纳税人姓名：填写自然人纳税人姓名。

3. 纳税人识别号：有中国公民身份证号码的，填写中华人民共和国居民身份证上载明的“公民身份证号码”；没有中国公民身份证号码的，填写税务机关赋予的纳税人识别号。

（二）表内各栏

1. “自行申报情形”：纳税人根据自身情况在对应框内打“√”。选择“其他”的，应当填写具体自行申报情形。

2. “是否为非居民个人”：非居民个人选“是”，居民个人选“否”。不填默认为“否”。

3. “非居民个人本年度境内居住天数”：非居民个人根据合同、任职期限、预期工作时间等不同情况，填写“不超过 90 天”或者“超过 90 天不超过 183 天”。

4. 第 2 列“所得项目”：按照个人所得税法第二条规定的项目填写。纳税人取得多项所得或者多次取得所得的，分行填写。

5. 第 3～5 列“收入额计算”：包含“收入”“费用”“免税收入”。收入额＝第 3 列－第 4 列－第 5 列。

（1）第 3 列“收入”：填写纳税人实际取得所得的收入总额。

（2）第 4 列“费用”：取得劳务报酬所得、稿酬所得、特许权使用费所得时填写，取得其他各项所得时无须填写本列。非居民个人取得劳务报酬所得、稿酬所得、特许权使用费所得，费用按收入的 20%填写。

（3）第 5 列“免税收入”：填写符合税法规定的免税收入金额。其中，税法规定“稿酬所得的收入额减按 70%计算”，对减计的 30%部分，填入本列。

6. 第 6 列“减除费用”：按税法规定的减除费用标准填写。

7. 第 7～10 列“专项扣除”：分别填写按规定允许扣除的基本养老保险费、基本医疗保险费、失业保险费、住房公积金的金额。

8. 第 11～13 列“其他扣除”：包含“财产原值”“允许扣除的税费”“其他”，分别填写按照税法规定当月（次）允许扣除的金额。

（1）第 11 列“财产原值”：纳税人取得财产转让所得时填写本栏。

（2）第 12 列“允许扣除的税费”：填写按规定可以在税前扣除的税费。

① 纳税人取得劳务报酬所得时，填写劳务发生过程中实际缴纳的可依法扣除的税费。

② 纳税人取得特许权使用费所得时，填写提供特许权过程中发生的中介费和实际缴纳的可依法扣除的税费。

③ 纳税人取得财产租赁所得时，填写修缮费和出租财产过程中实际缴纳的可依法扣除的税费。

④ 纳税人取得财产转让所得时，填写转让财产过程中实际缴纳的可依法扣除的税费。

（3）第 13 列“其他”：填写按规定其他可以在税前扣除的项目。

9. 第 14 列“减按计税比例”：填写按规定实行应纳税所得额减计税收优惠的减计比例。无减计规定的，则不填，系统默认为 100%。如，某项税收政策实行减按 60%计入应纳税所得额，则本列填 60%。

10. 第 15 列“准予扣除的捐赠额”：是指按照税法及相关法规、政策规定，可以在税前扣除的捐赠额。

11. 第 16 列“应纳税所得额”：根据相关列次计算填报。

12. 第 17～18 列“税率”“速算扣除数”：填写所得项目按规定适用的税率和速算扣除数。所得项目没有速算扣除数的，则不填。

13. 第 19 列“应纳税额”：根据相关列次计算填报。第 19 列＝第 16 列×第 17 列－第 18 列。

14. 第 20 列“减免税额”：填写符合税法规定的可以减免的税额，并附报“个人所得税减免税事项报告表”。

15. 第 21 列“已缴税额”：填写纳税人当期已实际缴纳或者被扣缴的个人所得税税款。

16. 第 22 列“应补/退税额”：根据相关列次计算填报。第 22 列＝第 19 列－第 20 列－第 21 列。

下篇

纳税实务实训操作

教学基本要求和作用：本部分由第五章“税务登记实训操作”、第六章“涉税票证填制实训操作”以及第七章“纳税申报实训操作”构成，是本书的重点和难点。通过中篇“纳税实务实训指导”的讲解，训练学生能够根据所给资料熟练填写各种税务登记表以及其他相关表格；通过给出的发票式样和所给资料要求学生熟练填开各种发票并运用增值税网上认证勾选平台认证发票；训练学生熟练计算各个税种的应纳税额并填写各税种的纳税申报表，并进行网上申报。通过教师的指导，能够掌握和熟练使用税收征收管理软件、税务实训平台。

本部分内容旨在对学生所学纳税实务知识的掌握程度及运用能力进行综合性考查。通过操作训练，不但可以增强学生对理论知识的理解，还可以从税收实务、涉税服务的角度塑造学生从事涉税工作应具备的专业作风、服务意识、心理素质和道德风范，为学生日后从事涉税实务工作奠定较为扎实的基础。

学校：______________________

专业：______________________

班级：______________________

姓名：______________________

学号：______________________

成绩：______________________

第五章　税务登记实训操作

训练目的

1. 熟悉税务登记的基本操作规范。
2. 准确填制税务登记表及相关表格。

训练要求

1. 根据提供的基本资料，填写税务登记表。
2. 准备税务登记所需的证件和资料，模拟设立税务登记、变更和注销税务登记的办理流程。
3. 准备增值税一般纳税人资格登记表所需的材料，填写一般纳税人资格登记表，模拟一般纳税人申请资格登记的办理流程。

能力训练

实训一　办理设立税务登记实训

【案例 5－1】 吉林豪杰有限公司经长春市朝阳区工商行政管理局批准，于 2018 年 11 月 2 日取得企业法人营业执照，社会统一信用代码为 91220104MA0Y211000，法定代表人李东耀，身份证号码为 22010219550202××××，注册和生产经营地址为长春市朝阳区自由大路 18××号，生产经营地址为长春市朝阳区自由大路 18××号，邮政编码为 130000，公司电话为 8589××××。生产经营范围：主营五金、工业建材的生产和销售，兼营其他化工材料的销售。开户银行为长春市工商银行自由大路支行，银行账号为 030－0612301××××。生产经营期限：30 年。从业人数为 125 人。经营方式为生产销售。国标行业为 C20H63。登记注册类型为私营有限责任公司。行业为企业。财务负责人为张雪（身份证号码为 22010519660813××××，电话号码为 1999055××××），办税人员为万丽（身份证号码为 22010419860212××××，电话号码为 1398855××××）。注册资本为 1 000 万元人民币。共三人投资，其中，李东耀投资金额为 400 万元，占投资金额比例的 40％，分配比例占 40％；李祥（身份证号码为 22010319641113××××）投资金额为 300 万元，占投资金额比例的 30％，分配比例占 30％；张强（身份证号码为 22010219740123××××）投资金额为 300 万元，占投资金额比例的 30％，分配比例占 30％。

该公司采用企业会计制度进行独立核算。会计报表种类为资产负债表和损益表。低值易耗品摊销方法为一次性摊销法。折旧方法为平均年限法，一般纳税人生效日为次月 1 日。

该公司经营范围主要涉及增值税、房产税(自有房产)、城镇土地使用税、城市维护建设税、教育费附加、企业所得税(独立核算，按上年度 1/4 预缴)和个人所得税。

2018 年 11 月 12 日到主管税务机关办理税务登记。主管税务机关登记的计算机代码为 12345。

【要求】 根据实训资料填写适用单位纳税人的税务登记表和增值税一般纳税人登记表。

【填表】

表 5－1－1 **税务登记表**

(适用单位纳税人)

填表日期：

<table>
<tr><td>纳税人名称</td><td colspan="3"></td><td colspan="2">纳税人识别号</td><td colspan="2"></td></tr>
<tr><td>登记注册类型</td><td colspan="3"></td><td colspan="2">批准设立机关</td><td colspan="2"></td></tr>
<tr><td>开业(设立)日期</td><td></td><td>生产经营期限</td><td></td><td>证照名称</td><td></td><td>社会信用代码</td><td></td></tr>
<tr><td>注册地址</td><td colspan="3"></td><td>邮政编码</td><td></td><td>联系电话</td><td></td></tr>
<tr><td>生产经营地址</td><td colspan="3"></td><td>邮政编码</td><td></td><td>联系电话</td><td></td></tr>
<tr><td>核算方式</td><td colspan="4">请选择对应项目打“√”
□独立核算 □非独立核算</td><td>从业人数</td><td colspan="2">____其中外籍人数</td></tr>
<tr><td>单位性质</td><td colspan="7">请选择对应项目打“√”
□企业 □事业单位 □社会团体 □民办非企业单位 □其他</td></tr>
<tr><td>网站网址</td><td colspan="3"></td><td>国标行业</td><td colspan="3">□□□□□□□□□□□□□□□□</td></tr>
<tr><td>适用会计制度</td><td colspan="7">请选择对应项目打“√”
□企业会计制度 □小企业会计制度 □金融企业会计制度
□行政事业单位会计制度</td></tr>
<tr><td colspan="2">经营范围</td><td colspan="6">请将法定代表人(负责人)身份证件复印件粘贴在此处</td></tr>
<tr><td rowspan="2">项目内容联系人</td><td rowspan="2">姓名</td><td colspan="2">身份证件</td><td rowspan="2">固定电话</td><td rowspan="2">移动电话</td><td colspan="2" rowspan="2">电子邮箱</td></tr>
<tr><td>种类</td><td>号码</td></tr>
<tr><td>法定代表人(负责人)</td><td></td><td></td><td></td><td></td><td></td><td colspan="2"></td></tr>
<tr><td>财务负责人</td><td></td><td></td><td></td><td></td><td></td><td colspan="2"></td></tr>
<tr><td>办税人</td><td></td><td></td><td></td><td></td><td></td><td colspan="2"></td></tr>
</table>

续表

税务代理人名称	纳税人识别号	联系电话	电子邮箱

注册资本或投资总额(人民币)	币种	金额	币种	金额	币种	金额

投资方名称	投资方经济性质	投资比例	证件种类	证件号码	国籍或地址

自然人投资比例		外资投资比例		国有投资比例	

分支机构名称	注册地址	纳税人识别号

总机构名称		纳税人识别号	
注册地址		经营范围	

法定代表人姓名		联系电话		注册地址邮政编码	

代扣代缴、代收代缴税款业务情况	代扣代缴、代收代缴税款业务内容	代扣代缴、代收代缴税种

附报资料:

经办人签章: 年　月　日	法定代表人(负责人)签章: 年　月　日	纳税人公章: 年　月　日

以下由税务机关填写:

纳税人所处街乡		隶属关系	
主管税务机关		主管税务所(科)	

经办人(签章): 税务机关经办人: 受理日期: 年　月　日	税务登记机关 (税务登记专用章): 核准日期: 年　月　日 主管税务机关:

核发《税务登记证副本》数量:　本　发证日期:　年　月　日

国家税务总局监制

表 5－1－2　　　　　　　　　　增值税一般纳税人登记表

<table>
<tr><td>纳税人名称</td><td colspan="2"></td><td>社会信用代码
（纳税人识别号）</td><td colspan="2"></td></tr>
<tr><td>法定代表人
（负责人、业主）</td><td></td><td>证件名称及号码</td><td></td><td>联系电话</td><td></td></tr>
<tr><td>财务负责人</td><td></td><td>证件名称及号码</td><td></td><td>联系电话</td><td></td></tr>
<tr><td>办税人员</td><td></td><td>证件名称及号码</td><td></td><td>联系电话</td><td></td></tr>
<tr><td>税务登记日期</td><td></td><td></td><td></td><td></td><td></td></tr>
<tr><td>生产经营地址</td><td></td><td></td><td></td><td></td><td></td></tr>
<tr><td>注册地址</td><td></td><td></td><td></td><td></td><td></td></tr>
<tr><td colspan="6">纳税人类别：企业□　非企业性单位□　个体工商户□　其他□</td></tr>
<tr><td colspan="6">主营业务类别：工业□　商业□　服务业□　其他□</td></tr>
<tr><td colspan="6">会计核算健全：是□</td></tr>
<tr><td colspan="6">一般纳税人资格生效之日：当月 1 日□　　　　次月 1 日□</td></tr>
<tr><td colspan="6">纳税人（代理人）承诺：
上述各项内容真实、可靠、完整。如有虚假，愿意承担相关法律责任。
经办人：　　　　法定代表人：　　　　代理人：　　　　（签章）
年　月　日</td></tr>
<tr><td colspan="6">以下由税务机关填写</td></tr>
<tr><td>税务机关
受理情况</td><td colspan="5">受理人：　　　　　　　　税务机关（章）
年　月　日</td></tr>
</table>

【案例 5－2】 阿吉麻辣香锅经长春市朝阳区工商行政管理机关批准取得个体工商户营业执照，注册号码为 22010319730312××××，开业日期为 2018 年 8 月 10 日，经营期限 2 年；注册和生产经营地址：长春市桂林路 998 号；邮政编码：130000；联系电话：13154330000；业主姓名：王吉；身份证号码：22010319730312××××；户籍地：长春市自由大路自由胡同 66 号；联系电话：13154330000。合伙人 1 人，合伙人姓名：王佳；身份证号码：22010219800301

××××；户籍地：长春市宽城区柳影路 88 号；投资 6 万元，占总投资比例为 30%。经营范围：餐饮及各种小吃。国标行业为 O83。雇工 5 人，其中固定工人 2 人。2018 年 8 月 15 日到主管税务机关办理税务登记。

【要求】 根据实训资料填写适用个体工商户的税务登记表。

【填表】

表 5－2 **税务登记表**

（适用个体经营）

填表日期： 年 月 日

<table>
<tr><td>纳税人名称</td><td colspan="2"></td><td colspan="4">纳税人识别号</td><td colspan="3"></td></tr>
<tr><td>登记注册类型</td><td colspan="9">请选择对应项目打“√” □个体工商户 □个人合伙</td></tr>
<tr><td>开业(设立)日期</td><td colspan="2"></td><td colspan="4">批准设立机关</td><td colspan="3"></td></tr>
<tr><td>生产经营期限</td><td colspan="2"></td><td>证照名称</td><td colspan="3"></td><td>证照号码</td><td colspan="2"></td></tr>
<tr><td>注册地址</td><td colspan="2"></td><td colspan="3">邮政编码</td><td></td><td>联系电话</td><td colspan="2"></td></tr>
<tr><td>生产经营地址</td><td colspan="2"></td><td colspan="3">邮政编码</td><td></td><td>联系电话</td><td colspan="2"></td></tr>
<tr><td>合伙人数</td><td colspan="2"></td><td>雇工人数</td><td colspan="3"></td><td>其中固定工人数</td><td colspan="2"></td></tr>
<tr><td>网站网址</td><td colspan="3"></td><td colspan="3">国标行业</td><td colspan="3">□ □□ □□ □□</td></tr>
<tr><td>业主姓名</td><td colspan="2">国籍或户籍地</td><td colspan="4">固定电话</td><td>移动电话</td><td colspan="2">电子邮箱</td></tr>
<tr><td></td><td colspan="2"></td><td colspan="4"></td><td></td><td colspan="2"></td></tr>
<tr><td>身份证件名称</td><td>身份证</td><td>证件号码</td><td colspan="7"></td></tr>
<tr><td colspan="2">经营范围</td><td colspan="8">请将业主身份证或其他合法身份证件复印件粘贴在此处。</td></tr>
<tr><td rowspan="5">分店情况</td><td colspan="2">分店名称</td><td colspan="4">纳税人识别号</td><td>地址</td><td colspan="2">电话</td></tr>
<tr><td colspan="2"></td><td colspan="4"></td><td></td><td colspan="2"></td></tr>
<tr><td colspan="2"></td><td colspan="4"></td><td></td><td colspan="2"></td></tr>
<tr><td colspan="2"></td><td colspan="4"></td><td></td><td colspan="2"></td></tr>
<tr><td colspan="2"></td><td colspan="4"></td><td></td><td colspan="2"></td></tr>
<tr><td rowspan="5">合伙人投资情况</td><td>合伙人姓名</td><td>国籍或地址</td><td colspan="2">身份证件名称</td><td colspan="2">身份证件号码</td><td>投资金额(万元)</td><td>投资比例</td><td>分配比例</td></tr>
<tr><td></td><td></td><td colspan="2"></td><td colspan="2"></td><td></td><td></td><td></td></tr>
<tr><td></td><td></td><td colspan="2"></td><td colspan="2"></td><td></td><td></td><td></td></tr>
<tr><td></td><td></td><td colspan="2"></td><td colspan="2"></td><td></td><td></td><td></td></tr>
<tr><td></td><td></td><td colspan="2"></td><td colspan="2"></td><td></td><td></td><td></td></tr>
</table>

续表

<table>
<tr><td rowspan="4">代扣代缴、代收代缴税款业务情况</td><td colspan="2">代扣代缴、代收代缴税款业务内容</td><td colspan="2">代扣代缴、代收代缴税种</td></tr>
<tr><td colspan="2"></td><td colspan="2"></td></tr>
<tr><td colspan="2"></td><td colspan="2"></td></tr>
<tr><td colspan="2"></td><td colspan="2"></td></tr>
<tr><td colspan="5">附　报　资　料</td></tr>
<tr><td colspan="3">经办人签章：
年　月　日</td><td colspan="2">业主签章：
年　月　日</td></tr>
<tr><td colspan="5">以下由税务机关填写：</td></tr>
<tr><td>纳税人所处街乡</td><td></td><td>隶属关系</td><td colspan="2"></td></tr>
<tr><td>主管税务机关</td><td></td><td>主管税务所(科)</td><td colspan="2"></td></tr>
<tr><td colspan="2">经办人(签章)：
税务机关经办人：
受理日期：
年　月　日</td><td colspan="3">税务登记机关
(税务登记专用章)：
核准日期：
年　月　日
主管税务机关：</td></tr>
<tr><td colspan="5">核发《税务登记证副本》数量：　本　发证日期：　年　月　日</td></tr>
</table>

国家税务总局监制

【案例 5－3】 宏昌医疗器械销售有限责任公司经长春市工商行政管理机关批准，于 2018 年 10 月 29 号取得营业执照，社会信用统一代码为 91220104MA0Y360000，经营期限为长期；注册和生产经营地址：长春市西安大路国际大厦 A 座××号；邮政编码：130000；联系电话：88550000。法定代表人：张秋；身份证号码：22010519830312××××；联系电话：13844330000。财务负责人：王生；身份证号码：22800519630222××××；联系电话：13344330000。办税人员：赵亮；身份证号码：22900519900213××××；联系电话：13522550000。企业注册类型为自然人投资的有限责任公司。总投资为 500 万元，其中，法定代表人占总投资的 50%，张志刚（身份证号码：220103196801010000）占总投资的 20%，张华（身份证号码：229003198001260000）占总投资的 20%，王志（身份证号码：220104198612150000）占总投资的 10%。

企业会计核算制度健全。办税人员于 2018 年 11 月 2 号到主管税务机关办理增值税一般纳税人登记手续，一般纳税人资格生效日为当月 1 日。

【要求】 根据实训资料填写增值税一般纳税人资格登记表。

【填表】

表 5－3 增值税一般纳税人资格登记表

<table>
<tr><td>纳税人名称</td><td colspan="2"></td><td>社会信用代码
（纳税人识别号）</td><td colspan="2"></td></tr>
<tr><td>法定代表人
（负责人、业主）</td><td></td><td>证件名称及号码</td><td></td><td>联系电话</td><td></td></tr>
<tr><td>财务负责人</td><td></td><td>证件名称及号码</td><td></td><td>联系电话</td><td></td></tr>
<tr><td>办税人员</td><td></td><td>证件名称及号码</td><td></td><td>联系电话</td><td></td></tr>
<tr><td>税务登记日期</td><td colspan="5"></td></tr>
<tr><td>生产经营地址</td><td colspan="5"></td></tr>
<tr><td>注册地址</td><td colspan="5"></td></tr>
<tr><td colspan="6">纳税人类别：企业□ 非企业性单位□ 个体工商户□ 其他□</td></tr>
<tr><td colspan="6">主营业务类别：工业□ 商业□ 服务业□ 其他□</td></tr>
<tr><td colspan="6">会计核算健全：是□</td></tr>
<tr><td colspan="6">一般纳税人资格生效之日：当月 1 日□ 次月 1 日□</td></tr>
<tr><td colspan="6">纳税人(代理人)承诺：
上述各项内容真实、可靠、完整。如有虚假，愿意承担相关法律责任。

经办人： 法定代表人： 代理人： （签章）
年 月 日</td></tr>
<tr><td colspan="6">以下由税务机关填写</td></tr>
<tr><td>主管税务机关
受理情况</td><td colspan="5">受理人： 主管税务机关(章)
年 月 日</td></tr>
</table>

实训二 其他税务登记实训

【案例 5－4】 鸿达电脑咨询公司为私营有限公司，纳税人识别号为 22010380081××××，注册资本为 300 万元人民币，2008 年 4 月成立，主要从事技术咨询服务及对电脑人员的培训业务，兼营销售电脑软件。2018 年 8 月 1 日该公司通过代表大会，决定更名为讯捷电脑软件公司，增加注册资本 100 万元人民币。公司改变经营策略，以生产、销售电脑软件为主，兼营技术咨询服务，并招聘了专业财会人员，预计年销售额将达到 800 万元。法定代表人：张宏基；办税人员：李梅。工商变更日期为 2018 年 7 月 20 日。

【要求】 根据实训资料填写税务登记变更表。

【填表】

表 5－4　　　　　　　　　　　　　　　　**税务登记变更表**

<table>
<tr><td>纳税人名称</td><td colspan="4"></td><td colspan="2">纳税人识别号</td><td></td></tr>
<tr><td>工商变更日期</td><td colspan="2">年　月　日</td><td colspan="2">变更原因类型</td><td colspan="3">□纳税人变更　□录入错误修改</td></tr>
<tr><td colspan="8">变更登记事项</td></tr>
<tr><td colspan="2">序号</td><td colspan="2">变更项目</td><td colspan="2">变更前内容</td><td colspan="2">变更后内容</td></tr>
<tr><td colspan="2"></td><td colspan="2"></td><td colspan="2"></td><td colspan="2"></td></tr>
<tr><td colspan="2"></td><td colspan="2"></td><td colspan="2"></td><td colspan="2"></td></tr>
<tr><td colspan="2"></td><td colspan="2"></td><td colspan="2"></td><td colspan="2"></td></tr>
<tr><td colspan="2"></td><td colspan="2"></td><td colspan="2"></td><td colspan="2"></td></tr>
<tr><td colspan="2"></td><td colspan="2"></td><td colspan="2"></td><td colspan="2"></td></tr>
<tr><td colspan="2"></td><td colspan="2"></td><td colspan="2"></td><td colspan="2"></td></tr>
<tr><td colspan="2">送缴证件情况</td><td colspan="2"></td><td colspan="2"></td><td colspan="2"></td></tr>
<tr><td colspan="8">纳税人意见：　　　　纳税人(公章)
法定代表人(负责人)：
办税人员：
年　月　日</td></tr>
<tr><td colspan="8">税务登记机关意见：
经办人：
税务机关(章)
年　月　日</td></tr>
</table>

【案例 5－5】 悦动广告公司(922010375369900)是一家有限责任公司，由于法定代表人朱杰出国定居，决定终止企业经营，2018 年 10 月 10 日办税人员赵红到主管税务机关办理注销登记手续，附送的资料有营业执照、组织机构代码证和税务登记证；税务机关于 2018 年 10 月 11 日受理此项业务，经办人为王晓，负责人为陈潇。10 月 20 日稽查人员张刚到企业清缴增值税 29 000.00 元，企业所得税 4 500.00 元，税收滞纳金及罚款 1 580.00 元，发票检查人员李娜缴销发票 3 本，其中发票有开具违章的罚款 500.00 元，全部税款、滞纳金和罚款企业均已缴清，稽查负责人李丽昌和发票负责人孙颖分别签署了意见。税务机关部门负责人张广元签署了同意办理税务注销登记意见。

【要求】 根据实训资料填写清税申报表。

【填表】

表 5－5　清税申报表

纳税人名称		统一社会信用代码	
注销原因			
附送资料			
纳税人： 经办人：　　法定代表人(负责人)：　　纳税人(公章) 年　月　日　　年　月　日　　年　月　日			
以下由税务机关填写			
受理时间	经办人： 年　月　日	负责人： 年　月　日	
清缴税款、滞纳金、罚款情况	经办人： 年　月　日	负责人： 年　月　日	
缴销发票情况	经办人： 年　月　日	负责人： 年　月　日	
税务检查意见	检查人员： 年　月　日	负责人： 年　月　日	
批准意见	部门负责人： 年　月　日	税务机关(签章) 年　月　日	

第六章 涉税票证填制实训操作

训练目的

1. 认识并熟知各种发票式样。
2. 掌握各种发票的操作规范并熟练填写各种发票。

训练要求

1. 根据案例给出的基本资料，熟练、准确地填写增值税发票。
2. 根据案例给出的基本资料，熟练、准确地填写常用税收票证。

能力训练

实训一 增值税普通发票的填制

【案例 6-1】 赵军(纳税人识别号：22000519740903××××；电话：1317732××××)，2019 年 4 月 5 日向长春市宏博贸易有限公司(纳税人识别码：22010375615232×；地址：人民大街 280 号科技城 3A-11 室；电话：8278××××；开户行及账号：长春市商业银行红旗街支行 73301201020××××)购买笔记本电脑 1 台，价款为 9 000.00 元，增值税税率为 13%。

【要求】 根据以上所给资料填写增值税普通发票。

【填表】

表 6－1

吉林增值税普通发票

发 票 联

2200162350　　　　　　　　　　　　　　　　　　　　　　　　No　05496389

开票日期：

税总函[2018]340号博多纸业影印(长春)有限公司

购买方	名　　称： 纳税人识别号： 地址、电话： 开户行及账号：					密码区		
货物或应税劳务、服务名称	规格型号	单位	数量	单价	金额	税率	税额	
合　　计								
价税合计(大写)				(小写)				
销售方	名　　称： 纳税人识别号： 地址、电话： 开户行及账号：					备注		

第二联：发票联　购买方记账凭证

收款人：　　　　复核：　　　　开票人：　　　　销售方：(章)

【案例 6－2】 红星建筑材料商店为小规模纳税人(纳税人识别号：22010612890××××)，2019 年 4 月 6 日向吉林省送变电工程公司(纳税人识别号：22010512400××××)销售规格为 DN500 的给排水管 24 根，单价为 200 元/根，金额为 4 800.00 元，“增值税征收率为 3%”。

【要求】 根据以上所给资料填写增值税普通发票。

【填表】

表 6－2

吉林增值税普通发票

2200162350　　　　　　　　　　　　　　　　　　　　　　　　No　05496389

开票日期：

税总函[2018]340号长春市东方票证印务有限责任公司

购买方	名　　称： 纳税人识别号： 地址、电话： 开户行及账号：					密码区		
货物或应税劳务、服务名称	规格型号	单位	数量	单价	金额	税率	税额	
合　　计								
价税合计(大写)				(小写)				
销售方	名　　称： 纳税人识别号： 地址、电话： 开户行及账号：					备注		

第一联：记账联　销售方记账凭证

收款人：　　　　复核：　　　　开票人：　　　　销售方：(章)

实训二 增值税专用发票的填制

【案例 6－3】 华为手机专营店为增值税一般纳税人（纳税人识别号：22010412000××××；经营地址：红旗街 ** 号；开户行及账号：工商银行长春市支行 42002243092 ********；联系电话：8566 ****），2019 年 5 月 1 日销售给亚泰大饭店（纳税人识别号：91220101740472××××；经营地址：人民大街 ** 号；开户行及账号：工商银行二道支行 42002217092 ********；联系电话：8960 ****）手机 10 部，开具增值税专用发票，单价 5 400.00 元，总计金额 54 000.00 元，增值税税率为 13%。

【要求】 根据以上所给资料填写增值税专用发票。

【填表】

表 6－3

吉林增值税专用发票

2200183160　　　　此联不作报销、扣税凭证使用　　　　№ 00497109

开票日期：

税总函[2018]341号北京印钞有限公司

购买方	名　　称： 纳税人识别号： 地址、电话： 开户行及账号：				密码区			
货物或应税劳务、服务名称		规格型号	单位	数量	单价	金额	税率	税额
合　　计								
价税合计（大写）		（小写）						
销售方	名　　称： 纳税人识别号： 地址、电话： 开户行及账号：				备注			

第三联：记账联 销售方记账凭证

收款人：　　　　复核：　　　　开票人：　　　　销售方：（章）

【案例 6－4】 2019 年 4 月 15 日阳光公司（纳税人识别号：22010222000××××；经营地址：西安大路 ** 号；开户行及账号：建设银行西安大路支行 4367243092 ********；联系电话：8797 ****），从增值税一般纳税人建华钢材厂（纳税人识别号：91220123450472××××；经营地址：远达大街 ** 号；开户行及账号：工商银行二道支行 42007489038 ********；联系电话：8969 ****）购进 304 圆钢 20 吨，单价 8 000 元/吨，取得增值税专用发票，增值税税率为 13%。

【要求】 根据以上所给资料填写增值税专用发票。

【填表】

表 6-4-1

吉林增值税专用发票

发票联

2200183160　　　　No 00497109

开票日期：

购买方	名　称： 纳税人识别号： 地址、电话： 开户行及账号：				密码区			
货物或应税劳务、服务名称	规格型号	单位	数量	单价	金额	税率	税额	
合　计								
价税合计（大写）					（小写）			
销售方	名　称： 纳税人识别号： 地址、电话： 开户行及账号：				备注			

收款人：　　复核：　　开票人：　　销售方：（章）

税总函〔2018〕341号北京印钞有限公司

第一联：发票联 购买方记账凭证

表 6-4-2

吉林增值税专用发票

抵扣联

2200183160　　　　No 00497109

开票日期：

购买方	名　称： 纳税人识别号： 地址、电话： 开户行及账号：				密码区			
货物或应税劳务、服务名称	规格型号	单位	数量	单价	金额	税率	税额	
合　计								
价税合计（大写）					（小写）			
销售方	名　称： 纳税人识别号： 地址、电话： 开户行及账号：				备注			

收款人：　　复核：　　开票人：　　销售方：（章）

税总函〔2018〕341号北京印钞有限公司

第二联：抵扣联 购买方扣税凭证

实训三　常用税收票证的填制

【案例 6－5】 2019 年 4 月 8 日，长春永泰集团股份有限公司(社会信用统一代码：24500460*******；开户行：工行西安大路支行；账号：12345－88)缴纳 2019 年 3 月份增值税。具体业务为销售机床 10 台，单价为 50 000.00 元/台，计税金额为 500 000.00 元，税率为 13%。企业隶属关系为其他企业，注册类型为股份有限公司。预算科目名称：股份制企业增值税；编码：101010103；预算级次：中央 50%，地方 50%。征收机关为吉林省税务局朝阳分局，收缴国库为长春市中心支库。

【要求】 根据以上所给资料填写"中华人民共和国税收通用缴款书"。

【填表】

表 6－5　　**中华人民共和国税收通用缴款书**

隶属关系：

填发日期：　年　月　日

注册类型：　　征收机关：

<table>
<tr><td rowspan="4">缴款单位</td><td>代　码</td><td></td><td rowspan="3">预算科目</td><td>编码</td><td></td><td rowspan="5"></td></tr>
<tr><td>全　称</td><td></td><td>名称</td><td></td></tr>
<tr><td>开户银行</td><td></td><td>级次</td><td></td></tr>
<tr><td>账　号</td><td></td><td colspan="2">收款国库</td><td></td></tr>
<tr><td colspan="3">税款所属时期　年　月　日</td><td colspan="3">税款限缴日期　年　月　日</td></tr>
</table>

<table>
<tr><td>品目名称</td><td>课税数量</td><td>计税金额或销售收入</td><td>税率或单位税额</td><td>已缴或扣除额</td><td>亿</td><td>千</td><td>百</td><td>十</td><td>万</td><td>千</td><td>百</td><td>十</td><td>元</td><td>角</td><td>分</td></tr>
<tr><td></td><td></td><td></td><td></td><td></td><td></td><td></td><td></td><td></td><td></td><td></td><td></td><td></td><td></td><td></td><td></td></tr>
<tr><td></td><td></td><td></td><td></td><td></td><td></td><td></td><td></td><td></td><td></td><td></td><td></td><td></td><td></td><td></td><td></td></tr>
<tr><td colspan="5">金额合计(大写)　亿　仟　佰　拾　万　仟　百　拾　元　角　分</td><td></td><td></td><td></td><td></td><td></td><td></td><td></td><td></td><td></td><td></td><td></td></tr>
</table>

<table>
<tr><td>缴款单位(人)
(盖章)
经办人(章)</td><td>税务机关
(盖章)
经办人(章)</td><td>上列款项已核收记入收款单位账户
国库(银行)盖章　年　月　日</td><td>备注</td><td></td></tr>
</table>

第七章　纳税申报实训操作

训练目的

1. 计算各税种应纳税额。
2. 编制各税种纳税申报表及其附表。
3. 熟练进行网上申报。

训练要求

1. 根据给出的案例计算各税种的应纳税额。
2. 填制各税种纳税申报表及其附表。
3. 进行网上申报。

能力训练

实训一　增值税纳税申报

【案例 7－1】 A 公司为东北地区增值税一般纳税人，其纳税人识别号为 22010229068××××，法人代表为杨光，企业登记注册类型为有限责任公司。开户行及账号为长春市商业银行北华支行，706032010904××××；经营地址为长春市宽城区首山路××号。增值税纳税期限为 1 个月，货物适用税率为 13%。2019 年 5 月 A 公司的生产经营情况如下：

（1）购进货物取得防伪税控系统开具的增值税专用发票情况见表 7－1，发票均在法定期限内予以认证，并在本期全部申报抵扣进项税额，其中，发票代码 1308302859 的专用发票为购进固定资产（非不动产）所取得，发票金额为 1 474 537.93 元，税额为 191 689.93 元；取得货物运输业增值税专用发票 10 份，发票金额为 58 000 元，税额为 5 220 元；取得农产品收购发票 5 份，发票金额 76 000 元，税额为 6 840 元。前期取得但尚未申报抵扣的防伪税控系统开具的增值税专用发票情况见表 7－2。

（2）本期有 189 237.28 元的外购货物用于非应税项目，其所负担的税款为 24 600.85 元；有 29 500.24 元的外购货物发生非正常损失，所负担的税款为 3 835.03 元。

（3）本期销售货物并开具防伪税控增值税专用发票情况见表 7－3，其中，号码为 00088544 的发票因开具发票不符合要求而作废，号码为 00088545 的发票为重开发票，号码为 00088555 的发票为红字发票；销售货物并开具普通发票 2 份，合计金额为 565 000 元；销售货物但未开具发票的金额为 3 955 元；因销售货物提供运输劳务收取运费 87 200 元，开具普通发票 20 份（运输队统一核算）；销售使用过 10 年的摩托车 4 辆，原值总计 32 000 元，开具普通发票取得销售额 35 400 元；销售使用过 10 年的机床 2 台，原值总计 200 000 元，已提折旧 150 000 元，开具普通发票取得销售额 55 000 元。

表 7－1 **本期取得防伪税控系统开具的增值税专用发票及认证情况** 金额单位：元至角分

发票代码	发票号码	开票日期	金额	税额	销货方纳税人识别号	认证日期
1100044170	00140803	2019 年 05 月 1 日	92 413.79	12 013.79	13020255002××××	2019 年 05 月 28 日
1107353874	01830985	2019 年 05 月 3 日	86 206.03	11 206.78	11029759273××××	2019 年 05 月 28 日
1308302859	04430852	2019 年 05 月 4 日	1 474537.93	191 689.93	11086756548××××	2019 年 05 月 28 日
1300237507	00327482	2019 年 05 月 13 日	77 635.33	10 092.59	13002375927××××	2019 年 05 月 28 日
1108675655	02757438	2019 年 05 月 14 日	39 642.24	5 153.49	11039759298××××	2019 年 05 月 28 日
1109237583	07239766	2019 年 05 月 15 日	95 103.41	12 363.44	13079324729××××	2019 年 05 月 28 日
1306543708	02649878	2019 年 05 月 25 日	69 607.75	9 049.01	13087496574××××	2019 年 05 月 28 日
1309769867	07547535	2019 年 05 月 26 日	97 616.72	12 690.17	11096768364××××	2019 年 05 月 28 日

表 7－2 **前期取得防伪税控系统开具的增值税专用发票及认证情况** 金额单位：元至角分

发票代码	发票号码	开票日期	金额	税额	销货方纳税人识别号	认证日期
1106867565	04453429	2019 年 04 月 5 日	172 644.82	22 443.83	11098787678××××	2019 年 4 月 29 日
1108675646	06687545	2019 年 04 月 27 日	70 293.10	9 138.10	11079867856××××	2019 年 4 月 29 日

表 7－3 **防伪税控系统开具的增值税专用发票情况** 金额单位：元至角分

发票代码	发票号码	开票日期	购货方纳税人识别号	金额	税额	备注
22000628304	00088543	2019 年 05 月 2 日	12011560058××××	52 586.20	6 836.21	
22000628304	00088544	2019 年 05 月 3 日	13020774019××××	197 198.27	25 635.78	作废
22000628304	00088545	2019 年 05 月 3 日	13020774019××××	197 198.27	25 635.78	
22000628304	00088546	2019 年 05 月 4 日	13020574015××××	522 413.78	67 913.79	
22000628304	00088547	2019 年 05 月 5 日	13020372335××××	156 465.52	20 340.52	
22000628304	00088548	2019 年 05 月 6 日	13020574015××××	1 810.34	235.34	
22000628304	00088549	2019 年 05 月 10 日	13020071586××××	496 551.72	64 551.72	
22000628304	00088550	2019 年 05 月 12 日	11011117543××××	205 172.41	26 672.41	
22000628304	00088551	2019 年 05 月 13 日	11083473560××××	116 961.20	15 204.96	
22000628304	00088552	2019 年 05 月 14 日	11090475973××××	4 172.41	542.41	
22000628304	00088553	2019 年 05 月 15 日	11040957376××××	117 155.16	15 230.17	
22000628304	00088554	2019 年 05 月 16 日	13057264385766X	518 888.92	67 455.56	
22000628304	00088555	2019 年 05 月 18 日	130209X7397502X	－20 283.02	－2 636.79	红字

续表

发票代码	发票号码	开票日期	购货方纳税人识别号	金额	税额	备注
22000628304	00088556	2019 年 05 月 20 日	11049875032××××	62 841.37	8 169.38	
22000628304	00088557	2019 年 05 月 21 日	11004937859××××	475.85	61.86	
22000628304	00088558	2019 年 05 月 25 日	11003875873××××	34 137.93	4 437.93	

(4) 2019 年 5 月初未缴税额为 97 177.76 元;4 月份应税货物销售额为 1 687 354 元,应税劳务销售额为 46 599.42 元,销项税额为 225 413.94 元,进项税额为 128 236.18 元(其中,申报抵扣固定资产进项税额为 1 236.18 元),期末未缴税额为 97 177.76 元,于 2019 年 5 月份缴纳。

【要求】 根据增值税一般纳税人纳税申报的要求计算填列适用于增值税一般纳税人的增值税纳税申报表、2 个附表、"固定资产(不含不动产)进项税额抵扣情况表"以及"增值税减免税申报明细表"。

【计算】

【填表】

表 7 - 4(a)

增值税纳税申报表

（一般纳税人适用）

根据国家税收法律法规及增值税相关规定制定本表。纳税人不论有无销售额，均应按税务机关核定的纳税期限填写本表，并向当地税务机关申报。

税款所属时间：自　　　年　月　日至　　　年　月　日　填表日期：　　　年　月　日　金额单位：元至角分

纳税人识别号 □□□□□□□□□□□□□□□□□□□□　　　所属行业：

<table>
<tr><td>纳税人名称</td><td colspan="2">（公章）</td><td>法定代表人姓名</td><td></td><td>注册地址</td><td></td><td>生产经营地址</td><td></td></tr>
<tr><td>开户银行及账号</td><td colspan="3"></td><td>登记注册类型</td><td colspan="2"></td><td>电话号码</td><td></td></tr>
<tr><td colspan="3" rowspan="2">项　　目</td><td rowspan="2">栏次</td><td colspan="2">一般项目</td><td colspan="3">即征即退项目</td></tr>
<tr><td>本月数</td><td>本年累计</td><td>本月数</td><td colspan="2">本年累计</td></tr>
<tr><td rowspan="10">销售额</td><td colspan="2">（一）按适用税率计税销售额</td><td>1</td><td></td><td></td><td></td><td colspan="2"></td></tr>
<tr><td colspan="2">其中：应税货物销售额</td><td>2</td><td></td><td></td><td></td><td colspan="2"></td></tr>
<tr><td colspan="2">应税劳务销售额</td><td>3</td><td></td><td></td><td></td><td colspan="2"></td></tr>
<tr><td colspan="2">纳税检查调整的销售额</td><td>4</td><td></td><td></td><td></td><td colspan="2"></td></tr>
<tr><td colspan="2">（二）按简易办法计税销售额</td><td>5</td><td></td><td></td><td></td><td colspan="2"></td></tr>
<tr><td colspan="2">其中：纳税检查调整的销售额</td><td>6</td><td></td><td></td><td></td><td colspan="2"></td></tr>
<tr><td colspan="2">（三）免、抵、退办法出口销售额</td><td>7</td><td></td><td></td><td>—</td><td colspan="2">—</td></tr>
<tr><td colspan="2">（四）免税销售额</td><td>8</td><td></td><td></td><td>—</td><td colspan="2">—</td></tr>
<tr><td colspan="2">其中：免税货物销售额</td><td>9</td><td></td><td></td><td>—</td><td colspan="2">—</td></tr>
<tr><td colspan="2">免税劳务销售额</td><td>10</td><td></td><td></td><td>—</td><td colspan="2">—</td></tr>
<tr><td rowspan="9">税款计算</td><td colspan="2">销项税额</td><td>11</td><td></td><td></td><td></td><td colspan="2"></td></tr>
<tr><td colspan="2">进项税额</td><td>12</td><td></td><td></td><td></td><td colspan="2"></td></tr>
<tr><td colspan="2">上期留抵税额</td><td>13</td><td></td><td></td><td></td><td colspan="2">—</td></tr>
<tr><td colspan="2">进项税额转出</td><td>14</td><td></td><td></td><td></td><td colspan="2"></td></tr>
<tr><td colspan="2">免、抵、退应退税额</td><td>15</td><td></td><td></td><td>—</td><td colspan="2">—</td></tr>
<tr><td colspan="2">按适用税率计算的纳税检查应补缴税额</td><td>16</td><td></td><td></td><td>—</td><td colspan="2">—</td></tr>
<tr><td colspan="2">应抵扣税额合计</td><td>17＝12＋13－14－15＋16</td><td></td><td>—</td><td></td><td colspan="2">—</td></tr>
<tr><td colspan="2">实际抵扣税额</td><td>18（如 17<11，则为 17，否则为 11）</td><td></td><td></td><td></td><td colspan="2"></td></tr>
<tr><td colspan="2">应纳税额</td><td>19＝11－18</td><td></td><td></td><td></td><td colspan="2"></td></tr>
</table>

续表

税款计算	期末留抵税额	20=17-18				—
	简易计税办法计算的应纳税额	21				
	按简易计税办法计算的纳税检查应补缴税额	22			—	—
	应纳税额减征额	23				
	应纳税额合计	24=19+21-23				
税款缴纳	期初未缴税额(多缴为负数)	25				
	实收出口开具专用缴款书退税额	26			—	—
	本期已缴税额	27=28+29+30+31				
	① 分次预缴税额	28		—		—
	② 出口开具专用缴款书预缴税额	29	0	—	—	—
	③ 本期缴纳上期应纳税额	30				
	④ 本期缴纳欠缴税额	31				
	期末未缴税额(多缴为负数)	32=24+25+26-27				
	其中:欠缴税额(≥0)	33=25+26-27		—		—
	本期应补(退)税额	34=24-28-29		—		—
	即征即退实际退税额	35	—	—		
	期初未缴查补税额	36			—	—
	本期入库查补税额	37			—	—
	期末未缴查补税额	38=16+22+36-37			—	—

授权声明	如果你已委托代理人申报,请填写下列资料: 为代理一切税务事宜,现授权__________(地址)______________为本纳税人的代理申报人,任何与本申报表有关的往来文件,都可寄予此人。 授权人签字:	申报人声明	本纳税申报表是根据国家税收法律法规及相关规定填报的,我确定它是真实的、可靠的、完整的。 声明人签字:

主管税务机关:　　　　接收人:　　　　接收日期:

表 7-4(b)

增值税纳税申报表附列资料(一)

(本期销售情况明细)

税款所属时间：　　　年　　月　　日至　　　年　　月　　日

纳税人名称：(公章)　　　　　　　　　　　　　　　　　　　　　　　　　　　　　　金额单位：元至角分

项目及栏次				开具增值税专用发票		开具其他发票		未开具发票		纳税检查调整		合计			服务、不动产和无形资产扣除项目本期实际扣除金额	扣除后	
				销售额	销项(应纳)税额	销售额	销项(应纳)税额	销售额	销项(应纳)税额	销售额	销项(应纳)税额	销售额	销项(应纳)税额	价税合计		含税(免税)销售额	销项(应纳)税额
				1	2	3	4	5	6	7	8	9=1+3+5+7	10=2+4+6+8	11=9+10	12	13=11−12	14=13÷(100%+税率或征收率)×税率或征收率
一、一般计税方法计税	全部征税项目	13%税率的货物及加工修理修配劳务	1											—	—	—	—
		13%税率的服务、不动产和无形资产	2														
		9%税率的货物及加工修理修配劳务	3											—	—	—	—
		9%税率的服务、不动产和无形资产	4														
		6%税率	5														

续表

项目及栏次				开具增值税专用发票		开具其他发票		未开具发票		纳税检查调整		合计			服务、不动产和无形资产扣除项目本期实际扣除金额	扣除后	
				销售额	销项（应纳）税额	销售额	销项（应纳）税额	销售额	销项（应纳）税额	销售额	销项（应纳）税额	销售额	销项（应纳）税额	价税合计		含税（免税）销售额	销项（应纳）税额
				1	2	3	4	5	6	7	8	9=1+3+5+7	10=2+4+6+8	11=9+10	12	13=11−12	14=13÷(100%+税率或征收率)×税率或征收率
一、一般计税方法计税	其中：即征即退项目	即征即退货物及加工修理修配劳务	6	—	—	—	—	—	—	—	—			—	—	—	—
		即征即退服务、不动产和无形资产	7	—	—	—	—	—	—	—	—						
二、简易计税方法计税	全部征税项目	6%征收率	8							—	—			—	—	—	—
		5%征收率的货物及加工修理修配劳务	9a							—	—			—	—	—	—
		5%征收率的服务、不动产和无形资产	9b							—	—						
		4%征收率	10							—	—			—	—	—	—
		3%征收率的货物及加工修理修配劳务	11							—	—			—	—	—	—
		3%征收率的服务、不动产和无形资产	12							—	—						

续表

项目及栏次				开具增值税专用发票		开具其他发票		未开具发票		纳税检查调整		合计			服务、不动产和无形资产扣除项目本期实际扣除金额	扣除后	
				销售额	销项（应纳）税额	销售额	销项（应纳）税额	销售额	销项（应纳）税额	销售额	销项（应纳）税额	销售额	销项（应纳）税额	价税合计		含税（免税）销售额	销项（应纳）税额
				1	2	3	4	5	6	7	8	9=1+3+5+7	10=2+4+6+8	11=9+10	12	13=11−12	14=13÷(100%+税率或征收率)×税率或征收率
二、简易计税方法计税	全部征税项目	预征率%	13a							—	—						
		预征率%	13b							—	—						
		预征率%	13c							—	—						
	其中：即征即退项目	即征即退货物及加工修理修配劳务	14	—	—	—	—	—	—	—	—			—	—	—	—
		即征即退服务、不动产和无形资产	15	—	—	—	—	—	—	—	—						
三、免抵退税	货物及加工修理修配劳务		16	—	—		—		—	—	—		—	—	—	—	—
	服务、不动产和无形资产		17	—	—		—		—	—	—		—				—
四、免税	货物及加工修理修配劳务		18				—		—	—	—		—	—	—	—	—
	服务、不动产和无形资产		19	—	—		—		—	—	—		—				—

表 7－4(c)

增值税纳税申报表附列资料(二)

(本期进项税额明细)

税款所属时间： 年 月 日至 年 月 日

纳税人名称：(公章) 金额单位：元至角分

一、申报抵扣的进项税额				
项 目	栏 次	份数	金额	税额
(一) 认证相符的增值税专用发票	1＝2＋3			
其中：本期认证相符且本期申报抵扣	2			
前期认证相符且本期申报抵扣	3			
(二) 其他扣税凭证	4＝5＋6＋7＋8a＋8b			
其中：海关进口增值税专用缴款书	5			
农产品收购发票或者销售发票	6			
代扣代缴税收缴款凭证	7		—	
加计扣除农产品进项税额	8a	—	—	
其他	8b			
(三) 本期用于购建不动产的扣税凭证	9			
(四) 本期不动产允许抵扣进项税额	10	—	—	
(五) 外贸企业进项税额抵扣证明	11	—	—	
当期申报抵扣进项税额合计	12＝1＋4－9＋10＋11			
二、进项税额转出额				
项 目	栏 次	税额		
本期进项税额转出额	13＝14 至 23 之和			
其中：免税项目用	14			
集体福利、个人消费	15			
非正常损失	16			
简易计税方法征税项目用	17			
免抵退税办法不得抵扣的进项税额	18			
纳税检查调减进项税额	19			
红字专用发票信息表注明的进项税额	20			
上期留抵税额抵减欠税	21			
上期留抵税额退税	22			
其他应作进项税额转出的情形	23			
三、待抵扣进项税额				
项 目	栏 次	份数	金额	税额
(一) 认证相符的增值税专用发票	24	—	—	—

续表

期初已认证相符但未申报抵扣	25			
本期认证相符且本期未申报抵扣	26			
期末已认证相符但未申报抵扣	27			
其中：按照税法规定不允许抵扣	28			
（二）其他扣税凭证	29=30至33之和			
其中：海关进口增值税专用缴款书	30			
农产品收购发票或者销售发票	31			
代扣代缴税收缴款凭证	32		—	
其他	33			
	34			
四、其他				
项　　目	栏　次	份数	金额	税额
本期认证相符的增值税专用发票	35			

表7-4(d)　　　　固定资产(不含不动产)进项税额抵扣情况表

纳税人名称(公章)：　　　　填表日期：　　年　月　日　　　　金额单位：元至角分

项　目	当期申报抵扣的固定资产进项税额	当期申报抵扣的固定资产进项税额累计
增值税专用发票		
海关进口增值税专用缴款书		
合　计		

表7-4(e)　　　　增值税减免税申报明细表

税款所属时间：自　　年　月　日至　　年　月　日

纳税人名称(公章)：　　　　金额单位：元至角分

一、减税项目						
减税性质代码及名称	栏次	期初余额	本期发生额	本期应抵减税额	本期实际抵减税额	期末余额
		1	2	3=1+2	4≤3	5=3-4
合　计	1					
	2					
	3					
	4					
	5					
	6					

续表

二、免税项目						
免税性质代码及名称	栏次	免征增值税项目销售额	免税销售额扣除项目本期实际扣除金额	扣除后免税销售额	免税销售额对应的进项税额	免税额
		1	2	3=1−2	4	5
合　计	7					
出口免税	8		—	—	—	—
其中：跨境服务	9		—	—	—	—
	10					
	11					
	12					
	13					
	14					
	15					
	16					

实训二　消费税纳税申报

【案例7－2】 某糖酒公司为私营企业、增值税一般纳税人，纳税人识别号为22010212407963××××。企业地址及电话为长春市南关区幸福乡，8893××××；经办人为李娟；财务负责人为王宇；联系电话为1384408××××；开户银行及账号为长春市交通银行卫星路支行，22100069001817001××××，主要经营酒类、卷烟和化妆品的生产和销售。2019年6月发生如下经济业务：

（1）6月4日将自己生产的啤酒20吨销售给欧亚超市，收取押金300元/吨，价税款及押金均已收到；另将10吨让客户及顾客免费品尝。该啤酒出厂价为2 800元/吨，成本为2 000元/吨。

（2）6月10日带包装销售粮食白酒20吨，单价为7 050元，价款为141 000元，含包装物价款25 000元；同时从购货方取得价外补贴27 120元。6月20日用自产粮食白酒10吨抵偿永生农场大米款70 000元，不足或多余部分不再结算。该粮食白酒本月售价在5 500～6 500元/吨的范围内浮动，平均售价为6 000元。粮食白酒的比例税率为20%，定额税率为0.5元/斤。

（3）2019年5月未缴税额为0.00元，包装物押金单独记账核算。

【要求】 计算该公司本期应纳消费税并正确填写纳税申报表。

【计算】

【填表】

表 7-5　　酒类应税消费品消费税纳税申报表

税款所属期：　　年　月　日至　　年　月　日

纳税人名称(公章)：　　填表日期：　年　月　日

纳税人识别号 □□□□□□□□□□□□□□□□□□□□　　金额单位：元(列至角分)

项目应税 消费品名称	适用税率		销售数量	销售额	应纳税额
	定额税率	比例税率			
粮食白酒	0.5元/斤	20%			
薯类白酒	0.5元/斤	20%			
啤　酒	250元/吨	—			
啤　酒	220元/吨	—			
黄　酒	240元/吨	—			
其他酒	—	10%			
合　计	—	—	—	—	

本期准予抵减税额：	声明 此纳税申报表是根据国家税收法律的规定填报的，我确定它是真实的、可靠的、完整的。 经办人(签章)： 财务负责人(签章)： 联系电话：
本期减(免)税额：	
期初未缴税额：	
本期缴纳前期应纳税额：	(如果你已委托代理人申报，请填写) 授权声明 为代理一切税务事宜，现授权__________(地址)__________为本纳税人的代理申报人，任何与本申报表有关的往来文件，都可寄予此人。 授权人签章：
本期预缴税额：	
本期应补(退)税额：	
期末未缴税额：	

以下由税务机关填写

受理人(签章)：　　受理日期：　年　月　日　　受理税务机关(章)：

实训三　城市维护建设税纳税申报

【案例 7－3】　长春市某摩托车制造厂为增值税一般纳税人、私营企业，其纳税人识别号为 22010437671147××××××，位于高新技术开发区硅谷大街 48 号，开户行为中国农业银行长春市二道支行，账号为 17490104000××××，生产销售消费税税率为 10%的摩托车。2019 年 6 月发生如下业务：

（1）销售 30 辆摩托车，每辆摩托车的不含税价格为 5 000 元，开具了增值税专用发票；

（2）赠送给 B 协作单位同型号摩托车 2 辆，没有开具发票；

（3）出租摩托车 5 辆，收取租金 2 000 元；

（4）提供汽车修理服务，开具普通发票价税合计 16 960 元；

（5）本期认证通过并申报抵扣的进项税额为 12 200 元。

【要求】　计算该厂本期应纳的城市维护建设税、教育费附加及地方教育费附加并填写纳税申报表。

【计算】

表 7-6

城建税、教育费附加、地方教育附加税(费)申报表

税款所属期限：自　　　年　月　日至　　　年　月　日　填表日期：　　　年　月　日　　　金额单位：元至角分

纳税人识别号 □□□□□□□□□□□□□□□□□□□□

<table>
<tr><td rowspan="3">纳税人信息</td><td colspan="2">名称</td><td colspan="5"></td><td colspan="3">□单位　□个人</td></tr>
<tr><td colspan="2">登记注册类型</td><td colspan="4"></td><td>所属行业</td><td colspan="3"></td></tr>
<tr><td colspan="2">身份证件号码</td><td colspan="4"></td><td>联系方式</td><td colspan="3"></td></tr>
<tr><td rowspan="3">税(费)种</td><td colspan="4">计税(费)依据</td><td rowspan="3">税率
(征收率)</td><td rowspan="3">本期应纳
税(费)额</td><td colspan="2">本期减免税(费)额</td><td rowspan="3">本期已缴
税(费)额</td><td rowspan="3">本期应补(退)
税(费)额</td></tr>
<tr><td colspan="2">增值税</td><td rowspan="2">消费税</td><td rowspan="2">合计</td><td rowspan="2">减免性质代码</td><td rowspan="2">减免额</td></tr>
<tr><td>一般增值税</td><td>免抵税额</td></tr>
<tr><td></td><td>1</td><td>2</td><td>3</td><td>4=1+2+3</td><td>5</td><td>6=4×5</td><td>7</td><td>8</td><td>9</td><td>10=6-8-9</td></tr>
<tr><td>城建税</td><td></td><td></td><td></td><td></td><td></td><td></td><td></td><td></td><td></td><td></td></tr>
<tr><td>教育费附加</td><td></td><td></td><td></td><td></td><td></td><td></td><td></td><td></td><td></td><td></td></tr>
<tr><td>地方教育附加</td><td></td><td></td><td></td><td></td><td></td><td></td><td></td><td></td><td></td><td></td></tr>
<tr><td>—</td><td></td><td></td><td></td><td></td><td></td><td></td><td></td><td></td><td></td><td></td></tr>
<tr><td>合　计</td><td colspan="4">—</td><td></td><td></td><td colspan="2"></td><td></td><td></td></tr>
<tr><td colspan="11">以下由纳税人填写：</td></tr>
<tr><td>纳税人声明</td><td colspan="10">此纳税申报表是根据《中华人民共和国城市维护建设税暂行条例》《国务院征收教育费附加的暂行规定》《财政部关于统一地方教育附加政策有关问题的通知》和国家有关税收规定填报的，是真实的、可靠的、完整的。</td></tr>
<tr><td>纳税人签章</td><td colspan="2"></td><td colspan="2">代理人签章</td><td colspan="2"></td><td colspan="2">代理人身份证号</td><td colspan="2"></td></tr>
<tr><td colspan="11">以下由税务机关填写：</td></tr>
<tr><td>受理人</td><td colspan="2"></td><td colspan="2">受理日期</td><td colspan="2">年　月　日</td><td colspan="2">受理税务机关签章</td><td colspan="2"></td></tr>
</table>

本表一式两份，一份纳税人留存，一份税务机关留存。

减免性质代码：减免性质代码按照国家税务总局制定下发的最新《减免性质及分类表》中的最细项减免性质代码填报。

实训四　关税纳税申报

【案例 7－4】 某进出口公司为增值税一般纳税人，开户行为交通银行新世界分理处，账号为622201501××××。2019年4月5日从英国进口化妆品一批，以离岸价格为成交价格，成交价格为60 000美元，其中包括向境外采购代理人支付的买方佣金5 000美元、卖方佣金4 000美元。另支付运抵境内输入地点前的运费5 000美元、保险费6 000美元。外汇折算率1美元＝6.35元人民币。假设化妆品适用的进口关税税率为10％，增值税税率为13％，消费税税率为30％。

【要求】 计算该公司应纳的进口关税、增值税和消费税并正确填写纳税申报表。

【计算】

【填表】

表 7－7　　海关进(出)口关税专用缴款书

收入系统：海关系统　　　　填发日期：　年　月　日　　　　NO.

<table>
<tr><td rowspan="3">收款单位</td><td>收入机关</td><td colspan="3"></td><td rowspan="3">缴款单位(人)</td><td>名　称</td><td></td></tr>
<tr><td>科　目</td><td></td><td>预算级次</td><td></td><td>账　号</td><td></td></tr>
<tr><td>收款国库</td><td colspan="3"></td><td>开户银行</td><td></td></tr>
<tr><td>税　号</td><td>货物名称</td><td>数　量</td><td>单　位</td><td colspan="2">完税价格(¥)</td><td>税率(%)</td><td>税款金额(¥)</td></tr>
<tr><td></td><td></td><td></td><td></td><td colspan="2"></td><td></td><td></td></tr>
<tr><td></td><td></td><td></td><td></td><td colspan="2"></td><td></td><td></td></tr>
<tr><td colspan="6">金额人民币(大写)</td><td>合计(¥)</td><td></td></tr>
<tr><td colspan="2">申请单位编号</td><td></td><td>报关单编号</td><td colspan="2"></td><td rowspan="4">填制单位：
制单人：
复核人：
单证专用章</td><td rowspan="4">收款国库
(银行)
业务公章</td></tr>
<tr><td colspan="2">合同(批文)号</td><td></td><td>运输工具号</td><td colspan="2"></td></tr>
<tr><td colspan="2">缴款期限</td><td></td><td>提/装货单号</td><td colspan="2"></td></tr>
<tr><td colspan="2">备　注</td><td colspan="4">一般征税
国际代码：</td></tr>
</table>

注：从填发缴款书之日起限 15 日内缴纳(期末遇法定节假日顺延)，逾期按日征收税款总额 0.5‰的滞纳金。

表 7-8

海关代征增值税(消费税)专用缴款书

收入系统：海关系统　　　　填发日期：　　年　　月　　日　　　　NO.

<table>
<tr><td rowspan="3">收款单位</td><td>收入机关</td><td colspan="3"></td><td rowspan="3">缴款单位
(人)</td><td>名　称</td><td></td></tr>
<tr><td>科　目</td><td></td><td>预算级次</td><td></td><td>账　号</td><td></td></tr>
<tr><td>收款国库</td><td colspan="3"></td><td>开户银行</td><td></td></tr>
<tr><td>税　号</td><td>货物名称</td><td>数　量</td><td colspan="2">单　位</td><td>完税价格(￥)</td><td>税率(%)</td><td>税款金额(￥)</td></tr>
<tr><td></td><td></td><td colspan="3"></td><td></td><td></td><td></td></tr>
<tr><td></td><td></td><td colspan="3"></td><td></td><td></td><td></td></tr>
<tr><td colspan="6">金额人民币(大写)</td><td>合计(￥)</td><td></td></tr>
<tr><td>申请单位编号</td><td></td><td>报关单编号</td><td colspan="3"></td><td rowspan="4">填制单位：
制单人：
复核人：
单证专用章</td><td rowspan="4">收款国库
(银行)
业务公章</td></tr>
<tr><td>合同(批文)号</td><td></td><td>运输工具号</td><td colspan="3"></td></tr>
<tr><td>缴款期限</td><td></td><td>提/装货单号</td><td colspan="3"></td></tr>
<tr><td>备　注</td><td colspan="5">一般征税
国际代码：</td></tr>
</table>

注：从填发缴款书之日起限 15 日内缴纳(期末遇法定节假日顺延)，逾期按日征收税款总额 0.5‰的滞纳金。

实训五　资源税纳税申报

【案例 7－5】 某煤炭企业，纳税人识别号为 290050047540055×××，法定代表人为周立，会计主管为张丽萍，经办人为李慧。2019 年 3 月销售自采原煤 2 000 吨，每吨 850 元(不含增值税，下同)。用自采未税原煤连续加工成洗选煤 800 吨，销售 380 吨，每顿售价 950 元，移送自用洗选煤 120 吨用于集体宿舍自采暖。该煤矿洗选煤折算率为 80%，资源税税率 8%。

【要求】 计算并填列当月资源税纳税申报表。

【计算】

【填表】

表 7 - 9

资源税纳税申报表

根据国家税收法律法规及资源税有关规定制定本表。纳税人不论有无销售额，均应按照税务机关核定的纳税期限填写本表，并向当地税务机关申报。

税款所属时间：自　　年　月　日至　　年　月　日　　填表日期：　　年　月　日　　金额单位：元至角分

纳税人识别号 □□□□□□□□□□□□□□□□□□□□

纳税人名称	（公章）		法定代表人姓名			注册地址			生产经营地址	
开户银行及账号				登记注册类型					电话号码	
税目	子目	折算率或换算比	计量单位	计税销售量	计税销售额	适用税率	本期应纳税额	本期减免税额	本期已缴税额	本期应补(退)税额
1	2	3	4	5	6	7	8①=6×7；8②=5×7	9	10	11=8—9—10
合计		—	—			—				
授权声明	如果你已委托代理人申报，请填写下列资料： 为代理一切税务事宜，现授权________（地址）__________为本纳税人的代理申报人，任何与本申报表有关的往来文件，都可寄予此人。 授权人签字：					申报人声明	本纳税申报表是根据国家税收法律法规及相关规定填写的，我确定它是真实的、可靠的、完整的。 声明人签字：			

主管税务机关：　　　　接收人：　　　　接收日期：　　年　　月　　日

本表一式两份，一份纳税人留存，一份税务机关留存。

实训六　土地增值税纳税申报

【案例 7－6】 长春市建信房地产开发公司的纳税人识别号为 22010485722369××××，会计主管为孙伟。2018 年 4 月建造商品房一幢，建房总支出为 3 000 万元，有关费用如下：支付地价款 200 万元、土地征用及拆迁补偿费 120 万元、前期工程费 180 万元、基础设施费 200 万元、建筑安装工程费 1 500 万元、公共配套设施费 100 万元、开发间接费用 100 万元、期间费用 600 万元，其中，利息支出 500 万元(利息能按房地产项目分摊，并有金融机构贷款证明)。其他房地产开发费用扣除比例为 5%。该房地产开发企业于 2019 年 6 月将商品房卖出，取得含税收入 6 300 万元，并按规定缴纳了增值税、城市维护建设税、教育费附加、地方教育费附加和印花税。该企业选择简易计税方法计算增值税。

【要求】 计算该企业当期应缴纳的土地增值税并正确填写纳税申报表。

【计算】

【填表】

表 7-10 **土地增值税纳税申报表**

土地增值税纳税申报表(二)

(从事房地产开发的纳税人清算适用)

税款所属时间： 年 月 日至 年 月 日 填表日期： 年 月 日 金额单位：元至角分；面积单位：平方米

纳税人识别号

纳税人名称		项目名称		项目编号		项目地址	
所属行业		登记注册类型		纳税人地址		邮政编码	
开户银行		银行账号		主管部门		电话	
总可售面积				自用和出租面积			
已售面积		其中：普通住宅已售面积		其中：非普通住宅已售面积		其中：其他类型房地产已售面积	

项目		行次	金额			
			普通住宅	非普通住宅	其他类型房地产	合计
一、转让房地产收入总额 1=2+3+4		1				
其中	货币收入	2				
	实物收入	3				
	其他收入	4				
二、扣除项目金额合计 5=6+7+14+17+21		5				
1. 取得土地使用权所支付的金额		6				
2. 房地产开发成本 7=8+9+10+11+12+13		7				
其中	土地征用及拆迁补偿费	8				
	前期工程费	9				
	建筑安装工程费	10				
	基础设施费	11				
	公共配套设施费	12				
	开发间接费用	13				
3. 房地产开发费用 14=15+16		14				
其中	利息支出	15				
	其他房地产开发费用	16				

续表

4. 与转让房地产有关的税金等 17=18+19+20			17				
其中	增值税		18				
	城市维护建设税		19				
	教育费附加及地方教育附加		20				
5. 财政部规定的其他扣除项目			21				
三、增值额 22=1-5			22				
四、增值额与扣除项目金额之比(%)23=22÷5			23				
五、适用税率(%)			24				
六、速算扣除系数(%)			25				
七、应缴土地增值税税额 26=22×24-5×25			26				
八、减免税额 27=29+31+33			27				
其中	减免税(1)	减免性质代码	28				
		减免税额	29				
	减免税(2)	减免性质代码	30				
		减免税额	31				
	减免税(3)	减免性质代码	32				
		减免税额	33				
九、已缴土地增值税税额			34				
十、应补(退)土地增值税税额 35=26-27-34			35				

授权代理人	(如果你已委托代理申报人，请填写下列资料)为代理一切税务事宜，现授权____(地址)____为本纳税人的代理申报人，任何与本报表有关的来往文件都可寄予此人。 授权人签字：________	纳税人声明	此纳税申报表是根据《中华人民共和国土地增值税暂行条例》及其《实施细则》的规定填报的，是真实的、可靠的、完整的。 声明人签字：________

纳税人公　章		法人代表签　　章		经办人员(代理申报人)签章		备注	

(以下部分由主管税务机关负责填写)

主管税务机关收到日期		接收人		审核日期		税务审核人员签章	
审核记录							
						主管税务机关盖章	

实训七 城镇土地使用税纳税申报

【案例 7－7】 盛隆公司位于净月开发区净月大街 108 号，纳税人识别号为 220104658170000×××，企业法人为孙莉，电话为 8796××××。2018 年年初实际占地面积为 50 000 平方米，宗地地号为：55－139－23。其中，企业自办幼儿园占地 2 000 平方米，职工医院占地 2 000 平方米，企业厂区内绿化占地 5 000 平方米。2018 年 4 月该企业为扩大生产，根据有关部门的批准，新征用非耕地 8 000 平方米，宗地地号为 55－139－24。该企业所处地段适用年税额都为 15 元/平方米。土地等级都为一级。

【要求】 计算该企业 2018 年应缴纳的城镇土地使用税并正确填写纳税申报表。

【计算】

【填表】

表 7－11

城镇土地使用税纳税申报表

税款所属期：自　　年　月　日至　　年　月　日　　　　填表日期：　　年　　月　　日　　　　金额单位：元至角分；面积单位：平方米

纳税人识别号 □□□□□□□□□□□□□□□□□□□□

纳税人信息	名称						纳税人分类		单位□　个人□		
	登记注册类型			*			所属行业		*		
	身份证照类型			身份证□　护照□　军官证□　其他			联系人			联系方式	
申报纳税信息	宗地的地号	土地等级	税额标准	土地总面积	计税月份数	本期应纳税额	减免性质代码	减免税总面积	本期减免税额	本期已缴税额	本期应补（退）税额
	合计	*	*		*		*				

以下由纳税人填写：					
纳税人声明	此纳税申报表是根据《中华人民共和国城镇土地使用税暂行条例》和国家有关税收规定填报的，是真实的、可靠的、完整的。				
纳税人签章		代理人签章		代理人身份证号	
以下由税务机关填写：					
受理人		受理日期	年　月　日	受理税务机关签章	

本表一式两份，一份纳税人留存，一份税务机关留存。

实训八　房产税纳税申报

【案例 7－8】 长春八一化工有限公司地处长春市绿园区锦城大街 1155 号，纳税人识别号为 220104775550000×××，经济类型为私营有限责任公司，行业类别属于涂料制造，法定代表人为李雪；在交通银行长春东风大街支行开户，账号是 22010006900187212××××，电话为 8798××××。2019 年上半年共有房产原值 40 000 000.00 元，10 月 1 日起企业将原值 2 000 000 元的一栋仓库出租给某商场存放货物，租期为 1 年，每月取得租金收入 15 000 元。8 月 1 日对委托施工单位建设的生产车间办理验收手续，由在建工程转入固定资产原值 5 000 000 元。已知该地区规定计算房产余值时的扣除比例为 30%。房产建筑面积为 10 000 平方米，房产为砖混结构。

【要求】 计算该公司 2019 年 10 月 1 日至 12 月 31 日应缴纳的房产税并填列房产税纳税申报表。

【计算】

表 7－12 **房产税纳税申报表**

税款所属期：自　　　年　月　日至　　　年　月　日

填表日期：　　　年　月　日　　　　　　金额单位：元至角分；面积单位：平方米

纳税人识别号 □□□□□□□□□□□□□□□□□□□□

纳税人信息	名称		纳税人分类	单位□　个人□
	登记注册类型	*	所属行业	*
	身份证件类型	身份证□　护照□　其他□	身份证件号码	
	联系人		联系方式	

一、从价计征房产税

	房产编号	房产原值	其中：出租房产原值	计税比例	税率	所属期起	所属期止	本期应纳税额	本期减免税额	本期已缴税额	本期应补（退）税额
1	*										
2	*										
3	*										
4	*										
5	*										
6	*										
7	*										
8	*										
9	*										
10	*										
合计	*	*	*	*	*	*	*				

二、从租计征房产税

	本期申报租金收入	税率	本期应纳税额	本期减免税额	本期已缴税额	本期应补（退）税额
1						
2						
3						
合计		*				

以下由纳税人填写：

纳税人声明	此纳税申报表是根据《中华人民共和国房产税暂行条例》和国家有关税收规定填报的，是真实的、可靠的、完整的。				
纳税人签章		代理人签章		代理人身份证号	

以下由税务机关填写：

受理人		受理日期	年月日	受理税务机关签章	

本表一式两份，一份纳税人留存，一份税务机关留存。

实训九　车船税纳税申报

【案例 7－9】　某运输公司，地处长春市绿园区东风大街××××号，纳税人识别为 220104767120000×××，经济类型为国有有限责任公司，行业类别属于交通运输企业，法定代表人：高扬；在交通银行长春东风大街支行开户，账号是 22010006900187198××××；电话：8763××××。2019 年拥有商用货车 15 辆（货车整备质量吨位全部为 10 吨），乘用车 20 辆（其中发动机汽缸容量 1.6 升的有 10 辆，1.8 升的有 10 辆），商用客车 10 辆。当地政府规定，商用货车整备质量每吨年税额 80 元，乘用车 1.6 升每辆年税额 500 元，1.8 升每辆年税额 600 元，商用客车每辆年税额 480 元。主管税务机关：长春市税务局。

【要求】　计算该运输公司 2019 年应缴纳的车船税并填列车船税纳税申报表。

【计算】

表 7-13

车船税纳税申报表

税款所属期限：自　　年　月　日至　　年　月　日　　填表日期：　　年　月　日　　金额单位：元至角分

纳税人识别号

纳税人名称								纳税人身份证照类型					
纳税人身份证照号码								居住(单位)地址					
联系人								联系方式					
序号	(车辆)号牌号码/(船舶)登记号码	车船识别代码(车架号/船舶识别号)	征收品目	计税单位	计税单位的数量	单位税额	年应缴税额	本年减免税额	减免性质代码	减免税证明号	当年应缴税额	本年已缴税额	本期年应补(退)税额
	1	2	3	4	5	6	7=5×6	8	9	10	11=7−8	12	13=11−12
合计	—	—	—	—	—	—			—	—			
申报车辆总数(辆)							申报船舶总数(艘)						
以下由申报人填写：													
纳税人声明	此纳税申报表是根据《中华人民共和国车船税法》和国家有关税收规定填报的，是真实的、可靠的、完整的。												
纳税人签章			代理人签章					代理人身份证号					
以下由税务机关填写：													
受理人			受理日期					受理税务机关(签章)					

本表一式两份，一份纳税人留存，一份税务机关留存。

表 7－13(a)

车船税税源明细表(车辆)附表 1(部分内容略)

纳税人名称：　　　　纳税人识别号：　　　　填表日期：

申报车辆总数(辆)											
序号	号牌号码	车辆识别代码(车架号)	车辆类型	品牌型号	发动机号	车辆发票日期或注册登记日期	使用性质	燃料种类	排(气)量	核定载客	整备质量
1											
2											
3											
4											
5											
6											
7											
8											
9											
10											

实训十　印花税纳税申报

【案例 7－10】 长春市威志汽车备品销售有限公司地处长春市高新区硅谷大街 1168 号，2019 年 11 月份开业，注册资金为 200 000.00 元，纳税人识别号为 22010463811357××××，经济类型为私营有限责任公司，行业类别属于汽车、摩托车及零配件批发，法定代表人为李小鹏；在交通银行长春卫星广场支行开户，账号是 22010006900187326××××，电话为 8518××××，主管税务机关为长春市高新区税务局。当年发生经营活动如下：

（1）领受工商营业执照正副本各一件，房屋产权证一件，商标注册证一件，土地使用证一件。资金账簿中记载实收资本 200 000.00 元，还有其他新增账簿 6 本。

（2）与租赁公司签订融资租赁合同，合同金额为 3 000 000.00 元，年利率为 5%。

（3）与甲公司签订以货换货合同，本企业货物价值为 3 500 000.00 元，甲公司货物价值为 4 500 000.00 元。

（4）与乙公司签订受托加工合同，本企业提供价值 800 000.00 元的原材料和价值 150 000.00 元的辅助材料并收加工费 200 000.00 元。

（5）签订借款合同 1 份，记载金额 5 000 000.00 元，当年取得借款利息 80 000.00 元；

【要求】 逐项计算该公司 2019 年应缴纳的印花税并填列其 2019 年印花税申报表。

【计算】

表 7－14　　**印花税纳税申报表**

税款所属期限：自　　年　月　日至　　年　月　日　　填表日期：　　年　月　日

纳税人识别号 □□□□□□□□□□□□□□□□□□□□　　金额单位：元至角分

纳税人信息				
	名称			□单位　□个人
	登记注册类型		所属行业	
	身份证件类型		身份证件号码	
	联系方式			

应税凭证	计税金额或件数	核定征收		适用税率	本期应纳税额	本期已缴税额	本期减免税额		本期应补（退）税额
		核定依据	核定比例				减免性质代码	减免额	
	1	2	3	4	5＝1×4＋2×3×4	6	7	8	9＝5－6－8
购销合同				0.3‰					
加工承揽合同				0.5‰					
建设工程勘察设计合同				0.5‰					
建筑安装工程承包合同				0.3‰					
财产租赁合同				1‰					
货物运输合同				0.5‰					
仓储保管合同				1‰					
借款合同				0.05‰					
财产保险合同				1‰					
技术合同				0.3‰					
产权转移书据				0.5‰					
营业账簿（记载资金的账簿）		—		0.5‰					
营业账簿（其他账簿）		—		5					
权利、许可证照		—		5					
合　计	—	—		—					

以下由纳税人填写：					
纳税人声明	此纳税申报表是根据《中华人民共和国印花税暂行条例》和国家有关税收规定填报的，是真实的、可靠的、完整的。				
纳税人签章		代理人签章		代理人身份证号	
以下由税务机关填写：					
受理人		受理日期	年月日	受理税务机关签章	

本表一式两份，一份纳税人留存，一份税务机关留存。

减免性质代码：减免性质代码按照税务机关最新制发的减免税政策代码表中的最细项减免性质代码填报。

实训十一 契税纳税申报

【案例 7－11】 居民李红(身份证号码：220106196512340000)有一套100平方米砖混结构的存量商品房，地处一级地段的长春市高新区硅谷大街××××号，于2019年3月18日出售给王江(身份证号码：220105197312340000)，成交价格为400 000.00元。王江作为家庭唯一住房，当地核定契税税率为3%。

【要求】 计算并填列契税纳税申报表。

【计算】

【填表】

表 7－15　　契税纳税申报表

填表日期：　　年　月　日　　　　金额单位：元至角分；面积单位：平方米

纳税人识别号 □□□□□□□□□□□□□□□□□□

<table>
<tr><td rowspan="4">承受方信息</td><td>名称</td><td colspan="3"></td><td colspan="4">□单位　□个人</td></tr>
<tr><td>登记注册类型</td><td colspan="3"></td><td colspan="2">所属行业</td><td colspan="2"></td></tr>
<tr><td>身份证件类型</td><td colspan="3">身份证□　护照□　其他□</td><td colspan="2">身份证件号码</td><td colspan="2"></td></tr>
<tr><td>联系人</td><td colspan="3"></td><td colspan="2">联系方式</td><td colspan="2"></td></tr>
<tr><td rowspan="3">转让方信息</td><td>名称</td><td colspan="3"></td><td colspan="4">□单位　□个人</td></tr>
<tr><td>纳税人识别号</td><td></td><td colspan="2">登记注册类型</td><td colspan="2"></td><td>所属行业</td><td></td></tr>
<tr><td>身份证件类型</td><td></td><td colspan="2">身份证件号码</td><td colspan="2"></td><td>联系方式</td><td></td></tr>
<tr><td rowspan="3">土地房屋权属转移信息</td><td>合同签订日期</td><td></td><td colspan="2">土地房屋坐落地址</td><td colspan="2"></td><td>权属转移对象</td><td></td></tr>
<tr><td>权属转移方式</td><td></td><td colspan="2">用途</td><td colspan="2"></td><td>家庭唯一普通住房</td><td>□90平方米以上
□90平方米及以下</td></tr>
<tr><td>权属转移面积</td><td></td><td colspan="2">成交价格</td><td colspan="2"></td><td>成交单价</td><td></td></tr>
<tr><td rowspan="2">税款征收信息</td><td>评估价格</td><td></td><td colspan="2">计税价格</td><td colspan="2"></td><td>税率</td><td></td></tr>
<tr><td>计征税额</td><td></td><td>减免性质代码</td><td></td><td>减免税额</td><td></td><td>应纳税额</td><td></td></tr>
<tr><td colspan="9">以下由纳税人填写：</td></tr>
<tr><td>纳税人声明</td><td colspan="8">此纳税申报表是根据《中华人民共和国契税暂行条例》和国家有关税收规定填报的，是真实的、可靠的、完整的。</td></tr>
<tr><td>纳税人签章</td><td></td><td>代理人签章</td><td colspan="2"></td><td colspan="3">代理人身份证号</td><td></td></tr>
<tr><td colspan="9">以下由税务机关填写：</td></tr>
<tr><td>受理人</td><td></td><td>受理日期</td><td colspan="2">年月日</td><td colspan="3">受理税务机关签章</td><td></td></tr>
</table>

本表一式两份，一份纳税人留存，一份税务机关留存。

表 7－15(a)　　权属转移对象、方式、用途逻辑关系对照表

<table>
<tr><th colspan="3">权属转移对象</th><th colspan="2" rowspan="2">权属转移方式</th><th rowspan="2">用　途</th></tr>
<tr><th>一级
（大类）</th><th>二级
（小类）</th><th>三级
（细目）</th></tr>
<tr><td rowspan="6">土地</td><td rowspan="6">无</td><td rowspan="6">无</td><td colspan="2">土地使用权出让</td><td>1. 居住用地；2. 商业用地；3. 工业用地；4. 综合用地；5. 其他用地</td></tr>
<tr><td rowspan="5">土地使用权转让</td><td>土地使用权买卖</td><td>1. 居住用地；2. 商业用地；3. 工业用地；4. 综合用地；5. 其他用地</td></tr>
<tr><td>土地使用权赠与</td><td>1. 居住用地；2. 商业用地；3. 工业用地；4. 综合用地；5. 其他用地</td></tr>
<tr><td>土地使用权交换</td><td>1. 居住用地；2. 商业用地；3. 工业用地；4. 综合用地；5. 其他用地</td></tr>
<tr><td>土地使用权作价入股</td><td>1. 居住用地；2. 商业用地；3. 工业用地；4. 综合用地；5. 其他用地</td></tr>
<tr style="display:none"></tr>
<tr><td rowspan="10">房屋</td><td rowspan="5">增量房</td><td>普通商品住房</td><td colspan="2">1. 房屋买卖；2. 房屋赠与；3. 房屋交换；4. 房屋作价入股；5. 其他</td><td>1. 居住</td></tr>
<tr><td>非普通商品住房</td><td colspan="2">1. 房屋买卖；2. 房屋赠与；3. 房屋交换；4. 房屋作价入股；5. 其他</td><td>1. 居住</td></tr>
<tr><td>保障性住房</td><td colspan="2">1. 房屋买卖；2. 房屋赠与；3. 房屋交换；4. 房屋作价入股；5. 其他</td><td>1. 居住</td></tr>
<tr><td>其他住房</td><td colspan="2">1. 房屋买卖；2. 房屋赠与；3. 房屋交换；4. 房屋作价入股；5. 其他</td><td>1. 居住</td></tr>
<tr><td>非住房</td><td colspan="2">1. 房屋买卖；2. 房屋赠与；3. 房屋交换；4. 房屋作价入股；5. 其他</td><td>2. 商业；3. 办公；4. 商住；5. 附属建筑；6. 工业；7. 其他</td></tr>
<tr><td rowspan="5">存量房</td><td>普通商品住房</td><td colspan="2">1. 房屋买卖；2. 房屋赠与；3. 房屋交换；4. 房屋作价入股；5. 其他</td><td>1. 居住</td></tr>
<tr><td>非普通商品住房</td><td colspan="2">1. 房屋买卖；2. 房屋赠与；3. 房屋交换；4. 房屋作价入股；5. 其他</td><td>1. 居住</td></tr>
<tr><td>保障性住房</td><td colspan="2">1. 房屋买卖；2. 房屋赠与；3. 房屋交换；4. 房屋作价入股；5. 其他</td><td>1. 居住</td></tr>
<tr><td>其他住房</td><td colspan="2">1. 房屋买卖；2. 房屋赠与；3. 房屋交换；4. 房屋作价入股；5. 其他</td><td>1. 居住</td></tr>
<tr><td>非住房</td><td colspan="2">1. 房屋买卖；2. 房屋赠与；3. 房屋交换；4. 房屋作价入股；5. 其他</td><td>2. 商业；3. 办公；4. 商住；5. 附属建筑；6. 工业；7. 其他</td></tr>
</table>

实训十二　企业所得税纳税申报

【案例 7-12】 甲企业为长春市某商厦，地处长春市绿园区东风大街 1125 号，纳税人识别号为 22010476712369××××，经济类型为国有有限责任公司，行业类别属于商业企业，法定代表人为高扬；在交通银行长春东风大街支行开户，账号是 22010006900187198××××，电话为 8763××××，2011 年拥有在册职工 200 人，资产总额为 50 000 000 元，主管税务机关为长春市税务局。2018 年 1 月 1 日至 2018 年 12 月 31 日会计资料反映的生产经营情况如下：

（1）销售商品收入总额为 15 004 897 元。

（2）国债投资 520 000 元，取得国债利息收入 52 000 元；金融债券投资 320 000 元，取得金融债券利息收入 32 000 元。

（3）对韩国某商场投资 5 000 000 元，占被投资企业所有者权益的比例为 15%，从该企业分回税后利润 200 000 元，该国所得税税率为 20%。

（4）产品销售成本为 7 739 579 元，其中，期初存货数 485 680 元，本期进货净额 7 768 000 元，期末存货数 514 101 元。

（5）税金及附加为 756 690 元。

（6）营业费用为 3 990 960 元，其中，产品广告费 270 000 元，包括在吉林电视台做产品广告支付的 250 000 元和在《精品购物指南》报刊做产品广告支付的 20 000 元。

（7）固定资产情况如下：办公设备上年原值 308 900 元，当年折旧 30 890 元。会计折旧方法与税法折旧方法相同，都采用直线法折旧，会计折旧年限的估计也符合税法的规定，房屋为 20 年，机器设备为 10 年。

（8）管理费用为 1 981 137 元，其中，业务招待费 152 524 元，差旅费 32 367 元，交通费 53 300 元，社会保险缴款 285 640 元，管理用固定资产折旧 30 890 元。

（9）期初坏账准备余额 26 540 元，本期实际发生坏账损失 26 540 元（应收 A 公司货款因其破产而无法收回，到期日是 2018 年 10 月 31 日，A 公司地址是上海市国权路 229×号）；通过注册税务师财产损失鉴证，本期应收账款余额为零。

（10）财务费用为 95 000 元，其中，年初向工商银行贷款 1 000 000 元，用于商品经营，年利率为 5%；年初向千禧鸟服装公司借款 300 000 元，用于经营，年利率为 10%；另支付逾期归还银行贷款的罚息 15 000 元。

（11）实发工资总额为 578 800 元，其中，销售人员工资 126 400 元，行政管理人员工资 108 000 元；本年实际发生职工福利费 81 032 元，职工工会经费 11 576 元，职工教育经费 46 304 元。上述工资和三项经费已全部记入“管理费用”账户。

（12）营业外收入处置固定资产净收益 75 000 元；出售无形资产收益 200 000 元；接受外单位捐赠的原材料一批，增值税专用发票上注明的价格是 500 000 元，进项税额 85 000 元。

（13）营业外支出 220 000 元，其中，通过相关机构向青少年宫捐赠 80 000 元；通过教育局向某小学捐赠 10 000 元；通过省文化厅向省图书馆捐赠 50 000 元；通过地方政府向绿化建设捐赠 50 000 元；向有协作关系的某高校直接捐赠 15 000 元；缴纳税收滞纳金 5 000 元；车辆违章行驶被交通部门罚款 10 000 元。

（14）2017 年发生亏损 18 880 元。

（15）2018 年度已预缴企业所得税累计为 10 000 元。

【要求】　根据国家税务局对企业所得税征收管理的要求，年终汇算清缴企业所得税，并计算填列该公司企业所得税年度纳税申报表（A 类）及其附表。

【计算】

【填表】

表 7 - 16　　**中华人民共和国企业所得税年度纳税申报表(A 类)封面**

中华人民共和国企业所得税年度纳税申报表

(A 类，2017 年版)

税款所属期间：　年　月　日至　年　月　日

纳税人识别号 □□□□□□□□□□□□□□□□□□

(统一社会信用代码)

纳税人名称：

金额单位：人民币元(列至角分)

谨声明：本纳税申报表是根据国家税收法律法规及相关规定填报的，是真实的、可靠的、完整的。

纳税人(签章)：

年　月　日

经办人：	受理人：
经办人身份证号：	受理税务机关(章)：
代理机构签章：	受理日期：年　月　日

国家税务总局监制

表 7－17 **A000000 企业基础信息表**

基本经营情况(必填项目)			
101 纳税申报企业类型(填写代码)		102 分支机构就地纳税比例(%)	
103 资产总额(填写平均值,单位:万元)		104 从业人数(填写平均值,单位:人)	
105 所属国民经济行业(填写代码)		106 从事国家限制或禁止行业	□是 □否
107 适用会计准则或会计制度(填写代码)		108 采用一般企业财务报表格式(2018 年版)	□是 □否
109 小型微利企业	□是 □否	110 上市公司	是(□境内 □境外)□否

有关涉税事项情况(存在或者发生下列事项时必填)				
201 从事股权投资业务	□是	202 存在境外关联交易		□是
203 选择采用的境外所得抵免方式	□分国(地区)不分项 □不分国(地区)不分项			
204 有限合伙制创业投资企业的法人合伙人	□是	205 创业投资企业		□是
206 技术先进型服务企业类型(填写代码)		207 非营利组织		□是
208 软件、集成电路企业类型(填写代码)		209 集成电路生产项目类型	□130 纳米 □65 纳米	
210 科技型中小企业	210－1____年(申报所属期年度)入库编号 1		210－2 入库时间 1	
	210－3____年(所属期下一年度)入库编号 2		210－4 入库时间 2	
211 高新技术企业申报所属期年度有效的高新技术企业证书	211－1 证书编号 1		211－2 发证时间 1	
	211－3 证书编号 2		211－4 发证时间 2	
212 重组事项税务处理方式	□一般性 □特殊性	213 重组交易类型(填写代码)		
214 重组当事方类型(填写代码)		215 政策性搬迁开始时间		年月
216 发生政策性搬迁且停止生产经营无所得年度	□是	217 政策性搬迁损失分期扣除年度		□是
218 发生非货币性资产对外投资递延纳税事项	□是	219 非货币性资产对外投资转让所得递延纳税年度		□是
220 发生技术成果投资入股递延纳税事项	□是	221 技术成果投资入股递延纳税年度		□是
222 发生资产(股权)划转特殊性税务处理事项	□是	223 债务重组所得递延纳税年度		□是

主要股东及分红情况(必填项目)					
股东名称	证件种类	证件号码	投资比例(%)	当年(决议日)分配的股息、红利等权益性投资收益金额	国籍(注册地址)
其余股东合计	—	—			—

表 7－18　　中华人民共和国企业所得税年度纳税申报表(A类)

A100000

行次	类别	项　　目	金　额
1	利润总额计算	一、营业收入(填写 A101010\101020\103000)	
2		减：营业成本(填写 A102010\102020\103000)	
3		减：税金及附加	
4		减：销售费用(填写 A104000)	
5		减：管理费用(填写 A104000)	
6		减：财务费用(填写 A104000)	
7		减：资产减值损失	
8		加：公允价值变动收益	
9		加：投资收益	
10		二、营业利润(1－2－3－4－5－6－7＋8＋9)	
11		加：营业外收入(填写 A101010\101020\103000)	
12		减：营业外支出(填写 A102010\102020\103000)	
13		三、利润总额(10＋11－12)	
14	应纳税所得额计算	减：境外所得(填写 A108010)	
15		加：纳税调整增加额(填写 A105000)	
16		减：纳税调整减少额(填写 A105000)	
17		减：免税、减计收入及加计扣除(填写 A107010)	
18		加：境外应税所得抵减境内亏损(填写 A108000)	
19		四、纳税调整后所得(13－14＋15－16－17＋18)	
20		减：所得减免(填写 A107020)	
21		减：弥补以前年度亏损(填写 A106000)	
22		减：抵扣应纳税所得额(填写 A107030)	
23		五、应纳税所得额(19－20－21－22)	
24	应纳税额计算	税率(25%)	
25		六、应纳所得税额(23×24)	
26		减：减免所得税额(填写 A107040)	
27		减：抵免所得税额(填写 A107050)	
28		七、应纳税额(25－26－27)	
29		加：境外所得应纳所得税额(填写 A108000)	
30		减：境外所得抵免所得税额(填写 A108000)	
31		八、实际应纳所得税额(28＋29－30)	
32		减：本年累计实际已缴纳的所得税额	
33		九、本年应补(退)所得税额(31－32)	
34		其中：总机构分摊本年应补(退)所得税额(填写 A109000)	
35		财政集中分配本年应补(退)所得税额(填写 A109000)	
36		总机构主体生产经营部门分摊本年应补(退)所得税额(填写 A109000)	

表 7－18(1)　　企业所得税年度纳税申报表附表：A101010 收入明细表

A101010　　一般企业收入明细表

行次	项　　目	金　额
1	一、营业收入(2+9)	
2	(一) 主营业务收入(3+5+6+7+8)	
3	1. 销售商品收入	
4	其中：非货币性资产交换收入	
5	2. 提供劳务收入	
6	3. 建造合同收入	
7	4. 让渡资产使用权收入	
8	5. 其他	
9	(二) 其他业务收入(10+12+13+14+15)	
10	1. 销售材料收入	
11	其中：非货币性资产交换收入	
12	2. 出租固定资产收入	
13	3. 出租无形资产收入	
14	4. 出租包装物和商品收入	
15	5. 其他	
16	二、营业外收入(17+18+19+20+21+22+23+24+25+26)	
17	(一) 非流动资产处置利得	
18	(二) 非货币性资产交换利得	
19	(三) 债务重组利得	
20	(四) 政府补助利得	
21	(五) 盘盈利得	
22	(六) 捐赠利得	
23	(七) 罚没利得	
24	(八) 确实无法偿付的应付款项	
25	(九) 汇兑收益	
26	(十) 其他	

表 7－18(2)　　企业所得税年度纳税申报表附表：A102010 成本支出明细表

A102010

一般企业成本支出明细表

行次	项　　目	金　额
1	一、营业成本(2+9)	
2	(一) 主营业务成本(3+5+6+7+8)	
3	1. 销售商品成本	
4	其中：非货币性资产交换成本	
5	2. 提供劳务成本	
6	3. 建造合同成本	
7	4. 让渡资产使用权成本	
8	5. 其他	
9	(二) 其他业务成本(10+12+13+14+15)	
10	1. 材料销售成本	
11	其中：非货币性资产交换成本	
12	2. 出租固定资产成本	
13	3. 出租无形资产成本	
14	4. 包装物出租成本	
15	5. 其他	
16	二、营业外支出(17+18+19+20+21+22+23+24+25+26)	
17	(一) 非流动资产处置损失	
18	(二) 非货币性资产交换损失	
19	(三) 债务重组损失	
20	(四) 非常损失	
21	(五) 捐赠支出	
22	(六) 赞助支出	
23	(七) 罚没支出	
24	(八) 坏账损失	
25	(九) 无法收回的债券股权投资损失	
26	(十) 其他	

表 7-18(3)　　企业所得税年度纳税申报表附表：A104000 期间费用明细表

A104000　　期间费用明细表

行次	项　　目	销售费用	其中：境外支付	管理费用	其中：境外支付	财务费用	其中：境外支付
		1	2	3	4	5	6
1	一、职工薪酬		*		*	*	*
2	二、劳务费					*	*
3	三、咨询顾问费					*	*
4	四、业务招待费		*		*	*	*
5	五、广告费和业务宣传费		*		*	*	*
6	六、佣金和手续费						
7	七、资产折旧摊销费		*		*	*	*
8	八、财产损耗、盘亏及毁损损失		*		*	*	*
9	九、办公费		*		*	*	*
10	十、董事会费		*		*	*	*
11	十一、租赁费					*	*
12	十二、诉讼费		*		*	*	*
13	十三、差旅费		*		*	*	*
14	十四、保险费		*		*	*	*
15	十五、运输、仓储费					*	*
16	十六、修理费					*	*
17	十七、包装费		*		*	*	*
18	十八、技术转让费					*	*
19	十九、研究费用					*	*
20	二十、各项税费		*		*	*	*
21	二十一、利息收支	*	*	*	*		
22	二十二、汇兑差额	*	*	*	*		
23	二十三、现金折扣	*	*	*	*		*
24	二十四、党组织工作经费	*	*		*	*	*
25	二十五、其他						
26	合计(1+2+3+…+25)						

表 7－18(4)　　企业所得税年度纳税申报表附表：A105000 纳税调整项目明细表

A105000

纳税调整项目明细表

行次	项　　目	账载金额	税收金额	调增金额	调减金额
		1	2	3	4
1	一、收入类调整项目(2＋3＋…＋8＋10＋11)	*	*		
2	（一）视同销售收入(填写 A105010)	*			*
3	（二）未按权责发生制原则确认的收入(填写 A105020)				
4	（三）投资收益(填写 A105030)				
5	（四）按权益法核算长期股权投资对初始投资成本调整确认收益	*	*	*	
6	（五）交易性金融资产初始投资调整	*	*		*
7	（六）公允价值变动净损益		*		
8	（七）不征税收入	*	*		
9	其中：专项用途财政性资金(填写 A105040)	*	*		
10	（八）销售折扣、折让和退回				
11	（九）其他				
12	二、扣除类调整项目(13＋14＋…＋24＋26＋27＋28＋29＋30)	*	*		
13	（一）视同销售成本(填写 A105010)	*		*	
14	（二）职工薪酬(填写 A105050)				
15	（三）业务招待费支出				*
16	（四）广告费和业务宣传费支出(填写 A105060)	*	*		
17	（五）捐赠支出(填写 A105070)				
18	（六）利息支出				
19	（七）罚金、罚款和被没收财物的损失		*		*
20	（八）税收滞纳金、加收利息		*		*
21	（九）赞助支出		*		*
22	（十）与未实现融资收益相关在当期确认的财务费用				

续表

行次	项　　目	账载金额	税收金额	调增金额	调减金额
		1	2	3	4
23	（十一）佣金和手续费支出				*
24	（十二）不征税收入用于支出所形成的费用	*	*		*
25	其中：专项用途财政性资金用于支出所形成的费用(填写 A105040)	*	*		*
26	（十三）跨期扣除项目				
27	（十四）与取得收入无关的支出		*		*
28	（十五）境外所得分摊的共同支出	*	*		*
29	（十六）党组织工作经费				
30	（十七）其他				
31	三、资产类调整项目(32＋33＋34＋35)	*	*		
32	（一）资产折旧、摊销(填写 A105080)				
33	（二）资产减值准备金		*		
34	（三）资产损失(填写 A105090)				
35	（四）其他				
36	四、特殊事项调整项目(37＋38＋…＋42)	*	*		
37	（一）企业重组及递延纳税事项(填写 A105100)				
38	（二）政策性搬迁(填写 A105110)	*	*		
39	（三）特殊行业准备金(填写 A105120)				
40	（四）房地产开发企业特定业务计算的纳税调整额(填写 A105010)	*			
41	（五）有限合伙企业法人合伙方应分得的应纳税所得额				
42	（六）其他	*	*		
43	五、特别纳税调整应税所得	*	*		
44	六、其他	*	*		
45	合计(1＋12＋31＋36＋43＋44)	*	*		

表 7－18(5)　企业所得税年度纳税申报表附表：A105030 投资收益纳税调整明细表

A105030　投资收益纳税调整明细表

行次	项目	持有收益			处置收益							纳税调整金额
		账载金额	税收金额	纳税调整金额	会计确认的处置收入	税收计算的处置收入	处置投资的账面价值	处置投资的计税基础	会计确认的处置所得或损失	税收计算的处置所得	纳税调整金额	
		1	2	3 (2－1)	4	5	6	7	8 (4－6)	9 (5－7)	10 (9－8)	11 (3+10)
1	一、交易性金融资产											
2	二、可供出售金融资产											
3	三、持有至到期投资											
4	四、衍生工具											
5	五、交易性金融负债											
6	六、长期股权投资											
7	七、短期投资											
8	八、长期债券投资											
9	九、其他											
10	合计(1+2+3+4+5+6+7+8+9)											

表 7－18(6)　企业所得税年度纳税申报表附表：A105050 职工薪酬支出及纳税调整明细表

A105050　职工薪酬支出及纳税调整明细表

行次	项目	账载金额	实际发生额	税收规定扣除率	以前年度累计结转扣除额	税收金额	纳税调整金额	累计结转以后年度扣除额
		1	2	3	4	5	6(1－5)	7(1+4－5)
1	一、工资薪金支出			*	*			*
2	其中：股权激励			*	*			*
3	二、职工福利费支出				*			*
4	三、职工教育经费支出			*				
5	其中：按税收规定比例扣除的职工教育经费							
6	按税收规定全额扣除的职工培训费用				*			*
7	四、工会经费支出				*			*
8	五、各类基本社会保障性缴款			*	*			*
9	六、住房公积金			*	*			*
10	七、补充养老保险				*			*
11	八、补充医疗保险				*			*
12	九、其他			*	*			*
13	合计(1+3+4+7+8+9+10+11+12)			*				

表 7－18(7) 企业所得税年度纳税申报表附表：A105060 广告费和业务宣传费跨年度纳税调整明细表

A105060 广告费和业务宣传费跨年度纳税调整明细表

行次	项 目	金 额
1	一、本年广告费和业务宣传费支出	
2	减：不允许扣除的广告费和业务宣传费支出	
3	二、本年符合条件的广告费和业务宣传费支出(1－2)	
4	三、本年计算广告费和业务宣传费扣除限额的销售(营业)收入	
5	乘：税收规定扣除率	
6	四、本企业计算的广告费和业务宣传费扣除限额(4×5)	
7	五、本年结转以后年度扣除额(3＞6，本行＝3－6；3≤6，本行＝0)	
8	加：以前年度累计结转扣除额	
9	减：本年扣除的以前年度结转额[3＞6，本行＝0；3≤6，本行＝8 或(6－3)孰小值]	
10	六、按照分摊协议归集至其他关联方的广告费和业务宣传费(10≤3 或 6 孰小值)	
11	按照分摊协议从其他关联方归集至本企业的广告费和业务宣传费	
12	七、本年广告费和业务宣传费支出纳税调整金额(3＞6，本行＝2＋3－6＋10－11；3≤6，本行＝2＋10－11－9)	
13	八、累计结转以后年度扣除额(7＋8－9)	

表 7－18(8) 企业所得税年度纳税申报表附表：A105070 捐赠支出及纳税调整明细表

A105070 捐赠支出及纳税调整明细表

行次	项 目	账载金额	以前年度结转可扣除的捐赠额	按税收规定计算的扣除限额	税收金额	纳税调增金额	纳税调减金额	可结转以后年度扣除的捐赠额
		1	2	3	4	5	6	7
1	一、非公益性捐赠		*	*	*		*	*
2	二、全额扣除的公益性捐赠		*	*		*	*	*
3	三、限额扣除的公益性捐赠(4＋5＋6＋7)							
4	前三年度(　　年)	*		*	*	*		*
5	前二年度(　　年)	*		*	*	*		
6	前一年度(　　年)	*		*	*	*		
7	本　　年(　　年)		*				*	
8	合计(1＋2＋3)							

表 7-18(9)　　企业所得税年度纳税申报表附表：A105080 资产折旧、摊销情况及纳税调整明细表

A105080

资产折旧、摊销情况及纳税调整明细表

行次	项目		账载金额			税收金额					纳税调整金额
			资产原值	本年折旧、摊销额	累计折旧、摊销额	资产计税基础	税收折旧、摊销额	享受加速折旧政策的资产按税收一般规定计算的折旧、摊销额	加速折旧、摊销统计额	累计折旧、摊销额	
			1	2	3	4	5	6	7=5-6	8	9(2-5)
1	一、固定资产(2+3+4+5+6+7)							*	*		
2	所有固定资产	(一) 房屋、建筑物						*	*		
3		(二) 飞机、火车、轮船、机器、机械和其他生产设备						*	*		
4		(三) 与生产经营活动有关的器具、工具、家具等						*	*		
5		(四) 飞机、火车、轮船以外的运输工具						*	*		
6		(五) 电子设备						*	*		
7		(六) 其他						*	*		
8	其中：享受固定资产加速折旧及一次性扣除政策的资产加速折旧额大于一般折旧额的部分	(一) 重要行业固定资产加速折旧(不含一次性扣除)									*
9		(二) 其他行业研发设备加速折旧									*
10		(三) 固定资产一次性扣除									*
11		(四) 技术进步、更新换代固定资产									*
12		(五) 常年强震动、高腐蚀固定资产									*
13		(六) 外购软件折旧									*
14		(七) 集成电路企业生产设备									*
15	二、生产性生物资产(16+17)							*	*		
16	(一) 林木类							*	*		
17	(二) 畜类							*	*		

续表

行次	项　　目	账载金额			税收金额					纳税调整金额
		资产原值	本年折旧、摊销额	累计折旧、摊销额	资产计税基础	税收折旧、摊销额	享受加速折旧政策的资产按税收一般规定计算的折旧、摊销额	加速折旧、摊销统计额	累计折旧、摊销额	
		1	2	3	4	5	6	7=5-6	8	9(2-5)
18	三、无形资产(19+20+21+22+23+24+25+27)						*	*		
19	(一)专利权						*	*		
20	(二)商标权						*	*		
21	(三)著作权						*	*		
22	(四)土地使用权						*	*		
23	(五)非专利技术						*	*		
24	(六)特许权使用费						*	*		
25	(七)软件						*	*		
26	其中：享受企业外购软件加速摊销政策									*
27	(八)其他						*	*		
28	四、长期待摊费用(29+30+31+32+33)						*	*		
29	(一)已足额提取折旧的固定资产的改建支出						*	*		
30	(二)租入固定资产的改建支出						*	*		
31	(三)固定资产的大修理支出						*	*		
32	(四)开办费						*	*		
33	(五)其他						*	*		
34	五、油气勘探投资						*	*		
35	六、油气开发投资						*	*		
36	合计(1+15+18+28+34+35)									
附列资料	全民所有制企业公司制改制资产评估增值政策资产						*	*		

表 7-18(10)　　企业所得税年度纳税申报表附表：A105090 资产损失税前扣除及纳税调整明细表

A105090　　资产损失税前扣除及纳税调整明细表

行次	项　目	资产损失的账载金额	资产处置收入	赔偿收入	资产计税基础	资产损失的税收金额	纳税调整金额
		1	2	3	4	5(4—2—3)	6(1—5)
1	一、现金及银行存款损失						
2	二、应收及预付款项坏账损失						
3	其中：逾期三年以上的应收款项损失						
4	逾期一年以上的小额应收款项损失						
5	三、存货损失						
6	其中：存货盘亏、报废、损毁、变质或被盗损失						
7	四、固定资产损失						
8	其中：固定资产盘亏、丢失、报废、损毁或被盗损失						
9	五、无形资产损失						
10	其中：无形资产转让损失						
11	无形资产被替代或超过法律保护期限形成的损失						
12	六、在建工程损失						
13	其中：在建工程停建、报废损失						
14	七、生产性生物资产损失						
15	其中：生产性生物资产盘亏、非正常死亡、被盗、丢失等产生的损失						
16	八、债权性投资损失(17+22)						
17	(一) 金融企业债权性投资损失(18+21)						
18	1. 符合条件的涉农和中小企业贷款损失						
19	其中：单户贷款余额 300 万(含)以下的贷款损失						
20	单户贷款余额 300 万元至 1 000 万元(含)的贷款损失						
21	2. 其他债权性投资损失						
22	(二) 非金融企业债权性投资损失						
23	九、股权(权益)性投资损失						
24	其中：股权转让损失						
25	十、通过各种交易场所、市场买卖债券、股票、期货、基金以及金融衍生产品等发生的损失						
26	十一、打包出售资产损失						
27	十二、其他资产损失						
28	合计(1+2+5+7+9+12+14+16+23+25+26+27)						
29	其中：分支机构留存备查的资产损失						

表 7－18(11)　　企业所得税年度纳税申报表附表：A106000 企业所得税弥补亏损明细表

A106000　　企业所得税弥补亏损明细表

行次	项　目	年度	当年境内所得额	分立转出的亏损额	合并、分立转入的亏损额		弥补亏损企业类型	当年亏损额	当年待弥补的亏损额	用本年度所得额弥补的以前年度亏损额		当年可结转以后年度弥补的亏损额
					可弥补年限 5 年	可弥补年限 10 年				使用境内所得弥补	使用境外所得弥补	
		1	2	3	4	5	6	7	8	9	10	11
1	前十年度											
2	前九年度											
3	前八年度											
4	前七年度											
5	前六年度											
6	前五年度											
7	前四年度											
8	前三年度											
9	前二年度											
10	前一年度											
11	本 年 度											
12	可结转以后年度弥补的亏损额合计											

表 7－18(12)　　企业所得税年度纳税申报表附表：A107010 免税、减计收入及加计扣除优惠明细表

A107010　　免税、减计收入及加计扣除优惠明细表

行次	项　　目	金　额
1	一、免税收入(2＋3＋6＋7＋…＋16)	
2	(一) 国债利息收入免征企业所得税	
3	(二) 符合条件的居民企业之间的股息、红利等权益性投资收益免征企业所得税(填写 A107011)	
4	其中：内地居民企业通过沪港通投资且连续持有 H 股满 12 个月取得的股息红利所得免征企业所得税(填写 A107011)	
5	内地居民企业通过深港通投资且连续持有 H 股满 12 个月取得的股息红利所得免征企业所得税(填写 A107011)	
6	(三) 符合条件的非营利组织的收入免征企业所得税	
7	(四) 符合条件的非营利组织(科技企业孵化器)的收入免征企业所得税	
8	(五) 符合条件的非营利组织(国家大学科技园)的收入免征企业所得税	

续表

行次	项　　目	金　额
9	（六）中国清洁发展机制基金取得的收入免征企业所得税	
10	（七）投资者从证券投资基金分配中取得的收入免征企业所得税	
11	（八）取得的地方政府债券利息收入免征企业所得税	
12	（九）中国保险保障基金有限责任公司取得的保险保障基金等收入免征企业所得税	
13	（十）中央电视台的广告费和有线电视费收入免征企业所得税	
14	（十一）中国奥委会取得北京冬奥组委支付的收入免征企业所得税	
15	（十二）中国残奥委会取得北京冬奥组委分期支付的收入免征企业所得税	
16	（十三）其他	
17	二、减计收入(18+19+23+24)	
18	（一）综合利用资源生产产品取得的收入在计算应纳税所得额时减计收入	
19	（二）金融、保险等机构取得的涉农利息、保费减计收入(20+21+22)	
20	1. 金融机构取得的涉农贷款利息收入在计算应纳税所得额时减计收入	
21	2. 保险机构取得的涉农保费收入在计算应纳税所得额时减计收入	
22	3. 小额贷款公司取得的农户小额贷款利息收入在计算应纳税所得额时减计收入	
23	（三）取得铁路债券利息收入减半征收企业所得税	
24	（四）其他	
25	三、加计扣除(26+27+28+29+30)	
26	（一）开发新技术、新产品、新工艺发生的研究开发费用加计扣除(填写A107012)	
27	（二）科技型中小企业开发新技术、新产品、新工艺发生的研究开发费用加计扣除(填写 A107012)	
28	（三）企业为获得创新性、创意性、突破性的产品进行创意设计活动而发生的相关费用加计扣除	
29	（四）安置残疾人员所支付的工资加计扣除	
30	（五）其他	
31	合计(1+17+25)	

表 7-18(13)

企业所得税年度纳税申报表附表：A108000 境外所得税收抵免明细表

A108000

境外所得税收抵免明细表

行次	国家（地区）	境外税前所得	境外所得纳税调整后所得	弥补境外以前年度亏损	境外应纳税所得额	抵减境内亏损	抵减境内亏损后的境外应纳税所得额	税率	境外所得应纳税额	境外所得可抵免税额	境外所得抵免限额	本年可抵免境外所得税额	未超过境外所得税抵免限额的余额	本年可抵免以前年度未抵免境外所得税额	按简易办法计算				境外所得抵免所得税额合计
															按低于12.5%的实际税率计算的抵免额	按12.5%计算的抵免额	按25%计算的抵免额	小计	
	1	2	3	4	5(3－4)	6	7(5－6)	8	9(7×8)	10	11	12	13(11－12)	14	15	16	17	18(15＋16＋17)	19(12＋14＋18)
1																			
2																			
3																			
4																			
5																			
6																			
7																			
8																			
9																			
10	合　计																		

表 7-18(14)　　**企业所得税年度纳税申报表附表：A108010 境外所得纳税调整后所得明细表**

A108010

境外所得纳税调整后所得明细表

行次	国家（地区）	境外税后所得								境外所得可抵免的所得税额				境外税前所得	境外分支机构收入与支出纳税调整额	境外分支机构调整分摊扣除的有关成本费用	境外所得对应调整的相关成本费用支出	境外所得纳税调整后所得
		分支机构营业利润所得	股息、红利等权益性投资所得	利息所得	租金所得	特许权使用费所得	财产转让所得	其他所得	小计	直接缴纳的所得税额	间接负担的所得税额	享受税收饶让抵免税额	小计					
	1	2	3	4	5	6	7	8	9(2+3+4+5+6+7+8)	10	11	12	13(10+11+12)	14(9+10+11)	15	16	17	18(14+15−16−17)
1																		
2																		
3																		
4																		
5																		
6																		
7																		
8																		
9																		
10	合　计																	

【案例 7－13】 长春市威志汽车备品销售有限公司地处长春市高新区硅谷大街 1199 号，2018 年 1 月份开业，注册资金为 2 200 000 元，纳税人识别号为 22010477171688××××，法人代表为李小鹏，会计主管为陈已，身份证号码 220104198009015023。在交通银行长春卫星广场支行开户，账号是 2201000690018712××××，电话为 8518××××，经济类型为私营有限责任公司，行业类别属于汽车、摩托车及零配件批发，增值税税率为 13%，拥有在册职工 100 人，采取查账征收方式预缴企业所得税。2019 年 4 月 1 日至 2019 年 6 月 30 日会计资料反映的生产经营情况如下：

（1）取得销售收入 290 000 元。

（2）国债利息收入 27 500 元，金融债券利息收入 2 500 元。

（3）产品销售成本 110 000 元，税金及附加 2 000 元。

（4）发生销售费用 28 800 元（其中产品广告费 5 000 元）；管理费用 89 000 元（其中业务招待费 30 000 元）；财务费用 5 000 元。

（5）营业外收入 20 000 元，营业外支出 70 000 元（含通过公益性社会团体向贫困山区捐款 5 000 元，支付税收滞纳金 1 000 元）。

（6）已计入成本、费用中的实发工资总额 15 000 元，拨缴职工工会经费 300 元，支出职工福利费和职工教育经费 2 900 元。

【要求】 计算并填列该公司 2019 年第二季度企业所得税纳税申报表。

【计算】

【填表】

表 7－19　　中华人民共和国企业所得税月（季）度预缴纳税申报表（A 类）

A200000　　税款所属期间：　　年　　月　　日至　　年　　月　　日

纳税人识别号（统一社会信用代码）□□□□□□□□□□□□□□□□□□

纳税人名称：　　　　　　　　　　　　　　　金额单位：人民币元（列至角分）

<table>
<tr><td>预缴方式</td><td colspan="2">□按照实际利润额预缴　　□按照上一纳税年度应纳税所得额平均额预缴　　□按照税务机关确定的其他方法预缴</td></tr>
<tr><td>企业类型</td><td colspan="2">□一般企业　　□跨地区经营汇总纳税企业总机构　　□跨地区经营汇总纳税企业分支机构</td></tr>
<tr><td colspan="3">预缴税款计算</td></tr>
<tr><td>行次</td><td>项　目</td><td>本年累计金额</td></tr>
<tr><td>1</td><td>营业收入</td><td></td></tr>
<tr><td>2</td><td>营业成本</td><td></td></tr>
<tr><td>3</td><td>利润总额</td><td></td></tr>
</table>

续表

4	加：特定业务计算的应纳税所得额		
5	减：不征税收入		
6	减：免税收入、减计收入、所得减免等优惠金额(填写 A201010)		
7	减：固定资产加速折旧(扣除)调减额(填写 A201020)		
8	减：弥补以前年度亏损		
9	实际利润额(3＋4－5－6－7－8)\按照上一纳税年度应纳税所得额平均额确定的应纳税所得额		
10	税率(25%)		
11	应纳所得税额(9×10)		
12	减：减免所得税额(填写 A201030)		
13	减：实际已缴纳所得税额		
14	减：特定业务预缴(征)所得税额		
15	本期应补(退)所得税额(11－12－13－14)\税务机关确定的本期应纳所得税额		
汇总纳税企业总分机构税款计算			
16	总机构填报	总机构本期分摊应补(退)所得税额(17＋18＋19)	
17		其中：总机构分摊应补(退)所得税额(15×总机构分摊比例____%)	
18		财政集中分配应补(退)所得税额(15×财政集中分配比例____%)	
19		总机构具有主体生产经营职能的部门分摊所得税额(15×全部分支机构分摊比例____%×总机构具有主体生产经营职能部门分摊比例____%)	
20	分支机构填报	分支机构本期分摊比例	
21		分支机构本期分摊应补(退)所得税额	

附报信息			
高新技术企业	□是　□否	科技型中小企业	□是　□否
技术入股递延纳税事项	□是　□否		

按季度填报信息			
季初从业人数		季末从业人数	
季初资产总额(万元)		季末资产总额(万元)	
国家限制或禁止行业	□是　□否	小型微利企业	□是　□否

谨声明：本纳税申报表是根据国家税收法律法规及相关规定填报的，是真实的、可靠的、完整的。

纳税人(签章)：　　　年　　月　　日

经办人： 经办人身份证号： 代理机构签章： 代理机构统一社会信用代码：	受理人： 受理税务机关(章)： 受理日期：　　　年　　月　　日

国家税务总局监制

表 7-19(a)　　中华人民共和国企业所得税月(季)度预缴纳税申报表(A 类) 附表 1

A201010　　免税收入、减计收入、所得减免等优惠明细表

行次	项　　目	本年累计金额
1	一、免税收入(2+3+6+7+…+15)	
2	(一) 国债利息收入免征企业所得税	
3	(二) 符合条件的居民企业之间的股息、红利等权益性投资收益免征企业所得税	
4	其中：内地居民企业通过沪港通投资且连续持有 H 股满 12 个月取得的股息红利所得免征企业所得税	
5	内地居民企业通过深港通投资且连续持有 H 股满 12 个月取得的股息红利所得免征企业所得税	
6	(三) 符合条件的非营利组织的收入免征企业所得税	
7	(四) 符合条件的非营利组织(科技企业孵化器)的收入免征企业所得税	
8	(五) 符合条件的非营利组织(国家大学科技园)的收入免征企业所得税	
9	(六) 中国清洁发展机制基金取得的收入免征企业所得税	
10	(七) 投资者从证券投资基金分配中取得的收入免征企业所得税	
11	(八) 取得的地方政府债券利息收入免征企业所得税	
12	(九) 中国保险保障基金有限责任公司取得的保险保障基金等收入免征企业所得税	
13	(十) 中国奥委会取得北京冬奥组委支付的收入免征企业所得税	
14	(十一) 中国残奥委会取得北京冬奥组委分期支付的收入免征企业所得税	
15	(十二) 其他	
16	二、减计收入(17+18+22+23)	
17	(一) 综合利用资源生产产品取得的收入在计算应纳税所得额时减计收入	
18	(二) 金融、保险等机构取得的涉农利息、保费减计收入(19+20+21)	
19	1. 金融机构取得的涉农贷款利息收入在计算应纳税所得额时减计收入	
20	2. 保险机构取得的涉农保费收入在计算应纳税所得额时减计收入	
21	3. 小额贷款公司取得的农户小额贷款利息收入在计算应纳税所得额时减计收入	
22	(三) 取得铁路债券利息收入减半征收企业所得税	
23	(四) 其他	
24	三、加计扣除(25+26+27+28)	*
25	(一) 开发新技术、新产品、新工艺发生的研究开发费用加计扣除	*
26	(二) 科技型中小企业开发新技术、新产品、新工艺发生的研究开发费用加计扣除	*
27	(三) 企业为获得创新性、创意性、突破性的产品进行创意设计活动而发生的相关费用加计扣除	*
28	(四) 安置残疾人员所支付的工资加计扣除	*
29	四、所得减免(30+33+34+35+36+37+38+39+40)	
30	(一) 从事农、林、牧、渔业项目的所得减免征收企业所得税(31+32)	

续表

行次	项　　目	本年累计金额
31	1. 免税项目	
32	2. 减半征收项目	
33	（二）从事国家重点扶持的公共基础设施项目投资经营的所得定期减免企业所得税	
34	（三）从事符合条件的环境保护、节能节水项目的所得定期减免企业所得税	
35	（四）符合条件的技术转让所得减免征收企业所得税	
36	（五）实施清洁发展机制项目的所得定期减免企业所得税	
37	（六）符合条件的节能服务公司实施合同能源管理项目的所得定期减免企业所得税	
38	（七）线宽小于130纳米的集成电路生产项目的所得减免企业所得税	
39	（八）线宽小于65纳米或投资额超过150亿元的集成电路生产项目的所得减免企业所得税	
40	（九）其他	
41	合计(1+16+24+29)	

【案例7-14】 长春市宏远汽车备品销售有限公司属于小型企业，地处长春市绿园区东风大街115号，纳税人识别号为22010478375662××××，经济类型为私营有限责任公司，行业类别属于汽车及零配件批发，采取核定征收方式预缴纳税，法定代表人为张永昌，会计主管刘彤，身份证号220104198812124680。职工人数35人。2019年4月10日向其主管税务机关申报2019年第一季度取得收入总额200 000元，经税务机关检查确认其收入无误，假定当地税务机关核定的应税所得率为20%。

【要求】 计算并填列该公司2019年第一季度企业所得税纳税申报表。

【计算】

【填表】

表 7-20　　中华人民共和国企业所得税月(季)度预缴和年度纳税申报表(B类，2018年版)

B100000　　税款所属期间：　　年　月　日至　　年　月　日

纳税人识别号(统一社会信用代码)□□□□□□□□□□□□□□□□□□

纳税人名称：　　　　　　　　　　　　　　　　　　金额单位：人民币元(列至角分)

核定征收方式	□核定应税所得率(能核算收入总额的)　□核定应税所得率(能核算成本费用总额的) □核定应纳所得税额	
行次	项　目	本年累计金额
1	收入总额	
2	减：不征税收入	
3	减：免税收入(4+5+8+9)	
4	国债利息收入免征企业所得税	
5	符合条件的居民企业之间的股息、红利等权益性投资收益免征企业所得税	
6	其中：通过沪港通投资且连续持有H股满12个月取得的股息红利所得免征企业所得税	
7	通过深港通投资且连续持有H股满12个月取得的股息红利所得免征企业所得税	
8	投资者从证券投资基金分配中取得的收入免征企业所得税	
9	取得的地方政府债券利息收入免征企业所得税	
10	应税收入额(1-2-3)\成本费用总额	
11	税务机关核定的应税所得率(%)	
12	应纳税所得额(第10×11行)[第10行÷(1-第11行)×第11行]	
13	税率(25%)	
14	应纳所得税额(12×13)	
15	减：符合条件的小型微利企业减免企业所得税	
16	减：实际已缴纳所得税额	
17	本期应补(退)所得税额(14-15-16)\税务机关核定本期应纳所得税额	

按季度填报信息			
季初从业人数		季末从业人数	
季初资产总额(万元)		季末资产总额(万元)	
国家限制或禁止行业	□是　□否	小型微利企业	□是　□否
按年度填报信息			
小型微利企业	□是　□否		

谨声明：本纳税申报表是根据国家税收法律法规及相关规定填报的，是真实的、可靠的、完整的。

纳税人(签章)：　　　年　月　日

经办人： 经办人身份证号： 代理机构签章： 代理机构统一社会信用代码：	受理人： 受理税务机关(章)： 受理日期：　　年　月　日

国家税务总局监制

实训十三　个人所得税纳税申报

【案例 7-15】 中南大学教师孙晓梅为中国居民，2019 年 1 月～12 月每月从学校取得工资薪金收入 30 000 元。个人每月负担基本养老保险 2 400 元、基本医疗保险 600 元、失业保险 120 元、住房公积金 1 380 元，“三险一金”合计 4 500 元；从 1 月份开始享受子女教育 1 000 元、赡养老人 1 000 元、首套住房贷款利息 800 元的专项附加扣除合计 2 800 元；每月缴纳年金 200 元。无免税收入。此外，2019 年 1 月取得劳务报酬收入 15 000 元，支付单位国奥在线教育扣缴了个人所得税；5 月取得稿酬收入 6 000 元，天京出版社扣缴了个人所得税。

（孙晓梅个人基本信息：身份证号码为 44011019720912××××；博士研究生；2008 年被聘为该校教师；经常居住地为广东省广州市中山路××号；开户行为中国工商银行 622250001800×××××××

扣缴单位基本信息：中南大学社会统一信用代码为 121000000××××；经办人签字：庄梅；经办人身份证件号码：44010519810213××××；国奥在线教育社会统一信用代码：914401013275××××××；经办人签字：李亮；经办人身份证件号码：44000519780221××××；天京出版社社会统一信用代码：440106890××××××；经办人签字：王梅；经办人身份证件号码：44010219871221××××）

【要求】 根据以上资料：

1. 分析计算孙晓梅 2019 年取得各项综合所得应预扣预缴的个人所得税。
2. 分析计算孙晓梅 2019 年度末汇算清缴应补退的个人所得税。
3. 根据上述计算结果填列个人所得税基础信息表（A 表）、分别各扣缴单位填列个人所得税扣缴申报表和个人所得税年度自行纳税申报表。

【计算】

【填表】

表 7-21

个人所得税基础信息表(A表)

(适用于扣缴义务人填报)

扣缴义务人名称:

扣缴义务人纳税人识别号(统一社会信用代码) □□□□□□□□□□□□□□□□□□

序号	纳税人基本信息(带*必填)						任职受雇从业信息					联系方式					银行账户		投资信息		其他信息		华侨、港澳台、外籍个人信息(带*必填)					备注
	纳税人识别号	*纳税人姓名	*身份证件类型	*身份证件号码	*出生日期	*国籍/地区	类型	职务	学历	任职受雇从业日期	离职日期	手机号码	户籍所在地	经常居住地	联系地址	电子邮箱	开户银行	银行账号	投资额(元)	投资比例	是否残疾/孤老/烈属	残疾/烈属证号	*出生地	*性别	*首次入境时间	*预计离境时间	*涉税事由	
1	2	3	4	5	6	7	8	9	10	11	12	13	14	15	16	17	18	19	20	21	22	23	24	25	26	27	28	29

谨声明:本表是根据国家税收法律法规及相关规定填报的,是真实的、可靠的、完整的。

扣缴义务人(签章):　　年　月　日

经办人签字: 经办人身份证件号码: 代理机构签章: 代理机构统一社会信用代码:	受理人: 受理税务机关(章): 受理日期:　　年　　月　　日

国家税务总局监制

表 7-22

个人所得税扣缴申报表 1

税款所属期：　　年　月　日至　　年　月　日

扣缴义务人名称：

扣缴义务人纳税人识别号(统一社会信用代码)□□□□□□□□□□□□□□□□□□　　金额单位：人民币元

							本月(次)情况														累计情况											税款计算							
							收入额计算				专项扣除				其他扣除									累计专项附加扣除															
序号(月份)	姓名	身份证件类型	身份证件号码	纳税人识别号	是否为非居民个人	所得项目	收入	费用	免税收入	减除费用	基本养老保险费	基本医疗保险费	失业保险费	住房公积金	年金	商业健康保险	税延养老保险	财产原值	允许扣除的税费	其他	累计收入额	累计减除费用	累计专项扣除	子女教育	赡养老人	住房贷款利息	住房租金	继续教育	累计其他扣除	减按计税比例	准予扣除的捐赠额	应纳税所得额	税率/预扣率	速算扣除数	应纳税额	减免税额	已缴税额	应补/退税额	备注
1	2	3	4	5	6	7	8	9	10	11	12	13	14	15	16	17	18	19	20	21	22	23	24	25	26	27	28	29	30	31	32	33	34	35	36	37	38	39	40
1月																																							
2月																																							
3月																																							
4月																																							
5月																																							
6月																																							
7月																																							

续表

序号（月份）	姓名	身份证件类型	身份证件号码	纳税人识别号	是否为非居民个人	所得项目	本月（次）情况 收入额计算 收入	费用	免税收入	减除费用	专项扣除 基本养老保险费	基本医疗保险费	失业保险费	住房公积金	其他扣除 年金	商业健康保险	税延养老保险	财产原值	允许扣除的税费	其他	累计情况 累计收入额	累计减除费用	累计专项扣除	累计专项附加扣除 子女教育	赡养老人	住房贷款利息	住房租金	继续教育	累计其他扣除	减按计税比例	准予扣除的捐赠额	税款计算 应纳税所得额	税率/预扣率	速算扣除数	应纳税额	减免税额	已缴税额	应补/退税额	备注
8月																																							
9月																																							
10月																																							
11月																																							
12月																																							
合计																																							

谨声明：本表是根据国家税收法律法规及相关规定填报的，是真实的、可靠的、完整的。

扣缴义务人（签章）：　　　　年　　月　　日

经办人签字： 经办人身份证件号码： 代理机构签章： 代理机构统一社会信用代码：	受理人： 受理税务机关（章）： 受理日期：　　年　　月　　日

国家税务总局监制

表 7－23

个人所得税扣缴申报表 2

税款所属期：　　　年　月　日至　　　年　月　日

扣缴义务人名称：

扣缴义务人纳税人识别号(统一社会信用代码)□□□□□□□□□□□□□□□□□□　　　　金额单位：人民币元

序号	姓名	身份证件类型	身份证件号码	纳税人识别号	是否为非居民个人	所得项目	本月(次)情况														累计情况									减按计税比例	准予扣除的捐赠额	税款计算							备注
							收入额计算			减除费用	专项扣除				其他扣除						累计收入额	累计减除费用	累计专项扣除	累计专项附加扣除					累计其他扣除										
							收入	费用	免税收入		基本养老保险费	基本医疗保险费	失业保险费	住房公积金	年金	商业健康保险	税延养老保险	财产原值	允许扣除的税费	其他				子女教育	赡养老人	住房贷款利息	住房租金	继续教育				应纳税所得额	税率/预扣率	速算扣除数	应纳税额	减免税额	已缴税额	应补/退税额	
1	2	3	4	5	6	7	8	9	10	11	12	13	14	15	16	17	18	19	20	21	22	23	24	25	26	27	28	29	30	31	32	33	34	35	36	37	38	39	40
合计																																							

谨声明：本表是根据国家税收法律法规及相关规定填报的，是真实的、可靠的、完整的。

扣缴义务人(签章)：　　　　年　月　日

经办人签字： 经办人身份证件号码： 代理机构签章： 代理机构统一社会信用代码：	受理人： 受理税务机关(章)： 受理日期：　　年　月　日

国家税务总局监制

表 7－24

个人所得税扣缴申报表 3

税款所属期：　年　月　日至　年　月　日

扣缴义务人名称：

扣缴义务人纳税人识别号(统一社会信用代码) □□□□□□□□□□□□□□□□□□

金额单位：人民币元(列至角分)

序号	姓名	身份证件类型	身份证件号码	纳税人识别号	是否为非居民个人	所得项目	本月(次)情况														累计情况									减按计税比例	准予扣除的捐赠额	税款计算							备注
							收入额计算			减除费用	专项扣除				其他扣除						累计收入额	累计减除费用	累计专项扣除	累计专项附加扣除					累计其他扣除			应纳税所得额	税率/预扣率	速算扣除数	应纳税额	减免税额	已缴税额	应补/退税额	
							收入	费用	免税收入		基本养老保险费	基本医疗保险费	失业保险费	住房公积金	年金	商业健康保险	税延养老保险	财产原值	允许扣除的税费	其他				子女教育	赡养老人	住房贷款利息	住房租金	继续教育											
1	2	3	4	5	6	7	8	9	10	11	12	13	14	15	16	17	18	19	20	21	22	23	24	25	26	27	28	29	30	31	32	33	34	35	36	37	38	39	40
合　计																																							

谨声明：本表是根据国家税收法律法规及相关规定填报的，是真实的、可靠的、完整的。

扣缴义务人(签章)：　　　　年　月　日

经办人签字：	受理人：
经办人身份证件号码：	受理税务机关(章)：
代理机构签章：	
代理机构统一社会信用代码：	受理日期：　年　月　日

国家税务总局监制

表 7－25　　个人所得税年度自行纳税申报表

税款所属期：　年　月　日至　年　月　日

纳税人姓名：

纳税人识别号 □□□□□□□□□□□□□□□□□□　　金额单位：人民币元（列至角分）

项　目	行次	金额
一、收入合计（1＝2＋3＋4＋5）	1	
（一）工资、薪金所得	2	
（二）劳务报酬所得	3	
（三）稿酬所得	4	
（四）特许权使用费所得	5	
二、费用合计	6	
三、免税收入合计	7	
四、减除费用	8	
五、专项扣除合计（9＝10＋11＋12＋13）	9	
（一）基本养老保险费	10	
（二）基本医疗保险费	11	
（三）失业保险费	12	
（四）住房公积金	13	
六、专项附加扣除合计（14＝15＋16＋17＋18＋19＋20）	14	
（一）子女教育	15	
（二）继续教育	16	
（三）大病医疗	17	
（四）住房贷款利息	18	
（五）住房租金	19	
（六）赡养老人	20	
七、其他扣除合计（21＝22＋23＋24＋25＋26）	21	
（一）年金	22	
（二）商业健康保险	23	
（三）税延养老保险	24	
（四）允许扣除的税费	25	
（五）其他	26	
八、准予扣除的捐赠额	27	
九、应纳税所得额（28＝1－6－7－8－9－14－21－27）	28	
十、税率（%）	29	

续表

项　　目			行次	金额
十一、速算扣除数			30	
十二、应纳税额(31=28×29－30)			31	
十三、减免税额			32	
十四、已缴税额			33	
十五、应补/退税额(34=31－32－33)			34	
无住所个人附报信息				
在华停留天数		已在华停留年数		
谨声明：本表是根据国家税收法律法规及相关规定填报的，是真实的、可靠的、完整的。 纳税人签字：　　　　年　　月　　日				
经办人签字： 经办人身份证件号码： 代理机构签章： 代理机构统一社会信用代码：		受理人： 受理税务机关(章)： 受理日期：　　　年　　月　　日		

国家税务总局监制

【例 7－16】 李飞(身份证：22010219661208××××)为我国公民，2019 年 1 月将其位于市区的一套公寓房出租，收取租金 8 000 元，李飞出租该房屋无扣缴义务人。(财产租赁过程中发生的税费暂不考虑)

【要求】 根据以上资料：

1. 分析计算李飞在 2019 年 1 月取得财产租赁所得应缴纳的个人所得税。
2. 根据上述计算结果，填列个人所得税自行纳税申报表(A 表)。

【计算】

【填表】

表 7－26

个人所得税自行纳税申报表(A 表)

税款所属期：　　年　月　日至　　年　月　日

纳税人姓名：

纳税人识别号 □□□□□□□□□□□□□□□□□□　　　　金额单位：人民币元(列至角分)

自行申报情形	□居民个人取得应税所得，扣缴义务人未扣缴税款 □非居民个人取得应税所得，扣缴义务人未扣缴税款 □非居民个人在中国境内从两处以上取得工资、薪金所得　　□其他________	是否为非居民个人	□是 □否	非居民个人本年度境内居住天数	□不超过 90 天 □超过 90 天不超过 183 天

序号	所得项目	收入额计算			减除费用	专项扣除				其他扣除			减按计税比例	准予扣除的捐赠额	税款计算							备注
		收入	费用	免税收入		基本养老保险费	基本医疗保险费	失业保险费	住房公积金	财产原值	允许扣除的税费	其他			应纳税所得额	税率	速算扣除数	应纳税额	减免税额	已缴税额	应补/退税额	
1	2	3	4	5	6	7	8	9	10	11	12	13	14	15	16	17	18	19	20	21	22	23

谨声明：本表是根据国家税收法律法规及相关规定填报的，是真实的、可靠的、完整的。

纳税人签字：　　　　年　　月　　日

经办人签字： 经办人身份证件号码： 代理机构签章： 代理机构统一社会信用代码：	受理人： 受理税务机关(章)： 受理日期：　　年　　月　　日

国家税务总局监制

参考文献

［1］中国注册会计师协会. 税法[M]. 北京：中国财政经济出版社，2019.4.

［2］中华人民共和国财税法律法规全书(含相关政策)[M]. 北京：中国法制出版社. 2019.3.

［3］全国税务师职业资格考试教材编写组. 涉税服务实务[M]. 北京：中国税务出版社. 2018.5.

［4］全国税务师职业资格考试教材编写组. 涉税服务相关法律[M]. 北京：中国税务出版社. 2018.5.

［5］2018 年全国注册税务师执业资格考试教材编写组. 税法(Ⅰ)[M]. 北京. 中国税务出版社，2018.

［6］2018 年全国注册税务师执业资格考试教材编写组. 税法(Ⅱ)[M]. 北京. 中国税务出版社，2018.

［7］国家税务总局. 中华人民共和国税收基本法规(2019 年版)[M]. 北京：中国税务出版社，2019.01.

［8］中华人民共和国企业所得税法(最新修正版)[M]. 北京：法律出版社，2019.

［9］中华人民共和国耕地占用税法、中华人民共和国车辆购置税法(含草案说明)[M]. 北京：中国法制出版社，2019.

［10］裴淑红. 纳税申报实务[M]. 北京：化学工业出版社，2011.

［11］傅文清. 付丽莎纳税会计与纳税申报实训教程(第二版)[M]. 北京：中国人民大学出版社，2013.

［12］苏春林. 税法与报税实务(第四版)[M]. 北京：中国人民大学出版社，2017

［13］《新企业所得税年度纳税申报项目解析与填报实务》编写组. 新企业所得税年度纳税申报表项目解析与填报实务[M]. 北京：法律出版社，2015.

［14］国家税务总局网站，http：//www. chinatax. gov. cn.

［15］中华人民共和国财政部官网，http：//www. mof. gov. cn/index. html.